宗博出版

禪宗語言

編輯室導讀

　　當看到這本書封面的時候，直覺的以為這又是一本介紹禪宗公案的書，內容仍不脫對一些公案的研究以及對一些禪宗語言文字的詮釋。翻到目錄看了一下，似乎感覺有一些不一樣的東西在裡面，作者似乎不僅只是想告訴我們該如何由禪宗語言去瞭解禪宗，而且還有一些新的想法想透過本書的分析與詮釋方式表達出來。等到看完這本書後，才驀然發現，這本書不僅不是想告訴你那些老生常談的禪宗公案，而是想「解構」這些公案，講得白話一點，作者試圖透過對禪宗語言和文字的分析，揭開禪宗在傳法過程中的那一層神秘面紗，不是要讓我們去瞭解禪宗語言是如何的具有度世或覺世意涵，而是藉由分析/解構禪宗語言和文字的過程讓禪宗「去神秘化」，讓禪宗生活化、世俗話、變動不居的那一面顯現出來，也讓禪宗不再是書本上的禪，而是生活上的禪，每個人心中自己的禪。

　　禪宗在中國一直被當成是一項博大精深的學問，對禪宗語言/文字的研究也被視為是修行的重要大事，這不僅僅是因為禪宗是一門講究明心見性、自省內觀的修行法門，文字/語言往往扮演著拈花指月之功，更因為禪宗語言往往擔負著傳遞甚深妙義、接引無上智慧的契機所在，所以，禪宗的精神雖然是無法以任何文字語言來形容，但卻仍會透過種種不同的語言或文字形式呈現出來並流傳下來，成為一部部流傳後世的經典或公案。

　　然而，我們知道，任何事物或道理的流傳，都是經過不同的時間和空間的種種條件的洗禮與淬練，逐步演變而發展完善的，換言之，縱然是相同的事物或道理，在不同

時空下也會產生不同的面貌或描述與詮釋。禪宗作為一個教化人心、直指真理的殊妙法門存在，所要彰顯的微妙玄旨或許可以千年不易，但是表達的方式與方法應用可能就必須隨著時空條件的變化而有所不同，而這種不同時空下所呈現的不同風貌，就可以由不同時代下的禪宗語言或文字表現出來，同樣的，不同的語言或文字風格也適足以表現出那個時代的禪宗特點與風貌。我們應該瞭解，禪宗並不是一成不變的東西，而是充滿了活力與創造力的時代性產物，不同時代的禪宗祖師大德們在接引授機之時都留下了屬於他們的東西，所以，順著歷史脈絡發展與語言章法結構，我們將可以透過歷史的演進和語言的表現來瞭解禪宗的演變與發展，同時也瞭解如何去看待禪宗內部許多看似矛盾或看似難解的公案。而這也是本書通篇的主旨所在。

一般研究禪宗，總是習慣從禪宗的祖師話語與公案中去分析其背後所代表的意旨為何，有的從解經下手，往上找出佛典中與祖師談話相對應的例證來詮釋祖師的話，有的則從分析公案本身下手，企圖找出公案背後所代表的意旨。而本書的研究則跳出這些分析邏輯，試圖由歷史脈絡和語言結構來分析禪宗演變過程中所形成的語言邏輯，去除了禪宗語言背後的神聖性與尊貴性，將它還原成是一種工具論式的歷史產物。作者打破很多人對禪宗公案的迷思，而以一種時代條件和語言結構共生共存的觀念來看待這些公案的產生，換言之，作者所探討的禪宗語言並不是要論述這些語言表現出如何玄妙微言大義，而是用語言結構學和歷史主義的觀點去還原這些語言/文字背後的時代意涵，去掉了禪宗語言本身帶有的神秘性或是尊貴性，讓禪

宗語言成為像是我們在分析一般日常的古文或白話文學一般，成為一種時代性的自然產物，符合不同時代的需求與發展。作者或許也想指明，語言本身不帶有神秘性或尊貴性，而是人賦予它這種神秘性與尊貴性。

也因此，我們或許便能瞭解何以作者會將這本書分成兩大部分：「宗門語默」和「葛藤閒話」了。「宗門語默」講的是禪宗的語言與文字在禪宗歷史發展上的運用與發展過程，是一種綜觀面的論述；而「葛藤閒話」則是分析禪宗語言與文字在應用上的技巧與作用，是一種橫觀面的論述，兩者統合起來，便組成了一套禪宗語言。所以，禪宗語言的出現並不是渾然天成的，它是受時間與空間的制約/影響所產生的，而它的應用也不是固定就是哪幾種形式，而是因應著時間與空間而發展出來的。

我們可以這麼說，禪宗的語言和文字如同禪宗的精神，都是一種活的、變動的發展過程，然而，這種發展是不能脫離時空觀念來理解的，否則就會錯解了語言文字背後所真正代表的意涵，而成為一種知見障礙了。

瞭解了本書作者的思考理念與分析模式，我們不難發現，這本書其實是以如下幾個主軸思考點出發來構成整體論述的：

一、以歷史脈絡當成骨幹，去除了禪宗研究的「去歷史化」弊病。

這本書從章節安排上便可以看出作者的企圖心，作者的歷史脈絡處理手法之所以漂亮，是因為他不是直接由傳統式的論道證理的模式下手，而是由禪宗對語言文字的運用下手；他的禪宗歷史發展著眼點不是在禪宗教義的發

展，而是在禪宗語言文字的變化，同時也藉由對語言文字變化的分析來點出禪宗歷史發展的特點。作者不是脫離時代在談論禪宗的道理，而是扣緊時代來看待禪宗的發展，換言之，作者是透過禪宗在不同時代對語言文字的看法、掌握以及應用來歸結出當時禪宗的特點，同時也說明了何以禪宗的發展會形成如此面貌，使得禪宗的發展透過作者對禪宗語言文字觀念的分析/演繹而呈現一種連續的、具有歷史邏輯的發展，讓禪宗的歷史發展去除神秘面紗，去除了一般人在研究禪宗思想時的一種「去歷史化」、「去邏輯化」的錯誤認知或思維，而透過語言與文字的分析讓禪宗回歸到歷史，甚至是禪宗本身，這可以說是作者一個相當大的突破，也可見作者的用心。

二、用解構的觀點來看待禪宗的語言運用，而不是用傳統的建構觀點

作者既然是相當程度的以一種「去神秘化」的角度來看待禪宗的語言文字，那對禪宗的語言文字作者也不會將它視為是一種絕對真理的表現。禪宗語言本身很大程度的就具有一種解構性，這種解構性質是為了去除一般世俗人對禪宗語言尊貴性和神秘性的執著，並藉由這種結構的過程來點出禪宗所追求的那一種自然見性的本懷。正是在這一層意義上，作者同時也解構了禪宗語言與文字所代表的絕對性和權威性，這和一般習慣從建構的觀點出發導引出禪宗語言的權威與崇高性不同。作者在論述的過程中，利用分階段的方式來指出禪宗對語言和文字的態度與運用是隨著時代的改變而有所不同的，而這些語言文字的出現彼此之間又帶有承先啟後與反應時代特點的關聯性，就如

「破立」之後乃有「機鋒」，而作者認為「機鋒」之用又意味著禪宗的發展逐漸脫離活生生的實踐，開始研究語言的技巧性，而讓簡潔明瞭的禪玄虛化、神秘化了，乃至到後來的文字禪、默照禪，禪宗語言和文字逐漸發展成為一種先結合時代然後再跳出時代限制的產物，換言之，不同的禪宗的語言文字的表現手法並不一定具有最佳性或最優性，更不是一開始便是給定的、命定的神聖產物，而是時空發展下的產物，作者闡明不同時期禪宗語言發展的需要與邏輯，解構了禪宗語言在存在與應用上的絕對權威性，而不是建構了禪宗語言的絕對性或權威性。這一點，足以破除我們對禪宗語言、機鋒、話頭的盲目崇拜或參詳，而能回到一種跳出「語言障」、「文字障」的迷思下來看待真實的禪宗。

三、去除禪宗語言文字的神秘/宗教色彩，讓語言文字的運用回到工具的範疇

這一點是承襲上一點來的，只是前面是強調作者由歷史發展來破除禪宗語言文字的的神秘性與權威性，這裡指的則是作者對禪宗所採用的語言文字本身在結構或組合上的分析與討論的過程。作者在本書後半部分析禪宗語言的結構以及使用模式，分析的不只是禪宗義理如何透過語言文字呈現，更重要的是分析禪宗祖師們是使用何種語言文字的呈現方式來傳遞所想表達的意思，換言之，語言文字只是一種被借用的工具，這些語言文字未必帶有什麼甚深的含意，含意是表現在語言文字的背後，如作者在書中提到的，晚唐五代時期禪林常常用的「問頭」，回答這類問題時，答案可能有千百個，唯有一個不成答案，那就是死死

的扣住問題的合乎邏輯的直接回答和解釋。因為這會使人陷入妄情俗念，唯有離奇古怪、不著邊際的話，才能使人警覺到語言的虛妄性質。作者藉由將種種禪宗語言文字視為一種工具運用來看待潛藏在其背後的使用邏輯，從而讓語言文字與禪宗義理邏輯的關聯性分離，讓語言文字回到一種純粹工具的範疇，藉此引導讀者去體悟到不但必須跳脫對語言文字的執著，還必須進一步的去瞭解這段語言文字背後所要表達的意涵究竟為何，才能回歸真正的禪宗本懷。

我們常說：「內行的看門道，外行的看熱鬧」，通過這些特點所呈現出來的這本作品，相信可以滿足所有想看門道和看熱鬧的人。

宗博出版社《經典對話系列》
主編賴皆興

禪 宗 語 言

第一篇

引言

　　正如研究佛教史的學者所言，禪宗是一種中國化的佛教。而這種「中國化」，與其說是思想上對印度佛教的改造，不如說是語言上對印度佛教的革命。因為禪宗無論在思想上有多大膽的創新，其「第一義」都可以從印度佛教原典中找到影子，無論在思想上、方法上有多少派別，其宗旨都不出有宗、空宗、性宗的藩籬。而只有禪宗的語言，才是地地道道的中國貨。任何閱讀《大藏經》或《續藏經》的人，都會感覺到禪籍語言不僅迥異於印度撰述的經、律、論三藏，而且不同於支那撰述的其他諸宗的著作。尤其是禪宗語錄，更是植根於唐宋時期俗語言深厚的土壤，代表著一種活生生的存在方式，甚至比中國傳統的帶有官方色彩的文言文，更貼近於中國人的實際生活。由此看來，要研究禪宗的中國化歷程，從禪宗語言觀及語言實踐的歷史發展的角度來切入，是更能抓住要害的。

　　本世紀的禪宗研究略可按其方法和物件分為幾大派，胡適的研究屬於歷史學派，力圖通過科學的考證恢復禪宗史的原貌；鈴木大拙的研究屬於宗教學派，力圖證明禪是一種超時間的個人的宗教體驗；任繼愈等人的研究屬於哲學學派，主要討論禪宗的佛教哲學思想；入矢義高等人的研究屬於語言學派，把禪籍視為和敦煌文獻具有同等價值的唐宋俗語言寶庫。自八十年代以來，禪宗語言問題受到語言學者的普遍關注，不過，大多數語言學者只對禪宗語言作為唐宋口語的活化石性質感興趣，而不去考慮禪宗語言觀念和實踐的歷時性變化，也不太關心禪宗語言中蘊藏的宗教的或哲學的精神。所以，儘管禪宗思想和禪宗語言

都成為當代學術研究的熱點，並都取得相當可觀的成果，而二者卻基本處於相互隔絕、不相往來的狀態。研究禪宗思想史的學者往往對禪宗燈錄的偽造歷史深惡痛絕，所以不屑糾纏於公案的闡發；而研究禪宗語言的學者卻對燈錄的語法、辭彙、修辭特別青睞，毫不介懷燈錄所載禪史是真是偽，也毫不留意禪宗各派的思想差異。這種狀況對二者繼續深入研究無疑是不利的。因為離開語言研究，無法真正理解禪宗宗教革命的意義，燈錄所載固然不是信史，但其中祖師的言行，最能體現禪宗中國化的神髓，有一種語境的真實。而離開思想史研究，也無法準確理解禪語語法所特有的邏輯、禪語詞彙所特有的詞義、禪語修辭所特有的功能。因為語言並不是邏輯的家園，而是存在的家園。換言之，禪宗語言中最荒誕、最不合乎理性的部分，並非只是亂七八糟的胡言亂語，而是以其代表著一種特殊的存在方式而具有一個概念的形式、概念的結構，因而也必然具有一個可理解的意義。把這種意義揭示出來，僅有語言學的努力是不夠的，還必須借助於哲學、歷史學、宗教學的共同合作。於是，如何通過對禪宗語言觀和語言實踐的歷史觀照，從哲學層面上來探尋其蘊藏的宗教精神，就是擺在我們面前的一項重要任務。

禪宗的語言觀既受制於宗教改革實踐的需要，也受制於世俗文化整合的衝擊。其整個演變過程，集中體現在對「文字」一詞詞義的各種理解與闡釋以及「不立文字」與「不離文字」兩種說法的彼此消長上。禪宗是不講究清晰的名相概念的宗派，「文字」一詞在不同的場合、不同的禪師那裏可以有不同的含義，有時特指佛經的語言文字，有時泛指一切語言文字，有時特指書面文字，有時也包括口

頭語言，有時特指華麗的美文，有時也包括粗鄙的俗語。因此，禪宗的「不立文字」，或者表現為不讀佛經，或者表現為不言名相，或者表現為不作詩文，或者表現為口耳受授，或者表現為沈默寡言。事實上，當一個禪師號稱「不立文字」之時，很可能他仍留下許多語錄，甚至寫下不少偈頌，因為只要他「不立」具有邏輯概念的名相文字即可。換言之，由於「文字」一詞的意義含混，「不立文字」和「不離文字」這兩種貌似衝突的現象可以很好的統一在同一個禪師身上。不過，儘管如此，在禪宗發展史上，我們仍能明顯地感受到其整體語言觀由「不立文字」到「不離文字」再到「不立文字」的演變。具體說來，當禪宗祖師開始實行佛教的中國化過程之時，或禪宗隊伍的組成成分為下層平民尤其是農民之時，「不立文字」的傾向特別突出，例如中晚唐的「祖師禪」、「分燈禪」的呵佛罵祖、棒喝機鋒。當禪宗過分拋棄佛經原典之時，或整個社會文化水平相對提高，禪宗隊伍日益士大夫化之時，「不離文字」的呼聲又甚囂塵上，如北宋後期的「文字禪」的禪教合一、儒釋融通。而當禪宗典籍成為一種新經典並開始遮蔽其自證自悟的精神之時，又有宗師呼籲回到傳統的「不立文字」，如南宋的「看話禪」的疑情覺悟、「默照禪」的打坐靜觀。在禪宗語言觀發展的曲線上，可以很明顯地發現內部宗教改革實踐和外部世俗文化因素兩條座標的影響。

禪宗的語言實踐，也遵循著類似的演化曲線。就禪宗的宗教實踐取向來看，首先由譯經造論、吃齋念佛、誦經禮拜、建寺鑄像轉向行禪見性，再由如來清淨心轉向祖師平常心，與此相對應，禪宗語言必然出現與佛經語言相疏

離的傾向，即「平常心」出之以平常語。既然「神通並妙用」的宗教實踐體現在「運水及搬柴」上，那麼，「神通並妙用」的語言也必然是運水搬柴人的語言。禪宗奇特怪誕的語言令當代人感到驚詫，其實，只要把這些語言重新放回唐代那些農禪的具體生存環境裏，就顯得非常樸素自然。而在晚唐五代禪宗五家形成後，各家各派為了顯示區別，建立門庭，又有了自己獨特的語言，具體說來，即五宗各有其應機接人的旨訣，各有其參學印證的機鋒，各有其示道啟悟的姿勢，所謂「師唱誰家曲，宗風嗣阿誰」，其實就主要是指採用「誰家」的言說方式，這可以從叢林盛傳的臨濟宗棒喝峻屬、曹洞宗偏正回互、雲門宗簡捷明快等評價中得到證明。相對而言，由於宗派的建立，禪宗各家的語言出現了某種程式化的傾向，參禪類似入夥，俗語漸成行話，所謂「料簡照用」、「三玄三要」、「賓主君臣」等種種言說規則，多成套路。隨著宗門的形成，祖師的言論取代佛經而成為新經典，於是，就出現了對這種新經典——「公案」的整理和闡釋，這種整理和闡釋由於得到士大夫的喝彩而演變為席捲禪林、歷時宋元、經久不衰的熱潮。「公案禪」在保留禪宗祖師語言風格的同時，也多少融進了一些士大夫的語言特點，特別是頌古，其辭藻和文采以及五七言詩的形式，有不少已接近文人作品。與此同時，從北宋中葉開始，以文獻載體高度發展為標誌的封建文化進入鼎盛時期，禪宗隊伍文化素質大大提高，士大夫隊伍禪悅之風大盛。士大夫尊崇經典的文化傳統滲入禪門，造成「以文字為禪」的新宗風。禪門出現了過去不曾有的為佛經作注、為禪僧立傳的「文字」，以及過去不曾有的編排宗門用語和掌故的類書、辭書。禪宗典籍為宋詩人

提供了全新的語言資源，以禪語為詩並由此而引發的以俗語為詩，成為宋詩一大鮮明特色。此外，禪籍還為宋詩話提供了不少全新的術語，以致於「以禪喻詩」成為宋詩學的一大鮮明特色。這一切，引起了禪宗語言的深刻變化，即禪宗特有的俗語言形態，不再是隨機生發，而是語有所本，不再是實際生活中活生生的語言，而是已經典範化文本化的陳言，很多表面生動活潑的俗語，其實都能從祖師語錄裏找到出處。而這種現象本身正是宋代士大夫禪文本化存在方式的產物。

自禪宗形成以來，其很多進境都與「語言與世界」這一哲學性思路有關。換言之，「橘逾淮為枳」的文化移植現象，在禪宗的語言選擇上表現得尤為充分。禪學史上有影響的大師，總是在不斷地把佛學精神化入現世的生存活動中，並不斷地尋找最能表達其宗教體驗的言說方式。與佛教其他各宗派相比，禪宗的宗教實踐明顯地更貼近中國民眾的日常生活，因而其語言也更明顯地具有一種本土化的傾向。事實上，本書之所以力圖借助於哲學、宗教學、歷史學的共同合作來研究禪宗語言，就在於禪宗語言決不是一種純粹的語言學現象。透過宗門語的演變，我們不僅能得到一部較為完備的中古漢語史，尤其是中古漢語口語史，而且能窺見唐宋時期中華民族的生存狀態史以及文化變遷史。

關於禪宗史的敘述，學術界向來有「倒著講」和「順著講」兩種方式，前一種是透過燈錄記載去回溯禪史，後一種是遵循禪宗發展的歷史事實來還原禪史。就研究禪思想而言，後一種敘述方式顯然更科學。然而，對於研究禪宗的語言演變來說，前一種方式似乎也值得借鑒，因為燈

錄提供的語言資料也許比歷史事實考據更接近禪宗存在的真實。燈錄的禪宗早期血脈是偽造的，那是因為禪宗門徒要爭佛教正統地位的緣故，而燈錄裏那些祖師瘋瘋癲癲的語句，則完全沒有偽造的必要，它應該是禪宗傳教語言的真實記錄。換言之，即使燈錄在歷史記載方面有其荒謬之處，也絲毫不影響它作為語言資料的真實性。更何況禪宗對中國文化真正產生深遠影響的正是這些燈錄類著作，而禪宗語言的特色和魅力也正主要體現在這類著作中。因此，本書在產敘述禪宗語言演變歷程之時，將採用「順著講」和「倒著講」相結合的方法，即一方面遵循禪宗發展的歷史事實來描述，另一方面按照燈錄所載祖師語言風格的演化軌跡來闡釋。

第一章

如來禪：禪與教的分途

第一章 如來禪：禪與教的分途

　　「禪」和「禪宗」是兩個不同的概念，前者是一種修行方法，後者是一個佛教宗派。禪宗和尚自然要習禪，但習禪的僧人並非都屬禪宗，如《高僧傳》、《續高僧傳》中「習禪」類記載的和尚，有些是天臺宗、淨土宗、三論宗僧人。由於我們論述的物件是禪宗語言，因此不再考慮禪宗前史的禪學和禪僧團的複雜狀況，而從禪宗自己公認的開山祖師菩提達摩開始說起。早期禪宗（如果真正稱得上宗派的話），基本上修習的是如來清淨禪，從達摩到弘忍，安心調息坐禪一直是該宗的主要法門。後來的慧能雖然反對坐禪的形式，但仍強調修持清淨心。因此，從初祖到六祖，歷經梁、陳、隋、初唐，可稱為如來禪時期。這一時期的禪宗語言尚未顯示出與其他佛教宗派有何顯著區別，然而由於受《楞伽經》、《金剛經》等思想的影響以及魏晉以來玄學言意之辨的啟示，禪宗諸大師開始對佛經語言文字的權威性表示懷疑，「不立文字」的語言觀漸次成熟。宗門與教門的歧異，禪學與義學的分途，由此而濫觴。重行禪而輕言教成為禪宗不同於其他佛教宗派的重要標誌，也成為禪宗內部的一個重要傳統。

一、「一切佛語心」：個體心性的非言說性

　　《五燈會元》卷一記載的佛祖靈山拈花示眾、迦葉破顏微笑的故事，暗示了禪宗對待語言的基本態度，即所謂「涅槃妙心，實相無相，微妙法門，不立文字，教外別傳」。這則後出的傳說的真實性當然值得懷疑，不過，禪宗的興起的確是以經典言教的對立面而出現的。從早期禪宗

祖師的言論來看，也的確包含著「不立文字」的精神。

　　「不立文字」並非把語言文字當作一個獨立的問題來討論，而是關於佛教真諦與經律論藏的關係問題。自南北朝起，禪宗大師就強調實踐修行，不重視誦經說法，著律造論。同時，他們的實踐修行也不同於當時流行的建築佛寺、開鑿石窟、廣行善事、誦經禮拜之類的宗教救贖活動，而是戒、定、慧三位一體的宗教解脫方式。如禪宗初祖菩提達摩就對梁武帝宣稱「不將一字教來」，宣稱「造寺度人，寫經鑄像」沒有真正功德，教導弟子們「凝住壁觀，無自無他，凡聖一等」（見《歷代法寶記》，《大正藏》第五十一卷；釋道宣《續高僧傳》卷一六《齊鄴下南天竺僧菩提達摩傳》，《大正藏》第五十卷）。達摩的「理入」方法雖主張「藉教悟宗」，即依隨經教文字所說，確立「眾生同一真性」、修行者必能達到「捨偽歸真」的牢固信仰，但更強調通過坐禪「壁觀」，專一觀想，由此擺脫對經教文字的依賴，「更不隨於言教」（見釋淨覺《楞伽師資記》卷一，《大正藏》第八十五卷），從而自證真理。簡言之，所謂「理入」者，就是通過坐禪壁觀，把握佛經說的教理。

　　達摩諸祖雖亦信奉四卷本《楞伽經》，但並不看重其文字教理，而在於所謂「諸佛說心」。《楞伽經》只有一品，即《一切佛語心品》，本來是說此經為一切諸佛所說的核心，而當一些禪師將此「心」字解釋為精神本體之「心」（即心性）時（參見杜繼文、魏道儒《中國禪宗通史》第50-51頁，江蘇古籍出版社，1993年），《楞伽經》便提供了否定經教文字的經典依據。佛教所言「心」是純粹的內在體驗，無法用言辭解說或文字傳達，這不僅因為體驗是非思維的精神活動，無邏輯可言，如佛經中常言「不可思

議」，而且因為體驗是純粹個人化的行為和成果，如《壇經》契嵩本那個著名的譬喻所言：「如人引水，冷暖自知」。換言之，語言是思維的產物，是規範化、形式化的東西，而人的體驗卻是無限定、非規範化的形態，因此語言在表達人的體驗方面是無能為力的。同時，《楞伽經》一切佛語之「心」是無比清淨的真性，是人所追尋的終極境界，是一種存在於內心的感覺而不是存在於現象中的實在，它也就無法通過語言文字去認識。因此，依循言教是無法走向覺悟之路的。事實上，《楞伽經》本來就有「破名相」、「莫執著」的思想，主張衝破語言文字對思維的束縛。如《楞伽經》卷二曰：

> 第一義者，聖智自覺所得，非言說妄想覺境界。是故言說妄想，不顯示第一義。言說者，生滅動搖，展轉因緣起。若展轉因緣起者，彼不顯示第一義。

「第一義」是佛教最上最深的妙理，亦名「真諦」。《楞伽經》認為，言說不能顯示「第一義」。所以達摩以此經付諸慧可：「我觀漢地惟有此經，仁者依行，自得度世。」（《續高僧傳》卷一六《齊鄴中釋僧可傳》）而慧可的弟子那禪師、滿禪師之徒，「常齎四卷《楞伽》，以為心要，隨說隨行，不爽遺委」（同上）。由此可知，《楞伽經》其實就是心法，不屬於言教範疇，所謂「專唯念惠，不在話言」（同上卷二七《兗州法集寺釋法沖傳》）。後出的禪籍更將達摩的話改造為「吾觀震旦唯有此經可以印心，仁者依行，自得度世」（釋道原《景德傳燈錄》卷三《僧那禪師》，

《四部叢刊三編》本），或是「吾有《楞伽經》四卷，亦用付汝，即是如來心地要門，令諸眾生開示悟入」（釋普濟《五燈會元》卷一《初祖菩提達摩大師》，中華書局排印本，1984年），乾脆把《楞伽經》直接視之為達摩在中華的傳心法寶。慧可之後，信奉《楞伽經》的僧人開始分化，善師、豐禪師等人撰有各種《楞伽》疏解（《續高僧傳》卷二七《法沖傳》），印證了慧可那句「此經四世之後，變成名相，一何可悲」的預言（同上卷一六《僧可傳》）；粲禪師、那禪師等人則堅持「心行」傳統，「口說玄理，不出文記」（見同上卷二七《法沖傳》）。而粲禪師就是後來被禪宗尊為三祖的僧璨（？-606）。從某種意義上說，對待《楞伽經》的態度成為禪宗與義學的分水嶺。

自慧可起，禪宗諸祖進一步突出了覺悟心性的重要性，二祖慧可認為：「觀身與佛不差別，何須更覓彼無餘？」（同上卷一六《僧可傳》）其實就是發現自身即有佛性，心性與佛性本無差別，只須反觀自身，不須外求。三祖僧璨的《信心銘》提倡「信心不二，不二信心，言語道斷，非去來今」（見《景德傳燈錄》卷三〇）[1]，更是把「心」視為唯一真實、絕對的東西。四祖道信（579-651）曾撰《入道安心要方便法門》，五祖弘忍（602-674）「緘口於是非之場，融心於色空之境」（《楞伽師資記》卷一），都將修行入道的重點放在覺悟心性上面。

從純粹宗教學的角度看，達摩諸祖奉行的不同於其他教派持戒習理、誦經拜佛的坐禪方式，是從外在的宗教救贖到內在的心靈超越的轉變[2]。也就是說，坐禪的目的是通

1　儘管《信心銘》可能是偽托之作，但其中表現的思想是與慧可一系禪學相吻合的。
2　參見葛兆光《中國禪思想史》第95－99頁，北京大學出版社，1995年。

過對自身內心空寂或清淨的感受進行體驗，從而進入一種
「不生亦不滅」的無差別的終極境界。禪宗這種重視心靈體
驗的作風，與魏晉南北朝的玄學風氣有關，而其語言觀也
明顯受到玄學的影響。禪宗祖師大抵都認為佛教的第一義
非言教經典所能傳達，這一方面可從《楞伽經》一類佛經
原典中找到理論根據，如《妙法蓮華經・方便品第二》中
說：「止止不須說，我法妙難思。」另一方面也可在玄學
「言不盡意」的命題中得到支援，如《莊子・秋水》所謂：
「言之所不能論，意之所不能察致者，不期精粗焉。」事實
上，參禪悟道的經驗，類似於莊子所言輪扁斫輪的經驗，
屬直覺範疇。輪扁即使能告訴他人，也只是斫輪的「技
術」，而非斫輪之「道」。慧可的再傳弟子法沖認為：

> 義者，道理也。言說已粗，況舒在紙，粗中
> 之粗矣。（《續高僧傳》卷二七《法沖傳》）

這種將道理、言說、紙上文字分為三個等級的觀點，很容
易使我們想起《周易・繫辭上》孔子的話：「書不盡言，
言不盡意。」或是《莊子・天道》的一段論述：「世之所
貴道者，書也。書不過語，語有貴也。語之所貴者，意
也，意有所隨。意之所隨者，不可以言傳也，而世因貴言
傳書。」事實上，佛教把真諦視為「第一義」，也隱含著類
似的有「第二」、「第三」的等級觀念。換言之，玄學和佛
學都認為，人類對「道」的內在體驗，是無法轉換為語言
的，因此，「意之所隨者」，不可以言傳。語言是人為的，
文字更是人為的，相對於「道」、「意」而言，文字（書面
語言、紙上言說）是模仿的模仿，影子的影子，「粗中之

粗」，和真理隔著三層。正如法國哲學家德里達批評西方古典哲學時所說：「邏各斯的時代就這樣貶低文字，把它視為媒介的媒介，視為向意義的外在性的墮落。」[3]

禪宗諸祖對言教經典的懷疑，正是基於這種思路。慧可從修道的角度明確指出：「故學人依文字語言為道者，如風中燈，不能破暗，焰焰謝滅。」（《楞伽師資記》卷一）僧璨承認語言文字不能成為通達聖道和成就法身的手段：「故知聖道幽通，言詮之所不逮；法身空寂，見聞之所不及。即文字語言，徒勞施設也。」（同上）道信明確運用了莊子「得意亡言」的說法：「法海雖無量，行之在一言，得意即亡言，一言亦不用，如此了了知，是為得佛意。」（同上）弘忍曾對神秀開示《楞伽經》義曰：「此經唯心證了知，非文疏能解。」（同上）所以，儘管「不立文字」的說法，首見於五代時南唐靜、筠二僧所編《祖堂集》卷二：「惠可進曰：『和尚此法有文字記錄不？』達摩曰：『我法以心傳心，不立文字。』」（釋靜、筠《祖堂集》卷二《第二十八祖菩提達摩和尚》，上海古籍出版社影印《佛藏要籍選刊》本第十四冊）但這種說法，大體是符合早期祖師們的基本思想的。

二、「文字性空」：語言本體的虛無

禪宗「不立文字」說的另一個思想源頭是大乘佛教的般若空觀。

大約從四祖道信開始，達摩一系的禪師逐漸由奉《楞伽經》改奉《般若》諸經。道信在吉州時，「被賊圍城七

---

3 德里達（Jacques Derrida）《論文字學》（Of Grammatology）第11頁，斯皮瓦克（G. C. Spivak）英譯，巴爾的摩（Baltimore），1974年。

十餘日」，刺史叩請退賊之策，道信曰：「但念般若」（《續高僧傳》卷二六《蘄州雙峰山釋道信傳》）。據《楞伽師資記》所引道信的言論來看，其中引述有《般若》、《維摩》等經（《楞伽師資記》卷一）。弘忍在傳授《楞伽經》的同時，也勸僧眾誦《金剛般若經》（見釋贊寧《宋高僧傳》卷八《唐韶州今南華寺慧能傳》，中華書局排印本，1987年）。而六祖慧能（638-713）正是聽人誦《金剛經》而立志求佛的（同上），《壇經》中也有多處引用《金剛》、《維摩》等經。可以說，般若學說是道信、弘忍一系「東山法門」的主要理論支柱[4]。

般若學的基本思想是以世界萬法為虛妄，即所謂「諸法性空」。最形象的說法是著名的「大乘十喻」：「解了諸法如幻、如焰、如水中月、如虛空、如響、如揵闥婆城、如夢、如影、如鏡中像、如化。」不僅《摩訶般若波羅蜜經》這樣的大部頭經典一再宣揚「觀諸法如幻」，而且《金剛經》這樣的小型佛經也大肆鼓吹「一切有為法，如夢幻泡影，如露亦如電，當作如是觀。」般若空觀是佛教的哲學本體觀，也是構築禪宗哲學體系的重要基石。依照般若空觀的邏輯，既然世界的本體就是空無虛妄，那麼人類的語言文字同樣虛幻不實，不可憑依，「譬如鳥飛虛空無有跡，菩薩句義無所有亦如是」（《摩訶般若波羅蜜經·句義品》，《大正藏》第八卷），一切名相分別是沒有意義的。體現於萬物之道理，不是「真心」、「唯識」，而是「性空」，因此人類無須認識世界，只須「無心可用」、「本來無事」便可解脫。般若學的語言觀是其宗教哲學體系的一

---

4 《荷澤神會禪師語錄》甚至記載達摩、慧可、僧璨、道信、弘忍皆依《金剛經》證道。見日本鈴木貞太郎、公田連太郎校訂敦煌本，森江書店，1934年。

個子系統，本體的空無決定了認識的虛幻，從而也決定了認識工具——語言的虛幻。所以般若部諸經中，世尊在滔滔不絕地當眾說法的同時，總要不時地諄諄告誡聽眾莫執於言教：「若以色見我，以音聲求我，是人行邪道，不能見如來。」（《金剛般若波羅蜜經》，《大正藏》第八卷）同樣的思想在《維摩經》中表現得更富有詩意和哲理。維摩詰居士與眾菩薩討論「云何菩薩入不二法門」，三十二位菩薩各抒己見，闡述了佛教三十二種「入不二法門」的義理。最後，文殊師利問維摩詰：「我等各自說已，仁者當說，何等是菩薩入不二法門？」時維摩詰默然無言。文殊師利歎曰：「善哉！善哉！乃至無有文字語言，是真入不二法門。」（《維摩詰所說經·入不二法門品》，《大正藏》第十四卷）這就是後來禪籍津津樂道的「維摩一默」。「維摩一默」的意義在於，他以一種極端的形式提醒人們注意，所有語言講述的義理，都只是方便權宜的假說，決非真理本身。世界的本體、佛性的真諦是前語言的、非語言的「空」，因此只有沉默最可能接近世界與佛性的本源狀態。換言之，維摩詰用沉默的形式說出了佛經想告訴給人們的內容，正如蘇軾所言：「我觀三十二菩薩，各以意談不二門。而維摩詰默無語，三十二義一時墮。我觀此義亦不墮，維摩初不離是說。譬如油蠟作燈燭，不以火點終不明。忽見默然無語處，三十二說皆光焰。」（《蘇軾文集》卷二〇《石恪畫維摩頌》，中華書局排印本，1986年）

其實，達摩諸祖信奉的四卷《楞伽經》裏本來就蘊含有般若性空思想，慧可的再傳弟子慧滿說法，每云：「諸佛說心，令知心相是虛妄法；今乃重加心相，深違佛意。又增論議，殊乖大理。」（《續高僧傳》卷一六《僧可傳》）

就是把《楞伽經》所講的「心」視為「虛妄法」，本性是「空」，所以必須擯棄；而以邏輯語言解說「心」，更違背佛教的真理。道信以《楞伽》、《般若》並重，更加突出了性空的一面，據《楞伽師資記》介紹，道信說法，曾引《維摩經》「是身如浮雲，須臾變滅」，又引《金剛經》「滅度無量眾生，實無有眾生得滅度者」，以論證「色即是空，非色滅空，色性是空」的觀點，並因此要求「修道得真空者」，「決須斷絕文字語言，有為聖道，獨一淨處，自證道果」（《楞伽師資記》卷一）。由此可見，禪宗「不立文字」的語言觀，正是般若本體性空的邏輯發展的結果。

慧能自《金剛經》悟入，對般若空觀的體驗尤為深刻。《壇經》法海本載慧能悟道偈為：「菩提本無樹，明鏡亦非台，佛性常清淨，何處有塵埃！」學術界一般都相信法海本為原作、真本，但事實上，惠昕、契嵩、宗寶諸本所載慧能偈「本來無一物，何處有塵埃」的異文可能更接近慧能的性空思想。因為「本來無一物」的說法與《金剛經》「一切有為法，如夢幻泡影，如露亦如電，當作如是觀」的觀念如出一轍。根據《壇經》記載，慧能的語言觀正是建立在諸法性空的哲學本體觀之上的。《壇經》法海本曰：「若大乘者，聞說《金剛經》，心開悟解。故知本性自有般若之智，自用知（智）惠觀照，不假文字。」（郭朋《壇經對勘》第64頁，齊魯書社，1981年）足見慧能的「不假文字」說來自《金剛經》所啟悟的「心量廣大，猶如虛空」的般若之智。《曹溪大師別傳》載慧能所言「佛性之理，非關文字」，「法無文字，以心傳心，以法傳法」（郭朋《壇經校釋》第122、123頁附錄《曹溪大師別傳》，中華書局，1983年），也是同樣的意思。

慧能一系的禪宗多從性空的觀點出發來否定語言文字的意義，如慧能的三傳弟子大珠慧海指出：

> 經是文字紙墨，文字紙墨性空，何處有靈驗？靈驗者，在持經人用心，所以神通感物。試將一卷經安著案上，無人受持，自能有靈驗否？（《景德傳燈錄》卷二八《越州大珠慧海和尚語》）

佛經由文字紙墨組成，而文字紙墨本身是虛幻的，對佛性的感悟不在於文本的閱讀，而在於心靈的體驗。由此可見，正是空無的本體論和唯心的認識論共同構成禪宗「不立文字」的哲學基礎。

然而，必須指出的是，早期禪宗祖師儘管意識到語言的局限性，但仍然主張「藉教悟宗」，並不完全否認語言在傳教方面的作用。慧能指出：「一切經書，及諸文字，小大二乘，十二部經，皆因人置，因智慧性故，故然能建立。若無世人一切萬法，本元不有。故知萬法本因人興，一切經書，因人說有，緣在人中有愚有智。」（《壇經對勘》第68頁法海本）認為人的根性有利有鈍，有智有愚，上根人可不假文字而頓悟自性，而下根人卻必須通過經書的反覆告誡、諄諄教導才能有所覺悟。因此慧能並非無條件地反對使用語言，他指出：

> 共人言語，出外，於相離相；入內，於空離空。著空，即惟長無明；著相，即惟長邪見。謗法直言不用文字，既云不用文字，人不合言語！言語即是文字。自性上說空，正語言本性；不

空，迷自惑，語言除故。[5]

顯然，慧能是本著佛教的中道觀來辯證地看待語言的意義的，一方面承認語言的本性是「空」，以為語言便是文字之相，使用語言便是「著相」；另一方面又反對誹謗他人言著文字，尤其反對誹謗佛經文字，以為禁用語言又有「著空」之嫌。這種靈活的思想很容易使我們想起《維摩經》中那位散花的天女與舍利弗的一段對話：「天（女）曰：『如何耆舊大智而默？』（舍利弗）答曰：『解脫者無所言說，故吾於是不知所云。』天曰：『言說文字皆解脫相。所以者何？解脫者不內不外，不在兩間，文字亦不內不外，不在兩間。是故舍利弗，無離文字說解脫也。所以者何？一切諸法是解脫相。』」（《維摩詰所說經・觀眾生品》）般若學說一方面認為世界本體為空無，諸法皆妄，另一方面又認為勘破諸法皆妄，就能獲得真正解脫。所以一切諸法既具空性，又具解脫相，語言文字也不例外。也就是說，語言文字既因其虛妄不實而毫無意義，又因其具解脫作用而不可放棄。這種思想既為中唐後離經慢教、不立文字的思潮提供了依據，也為北宋後禪教合一、不離文字的傾向埋下伏筆。

三、「教外別傳」：爭奪話語權力的理論武器

早期禪宗祖師重行禪而輕言教的作風，被後來的禪宗

---

5 《壇經對勘》第138頁法海本。惠昕、契嵩、宗寶諸本這段話文字略異，如惠昕本曰：「共人言語，外於相離相，內於空離空。若全著相，即長邪見；若全執空，即長無明。執空之人有謗經，直言不用文字。既云不用文字，人亦不合語言！只此語言，便是文字之相。又云直道不立文字，即此兩字，亦是文字。見人所說，便即謗他言著文字。汝等須知，自迷猶可，又謗佛經；不要謗經，罪障無數。」

門徒渲染成由釋迦牟尼付囑迦葉、由菩提達摩帶到東土的
「教外別傳」的宗旨。「教」指翻譯、闡釋、研究、講授佛
教經典的各教派，即所謂「義學」各派。「教外別傳」顯
示出禪宗有意立異於義學各派的宗教精神。按禪宗的邏
輯，「教內」所傳佛旨，均是語言文字，因而是「第二
義」，而「教外」所傳佛旨，直指人心，無須借助語言文
字，才是真正的「第一義」。雖然「教外別傳」之說出現較
晚，但大體是符合早期禪宗祖師的宗教實踐的，也是符合
南北朝至隋唐禪宗與義學各派相對立的歷史事實的。

　　大約從達摩時代開始，早期禪宗就表現出與傳統佛教
義學不同的異端色彩。達摩的身世是一個謎，他在中國的
傳教活動也難以詳知，但有一點可以肯定，他在正統的官
方佛教那裏是受排斥的，「於時合國盛弘講授，乍聞定
法，多生譏謗」（《續高僧傳》卷一六《達摩傳》）。慧可的
遭遇更不幸，達摩死後，他先是「埋形河涘」，後到鄴都講
授心法，「滯文之徒，是非紛舉。時有道恒禪師，先有定
學，王宗鄴下，徒侶千計，承可說法，情事無寄，謂是魔
語」。道恒竟然賄賂官府，將慧可殺害（同上《僧可傳》）。
而慧可所傳達摩的「忘言忘念、無得正觀為宗」的禪法，
「魏境文學多不齒之」（同上卷二七《法沖傳》）。僧璨隱居
皖公山修道，道信、弘忍住持黃梅雙峰山、東山弘法，大
約也是為了避免官方貴族僧侶的迫害或是避免與其發生衝
突。曾有學者問弘忍：「學問何故不向城邑聚落，要在山
居？」弘忍答曰：「大廈之材，本出幽谷，不向人間有
也。以遠離人故，不被刀斧損斫，一一長成大物，後乃堪
為棟梁之用。」（《楞伽師資記》卷一）曠遠的答話中包含
著不得不全身遠禍的苦衷。

　　值得注意的是，性空的本體論和唯心的認識論不僅是禪宗語言觀的哲學基礎，也是大乘佛教各宗派共同信奉的宗教觀。不僅《楞伽經》、《維摩經》一再申明「諸性無自性，亦復無言說」，「乃至無有文字語言，是真入不二法門」，而且《法華經》《華嚴經》也反覆告誡「止止不須說，我法妙難思」，「諸法體性，不可說故」，「音聲莫逮，言語悉斷」。既然如此，那麼何禪門與教門、禪學與義學對待佛教經典的態度仍然有很大的差異呢？何義學講師和傳統定學禪師如此憎恨達摩一系禪學呢？我認為，根本的原因在於以下這點：

　　從宗教學的角度看，義學的講師掌握著佛經的闡釋權，自視為佛的使者，佛與僧眾之間聯繫的橋梁，佛的旨意通過他們的講授而傳達給下層的僧眾，下層僧眾通過他們的引導而領悟佛理。因此，他們儘管懂得佛典的語言文字不過是渡河之筏，但作為擺渡者，他們是不願放棄這象徵著權力與財產的渡筏的。而禪宗的覺悟自性，無異於把佛經的闡釋權交給每一個學佛者自己，「當知佛即是心，心外更無別佛」（《楞伽師資記》卷一引道信語），每個僧徒都可以通過自身心靈的體驗直接領悟佛旨，直接與佛對話，用自己的心靈之筏直達覺悟的彼岸。禪宗心性論的流行，顯然將導致擺渡者的失業，這自然是義學講師所不能容忍的。當然，從另一方面來看，任何宗教的傳承都離不開語言，研經習典、義解明律對於傳播和發展佛教思想也是必不可少的，事實上，早期禪宗諸祖也多依經授徒，藉教悟宗。然而，相對於博綜經論、研精教理的義學講師而言，重行禪的禪師在文化素質上處於劣勢。他們之所以一再強調「唯心證了知，非文疏能解」，其實代表了文化層次

較低的僧眾對義學講師壟斷話語權力的不滿。因此，從某種意義上來說，佛教的宗派鬥爭，與其說是思想的交鋒，不如說是利益的爭奪，或是話語權力的爭奪。

相對而言，義學對佛教原典的闡釋具有定於一尊的官方色彩，與統治階級的專制體制相吻合，易於為官方哲學所接受，所以自魏晉南北朝至隋唐，義學講師遍佈於通都大邑，所謂「合國盛弘講授」，處於佛教話語權力的中心。禪宗的心性論則因承認「人中有佛性，亦名佛性燈」而具有人人平等的平民色彩（同上卷一引惠可語），與統治階級的專制體制相疏離，易於為流民（自由民）和失去土地的農民所接受，所以其傳法基地多位於邊遠偏僻的山區，處於佛教話語權力的邊緣，至少在中唐以前情況一直如此。事實上，達摩一系的禪學思想剛一形成，義學各派就敏銳地感受到一種潛在的威脅，「多生譏謗」，「是非紛舉」。這不僅是一種異端思想對正統思想的威脅，而且是一種下層流民對上層貴族僧侶的威脅。更能說明話語權力爭奪的典型例子是道恒禪師對慧可的迫害，因為慧可在鄴都講經時吸引走了道恒的徒眾，道恒遂懷恨在心，他表面上是以正統禪學來抵制慧可的邪禪，而實質上不過是為了爭奪僧眾、排斥異己罷了。換言之，歷史上的宗教鬥爭從來都不是像宗教學說那樣超越，而是相當世俗、相當現實的。

通過以上分析，我們似乎可以這樣理解禪宗「教外別傳」的意義，即它體現了一批處於佛教話語邊緣的僧眾爭取自己應有的話語權力和合法地位而作出的努力。也就是說，他們承認相對於義學教門的中心話語而言，禪宗是邊緣化的，但自信在傳授領悟佛教真理方面，禪宗是最正統、最優越的「正法眼藏」。

　　禪宗的「教外別傳」也與其宗教觀密不可分，而其宗教觀又受制於禪宗產生的特殊社會背景。早期禪宗的組成，主要是失去土地的流民。用杜繼文先生的話來說，就是「從北魏到五代，北方流民，包括以遊僧的形式向南移動，其規模之大，持續之久，以及由此推動江淮、東南、嶺南等地區的開發，在歷史上曾蔚為壯觀」[6]。道信、弘忍於黃梅雙峰山、東山建立弘法基地，聚徒眾數百人，標誌著達摩禪系由北向南移動，同時也標誌著禪宗僧眾新的生活方式的開始，這就是走向山林，開發土地。

　　據《傳法寶記》載，道信「每勸門人曰：努力勤坐，坐為根本。能作三五年，得一口食塞饑瘡，即閉門坐。莫讀經，莫共人語」（《傳法寶記》，《大正藏》第八十五卷）。「坐」指坐禪，「作」指勞作，宗教活動與生產活動並舉，構成了禪宗僧團異於其他教派的鮮明特色，即將勞動吃飯當做行禪的重要專案。這種重視具體的現實生存的思路，必然導致對佛經書本的疏離。

　　弘忍的「東山法門」繼承並發揚了道信的傳統，他本人「晝則混跡驅給，夜便坐攝到曉」（同上），即晝作夜坐，而他「役力以申供養，法侶資其足焉」（《楞伽師資記》卷一），其生產勞動能解決整個僧團的生活供給。與此相應，弘忍的傳教方式也是重行禪而輕言教，他相信「四儀皆是道場，三業鹹為佛事」（同上），所謂「四儀」，指人的行、住、坐、臥；所謂「三業」，指人的身、口、意的活動。也就是說，「作『道場』、『佛事』，不限於寺院那樣的特定場所，也不限於供奉膜拜佛菩薩等特定的僧侶律儀，而是要貫穿在行禪者的全部日常生活中」（《中國禪宗

6《中國禪宗通史》第3頁。

通史》第69頁）。弘忍本人不是通過閱讀佛經，而是通過日常生活中的親身體驗，從而領悟到佛性的真諦，「未視諸經論，聞皆心契」（《傳法寶記》），「生不矚文，而義符玄旨」（《楞伽師資記》卷一）。因此，弘忍傳教也依此經驗，「不出文記，口說玄理，默授與人」（同上）。由此可見，禪宗的「教外別傳」最初應是指「坐」、「作」並重的行禪傳教方式。

至於慧能本人，完全是一個家境貧寒、賣柴為生的農民，他剛來到黃梅東山求佛法，弘忍就「令隨眾作務」，到碓房「踏碓八個餘月」（《壇經對勘》第5頁法海本）。同時，慧能還是個目不識丁的文盲，不僅認不得經書的文字，而且連自己的悟道偈也要請人書寫。儘管當今有學者認為慧能的「不識文字」是出於南宗的渲染，但除了門徒記載的《壇經》外，慧能沒有其他著述傳世，似乎證明即使慧能不是文盲，至少也是「生不矚文」或「不出文記」的禪師。顯然，慧能在闡述佛教經典義理方面是無法與其他義學講師相提並論的。這樣，一方面由於禪宗新的行禪方式不依賴於經典，另一方面也由於禪宗隊伍的文化水平難以閱讀經典，「教外別傳」就是一條既具有創造性同時也是不得已的出路。事實證明，這條出路在吸引下層平民和農民僧眾、擴大禪宗勢力方面是頗為可行的。

作為半路出家的「行者」，慧能的禪思想更具世俗化和平民化的色彩。其中有兩點最富革命性：

其一，反對坐禪。坐禪是傳統佛學的最重要的宗教活動之一，達摩一系的禪學雖強調心性覺悟，但仍保持著攝心靜坐的形式。慧能則重新解釋了「坐禪」的含義：

> 此法門中，何名坐禪？一切無礙，外於境界
> 上念不起為坐，見本性不亂為禪。（同上第41頁
> 法海本）

也就是說，坐禪不是一種外在的跏趺形式，而是一種內在的心理狀態。這種對「坐禪」的解說，脫離了印度佛教禪學的原始意義，完全是根據中國禪宗僧眾「作役」的行禪實踐而作出的本土化解釋。坐禪與否，是禪宗南宗與北宗分化對立的重要標誌之一。表面看來，這只是參禪方式的區別，而實際上對南宗的言說方式和語言風格有重要影響。換言之，當農民把勞動當作參禪、士大夫把寫作當作參禪之時，禪宗就以其俗語化、詩意化的語言對傳統佛教語言造成最強有力的衝擊。關於這一點，後文將詳細論及，茲不贅述。

其二，批判西方淨土信仰。淨土信仰者認為，常念阿彌陀佛，死後可往生西方淨土。慧能指出：

> 迷人念佛生彼，悟者自淨其心。
> 東方人但淨心無罪，西方人心不淨有愆。
> （同上第81頁法海本）
> 東方人造罪，念佛求生西方；西方人造罪，
> 念佛求生何國？（同上第82頁惠昕本，契嵩本、
> 宗寶本亦同）

這種看法在道信那裏就已經有了，據《楞伽師資記》記載，有人問道信：「用向西方不？」道信曰：「若知心本來不生不滅，究竟清淨，即是淨佛國土，更不須向西

方。」而這一思想的更早源頭出自《維摩經》，所謂「欲得淨土，當淨其心，隨其心淨，則佛土淨」（《維摩詰所說經‧佛國品》）。儘管如此，《壇經》的破除西方淨土信仰仍有其獨特的現實意義，一方面它引申出「若欲修行，在家亦得，不由在寺」，「但願自家修清淨，即是西方」的說法，使佛教由寺院走進家庭，由僧侶走向俗人，促進了禪宗世俗化的進程；另一方面，它將「東方人」和「西方人」對舉的說法，也意味著對西來佛教的權威性的懷疑，對前往西方取經究竟有何意義的懷疑，從而促進了禪宗本土化的進程。換言之，當佛國淨土由西方移到內心之日，也就是佛教權威由西方移到本土之時。從某種意義上說，慧能對西方淨土信仰的批判，標誌著禪宗話語的本土化走向。因而，禪宗的「教外別傳」還應當包括「外於寺院的別傳」以及「外於印度原典的別傳」兩個義項。儘管慧能還保持著「藉教悟宗」的做法，《壇經》還使用著佛教的傳統術語，但一系列新觀念的提出，預示著禪宗一場語言革命的風暴即將來臨。

祖師禪：走下如來聖殿

第二章 祖師禪：走下如來聖殿

慧能以後，禪宗分裂為倡頓悟的南宗和主漸修的北宗。南宗禪的一支荷澤宗在安史之亂前後，漸次北上，在中原地區取得和北宗禪分庭抗禮的地位。而在中唐貞元（785-805）以後，江西洪州禪迅速崛起，成為南北方首屈一指風靡一時的佛教宗派，並成為南宗禪的正宗統緒和不二法門。洪州禪進一步強化了禪宗的農禪精神，即自耕自足、自證自悟的精神。從宗教觀念上來看，洪州禪改造如來「清淨心」為祖師「平常心」，從對「體」的追求轉向對「用」的自覺，由「即心即佛」發展為「非心非佛」。從宗教實踐上來看，洪州禪以日用雜事取代宗教修行，以祖師的法堂取代如來的聖殿，以呵佛罵祖、離經慢教取代禮佛尊祖、誦經習教。神聖淪為平凡，經典喪失權威，終極失去價值，而個性得以張揚，勞動受到尊重，「此在」得到肯定。正是在此宗教觀念和宗教實踐的基礎上，禪宗語言終於徹底擺脫佛教經典語言的影響和制約，形成了以俗語言為主體的簡捷方便、樸拙粗鄙、潑辣痛快、靈活自由的獨特風格。換言之，本土的平民話語系統（農禪語言）取代外來的印度話語系統（佛教經典語言）成為南宗禪的主要語言形態。

一、「方便接人」：本土話語的流行

從禪宗發展史來看，荷澤神會（684-758）是南宗禪的真正功臣。他不僅從思想上繼承了慧能的衣鉢，發揚光大了頓悟自性、無念為宗的傳統，而且從輿論上大造聲勢，確立了南宗禪的正統地位，「自傳心印，演化京都，定其

宗旨，南能北秀，自神會現揚，曹溪一枝，始芳宇宙」（《祖堂集》卷三《荷澤和尚》）。然而，這樣一位禪宗大師，在中唐風雲一時之後，突然從新興的禪宗諸派的統緒中消失了——沒有門徒嗣法，沒有著述流傳。若不是上世紀初敦煌石窟的發現，誰也不會知道神會對於南宗禪的發展到底作出了多大貢獻。與此相對應，倒是慧能另兩位默默無聞的弟子南嶽懷讓（677-744）和青原行思（？-704），在中唐後突然聲名大著，成了延續上千年的禪宗兩大派系的始祖。

當今禪宗史研究者盡可以為神會鳴冤叫屈，樹碑立傳，也盡可以抹去懷讓和行思臉上的金粉、頭上的光環。不過，值得我們深思的是，究竟是什麼原因導致禪宗史上這令人困惑的畸變？是宗派的消長？抑或僧眾的選擇？是歷史的誤會？抑或歷史的必然？或許我們能從中唐後禪宗言說方式的演變中找到答案。

神會是慧能的真正得法弟子。慧能去世後，神會開始北上中原地區弘揚南宗宗旨，於開元二十二年（734）在河南滑台大雲寺設無遮大會，與崇遠法師辯論，擴大了慧能禪法的影響。安史之亂中，神會受請主壇度僧，所獲財帛，用作唐代宗、郭子儀的軍費。唐肅宗因此而為神會造禪宇於荷澤寺。此後數十年，荷澤系的南宗取代神秀、普寂的北宗而成為官方正統禪學。

然而，神會一系在欣欣向榮的同時，就已播下了衰亡的種子。表面看來，神會繼承發揚了禪宗的思想，將禪宗的宗教革命推向深入，但進一步探究就會發現，神會其實偏離了禪宗發展的邏輯軌道，背離了禪宗之所以成為禪宗的最深刻的精神。從道信、弘忍的「東山法門」開始，禪

宗的血脈傳承就有兩個最堅實的根柢：一是南方山區的傳法根據地，二是力役自給的宗教實踐方式。神會北上京洛傳法，逐漸與南方禪宗的生存環境和行禪方式脫節，從而與南宗禪主流話語相乖離。神會儘管大力闡揚南宗宗旨，但由於與他辯論的對手是精習教義的法師，向他求教的學者是飽覽經書的居士，因此他不得不視聽眾的文化水平而採用義學的語言。換言之，儘管神會的思想是富有創新性的，但使用的言說方式卻是傳統教派的。比如，他所創的新禪法，在內容上已與早期禪宗的如來清淨禪有很大的區別，而他卻仍借用《楞伽經》的術語為之命名，稱為「如來禪」，並一再引經據典加以闡釋：

> 經云：眾生見性成佛道。龍女須臾頓發菩提心，便成正覺。又令眾生入佛知見，若不許頓悟者，如來即合偏說五乘。今既不說五乘，唯言眾生入佛知見，約斯經義，只顯頓門，唯在一念相應，實更不由階漸。相應善也，謂見無念。見無念者，謂了自性。了自性者，謂無所得。以其無所得，即如來禪。維摩詰言，如自觀身實相者，觀佛亦然。我觀如來，前際不來，後際不去，今則無住。以無住故，即如來禪。
>
> 　無念即是一念，一念即是一切智，一切智即是甚深波若波羅蜜，波若波羅蜜即是如來禪。
> （《荷澤神會禪師語錄》）

這樣，神會不自覺地掉進了他所反對的名相因果的語言陷阱，不僅沿用「菩提心」、「如來禪」、「波若波羅蜜」

這樣的梵語，而且使用義學講師特有的嚴格推理的形式邏輯。而這一點，無疑脫離了禪宗思想賴以生存發展的最深厚的土壤，偏離了禪宗最基本的「不立文字」、「教外別傳」的精神。

當神會用義學語言在北方弘揚宗旨的時候，南方禪宗的一場語言變革運動已悄然興起。義學修養不高的懷讓和行思，找到了一種更適合向平民僧眾傳法的言說方式。據《祖堂集》記載，懷讓到曹溪參拜慧能，慧能問曰：「什麼物與麼來？」懷讓答曰：「說似一物即不中。」（《祖堂集》卷三《懷讓和尚》）[1] 懷讓顯然比神會更深刻地領會到「不立文字」的真正含義，因此，他放棄了喋喋不休的解說，而採用了一種直觀啟悟的佈道方式。最著名的是他「磨磚成鏡」的故事：

> 馬和尚（馬祖道一）在一處坐（坐禪），讓和尚捋磚去面前石上磨。馬師問：「作什麼？」師曰：「磨磚作鏡。」馬師曰：「磨磚豈得成鏡？」師曰：「磨磚尚不成鏡，坐禪豈得成佛也？」（《祖堂集》卷三《懷讓和尚》）

行思的一段公案也有異曲同工之處：

> 師問神會：「汝從何方而來？」對曰：「從曹溪來。」師曰：「將得何物來？」會遂震身而示。師曰：「猶持瓦礫在。」會曰：「和尚此間

---

1 這段記載又見於《壇經》契嵩本、宗寶本以及《景德傳燈錄》卷五《南嶽懷讓禪師》、《古尊宿語錄》卷一等。

莫有金眞與人不？」師曰：「設使有，與汝向什
麼處著？」（同上卷三《靖居和尚》）

這裏使我們感興趣的不在於懷讓、行思的聰明機智，而在
於他們完全拋開了抽象的佛教術語，使用一種更生動具體
的普通語言。倘若懷讓和行思這兩則公案還有幾分真實的
影子的話，那麼可以說，這兩個祖師拉開了禪宗語言全面
本土化的序幕。

　　從道信、弘忍提倡「坐」、「作」並重時起，就可以看
出禪宗發展日漸注重自耕自足的走向。到了中唐，在江
西、湖南出現了具有自耕經濟基礎的農禪，尤其是在江西
洪州等地，如百丈山，隱然形成規模龐大的農禪根據地。
由於禪宗隊伍的主要成分為失去土地的農民或其他行業的
下層平民，因此在宗教觀上與官方的貴族僧侶有很大的差
異，與傳統禪學也有一些不同。具體說來，中唐禪宗的主
流──「洪州禪」十分重視活生生的日用之事，尤其強調勞
動實踐，不僅不同於法相宗的譯經造論、華嚴宗的義理疏
解、天臺宗的習教明律，而且有別於淨土宗的持齋念佛以
及早期禪宗的攝心靜坐。由懷讓磨磚啟發而覺悟的馬祖道
一（709-788），這位洪州禪的開創者，深深體會到人們的
日常生活本身就具有終極真理，現實的心靈活動的全部就
是佛性的顯現，從而提出了「平常心是道」這個頗具革命
性的口號：

　　　　道不用修，但莫污染。何爲污染？但有生死
心，造作趨向，皆是污染。若欲直會其道，平常
心是道。何謂平常心？無造作，無是非，無取

捨，無斷常，無凡無聖。經云：「非凡夫行，非
聖賢行，是菩薩行。」只如今行住坐臥，應機接
物，儘是道。（《景德傳燈錄》卷二八《江西大寂
道一禪師語》）

這是對弘忍「四儀皆是道場，三業咸為佛事」的觀點的進
一步發揮。要想參禪得道的人，不必像北宗那樣「時時勤
拂拭」坐禪修行，甚至也不必像慧能那樣強調頓悟自性
「清淨心」。馬祖門下龐蘊居士的一首偈更簡練生動地概括
了洪州禪的宗教實踐觀：

日用事無別，唯吾自偶諧。頭頭非取捨，處
處勿張乖。朱紫誰為號？丘山絕點埃。神通並妙
用，運水及搬柴。」（同上卷八《襄州居士龐蘊》）

體道無關乎誦經習教、念佛坐禪，而實現於運水搬柴
這樣的「日用事」之中，參禪者和世俗人的區別僅在於生
活態度的不同，即無是非，無取捨，凡事不執著，不矯揉
造作。

特別值得注意的是，馬祖的弟子百丈懷海（720-814）
把勞動列為禪門的「清規」之一，「行普請法，上下均力
也」（同上卷六《洪州百丈山懷海禪師》），而他本人就以身
作則，「凡日給執勞，必先於眾」，「有『一日不作，一日
不食』之言，流播寰宇」（《祖堂集》卷一四《百丈和
尚》）。其後唐代禪師大多有過參加「普請」的經歷。「普
請法」的實施基於一個簡單的真理，即以流民和下層平民
為主的禪宗隊伍，其穿衣吃飯的生存問題比菩提涅槃的解

脫問題更來得重要。換言之，只有解決了此岸世界的溫飽問題，才能討論彼岸世界的生死解脫。顯然，「普請法」的實施更進一步強化了禪宗的農禪色彩，並由此而進一步影響到禪宗的語言風格。

就本質而言，語言不僅僅是一種工具，而且是存在的家園，一定的言說方式總和一定的生存方式相對應，「平常心」出之以「平常語」，「日用事」配之以「日用話」，可謂天經地義。既然「神通並妙用」的宗教實踐是「運水及搬柴」，那麼，與此存在相對應的「神通並妙用」的語言也應當是運水搬柴人的語言。事實正是如此，禪宗宗教實踐的世俗化與語言實踐的本土化同步出現，當祖師讓佛教走下如來殿堂之時，也為本土的僧眾打開了方便之門。於是，在中唐以後出現的禪宗語錄裏，特別是在五代北宋出現的記載祖師言行的燈錄裏，隨處可看到鋤地搬柴的身影，可聞到驢糞馬屎的氣味，也可聽到口語俗諺粗鄙的嗓音。學者們常用「潑辣」二字形容禪宗語言風格，如「乾屎橛」、「繫驢橛」之類的粗話，其實正是下層勞動者特有的語言。

正如前面所說，禪宗所謂「不立文字」，主要是針對經教文字而言，即排斥概念化、說教式的佛典經論文字，而並非完全否定語言文字本身。借用現代話語理論來說，禪宗「不立文字」的最深刻的原因乃在於中國參禪學佛的下層民眾（尤其是農民）不適應外來的印度話語系統，而試圖建立本土的農禪話語系統；或將闡釋佛旨的印度話語系統轉化為頓悟自性的農禪話語系統。所謂「印度話語系統」主要是指漢譯印度佛經原典的語言（其中甚至有一部分音譯的「梵言」），也包括部分闡釋佛經的義解論疏的語言。

從魏晉南北朝直至隋唐五代北宋，它因受到歷代帝王的支援而一直處於佛教的話語權力中心，《高僧傳》、《續高僧傳》、《宋高僧傳》等均列《譯經篇》為第一、《義解篇》為第二，就是其話語權力的體現。印度話語系統有繁複的理論體系、明徹的概念和邏輯，即所謂「名相因果」，但其致命的弱點是與中華民族的生存方式和思維方式相對隔膜而缺少真切性。翻譯大師玄奘體系嚴密的法相宗最終未能在中國流傳下去，原因正在於此。所謂「農禪話語系統」指禪宗典籍中占主要地位的俗語言，即所謂「宗門語」，它是流行於平民大眾口中的活語言，直接植根於中華本土文化的深厚土壤之中，真切地反映了本民族的生存方式和思維方式，與禪宗主張自證自悟的宗教實踐觀最相契合。由於農禪話語系統給禪宗僧眾的言者和聽者都帶來方便，所以自中唐以後，它取代印度話語系統而成為禪宗的主要語言形態。

同時需要指出的是，除去俗語言之外，詩句的大量創制和引用，也成為中唐後禪宗語言的一大特點。這不僅因為唐代是個詩歌極其發達的時代，詩歌普及於社會各階層，禪門也不例外，而且也因為士大夫參禪者漸多，禪門吸引士大夫需要詩歌的配合，士大夫的心性需要借助詩歌表達。總而言之，禪門中詩句的流行似乎意味著士大夫話語系統發揮了潛在的影響。

在中國佛教史上，「宗門」和「教門」對待印度話語系統的態度嶄然有別，教門的講師嘲笑本土作者「不辨唐梵」，而宗門的禪師則認為佛旨「非有竺梵震旦之異」（釋惠洪《石門文字禪》卷二五《題華嚴綱要》，《四部叢刊》本）。儘管佛經翻譯是「變梵（言）為華（言）」（《宋高僧

傳》卷首附《大宋高僧傳序》），但並未完全改變其外來話語的性質，因此多少受到本土文化的抵制。直到北宋後期，站在禪宗立場上的蘇軾（1037-1101）還認為：「是時北方之為佛者，皆留於名相，囿於因果，以故士之聰明超軼者皆鄙其言，詆為蠻夷下俚之說。」（《蘇軾文集》卷一七《宸奎閣碑》）相對而言，禪宗以其中國人熟悉的口語俗諺、詩句歌謠，大大淡化了佛教所具有的外來「蠻夷下俚」的性質，使之成為易於為中國人接受的本土化的宗教。

可以說，唐代禪宗最重要的貢獻，就在於把佛教的禪學從印度的話語系統移植到中國的話語系統之中，即由「如來禪」變為「祖師禪」。在禪宗門徒的眼裏，「祖師禪」是比「如來禪」更高一層的境界，如香岩智閑（中晚唐人）有偈曰：「去年貧，未是貧，今年貧，始是貧。去年無卓錐之地，今年錐也無。」仰山慧寂（807-883）評價道：「汝只得如來禪，未得祖師禪。」（《景德傳燈錄》卷一一《袁州仰山慧寂禪師》）依我看，「如來禪」可能就是指神會一系的禪法，事實上，神會的「如來禪」有禪教合一的傾向，再傳至華嚴澄觀（738-839），三傳至圭峰宗密（780-841），遂與華嚴宗合流，與禪宗主流話語分道揚鑣；而「祖師禪」應當指懷讓、行思等人的禪法，它保留了「不立文字，以心傳心」的祖訓，發揚了「坐」、「作」並重的傳統，堅持了禪宗反權威、反貴族的平民精神。其後的禪籍裏一再出現有關這條公案的評論，並出現「如來禪與祖師禪相去多少」、「祖意教意是同是別」的命題。這似乎意味著在宗門裏，祖師的言說比佛經的文字更具有權威性。「不立文字」只是托辭，「教外別傳」才是真話。後來禪宗語錄的流行興盛，幾乎取代佛經成為禪僧的必讀

書，原因正在於此。

二、「直下即是」：存在即此在

　　閱讀禪宗典籍，常常會遇到大量的令人摸不著頭腦的語句。青原行思禪師有一段著名的公案，就是一個極好的例子：

　　　　僧問：「如何是佛法大意？」師曰：「盧陵米作麼價？」(《祖堂集》卷三《靖居和尚》)

這種牛頭不對馬嘴的回答，成為禪宗最典型的言說方式。在後來的禪宗燈錄、語錄中，類似的回答不可勝數。值得我們追問的是，這種荒誕奇特的回答，難道僅僅是為了打破參學者對語言的迷信和幻想而故意胡言亂語？難道其中就沒有一種概念的形式和可理解的意義？要探討這個問題，還得從禪宗的宗教觀入手。

　　正如前面所說，慧能對西方淨土信仰的批判，意味著禪宗對佛教的彼岸世界的全新認識，即西方極樂世界存在於每個人的一念淨心之中。南宗禪（尤其是洪州禪）更進一步把一念淨心理解為平常心，也就是說，佛法並不在遙遠的彼岸，而就在此時此刻的現實生活之中，所謂「行住坐臥，應機接物，儘是道」(《景德傳燈錄》卷二八《江西大寂道一禪師語》)，所謂「佛法無用功處，只是平常無事，屙屎送尿，著衣吃飯，困來即臥」(《古尊宿語錄》卷四《鎮州臨濟慧照禪師語錄》，《佛藏要籍選刊》第十一冊)，所謂「佛法事在日用處，在你行住坐臥處，吃茶吃飯處，言語相問處」(《景德傳燈錄》卷三〇《魏府華嚴長老

示眾》)。《景德傳燈錄》中有一則百丈懷海禪師的故事，頗能說明這一點：

> 因普請钁地次，忽有一僧聞飯鼓鳴，舉起頭大笑，便歸。師云：「俊哉！此是觀音入理之門。」師歸院，乃喚其僧問：「適來見什麼道理，便恁麼？」對云：「適來只聞鼓聲動，歸吃飯去來。」師乃笑。（同上卷六《洪州百丈山懷海禪師》）[2]

　　小和尚聽見開飯的鼓聲響了，高興得大笑，因為他挖地餓了，正想吃飯。而懷海以為他是「聲聞而覺」，暗合觀音菩薩的「入理之門」。懷海喚小和尚一問，才知道他並未見到什麼道理，只是想吃飯而已。耐人尋味的是「師乃笑」，懷海到底是笑自己過高估價了小和尚的水平呢？還是笑自己反不如小和尚更能理解參禪的真諦呢？事實上，按照馬祖的教導，小和尚這種「饑來吃飯，睏來即眠」的真率行為，最能體現「隨處作主，立地皆真」的洪州禪精神；懷海讚賞的「觀音入理之門」，反到留意於覺悟，而有「造作趨向」。因此，懷海禪師的「笑」應當是意識到自己的不足，帶著長者的「前言戲之耳」式的檢討。更耐人尋味的是各種禪籍對這個故事的津津樂道，似乎表明後來的禪師們都注意到小和尚「饑來吃飯」中蘊藏的禪理，都注意到「師乃笑」中包含的深意。

　　以上懷海師徒間的問答，可以簡化為或改編為這樣的句子：「師問：『汝見佛法什為道理？』僧曰：『聞鼓

2 又見《祖堂集》卷一四《百丈和尚》、《古尊宿語錄》卷一，文字稍異。

聲，吃飯去。』」老師問得深，徒弟答得淺，老師問的是宗教問題，徒弟答的是世俗生活。用禪宗的術語來說，老師問的是「體」，徒弟答的是「用」。然而，徒弟的這種不加思索的真率回答，恰恰符合中唐禪宗由對「體」的追尋轉向對「用」的自覺的趨向，同時也恰恰是中唐禪宗祖師對付門徒提問最常用的辦法。前面所舉青原行思禪師的一段公案正是如此。

據《祖堂集》記載，青原行思俗姓劉，江西廬陵人，「自傳曹溪密旨，便復廬陵化度群生」。顯然，行思的使命是向廬陵的普通民眾宣揚慧能南宗宗旨。而南宗禪正是認為佛法並不在遙遠的彼岸世界，就在此岸世界的日常生活中。所以，當僧徒提出「如何是佛法大意」這種彼岸世界的終極問題時，行思答之以「廬陵米作麼價」這樣的此岸世界的現實問題，以啟悟僧徒把握日常生活中的禪理。也就是說，不必去苦苦追尋「佛法大意」，只須瞭解當下的「廬陵米價」，或者是說，一切「佛法大意」都必須通過對此時此刻的「廬陵米價」的瞭解而真正得到解釋。借用德國哲學家海德格爾的哲學術語來說，即一切存在物的存在 (Sein) 意義都必須從人的時間性的此在 (Dasein) 領悟這一中心出發去闡釋。行思用「廬陵米價」來回答「如何是佛法大意」的提問，正如海德格爾用「存在是人的存在即此在」來回答「什麼是存在」這一問題一樣。

當我們循著這條思路去重新審視燈錄語錄中那些荒誕奇特的言語時，眼前頓覺豁然開朗，原來有相當多的師徒問答，都自覺或不自覺地遵循著這一模式，即凡是僧徒追問「存在」的終極意義時，祖師都答之以「此在」的現實生活。例如，僧問黑眼和尚：「如何是佛法大意？」答

曰：「十年賣炭漢，不知秤畔星。」（《景德傳燈錄》卷八
《黑眼和尚》）意思是說，佛法大意就在你身邊的日用事
中，正如在賣炭人的秤畔星中，倘若賣炭十年，還不知道
秤畔星的功用，那麼又向何處去尋覓佛法大意呢？事實
上，有很多類似的公案，都可以用「存在即此在」的觀點
去解釋。試看下列數則：

　　僧問：「如何是佛法大意？」師云：「蒲花
柳絮，竹針麻線。」（同上卷七《明州大梅山法常
禪師》）

　　僧問：「如何是佛法大意？」師云：「春日
雞鳴。」（同上卷八《潭州石霜大善和尚》）

　　問：「如何是佛法大意？」師曰：「今年霜
降早，蕎麥總不收。」（同上卷一一《鄧州香岩
智閑禪師》）

　　問：「如何是佛法大意？」師曰：「驢事未
了，馬事到來。」（同上《福州靈雲志勤禪師》）

　　問：「如何是佛法大意？」師曰：「塡溝塞
壑。」（同上卷一七《撫州曹山本寂禪師》）

　　問：「如何是佛法大意？」師曰：「春來草
自青。」（同上卷一九《韶州雲門文偃禪師》）

　　問：「如何是諸佛玄旨？」師曰：「草鞋木
屐。」（同上卷二一《金陵報恩院清護禪師》）

　　問：「如何是佛法大意？」師曰：「竹筯一
文一雙。」（同上卷二二《福州林陽志端禪師》）

　　問：「如何是佛法大意？」師曰：「碓搗磨
磨。」（同上《漳州報恩院行崇禪師》）

　　　　問：「如何是佛法大意？」師曰：「三門外
　　松樹子，見生見長。」（同上卷二三《石門山乾明
　　寺慧徹禪師》）

　　　　問：「如何是佛法大意？」師曰：「點茶須
　　是百沸湯。」（《五燈會元》卷一二《大寧道寬禪
　　師》）

　　　　問：「如何是佛法大意？」師曰：「柿桶蓋
　　棕笠。」（同上卷一五《海會通禪師》）

順著「存在即此在」的思路來理解，這些莫名其妙的古怪
話頭，便都有了一個概念的形式、概念的結構，因此也都
有了一個可理解的意義。「佛法大意」不就存在於碓搗磨
磨、驢事馬事、填溝塞壑這樣的生產勞動中嗎？不就存在
於竹針麻線、草鞋木履、柿桶棕蓋這樣的日用物品中嗎？
不就存在於蒲花柳絮、青草松樹的生長凋零中嗎？不就存
在於春日雞鳴、秋日麥收的自然節律中嗎？類似的情況還
體現在諸如「如何是祖師西來意」、「如何是古佛心」、
「如何是佛」、「如何是法」、「如何是法身」、「如何是道」
之類的問答中。最有趣的是關於「如何是道」的解答：

　　　　問：「如何是道？」師曰：「回牛尋遠澗。」
　　（《景德傳燈錄》卷一七《洞山師虔禪師》）

　　　　問：「如何是道？」師曰：「徒勞車馬跡。」
　　（同上《新羅泊嚴禪師》）

　　　　問：「如何是道？」師曰：「去去！迢迢十
　　萬餘。」（同上卷二二《韶州淨法章和尚》）

　　　　問：「如何是道？」師曰：「迢迢。」（同上

同上《韶州林泉和尚》）

問：「如何是道？」師曰：「勤而行之。」（同上卷二六《宣州興福可勳禪師》）

問：「如何是道？」師曰：「跋涉不易。」（同上《蘇州長壽朋彥大師》）

問：「如何是道？」師曰：「往來無障礙。」（《五燈會元》卷一一《齊聳禪師》）

問：「如何是道：」師曰：「車礙馬踏。」（同上《谷隱蘊聰禪師》）

問：「如何是道？」師曰：「寬處寬，窄處窄。」（同上卷一二《大乘慧果禪師》）

問：「如何是道？」師曰：「高高低低。」曰：「如何是道中人？」師曰：「腳瘦草鞋寬。」（同上《華嚴道隆禪師》）

問：「如何是道？」師曰：「出門便見。」（同上《翠岩可真禪師》）

問：「如何是道？」師曰：「路不拾遺。」（同上《雲峰文悅禪師》）

問：「如何是道？」師曰：「斜街曲巷。」（同上《清隱惟湜禪師》）

問：「如何是道？」師曰：「頭上腳下。」曰：「如何是道中人？」師曰：「一任東西。」（同上卷一五《雲門法球禪師》）

問：「如何是道？」師曰：「踏著。」曰：「如何是道中人？」師曰：「退後三步。」（同上《鐵幢覺禪師》）

問：「如何是道？」師曰：「十里雙牌，五

里單堠。」（同上卷一七《三祖法宗禪師》）

　　僧徒問的是抽象的道理的「道」，祖師回答的是具體的道路的「道」，表面看來，似乎是答非所問，但仔細想來，祖師正是利用「道」這一詞的雙關意義暗示了禪宗的觀念，即抽象的「道」正蘊含在具體的「道」之中。這裏再沒有《老子》式的「道可道，非常道」的神秘玄虛，一切都這樣明白實在，親切具體。興善惟寬禪師（755-817）說得更直截了當：「有僧問：『道在何處？』師曰：『只在目前。』」（《景德傳燈錄》卷七《京兆興善惟寬禪師》）這簡直是「存在即此在」的絕佳中文意譯。而藥山惟儼禪師（745-828）與李翱（772-841）的一段關於「道」的著名問答，則是「存在即此在」的絕佳中文示例：

　　　　（李翱）問曰：「如何是道？」師以手指上下，曰：「會麼？」翱曰：「不會。」師曰：「雲在天，水在瓶。」翱乃欣愜作禮，而述一偈曰：「練得身形似鶴形，千株松下兩函經。我來問道無餘說，雲在青天水在瓶。」（同上卷一四《澧州藥山惟儼禪師》）

　　超時空的永恒的具有終極意義的「道」，其實都只能通過人對時間性、空間性的「目前」「腳下」的此在（如即目所見的「雲在天，水在瓶」）的體悟去把握。所以，在各種禪籍裏，我們隨處可見諸如「直下即是」、「直下事」、「直下便見」、「直下會得」、「直下參取」、「直下示學人」、「直下承當」、「當下開解」、「當下大悟」之類的話

頭，所謂「直下」、「當下」，就是指言說者的時間性、空間性的此在。

儘管禪宗的語言觀受到道家思想的影響，但在對「道」的理解和闡釋上，禪宗無疑更接近先秦儒家的實踐理性精神。「道在目前」的說法，很容易使我們想起孔子所說「道不遠人」和孟子所說「道在邇而求諸遠」[3]。事實上，靈隱延珊禪師（北宋初人）在回答僧問「如何是道」時就用了「道遠乎哉」的話頭（《五燈會元》卷一○《靈隱延珊禪師》）。古人也早已注意到禪宗與儒家的這一相似點，如北宋詩人黃庭堅（1045-1105）有詩云：「八方去求道，渺渺困多蹊。歸來坐虛室，夕陽在吾西。」任淵注：「法眼禪師《金剛經四時般若頌》曰：『理極忘情謂，如何有喻齊。到頭霜夜月，任運落前溪。果熟兼猿重，山長似路迷。舉頭殘照在，元是住居西。』此用其意，謂道在邇而求諸遠也。」（任淵《山谷詩集注》卷五《柳閎展如，蘇子瞻甥也，作詩贈之》其八，《四部備要》本。）南宋羅大經也認為，一女尼寫的悟道詩「盡日尋春不見春，芒鞋踏破嶺頭雲。歸來笑拈梅花嗅，春在枝頭已十分」，其禪理無非就是儒家所謂「道不遠人」（《鶴林玉露》丙編卷六《道不遠人》，中華書局排印本，1983 年）。

既然禪宗相信「道」就在目前，那麼，要破解禪籍中那些古怪話頭的密碼，就必須還原其說話的特定語境，也就是還原其說話時的「此在」。我們發現，唐代禪宗特別是洪州禪一系有很多問答或對話發生在「普請」的場景中，

---

3 《禮記正義・中庸》：「子曰：『道不遠人。人之為道而遠人，不可以為道。』」《孟子註疏・離婁上》：「道在邇而求諸遠。」《十三經注疏》本。

僅以《景德傳燈錄》中所載部分故事為例：

> 一日普請擇蕨菜，南泉拈起一莖云：「這個
> 大好供養。」師云：「非但這個，百味珍羞，他
> 亦不顧。」（《景德傳燈錄》卷六《池州杉山智堅
> 禪師》）

> 師問維那：「今日普請作什麼？」對云：
> 「拽磨。」師云：「磨從你拽，不得動著磨中心樹
> 子。」維那無語。（同上卷八《池州南泉普願禪
> 師》）

> 普請摘茶。師謂仰山：「終日摘茶，只聞子
> 聲，不見子形，請現本形相見。」仰山撼茶樹。
> 師云：「只得其用，不得其體。」仰山云：「未
> 審和尚如何？」師良久。仰山云：「和尚只得其
> 體，不得其用。」師云：「放子二十棒。」（同上
> 卷九《潭州潙山靈祐禪師》）

> 石霜會下有二禪客到云：「此間無一人會
> 禪。」後普請搬柴，仰山見二禪客歇，將一橛柴
> 問云：「還道得麼？」俱無語。仰山云：「莫道
> 無人會禪。」（同上）

> 師在南泉時，普請擇菜。南泉問：「什麼處
> 去？」曰：「擇菜去。」南泉曰：「將什麼擇？」
> 師舉起刀子。南泉云：「只解作賓，不解作主。」
> 師扣三下。（同上《洪州黃檗希運禪師》）

> 師一日與黃檗赴普請，師在後行，黃檗回頭
> 見師空手，乃問：「钁頭在什麼處？」師云：
> 「有人將去了也。」黃檗云：「近前來，共汝商量

個事。」師便近前。黃檗將钁钁地云：「我這個天下人拈掇不起。」師就手掣得豎起云：「爲什麼卻在某甲手裏。」黃檗云：「今日自有人普請，我更不著去也。」便歸院。（同上卷一二《鎮州臨濟義玄禪師》）

因普請往莊中，路逢獼猴。師曰：「這畜生一個背一面古鏡，摘山僧稻禾。」僧曰：「曠劫無名，爲什麼章爲古鏡？」師曰：「瑕生也。」僧曰：「有什麼死急話？端也不識。」師曰：「老僧罪過。」（同上卷一六《福州雪峰義存禪師》）

師曾在樂普作維那，白槌普請，曰：「上間般柴，下間鋤地。」時第一座問：「聖僧作麼生？」師曰：「當堂不正坐，不赴兩頭機。」（同上卷一七《京兆華嚴寺休靜禪師》）

雪峰因普請畬田，見一蛇，以杖挑起，召眾曰：「看看！」以刀芟爲兩段。師以杖拋於背後，更不顧視。眾愕然，雪峰曰：「俊哉！」（同上卷一八《福州玄沙師備禪師》）

一日普請，往海坑研柴，見一虎。僧曰：「和尚，虎！」師曰：「是汝虎。」歸院後，僧問：「適來見虎，云是『汝』，未審尊意如何？」師曰：「婆娑世界，有四重障，若人透得，許汝出陰界。」（同上）

普請般柴，師曰：「汝諸人盡承吾力。」一僧曰：「既承師力，何用普請？」師叱之曰：「不普請，爭得柴歸？」（同上）

因普請處，雪峰舉溈山「見色便見心」語，

　　問師：「還有過也無？」曰：「古人爲什麼事？」
　　雪峰曰：「雖然如此，要共汝商量。」曰：「恁
　　麼即不如道怤鋤地去。」（同上《杭州龍冊寺道怤
　　禪師》）

以上這些故事涉及南泉普願（748-834）、溈山靈祐（771-853）、仰山慧寂、黃檗希運（？-855）、臨濟義玄（？-866）、雪峰義存（822-908）、玄沙師備（835-908）等禪門大德，提供了中晚唐禪宗宗教傳承最常見的語境。從中我們可以瞭解這樣一些事實：其一，「普請」是唐代禪宗最重要的日常生活之一，是解決禪宗僧眾日常生存需要的必要手段，「不普請，爭得柴歸」，這是禪師們最樸素然而也最深刻的認識。其二，「普請」內容包括擇菜、拽磨、摘茶、搬柴、鋤地、畲田、斫柴等諸多農業勞動和家務勞動。禪宗僧眾的對話往往在「普請」的背景中展開。其三，「普請」是「上下均力」，無所謂貴賤，師徒之間平等勞動，因此只有平等自由的交談，而無耳提面命的說教。其四，在「普請」過程中探討禪理，是禪宗傳教的重要方式之一，如溈山、仰山摘茶時辨「體用」，南泉、黃檗擇菜時論「賓主」，化抽象爲形象，言簡而意深。其五，「普請」本身就是宗教活動，禪機就蘊藏在勞動中，如仰山以搬柴爲「會禪」，道怤以爲商量「見色便見心」還不如鋤地去。

　　從以上事實中可得出這樣的結論，「普請」是禪宗僧眾言說最典型的語境，即「農禪語境」，這一語境也影響甚至決定了禪宗的整個語言風格和言說方式。禪師們在上堂、小參等其他傳教活動中，所使用的仍是平等自由的交談形式和「存在即此在」的語言模式。這樣，當我們閱讀

燈錄語錄時，只要隨時想到產生那些古怪話頭的「農禪語境」，那麼很多理解上的困難便可迎刃而解了。也就是說，那些古怪話頭只要重新回到唐代禪師的具體生存環境裏，就顯得非常樸素自然。正如宋僧惠洪所說：「古人純素任真，有所問詰，木頭、礐磚隨意答之，實無巧妙。」（《石門文字禪》卷二五《題雲居弘覺禪師語錄》）

三、「呵佛罵祖」：經教的消解

自耕自足的生存方式更進一步強化了自證自悟的南宗禪精神。洪州禪成為禪宗最有勢力的一支，荷澤神會等派系逐漸衰亡，不僅標誌著農禪對非農禪的勝利，而且意味著禪宗進一步拋棄「藉教悟宗」的傳統，也無視王公貴族的青睞，在南方的山水田園中找到了參禪體道的廣闊天地。

早期禪宗雖然有不同於義學的疏離經教的傾向，但仍奉行某種佛教原典作為開宗立派的旗幟，如達摩諸祖以《楞伽經》傳宗。慧能雖然提倡頓悟自性，但仍勸人奉持《金剛經》，並廣引《維摩》、《法華》、《涅槃》諸經闡明宗旨。慧能門下的法達禪師雖盛讚「經誦三千部，曹溪一句亡」，但覺悟後仍堅持讀經，「不輟誦持」（《景德傳燈錄》卷五《洪州法達禪師》）。神會一系「荷澤宗」也是主張禪教合一的。然而，禪宗發展到中晚唐，懷讓、行思二系卻出現了一股強勁的消解經教的勢頭。尤其是馬祖道一將禪宗傳統的「即心即佛」改造為「非心非佛」[4]，更拆解了宗

---

4 《景德傳燈錄》卷六《江西道一禪師》：「僧問：『和尚為什麼說即心即佛？』師云：『為止小兒啼。』僧云：『啼止時如何？』師云：『非心非佛。』」意謂「即心即佛」只是權宜假設的說法，「非心非佛」那無理念、無佛法的一無所住的「空」才是心靈的唯一棲息之地。

教的最後一點神聖，瓦解了理念的最後一處陣地，呵佛罵祖、離經慢教也就成了禪宗邏輯的歸宿。而禪宗語言也在此解構神聖的運動中形成了潑辣粗鄙的風格。

懷讓一系馬祖的弟子百丈懷海首先根據禪宗發展的實際狀況制定禪門規式，「不立佛殿，唯樹法堂」，雖號稱是「表佛祖親囑受，當代為尊也」（《景德傳燈錄》卷六《洪州百丈山懷海禪師》），但實際上是把如來請下了聖殿，把佛教的外在信仰徹底地轉變為向內修持，把偶像崇拜徹底地轉變為自心覺悟。佛殿是律寺的主要建築，供養諸佛菩薩，崇飾莊嚴，耗資巨大，是「蠹民之費」而「謟神佞佛」的設施，因而向來是反佛、排佛者攻擊的對象。懷海改佛殿為法堂，不僅避免了佛教勞民傷財的社會弊病，掃除了反佛、排佛者的重要藉口，而且以其簡樸的傳教方式和反偶像的姿態，符合農禪一貫的自耕自足、自證自悟的精神，

如果說懷海從形式上拆毀了佛教偶像崇拜的神殿的話，那麼他的師兄大珠慧海禪師則從理論上解構了佛教的信仰基礎和佛的神聖地位。慧海的《頓悟入道要門論》引經云：「聖人求心不求佛，愚人求佛不求心；智人調心不調身，愚人調身不調心。」（《大珠禪師語錄》卷上《頓悟入道要門論》，長沙刻經處本）令人懷疑的是，慧海並沒有標明所引佛經名，與這段話前後引經標明《楞伽經》、《維摩經》、《佛名經》、《禪門經》的作法頗為不同，因此所謂「經云」很可能是他自己的觀點。這段話將「求佛」與「求心」對立起來，提倡「求心」而反對「求佛」，從而把禪宗強調頓悟自性、反對偶像崇拜的傳統推向極端。慧海以「心」為佛教的唯一本體，並據此重新解釋了「佛」、

「法」、「僧」三寶的含義：「心是佛，不用將佛求佛；心是法，不用將法求法；佛法無二，和合為僧，即是一體三寶。」（同上卷下《諸方門人參問》）按此邏輯，既然每個僧人自身一體即具三寶，那麼外在的佛、法、僧三寶也就不再神聖了。所以，慧海指出：「汝若能謗於佛者，是不著佛求；毀於法者，是不著法求；不入眾數者，是不著僧求。」（同上）公然認為「謗佛」就是「求心不求佛」，「毀法」就是「求心不求法」，公然提倡「不入眾數（僧團）」的特立獨行。懷海的弟子黃檗希運禪師表述得更明白：「不著佛求，故無佛；不著法求，故無法；不著眾求，故無僧。」（《古尊宿語錄》卷三《黃檗斷際禪師宛陵錄》）以「無佛」、「無法」、「無僧」消解了三寶的一切價值。

慧海、希運的言論無疑是驚世駭俗的，但在當時卻代表著農禪中的一股普遍思潮。青原行思一系石頭希遷（700-790）的門徒蔑視佛法的傾向與慧海、希運完全一致，行動表現更有過之而無不及。如希遷的弟子丹霞天然（739-824）在慧林寺時，遇天大寒，便取木佛焚燒以禦寒。有人批評他這種褻瀆神靈的行為，丹霞曰：「吾燒取舍利。」人曰：「木頭何有（舍利）？」丹霞說：「若爾者，何責我乎？」（見《景德傳燈錄》卷一四《鄧州丹霞山天然禪師》）竟將理論上「謗佛」、「無佛」化為行動上的焚燒佛像。又如希遷的三傳弟子德山宣鑒（780-865）曾經精研律藏，不服禪宗的直指人心、見性成佛之說，擔上《青龍疏鈔》出蜀，準備和南宗禪辯論一場。沒想到在至湖南澧州的路上，一個賣點心的婆子給他出了道難題：「《金剛經》道：『過去心不可得，現在心不可得，未來心不可得。』未審上座點那個心？」德山滿腹律藏竟無以對答。

後來德山從澧州龍潭崇信禪師而悟，更意識到經論疏鈔在
啟悟人的心靈方面毫無用處：「窮諸玄辯，若一毫置於太
虛；竭世樞機，似一滴投於巨壑。」於是就在龍潭的法堂
上將《青龍疏鈔》付之一炬。從此，德山這個曾經以講解
《金剛經》聞名的「周金剛」，成了人人皆知的「呵佛罵祖」
的急先鋒。他上堂說法竟宣稱：

> 我先祖見處即不然，這裏無祖無佛，達磨是
> 老臊胡，釋迦老子是乾屎橛，文殊、普賢是擔屎
> 漢。等覺妙覺是破執凡夫，菩提涅槃是繫驢橛，
> 十二分教是鬼神簿、拭瘡疣紙。四果三賢、初心
> 十地是守古塚鬼，自救不了！（《五燈會元》卷七
> 《德山宣鑒禪師》）

真個痛快淋漓，潑辣火爆，把佛教各種偶像、教條罵了個
遍。「呵佛罵祖」的背後是對「自救」（自我拯救）的強烈
呼喚。這段痛罵表達了德山覺悟後誓與佛教義學劃清界限
的決心，同時也表達了他對任何外在的經典、權威和偶像
的輕蔑。最有意思的是，德山這段話的每一個判斷句的主
語都是神聖的佛祖菩薩和經教名相等外來名詞，而謂語都
是污穢粗鄙、低賤卑下的侮辱性的本土名詞，這似乎不僅
意味著佛教的偶像崇拜和外在信仰在禪門的徹底坍塌，而
且意味著本土農禪話語對外來印度話語的長期不滿的一次
徹底清算。

　　這種「呵佛罵祖」的言詞，在中晚唐禪師的語錄裏隨
處可見，如馬祖的再傳弟子趙州從諗上堂有云：「金佛不
度爐，木佛不度火，泥佛不度水，真佛內裏坐。」（《景德

傳燈錄》卷二八《趙州和尚從諗語》）與丹霞天然燒木佛烤火的思路如出一轍。事實上，希遷的湖南禪與馬祖的洪州禪有千絲萬縷的聯繫，如希遷曾問道於懷讓（見《祖堂集》卷四《石頭和尚》），丹霞曾參拜過馬祖（見同上《丹霞和尚》），而德山的師祖天皇道悟很可能就是馬祖的弟子天王道悟（見《全唐文》卷七一三唐丘玄素《天王道悟禪師碑》，中華書局影印本，1983年）。因此，百丈懷海的再傳弟子臨濟義玄也有德山式的痛罵：

> 十地滿心猶如客作兒，等妙二覺擔枷鎖漢，羅漢辟支猶如廁穢，菩提涅槃如繫驢橛。（《鎮州臨濟慧照禪師語錄》，《大正藏》第四十七卷）

「十地滿心」等術語都是指佛教徒修行所達到的境界，而在義玄看來，這些神聖的境界不過是迷失自性、喪失主宰的雇工（「客作兒」），是自縛心性、不知解脫的囚徒（「擔枷鎖漢」），其污染心性猶如廁所裏的糞便（「廁穢」），其拘執心性猶如拴驢子的木樁（繫驢橛）。他甚至公開號召「毀佛毀祖，是非天下，排斥三藏教，罵辱諸小兒，向逆順中覓人」（同上），言詞更為激烈。義玄的「乾屎橛」之說也很有名：

> 上堂云：「赤肉團上有一位無位真人，常從汝等諸人面門出入。未證據者看看！」時有僧出問：「如何是無位真人？」師下禪床把住云：「道道！」其僧擬議。師托開云：「無位真人是什麼乾屎橛！」便歸方丈。（同上）

「乾屎橛」就是乾硬的棒狀的屎塊[5]，比喻至穢至賤之物。雲門文偃禪師（864-949）也繼承了這種作風：「問：『如何是釋迦身？』師云：「乾屎橛。」」（《雲門匡真禪師廣錄》卷上，《大正藏》第四十七卷）這種把佛菩薩比作「乾屎橛」的說法，或許包含有莊子所謂「道在屎溺」的觀念（見郭慶藩《莊子集釋·知北遊》，中華書局排印本，1982年），但似乎更多地表明了這樣的看法，即佛菩薩是對頓悟自性毫無幫助的廢物。

與「呵佛罵祖」思潮相聯繫，禪門中離經慢教的趨向也發展到極端。百丈懷海反覆向僧眾講明，佛教的一切「有無知見」，即各種以理性知識形式為載體的佛法，都是障蔽人自性的東西，都是農禪必須清除的「糞」，他指出：「只如今求佛求菩薩，求一切有無等法，是名運糞入，不名運糞出。只如今作佛見，作佛解，但有所見所求所著，盡名戲論之糞，亦名粗言，亦名死語。」（《古尊宿語錄》卷二《大鑒下三世百丈大智禪師語之餘》）其弟子黃蘗希運也有類似的說法：「所以佛出世來，執除糞器，蠲除戲論之糞。只教你除卻從來學心見心，除得盡，即不墮戲論，亦云搬糞出。」（同上卷三《黃蘗斷際禪師宛陵錄》）也就是說，佛的本意是清除人的「知見」，猶如「搬糞出」；而苦苦探求佛的見解，執著於佛經的「戲論」，則反而增加了人的「知見」，猶如「運糞入」，與佛的本意南轅北轍。顯然，視佛經為「戲論之糞」，這是對以解說、闡釋、註疏佛經為宗旨的義學各派的一種辛辣諷刺。

5「乾屎橛」一詞，《辭海》釋為「拭糞之橛也」，《漢語大詞典》釋為「廁籌」，即「刮屎篦」，均誤。當依日本學者入矢義高釋為「棒狀的乾糞」，見《俗語言研究》第二期《禪語散論——「乾屎橛」「麻三斤」》，禪籍俗語言研究會編，日本京都花園大學禪文化研究所發行，1995年。

　　懷海的另一弟子古靈神贊禪師忠實地繼承了其師的衣缽，反對讀經，以清除「知見」。古靈神贊原在福州大中寺受業，後來行腳到洪州，遇到百丈懷海而開悟。悟後回到本寺。一日，神贊看到他的受業師在窗下看經書，一隻蜂子在紙窗上爬來爬去想鑽出窗外，便說：「世界如許廣闊，不肯出；鑽他故紙，驢年去。」並作了一首偈諷刺包括他老師在內的埋頭經書的人：「空門不肯出，投窗也大癡。百年鑽故紙，何日出頭時？」（《五燈會元》卷四《古靈神贊禪師》）[6]沈溺於經書的人，就如同蜂子一樣在語言文字的紙窗上東碰西撞，忘記了廣闊世界任他橫行豎行。中國的十二生肖裏沒有「驢年」，因此，「鑽他故紙，驢年去」，就是說永無出頭之日。俗話說：「人生識字糊塗始。」人們常常被語言文字所異化，通過語言文字來瞭解真實的存在，在自己與活生生的世界之間樹起一扇理性知識的紙窗，從來就沒有想到過理性及語言文字有可能欺騙它的使用者。人們靠語言來瞭解世界，而語言卻遮蔽了世界的真相，使認識發生了混亂。人們的學佛也是如此，本來力圖通過讀佛經來瞭解佛的真諦，而佛經的文字卻遮蔽了佛的真諦。鑽故紙而不得出，這是碰窗蜂子的困惑，是讀經和尚的困惑，也是墮入理窟的人類的困惑。所以，人們只有返回來時的路，返回原初的素樸之心，才能發現世界的本來面目。對於參禪者來說，就是要掃除經教文字造成的事障、理障、言語障，從而恢復本來清淨的自性，即佛性。

　　大珠慧海在倡導謗佛毀法的同時，也雄辯地論證了讀

6《祖堂集》卷一六、《景德傳燈錄》卷九均載此事，文字稍異。「蜂子」《祖堂集》作「蠅子」，「驢年去」《祖堂集》作「驢年解得出」，《景德傳燈錄》作「驢年出得」。又《祖堂集》、《景德傳燈錄》未載這首偈。

經誦經的愚蠢幼稚。據《景德傳燈錄》所載《越州大珠慧海和尚語》：

> 僧問：「何故不許誦經，喚作客語？」師曰：「如鸚鵡只學人言，不得人意。經傳佛意，不得佛意而但誦，是學語人，所以不許（誦經）。」曰：「不可離文字言語別有意耶？」師曰：「汝如是說，亦是學語。」曰：「同是語言，何偏不許？」師曰：「汝今諦聽。經有明文：『我所說者，義語非文；眾生說者，文語非義。』得意者越於浮言，悟理者超於文字。法過語言文字，何向數句中求？是以發菩提者得意而忘言，悟理而遺教，亦猶得魚忘筌、得兔忘蹄也。」（《景德傳燈錄》卷二八《越州大珠慧海和尚語》）

馬祖曾經告訴慧海，求佛法不如求「自家寶藏」，「是汝寶藏，一切具足，更無欠少，使用自在，何假向外求覓」（同上卷六《越州大珠慧海禪師》）。禪宗將頓悟自性喻為「作主」（主），將依經生解視為「作客」（賓），主張「隨處作主，立地皆真」，所以慧海把誦經看作是與表現自性之「主」無關的「客語」或「學語」。慧海進一步認為，佛所說的，是「第一義」（義語）而非語言文字，人們所說的，是語言文字（文語）而非「第一義」。因此要領悟「第一義」，必須超越語言文字。儘管從《越州大珠慧海和尚語》中可看出他本人對佛經教理非常熟悉，有很高的義學修養，然而自從跟隨馬祖悟道以後，他就在理論上對義學反戈一擊，充當了禪宗離經慢教的辯護士。慧海的語言觀很接近早期

禪宗祖師，即一方面引證佛經原典本身來說明語言文字虛幻性質；另一方面引申莊子「得意而忘言」的觀點，提出拋開佛經、直契佛理的「悟理而遺教」的接受方法。

正如不少學者所指出的那樣，禪宗是魏晉玄學與佛教禪學相結合的產物，不僅其「本心即佛」論、頓悟解脫論等帶有玄學的影子，而且其語言觀也打下玄學鮮明的烙印。玄學的語言觀源於莊子，而莊子對語言基本持一種虛無主義的態度。莊子首先認為道不可言或言不盡意，「可以言論者，物之初也；可以意致者，物之精也；言之所不能論，意之所能察致者，不期精粗焉」（《莊子集釋·秋水》）。這種認識有時基於道不待言或意不待言的看法，所謂「天地有大美而不言，四時有明法而不議，萬物有成理而不說」（《莊子集釋·知北遊》），就是這個意思。天地、四時、萬物按其本然規律運行，按其素樸的面貌呈現，天然和諧，何須人為的語言去分析、說明或描述呢？人的體驗也如此，既然已得道於心，又何須向人表白陳述，用人為的語言去拆解那份真切而渾然的感受呢？既然「言者不知」，那麼最好的辦法就是「知者不言」。由於宣揚一種學說理論迫不得已要使用語言，因此莊子儘量運用「寓言」（寄寓他人之言）、「重言」（重複拖沓之言）、「卮言」（無心之言或支離之言）等言說方式[7]，反覆說明自己「以謬悠之說，荒唐之言，無端崖之辭，時恣縱而不儻，不以觭見之也。以天下為沉濁，不可與莊語，以卮言為曼衍，以重

---

7 「重言」，郭象注、成玄英疏、陸德明《釋文》皆以世人所重之言釋之，是讀為「重（zhong）言」。而郭慶藩《莊子集釋·寓言》引郭嵩燾（家世父）曰：「重，當為直容切。《廣韻》：『重，複也。』莊生之文，注焉而不窮，引焉而不竭者是也。郭（象）云世之所重，作柱用切者，誤。」根據莊子對語言的態度，「重言」似當依郭嵩燾說讀作「重（chong）言」。

言為真，以寓言為廣」（《莊子集釋・天下》），或以「寓言」彰明語言的工具性質，或以「重言」突出語言的荒謬特點，或以「巵言」暗示語言的隨意自由，從而把讀者對語言本身的注意和信任轉移到對所寓之意的領悟上來。事實上，莊子正是大力提倡一種「得意忘言」的接受方法：「筌者所以在魚，得魚而忘筌；蹄者所以在兔，得兔而忘蹄；言者所以在意，得意而忘言。」（《莊子集釋・外物》）正如筌是捕魚的工具、蹄是捉兔的工具一樣，語言也只是表達或獲取意識的工具和手段。交流的根本目的不在於語言的碰撞，而在於思想資訊的溝通。莊子的語言本體觀可概括為「工具說」，這與某些現代語言學的觀念非常接近，如美國語言學家薩丕爾就指出：「語言是純粹人為的，非本能的，憑藉自覺地創造出來的符號系統來傳達觀念、情緒和欲望的方法。」[8]

莊子的語言理論和實踐，都給了禪宗相當大的啟示。其一，莊子對自身語言性質的描述，所謂「謬悠之說、荒唐之言、無端崖之辭」，起發禪師們重新思考佛經語言的性質，從而發現佛經的一切陳述都可以看作「戲論」，或「粗言」、「死語」，並非那麼神聖不可侵犯。其二，莊子謬悠荒唐的言說方式，啟發禪師們進一步背離佛經名相佛經的「莊語」，用粗話甚至髒話去貶損佛經的權威。其三，莊子的「得意忘言」論，啟發禪師們「悟理而遺教」，進而完全拋開經教，只悟自心。當然，必須指出的是，禪宗無論是理論上對語言文字的否定，還是實踐上對謬悠荒唐之言的使用，都較莊子走得更遠。畢竟，禪宗的基本隊伍還不是

8 愛德華・薩丕爾《語言論》第7頁，陸卓元譯，商務印書館，1985年。

學養深厚、心慕玄遠的士大夫，而是文化低下、普請執役
的農民，因而需要用一種極端的否定書籍文字的姿態來獲
得自己的話語權。

　　農禪的生存方式和玄學的思想傳統合流，造就中晚唐
禪宗波瀾壯闊的呵佛罵祖、離經慢教的運動。而晚唐時期
封建主義上層建築和意識形態的土崩瓦解，則從更大的社
會範圍內加速了佛教經典聖殿的坍塌。從此，禪宗「不立
文字」的傾向發展到極點，禪宗語言更徹底地與佛典語言
分道揚鑣。

第三章

分燈禪：禪門宗風的確立

第三章　分燈禪：禪門宗風的確立

在晚唐五代這個戰火頻仍、文化衰落的年代，禪宗迎來了自己發展史上的黃金時期。南嶽懷讓一系經過馬祖道一、百丈懷海數傳，由溈山靈祐與弟子仰山慧寂開創了溈仰宗。懷海另一弟子黃檗希運，再傳臨濟義玄，開創了臨濟宗。青原行思一系經過石頭希遷、藥山惟儼、云岩曇成（？-829）數傳，由洞山良價（807-869）與弟子曹山本寂（840-901）開創了曹洞宗。石頭另一支，經天皇道悟、龍潭崇信、德山宣鑒、雪峰義存數傳，由云門文偃開創了云門宗。又雪峰門下經玄沙師備、羅漢桂琛（867-928）數傳，由清涼文益（885-958）開創了法眼宗[1]。這就是禪宗的「五家」。　「一花開五葉，結果自然成」，這首載於《壇經》各本的達摩偈語，在晚唐五代終於應驗了。一時間，禪宗勢力分佈全國各地，幾乎成為唯一的佛教宗派。

五家的形成與當時的社會狀況有關。本來在中唐，石頭希遷和馬祖道一的關係頗為密切，並無宗派的分別，不少禪門大德行腳於湖南、江西之間，並無門戶的偏執。但到了唐武宗會昌（841-846）毀佛之後，佛教也包括禪宗原有的格局被打亂，禪宗復興者分佈四方，由於受到晚唐五代地方割據政權的影響，因而自然帶上不同政治、不同文化、不同地域的宗派風格。同時，由於南宗禪勢力強大，分佈甚廣，天下僧徒幾乎盡入禪門，造成統緒紛繁、思想駁雜的局面，因此，在「舉唱宗乘」、「辨別邪正」的旗幟

1　據當今學者考證，藥山惟儼和天皇道悟（天王道悟）很可能是馬祖的弟子，因此曹洞、雲門、法眼三宗出自青原的說法就頗值得懷疑。參見葛兆光《中國禪思想史》第298-302頁。此處為論述方便，仍從《祖堂集》、《景德傳燈錄》的說法。

下，各種自詡為正宗的派別便紛紛出現，造成「天下叢林
至盛，禪社極多」的局面（釋文益《宗門十規論・護己之
短好爭勝負第十》，臺北藝文印書館《禪宗集成》本第一
冊）。再者，在晚唐五代時期，一些宗師從不同角度發展了
禪學理論，並形成富有個性的言說方式，所謂「逮其德
山、林際（臨濟）、潙仰、曹洞、雪峰、雲門等，各有門庭
施設，高下品題」（《宗門十規論・黨護門風不通議論第
二》），而其門徒，各自「護宗黨祖」，相互攻訐，漸至門戶
森嚴。本來，宗教思想史上的所謂「派別」，並非像江河派
別一樣，最終眾流歸一，而是像大樹分枝，一本生成眾
末，或如「一花開五葉」。因此，禪宗五家的形成，也是宗
教思想史發展的邏輯結果。

　　與五家繁衍的盛況相應，晚唐五代的禪宗語言也極為
豐富多彩。其實，五家基本思想還是遵循「直指人心，見
性成佛」的宗旨，其主要歧異更多地表現在如何闡釋這一
宗旨方面。「師唱誰家曲？宗風嗣阿誰？」這兩句在五代
流行開來的話頭[2]，充分說明宗風嗣法「誰家」主要在於
「唱誰家曲」即採用「誰家」的言說方式。由於禪社的建
立，應機接人，勘辨邪正，各自便有了規矩，拜師猶如入
夥，俗語漸成行話，「宗門語」亦由隨問隨答的樸質而增
加了許多隨機應變的巧妙。同時，也正因為宗派的建立，

2「師唱誰家曲？宗風嗣阿誰？」這兩句話最早似見於僧問臨濟宗風穴延昭禪師
　（896-973），見《景德傳燈錄》卷一三。同時或稍後，臨濟宗興陽歸靜、首山省
　念、曹洞宗石門獻蘊、藥山忠彥、含珠山真和尚、石門慧徹、大安能和尚、潭州延
　壽和尚、護國志朗、穀隱知儼、石門紹遠、梁山緣觀、雲門宗谷山豐禪師、樂淨含
　匡、雪峰義存法孫資福智遠、岳麓和尚、德山宣鑒四世法孫四祖清皎、三角真鑒等
　都回答過同樣的問題。參見《景德傳燈錄》卷一三、二〇、二一、二二、二三、二
　四。

禪門宗師為了「語不失宗」，多祖述前輩大師的話頭，因而禪宗語言從總體上日益走向程式化的道路。

一、棒喝：截斷言路的手段

禪宗「不立文字」的精神，以臨濟宗「棒喝」門風的流行而推向極點。所謂「棒喝」，是指禪師在接待初學者之時，不用語言，或當頭一棒，或大喝一聲，藉以表達各種禪機，考驗初學者的悟性。

作為接引學人的一種手段，禪宗的「棒喝」可謂源遠流長。最早的棒喝可溯源到六祖慧能，據《壇經》記載，慧能在神會身上就使用過棒喝：

> 玉泉寺有一童子，年十三歲，當陽縣人，名曰神會，禮師三拜，問曰：「和尚坐禪，還見不見？」師以柱杖打一下，卻問：「汝痛不痛？」對云：「亦痛亦不痛。」師曰：「吾亦見亦不見。」神會問：「如何是亦見亦不見？」師曰：「吾之所見，常見自心過愆，不見他人是非好惡，是以亦見亦不見。汝言亦痛亦不痛如何？汝若不痛，同其木石；若痛，即同凡夫，即起於恨。」師曰：「神會小兒向前！見不見，是二邊；痛不痛，屬生滅。汝自性且不見，敢來弄人。」[3]

就這段描寫來看，慧能杖打神會只是為了引起一場關於「見不見」的中道觀、「痛不痛」的生滅心的討論，啟

---

3 《壇經對勘》第121頁惠昕本，法海、契嵩、宗寶諸本文字略異，而記載慧能杖打神會則同。

發神會頓悟自性。杖打只是觸發言教的媒介，而非代替語言的手段。換言之，杖打的作用是引出言詮理路，而非截斷言詮理路。儘管如此，慧能的這種做法畢竟因其具有經典意義而被南宗繼承下來。

　　據各種禪籍記載顯示，棒喝是洪州禪的一個傳統。百丈懷海參拜馬祖，馬祖見他來，取禪床角頭拂子豎起。百丈云：「即此用，離此用。」馬祖掛拂子於舊處，懷海沉默良久。馬祖云：「你已後開兩片皮，將何為人？」百丈遂取拂子豎起。馬祖云：「即此用，離此用。」百丈掛拂子於舊處，馬祖便大喝一聲，喝得他三日耳聾。百丈後來對弟子黃檗希運說：「佛法不是小事，老僧昔再參馬祖，被大師一喝，直得三日耳聾眼暗。」黃檗聽了不覺吐舌，且曰：「今日因師舉，得見馬祖大機之用。」（《景德傳燈錄》卷六《洪州百丈山懷海禪師》）百丈與馬祖之間的這段公案有兩點值得注意，一是「豎起拂子」的「勢」（動作）和令人耳聾的「喝」，二是「勢」和「喝」中蘊藏的佛法禪機。黃檗所謂「大機之用」的具體內涵很難猜測，但可以肯定的是他將「勢」和「喝」看作是表現佛法禪機的重要手段。溈山靈祐和仰山慧寂曾討論這段公案，溈山問：「百丈再參馬祖因緣，此二尊宿意旨如何？」仰山答：「此是顯大機大用。」溈山又問：「馬祖出八十四人善知識，幾人得大機，幾人得大用？」仰山云：「百丈得大機，黃檗得大用，餘者盡是唱導之師。」（見《五燈會元》卷三《百丈懷海禪師》旁注）大意是說，百丈領悟了馬祖「即此用，離此用」的禪機，而黃檗則繼承了用「勢」與「喝」的接引方式。

　　事實上，黃檗不僅承此門風，而且又有發展，加上杖

打之「用」。臨濟義玄參見黃檗，問：「如何是祖師西來的的意？」黃檗便打，如此問三遍，遭打三遍。義玄辭別黃檗，去參大愚禪師。於是便有以下一段頗為風趣的故事：

愚問曰：「什麼處來？」曰：「黃檗來。」愚曰：「黃檗有何言教？」曰：「義玄親問佛法的的意，蒙和尚便打。如是三問，三轉被打，不知過在什麼處？」愚曰：「黃檗恁麼老婆，為汝得徹困，猶覓過在。」師於言下大悟，云：「元來黃檗佛法無多子。」大愚搊住云：「者尿床鬼，子適來又道不會，如今卻道黃檗佛法無多子。你見個什麼道理？速道速道！」師於大愚肋下築三拳。大愚托開云：「汝師黃檗，非干我事。」師辭大愚，卻回黃檗。黃檗云：「汝回太速生。」師云：「只為老婆心切，便人事了。」侍立次，黃檗云：「大愚有何言句？」師遂舉前話。黃檗云：「這大愚老漢，待見痛與一頓。」師云：「說什麼待見，即今便與。」隨後便打黃檗一掌。黃檗云：「這瘋癲漢，卻來這裏捋虎鬚。」師便喝。黃檗云：「侍者，引這瘋癲漢參堂去。」（《景德傳燈錄》卷一二《鎮州臨濟義玄禪師》）

通過大愚的點撥，義玄恍然大悟：黃檗的三次杖打，無非是要告訴自己，佛法並沒有多少神秘之處（佛法無多子），而且無道理可說。所以，當大愚要義玄講講到底悟見什麼道理時，義玄不作回答，卻打大愚三拳。回到黃檗處，更

以其人之道還治其人之身，打一掌，喝一聲，全不講道
理。後來，義玄到河北鎮州傳法，更「多行喝棒」（《祖堂
集》卷一九《臨濟和尚》），成為宗門著名的「臨濟喝」。下
面試看一段關於「臨濟喝」的記載：

> 上堂。僧問：「如何是佛法大意？」師豎起
> 拂子，僧便喝，師便打。又僧問：「如何是佛法
> 大意？」師亦豎起拂子，僧便喝，師亦喝。僧擬
> 議，師便打。師乃云：「大眾，夫為法者，不避
> 喪身失命。我二十年在黃檗先師處，三度問佛法
> 大意，三度蒙他賜杖。」（《鎮州臨濟慧照禪師語
> 錄》）

　　義玄上堂說法，既豎拂子，又用棒喝，可謂集洪州禪
之大成。在南宗禪的傳統中，通常僧問「如何是佛法大
意」，禪師總得回答，哪怕用的是風馬牛不相及的句子。而
到了臨濟宗這裏，不僅有問而無答，而且是誰問「如何是
佛法大意」，誰就得遭杖打，幾乎成為一種公式。為什麼誰
問誰就得挨打呢？這是因為提問近似「擬議」，而「擬議」
就是計較思量的意思[4]，也就是禪宗反對的「知見」。正如
前面所說，禪宗認為所謂佛法大意並不神秘，並不遙遠，
只在日常的生活中，因此有所謂「見則直下便見，擬思
（同『擬議』）即差」的說法（《景德傳燈錄》卷一四《澧州

4「擬議」一詞，見《周易正義・繫辭上》：「擬之而後言，議之而後動，擬議以成
　其變化。」《十三經註疏》本。宗門借用其語，謂「欲言而未言」或「涉計較思
　量」。參見《禪語辭書類聚》第二冊日本無著道忠撰《葛藤語箋》第67頁，日本京
　都花園大學禪文化研究所印行。

龍潭崇信禪師》載天皇道悟語）。既然「擬議即差」，那麼「開口便錯」；既然「第一義」不可言說，那麼要追問「如何是佛法大意」，本身問題就提錯了，所以該挨打。這種近乎蒙昧主義的「棒喝」，其旨意乃在打破參學者對語言的迷信和幻想。換言之，「棒喝」試圖以一種極端的手段來警醒參學者的迷誤，打斷參學者正常的理路言詮，使之進入非理性非邏輯的混沌狀態，從而破除文字執，在一瞬間以超出常情的直覺體驗直接悟道。所以，我們在禪籍中能看到遭棒喝的和尚忽然大悟的故事（如《五燈會元》卷一一《興化存獎禪師》、《定上座》等），這就是所謂「機前語活，棒頭眼開」。

德山宣鑒的門風也如此，其棒喝的峻烈絲毫不亞於臨濟。據當今學者考證，德山的師祖乃天王道悟，為馬祖法嗣，因此德山也應屬於洪州禪系，與臨濟同源而異流。臨濟曾派侍者到德山處參教，令其以拄杖對拄杖，考驗德山門風（見《景德傳燈錄》卷一五《朗州德山宣鑒禪師》）。德山上堂說法，與臨濟如出一轍：

> 上堂。曰：「今夜不得問話，問話者三十拄杖。」時有僧出，方禮拜，師乃打之。僧曰：「某甲話也未問，和尚因什麼打某甲？」師曰：「汝是什麼處人？」曰：「新羅人。」師曰：「汝上船時便好與三十拄杖。」（同上）

問話即挨打，這與臨濟相同；不問話也挨打，這是德山的特點。所以他示眾時有「道得也三十棒，道不得也三十棒」的說法（《五燈會元》卷七《德山宣鑒禪師》），比臨濟走得

更遠。儘管如此，德山的棒喝仍非毫無道理，而有其禪學
目的。如上面所引這段上堂說法的故事，《祖堂集》是這
樣記載的：「師又時云：『問則有過，不問則又乖。』僧
便禮拜，師乃打之。僧云：『某甲始禮，為什麼卻打？』
師云：『待你開口，堪作什麼？』」（《祖堂集》卷五《德山
和尚》）可見，「打」是不許開口即不許「擬議」的意思。
《祖堂集》又載：「巖頭問：『凡聖相去多少？』師喝一
聲。」（同上）這一「喝」，就是要求超越凡聖分別的意
思。總之，德山反對以任何言句來討論佛法禪理，他的弟
子雪峰義存問：「從上宗風，以何法示人？」他回答說：
「我宗無語句，實無一法與人。」所以，有僧問：「如何是
菩提？」他便打，且曰：「出去，莫向這裏屙屎！」（《景
德傳燈錄》卷一五《朗州德山宣鑒禪師》）可以說把禪宗
「不立文字」的精神發揮得淋漓盡致。

　　據《宋高僧傳》稱，「天下言激箭之禪道者，有德山
門風焉」（《宋高僧傳》卷一二《唐朗州德山院宣鑒傳》）；
而臨濟「示人心要，頗與德山相類」（同上《唐真定府臨濟
院義玄傳》）。至遲在五代時，已有了「棒喝亂施，自云曾
參德嶠臨濟」的說法（《宗門十規論・對答不觀時節兼無宗
眼第四》），到了宋代，各種禪籍遂以「德山棒，臨濟喝」
並稱[5]。值得注意的是，德山和臨濟恰巧是中晚唐之際「呵
佛罵祖」的急先鋒，由此可見，「棒喝」由一種權宜的表
現佛理禪機的「勢」而成為德山、臨濟建立門庭的最重要
的應接方式，是洪州禪否定佛教經典、權威、偶像運動的
歷史發展的必然結果。事實上，德山的弟子巖頭全奯（826-

5　如釋克勤《碧巖錄》卷一第八則《翠巖眉毛》「這個示眾直得千古無對，過於德山
　　棒、臨濟喝」。《佛藏要籍選刊》第十一冊。

883）就窺見其中消息：「德山老人尋常只據目前一個杖子，佛來亦打，祖來亦打，爭奈較些子。」(《景德傳燈錄》卷一五《朗州德山宣鑒禪師》旁注引岩頭語）棒喝之中，包含著超佛越祖、尊崇自性的精神。臨濟對此也頗有會心，他覺悟後敢於「捋虎鬚」，築大愚三拳，打黃蘗一掌，正是基於對蔑視權威、自信自主的洪州禪精神的深刻理解。而他從那些「莫受人惑，向裏向外，逢著便殺，逢佛殺佛，逢祖殺祖，逢羅漢殺羅漢，逢父母殺父母，逢親眷殺親眷」的言詞裏（《鎮州臨濟慧照禪師語錄》），我們也能感受到「棒如雨點，喝似雷奔」的峻烈門風。

從純粹語言學的角度來看，棒喝是一種特殊的言說方式。棒喝的使用者們深信，人為的語言永遠不能揭示世界的真相，在「能指」與「所指」之間有一條永遠無法跨越的鴻溝，因此最好的辦法是「言語道斷」。義學各派的疏經造論是佛教語言的建構，相信「能指」可普渡眾生；禪宗各派的行禪證道則是佛教語言的解構，相信「所指」可直達彼岸。而棒喝則不僅解構佛教語言，而且解構一切與思維有關的語言，嘗試用一種無言之言傳達佛理禪機。然而這種解構似乎過於徹底，既見不到「能指」的筏，也找不到「所指」的岸。

必須指出的是，棒喝絕不僅僅是純粹語言學的問題，它的流行有其特殊的社會背景和文化土壤。從社會學的角度來看，晚唐五代時期的藩鎮割據，使封建皇權及其意識形態面臨崩潰，社會風氣敗壞，價值標準顛倒。臨濟所處的河北鎮州，更幾乎成為化外之區[6]。而棒喝正是整個社會

---

6 參見繆鉞《宋代文化淺議》，《國際宋代文化研討會論文集》，四川大學出版社，1991年。

尤其是河北地區道德話語失範的曲折反映。從宗教學的角度來看，宗教權威的喪失往往伴隨著宗教信仰的失落。晚唐武宗的毀佛，不僅促進佛教的禪宗化，而且促進禪宗的非宗教化。從某種意義上說，棒喝是整個佛教界信仰危機的曲折表現。從心理學的角度來看，中晚唐的政治局勢的惡化，造就一大批社會的「多餘人」，如士大夫階層中落第的舉子，農民階層中無業的流民，壓抑、鬱悶、牢騷和不滿是瀰漫於社會的普遍情緒，而棒喝正有如士大夫的「不平則鳴」，是農禪遊僧的一種解除壓抑、發泄情緒的有效手段。換言之，棒喝是晚唐社會的世紀末情緒的折射。從文化學的角度來看，晚唐五代文化的全面衰落，使得極端「不立文字」的禪宗成為封建文化廢墟上的幸運兒，而棒喝正以其反文化、非文化的形式，在文化素質低下的社會中倍受歡迎。

二、機鋒：應接學人的藝術

　　前人稱臨濟宗的接人方式是「有殺有活」。「殺」是指「破」，破除一切知見，把參學者逼上絕路；「活」是指「立」，建立頓悟一途，使參學者絕處逢生。棒喝的作用顯然是「殺」是「破」，然而，沒有任何宗教能僅僅依靠否定一切而承傳下去，也沒有任何宗教的承傳能徹底放棄語言。事實上，「德山棒，臨濟喝」只是宗門的一種避免回答的消極手段，它在解構佛教話語系統的同時，也可能解構禪宗自己的話語系統。禪宗需要有「活」有「立」，需要一種應付回答的積極手段，於是，一種在解構佛教義學舊文字的基礎上建構的禪宗自己的新文字便應運而生，這就是所謂「機鋒」。

　　「機鋒」　形成於晚唐五代，是禪宗在否定佛經語言的同時自己創立的語言藝術，是「不立文字」的另一種表現，是禪宗最有特色的傳道、授業、解惑的言說方式。機鋒的說法源於一種比喻，機是指射箭的弩機，鋒是指箭鋒。弩機一觸即發，所以無從觸摸；箭鋒犀利無比，觸之即傷，所以不可依傍。這種藝術主要用於應接學人或勘辨禪者。臨濟義玄指出：「主客相見，便有言論往來，或應物現形，或全體作用，或把機權喜怒，或現半身，或乘師子，或乘象王。如有真正學人便喝。」（《鎮州臨濟慧照禪師語錄》）據此，則機鋒有直接痛快、隨機應變、含蓄深藏、象徵暗示等不同特點。應接學人時，著重在觸機，講頓悟，撥動學人從善之心；勘辨禪者時，著重在機智，講權變，考驗對方的禪法。

　　據法眼宗開山祖師文益《宗門十規論》所言，機鋒是流行於禪宗各家的語言藝術，「其間有先唱後提，抑揚教法，頓挫機鋒，祖令當施，生殺在手」（《宗門十規論・舉令提綱不知血脈第三》）；「又須語帶宗眼，機鋒酬對，各不相辜」（同上《對答不觀時節兼無宗眼第四》）。也就是說，各派宗師應該在言語中帶有禪宗的正法眼藏，以不落跡象、不著思議的語言與他人對答。為什麼要用機鋒呢？文益曾用頗有機鋒的言詞回答了這個問題：

　　　　問：「如何是第一義？」師曰：「我向汝道是第二義。」（《景德傳燈錄》卷二四《金陵清涼文益禪師》）

　　在禪宗看來，佛教的「第一義」是無法用語言文字企

及的，因此，任何試圖解釋「第一義」的語言文字都只能是「第二義」的東西。那麼，要回答諸如「如何是第一義」這一類的問題時，就不能用解釋性的語言，只能用非解釋甚至非邏輯的語言，即超越理性的語言，讓聽者自己去體驗領悟。慧能曾教導學人：「若有人問汝義，問有將無對，問無將有對，問凡以聖對，問聖以凡對。二法相因，生中道義。」（《壇經對勘》第140頁惠昕本）慧能的本意是以「中道之義」消除任何極端的觀點和執著的態度，但這種正問反答的方法，無疑也為後來宗師應接學人提供了很好的典範，同時也為後來宗師如何解釋「第一義」開闢了全新的思路。有無、聖凡等等都只是用概念語言所分割的有限性，它們遠非真實，所以禪師們要故意用概念語言的尖銳矛盾和直接衝突來打破這種對語言、思辨、概念、推理的執著。問無偏說有，問有偏說無，問凡答以聖，問聖答以凡，目的都在於打破和超越任何區分和限定，即任何名相概念，真正體會和領悟到那個所謂真實的絕對本體。

晚唐五代禪宗的機鋒，最常見的形式就是問答之間的語言矛盾和衝突，或是答非所問，或是問答脫節，或是問答背反，或是重複問題，或是反題作答，或是答語倒序，或是迴圈答覆，或是迴圈肯定，或是迴圈否定[7]，利用無意義的言句讓人覺悟到語言的荒謬性質，發現那個絕對本體「第一義」只有通過與語言、思辨的衝突或隔絕才能領會和把握。試看下面數則公案：

　　　問：「古人道覿面相呈時如何？」師曰：

---

7 參見于谷《禪宗語言和文獻》第25-29頁，江西人民出版社，1995年。

「是。」曰：「如何是覿面相呈？」師曰：「蒼天
蒼天。」（答非所問）（《景德傳燈錄》卷一六《福
州雪峰義存禪師》）

　　僧問：「如何是和尚家風？」師曰：「分明
記取。」問：「如何是諸法之根源？」師曰：
「謝指示。」（問答脫節）（同上卷二四《高麗雪岳
令光禪師》）

　　僧問：「如何是清淨法身？」師曰：「屎裏
蛆兒，頭出頭沒。」（問答背反）（同上卷一五
《濠州思明和尚》）

　　有僧問：「如何是曹源一滴水？」淨慧曰：
「是曹源一滴水。」（重複問題）（同上卷二五《天
臺山德韶國師》）

　　僧問：「如何是第二月？」師曰：「森羅萬
象。」曰：「如何是第一月？」師曰：「萬象森
羅。」（答語倒序）（同上卷二四《金陵清涼文益
禪師》）

　　僧禮拜退後，侍者問曰：「和尚適來莫是成
他問否？」師曰：「無。」曰：「莫是不成他問
否？」師曰：「無。」（異問同答）（同上卷一八
《杭州龍冊寺道怤禪師》）

　　問：「如何是樂淨境？」師曰：「有功貪種
竹，無暇不栽松。」問：「如何是樂淨境？」師
曰：「滿月團圓菩薩面，庭前棕樹夜叉頭。」（同
問異答）（同上卷二四《英州樂淨含匡禪師》）

　　問：「如何是西來意？」師云：「如何是不
西來意？」（反題作答）（《祖堂集》卷一○《安國

和尚》）

　　問：「柏樹子還有佛性也無？」師曰：
「有。」曰：「幾時成佛？」師曰：「待虛空落地
時。」曰：「虛空幾時落地？」曰：「待柏樹子
成佛時。」（循環答覆）（《五燈會元》卷四《趙州
從諗禪師》）

　　（師）初禮岩頭（全奯），致問曰：「如何是本
常理？」岩頭曰：「動也。」曰：「動時如何？」
岩頭曰：「不是本常理。」（循環否定）（《景德傳
燈錄》卷一七《台州瑞岩師彥禪師》）

　　師問修山主：「毫釐有差，天地懸隔，兄作
麼生會？」修曰：「毫釐有差，天地懸隔。」師
曰：「恁麼會又爭得？」修曰：「和尚如何？」
師曰：「毫釐有差，天地懸隔。」（循環肯定）
（同上卷二四《金陵清涼文益禪師》）

　　以上諸例中，答非所問是突出語言的無目的性，問答
脫節是突出語言的無邏輯性，問答背反是突出語言的矛盾
性，重複問題是突出語言的累贅性，答語倒序是突出語言
的人為性，異問同答是突出語言的隨意性，同問異答是突
出語言的隨機性，反題作答是突出語言的相對性（即正題
相對於反題而存在），循環答覆是突出語言的循環性（其實
就是所謂「闡釋的循環」）[8]，循環肯定、循環否定是突出

8　禪宗機鋒的循環答覆，以極端的形式突出了語言詮釋的困境，暗合德國哲學家狄
　　爾泰（Wilhelm Dilthey）所謂「闡釋的循環」（der hermeneutische Zirkel），
　　即一部作品的整體要通過個別的詞和片語的組合來理解，可是個別詞的充分理解又
　　假定已經先有了整體的理解為前提。參見張隆溪《二十世紀西方文論述評》第177
　　頁，三聯書店，1986年。

語言的遊戲性。總之，機鋒的運用主要是為了破除人們對語言的迷信和幻想，所以有意識地將語言的荒謬性質推向頂點。從而使參學者從語言的狀態中突圍出來，進入非語言、無思慮的直覺體驗狀態。

　　儘管機鋒是普遍流行於晚唐五代禪宗各家的語言藝術，但各家機鋒仍有不同的特色。在臨濟宗那裏，機鋒如同棒喝一樣，目的也是為了反對參學者的「擬議」，使人超越理性的思索而直接頓悟。義玄曾用三句偈語概括其宗風，第一句：「三要印開朱點窄，未容擬議主賓分。」第二句：「妙解豈容無著問，漚和爭負截流機。」第三句：「看取棚頭弄傀儡，抽牽都藉裏頭人。」[9]大意是說，臨濟有「三要」之印，印可學人，而此印不容有任何思維言語的「擬議」；臨濟的妙解應如文殊菩薩答無著所問，語中含機，方便示人，截斷思維之流；一切言詞都如傀儡演出，是一種受異己力量控制的社會性行為，不能顯現自性的真相。基於這種認識，臨濟宗特別強調言詞的迅疾，開口便道，直下便是，因為在他們看來，稍有遲疑，就落入「擬議」的泥坑。正如汾陽善昭（947-1024）所說，「石火電光猶是鈍，思量擬議隔千山」（《汾陽無德禪師語錄》卷上《五位頌》，《大正藏》第四十七卷），或者「疾焰過風用更難，揚眉瞬目隔千山。奔流度刃猶成滯，擬擬（議）如何更得全」（同上卷下《識機鋒二頌》其二）。所以後人稱「臨濟門庭」的特點是「虎驟龍奔，星馳電激」（釋智昭《人天眼目》卷二，《大正藏》第四十八卷）。試看一段臨濟義玄與鳳林禪師的主客問答：

---

9 同上

　　　林問：「有事借相問，得麼？」師云：「何
　　得剜肉作瘡？」林云：「海月澄無影，游魚獨自
　　迷。」師云：「海月既無影，游魚何得迷？」鳳
　　林云：「觀風知浪起，玩水野帆飄。」師云：
　　「孤輪獨照江山靜，自笑一聲天地驚。」林云：
　　「任將三尺揮天地，一句臨機試道看。」師云：
　　「路逢劍客須呈劍，不是詩人莫獻詩。」鳳林便
　　休。師乃有頌：「大道絕同，任向西東。石火莫
　　及，電光罔通。」（《鎮州臨濟慧照禪師語錄》）

　　這裏的語言酬對，真可謂隨心所欲，八面翻滾，主客
所言，除了「海月」、「游魚」兩句稍微對應以外，其餘語
句，似乎各不相干；同時，這裏的所有句子都是詩句，邏
輯性不強，問答之間看不出因果關係。正如義玄自己的頌
所說，這些句子是「任向西東」，無所謂「意向」；而且
「石火莫及，電光罔通」，再快的思維也無法企及，因為它
是超「擬議」的。義玄的頌實際上是在形容「機鋒」的特
點。

　　潙山與仰山曾討論義玄頌的意思，潙山問仰山：「『石
火莫及，電光罔通』，從上諸聖將什麼為人？」仰山云：
「和尚意作麼生？」潙山云：「但有言說，都無實義。」仰
山云：「不然。」潙山云：「子又作麼生？」仰山云：
「官不容針，私通車馬。」（同上）潙山認為「機鋒」的目
的是暗示否定言說的意義，仰山則認為表面看來「機鋒」
是理路不通（官不容針），但對於有悟性的人來說，它的暗
示性可以通達佛性的大道（私通車馬）。因此，潙仰宗也有
極富機鋒的言句，如下面一則例子：

　　仰山問：「如何是西來意？」師（潙山）
云：「大好燈籠。」仰山云：「莫只這個便是
麼？」師云：「這個是什麼？」仰山云：「大好
燈籠。」師云：「果然不識。」（《景德傳燈錄》
卷九《潭州潙山靈祐禪師》）

　　這段問答具有禪宗機鋒中最常見的兩種形式，一是答
非所問，二是仿答被斥。不過總體說來，潙仰宗受到華嚴
宗理事圓融理論的影響，更多地對佛學的一些理論範疇感
興趣，因此在應接學人時，相對而言較少使用機鋒，而常
常作理性的說明，如潙山接引仰山，仰山問：「如何是
佛？」潙山云：「以思無思之妙，返（思）靈焰之無窮；
思盡還源，性相常住，理事不二，真佛如如。」仰山於語
下頓悟（《祖堂集》卷一八《仰山和尚》、《景德傳燈錄》
卷一一《袁州仰山慧寂禪師》）。在「官不容針，私通車馬」
的暗示性方面，潙仰宗更多地是畫圓相，而非鬥機鋒。
　　曹洞宗的禪法與潙仰宗有相似之處，即較多地注意建
立理論機制，對理事關係特別感興趣。不過，在主客問答
時，仍有一些極玄秘的機鋒，如曹山本寂與德上座的一段
對話：

　　師又問：「佛真法身猶若虛空，應物現形如
水中月，作麼生說應底道理？」德曰：「如驢覷
井。」師曰：「道則太殺道，只道得八成。」德
曰：「和尚又如何？」師曰：「如井覷驢。」
（《撫州曹山元證禪師語錄》，《大正藏》第四十七
卷）

　　德上座「驢覷井」的回答運用了比喻聯想，是說佛真
法身的顯現就像驢子看到井中的身影一樣，是虛幻不實
的。但本寂認為這種說法仍未道中要害，他因此有意用
「井覷驢」這種主賓關係舛謬的語法。如果我們對曹洞宗的
禪法稍有瞭解，就知道本寂的回答正是遵循了曹洞宗「機
貴回互」的原則。什麼叫「回互」呢？本寂解釋說：「回
互者，謂喚那邊作這邊，令特喚主作賓，喚正作偏，喚君
作臣，喚向上作向下。」[10]這種語言上的「回互」，與曹洞
宗關於事理關係對立統一的辯證認識是相一致的。

　　相比較而言，雲門宗的機鋒更接近臨濟宗，其特點是
「絕斷眾流，不容擬議，凡聖無路，情解不通」（《人天眼目》
卷二《雲門門庭》），反思維而超理性。試看云門文偃應接
學人的一段對話：

　　　問：「牛頭未見四祖時如何？」師曰：「家
　　家觀世音。」曰：「見後如何？」師曰：「火裏
　　蟭蟟吞大蟲。」問：「如何是雲門一曲？」師
　　曰：「臘月二十五。」問：「如何是雪嶺泥牛
　　吼？」師曰：「天地黑。」曰：「如何是雲門木
　　馬嘶？」師曰：「山河走。」（《景德傳燈錄》卷
　　一九《韶州雲門文偃禪師》）

　　所有的句子都是答非所問。值得注意的是，雲門宗源
出德山宣鑒，德山的呵佛罵祖、棒喝交馳均與臨濟齊名，
而雲門文偃也有過稱佛為「乾屎橛」的瘋話，因此雲門機

10見日本無著道忠《五家正宗贊助桀》第675頁，日本京都花園大學禪文化研究所
　印行。

鋒如臨濟一樣，具有強烈的反理性主義傾向。後世禪者總結雲門要訣為：「打翻露布葛藤，剪卻常情見解，烈焰寧容湊泊，迅雷不及思量。」（《人天眼目》卷二《（雲門）要訣》）正是指出了雲門宗言句不涉理路、不落思議的特點。

　　五家之中，法眼宗的機鋒最接近慧能的教導，即非常自覺地採用「問有將無對，問無將有對，問凡以聖對，問聖以凡對」的方法。例如文益應答僧徒的一些句子：

　　　　僧問：「指即不問，如何是月？」師曰：「阿那個是汝不問底指？」又僧問：「月即不問，如何是指？」師曰：「月。」曰：「學人問指，和尚為什麼對月？」師曰：「為汝問指。」
　　　　問：「如何是法身？」師曰：「這個是應身。」（《景德傳燈錄》卷二四《金陵清涼文益禪師》）
　　　　問：「如何是不生不滅底心？」師曰：「那個是生滅心？」（同上卷二八《大法眼文益禪師語錄》）

這些回答都是與問話相對或相反，明顯帶有「二道相因」的思維方式，無非是想泯滅事物之間的界限差別，做到理事圓融。這種言說方式，也與法眼宗的「華嚴六相義」的禪學觀有密切關係。正如後人評價法眼宗說：「亙古今而現成，即聖凡而一致。」（《人天眼目》卷四《（法眼）要訣》）從文益的機鋒中，我們可以感覺到一種理性因素的存在，即思索痕跡的存在，邏輯背反的語句並不是想完全截斷理路，而是力圖建立一種禪宗自身的新理路。因此，在法眼

宗的機鋒中，已埋下了該宗走向禪教合一的伏筆。

在前面我曾談及禪宗問答中的「問存在答此在」的模式，這是中晚唐禪師普請行禪的語境的產物，最樸素，最直接，因而也最澄明。然而，到五家形成後，這種模式隨著語錄的編纂和流行而蔚然成風，並漸漸被仿效者抽空其語境而成為一種純粹的答非所問的宗教語言藝術，語箭言鋒中多了幾分詭譎和機巧。當後輩禪師把前輩宗師的那些樸素的語言視為「機鋒」時，就已經意味著禪宗發展逐漸脫離活生生的實踐性，而開始講究語言的技巧性，由參禪而變為參玄。無論是臨濟宗的「三玄三要」，還是曹洞宗的「五位君臣」，都有把簡捷明瞭的禪玄虛化、神秘化的傾向，而溈仰宗更將「禪學」稱為「玄學」，以與「義學」相對舉[11]。

事實上，機鋒的語言風格有時的確很像魏晉名士的玄言。如嵇康於樹下鍛鐵，鍾會前來造訪，嵇康不為之禮，鍾離去，康問曰：「何所聞而來？何所見而去？」鍾答曰：「聞所聞而來，見所見而去。」（《世說新語·簡傲》，上海古籍出版社影印清光緒十七年思賢講舍刻本）這種回答就是典型的禪宗機鋒，以虛對虛，答如不答，所以南宋陳善戲稱鍾會「會禪」（陳善《捫虱新話》上集卷二《鍾會王徽之會禪》，《叢書集成初編》本）。其實，「機鋒」二字就有可能出自《世說新語·言語》，王導稱讚顧和：「此子珪璋特達，機警有鋒。」因此，機鋒在某種程度上與玄學的思辨有類似之處。如溈山與仰山關於「色」與「心」

---

11 如《景德傳燈錄》卷一一《袁州仰山慧寂禪師》：「（溈山）問：『子既稱善知識，爭辨得諸方來者，知有不知有？有師承無師承？是義學是玄學？子試說看。』」

的一段對話：

> 潙山與師（仰山）遊山，說話次，云：「見色便見心。」仰山云：「承和尚有言，『見色便見心』，樹子是色，阿那個是和尚色上見底心？」潙山云：「汝若見心，云何見色，見色即是汝心。」仰山云：「若與麼，但言先見心，然後見色，云何見色了見心？」潙山云：「我今共樹子語，汝還聞不？」仰山云：「和尚若共樹子語，但共樹子語，又問某甲聞與不聞作什麼？」潙山云：「我今亦共子語，子還聞不？」仰山云：「和尚若共某甲語，但共某甲語，又問某甲聞與不聞作什麼？若問某甲聞與不聞，問取樹子聞與不聞，始得了也。」（《祖堂集》卷一八《仰山和尚》）

這段對話表明了潙仰宗「心色一如」的禪學道理，而其辯論藝術則很容易使我們想起《莊子·秋水》中那個著名的故事，莊子與惠施遊於濠梁之上，見鰷魚出游從容，於是辯論魚之知樂與否。莊子曰：「鰷魚出游從容，是魚之樂也。」惠子曰：「子非魚，安知魚之樂？」莊子曰：「子非我，安知我不知魚之樂？」惠子曰：「我非子，固不知子矣；子固非魚也，子之不知魚之樂全矣。」莊子曰：「請循其本。子曰『女安知魚樂』云者，既已知吾知之而問我。我知之濠上也。」二者相同之處在於，其一，莊子遊濠梁舉魚，潙山遊山舉樹子，都「舉一境」展開問答；其二，仰山和莊子都採用了詭辯藝術，也是魏晉玄學愛使用的語言藝術。

總之，晚唐五代的機鋒大約有兩個走向，一是所謂

「截斷眾流」，「不容擬議」，以極端非理性的言詞消除人們對語言義理的任何幻想，其精神接近於棒喝，堅持了洪州禪的傳統；一是所謂「言中有響，句裏藏鋒」，以機智的、犀利的、隱晦的言詞突出語言的多種表意或暗示功能，從消極地否定語言轉變為積極地利用語言，其精神接近於玄學。前一種走向代表著下層平民的作風，後一種走向則更多地體現了士大夫的意識。如後來宋代文學家蘇軾欣賞的「機鋒不可觸，千偈如翻水」（《蘇軾詩集》卷二六《金山妙高臺》，中華書局排印本，1982年），黃庭堅借鑒的「禪家句中有眼」（黃庭堅《豫章黃先生文集》卷二九《自評元祐間字》，《四部叢刊》本），大抵是對後一種機鋒更感興趣。

三、旨訣：指示門逕的言句

隨著晚唐五代禪宗五家的形成和繁衍，各家應機接人的方法逐漸被固定為標明宗派的門庭設施。「曹洞家風則有偏有正，有明有暗，臨濟有主有賓，有體有用」，「韶陽（雲門）則涵蓋截流，溈仰則方圓默契」（《宗門十規論・理事相違不分觸（濁）淨第五》、《對答不觀時節兼無宗眼第四》），五家不僅在地域上、也在話語權力上劃分了勢力範圍。早期禪宗宗師之間互相參訪問學的優良傳統隨著五代十國造成的社會分裂而逐漸喪失，各派門徒，「矛盾相攻，緇白不辨」，「是非鋒起，人我山高」（《宗門十規論・黨護門風不通議論第二》）。禪社的興盛，宗派的分疆，使得農禪僧團帶上幾分幫會性質，勘驗學人、判定賓主的言句，也有了幾分行話的味道。難以言傳的禪悟體驗被裝進形而下的禪法的模子，應病投藥的舉唱機鋒被分解為條款

分明的旨訣葛藤。禪宗在思想上的原創性日漸衰退，而在語言上的技巧性卻日益翻新。

臨濟義玄最看重參禪中的主客關係，他指出：「今時學者，總不識法，猶如觸鼻羊，逢著物安在口裏，奴郎不辨，賓主不分，如是之流，邪心入道，鬧處即入，不得名為真出家人。」（《鎮州臨濟慧照禪師語錄》）所謂「主」，不光指接待的主人，也指「不受人惑，隨處作主，立處皆真」的自主精神；所謂「客（賓）」，不光指來訪的客人，也指「萎萎隨隨」、「依草附葉」、「向外傍家」的沿襲作風。所以，「賓主」有時相當於「奴郎」，即奴僕和主人，被指揮者和指揮者。義玄一再用主客關係來比喻他提倡自立、肯定個性的主張，這就是著名的「臨濟賓主句」。據《鎮州臨濟慧照禪師語錄》記載，義玄論賓主關係大約有以下幾例：

其一，所謂「四賓主」。這是用來衡量「主客相見，便有言論往來」情況下應對雙方的成敗得失的，勘辨主客雙方誰堅持了自證自悟的精神。義玄列舉了四種情況，並評價其優劣：

如有真正學人便喝，先拈出一個膠盆子，善知識不辨是境，便上他境上作模作樣，學人便喝，前人不肯放。此是膏肓之病，不堪醫。喚作「客看主」。或是善知識不拈出物，隨學人問處即奪，學人被奪，抵死不放。此是「主看客」。或有學人應一個清淨境，出善知識前。善知識辨得是境，把得拋向坑裏。學人言：「大好。」善知識即云：「咄哉！不識好惡。」學人便禮拜。此喚

作「主看主」。或有學人披枷帶鎖，出善知識前。
善知識更與安一重枷鎖，學人歡喜，彼此不辨。
呼爲「客看客」。（同上）

第一種情況是主人（善知識，即宗師）被客人（學人）所
瞞，執著於外境不肯放；第二種情況是客人被主人所困，
執著於外境不肯放；第三種情況是主客雙方都不為外境所
瞞，不受人惑；第四種情況是主客雙方都為外境所瞞，為
知見所惑，成為經教的囚徒。

其二，所謂「四料簡」。「料簡」意思是品評選擇，特
指人才品評。「四料簡」是臨濟宗對付不同的參學者所使
用的對答藝術，辨別禪者是否做到自性具足、不假外求：

師晚參示眾云：「有時奪人不奪境，有時奪
境不奪人，有時人境俱奪，有時人境俱不奪。」
時有僧問：「如何是奪人不奪境？」師云：「煦
日發生鋪地錦，嬰孩垂髮白如絲。」僧云：「如
何是奪境不奪人？」師云：「王令已行天下遍，
將軍塞外絕煙塵。」僧云：「如何是人境兩俱
奪？」師云：「並汾絕信，獨處一方。」僧云：
「如何是人境俱不奪？」師云：「王登寶殿，野老
謳歌。」（同上）

在佛教術語中，「人」指情識法執，「境」指客塵妄境。
義玄借用「人」來指外在的佛祖權威，借用「境」來指外
在的客觀環境，包括語言環境。換言之，念念向外追求成
佛作祖，執著信奉佛法，這就是依「人」；一切見解生發

於自己所處的客觀環境，包括受佛教文字的影響，這就是依「境」。所謂「四料簡」其實是義玄針對各種不同水平的參學者制定的傳教方法。第一種「奪人不奪境」，是針對缺乏頭腦的參學者而言，用義玄的話來說，就是「山僧指示人處，要你不受人惑，要用便用，更莫遲疑」。不受人惑，便是「奪人」。第二種「奪境不奪人」，是針對缺乏自信的參學者而言，義玄指出：「你若自信不及，即便茫茫地徇一切境轉，被他萬境回換，不得自由。」不被萬境轉，便是「奪境」。 第三種「人境俱奪」，是針對悟性較高的參學者，用「逢佛殺佛，逢祖殺祖」的手段，破除一切法執客境，「不與物拘，透脫自在」。第四種「人境俱不奪」，是針對已悟自性的來訪者而言，主賓之間用不著再作勘辨，不再執著於「人」、「境」的破除，不再留意於凡聖的區別，「應物現形，如水中月」。義玄曾道及這幾種方法的使用物件：「如中下根器來，我便奪其境，而不除其法；或中上根器來，我便境法俱奪；如上上根器來，我便境法人俱不奪；如有出格見解人來，山僧此間便全體作用，不曆根器。」（同上）

其三，所謂「四照用」。類似「四料簡」，也是應付不同水平的禪者所採用的言說方式：

示眾云：「我有時先照後用，有時有用後照，有時照用同時，有時照用不同時。先照後用有人在；先用後照有法在；照用同時，驅耕夫之牛，奪饑人之食，敲骨取髓，痛下針錐；照用不同時，有問有答，立主立賓，合水和泥，應機接物。」（同上）

「照」和「用」作為佛教術語本是指觀照和作用，義玄似乎藉以指勘驗（照人）和棒喝（用法）。「先照後用」是先勘驗而後棒喝，存「人」（情識）而破「法」執（客境）；「先用後照」是先棒喝而後勘驗，存「法」執而破「人」執；「照用同時」是勘驗與棒喝同時施行，人執、法執皆破，相當於「人境俱奪」；「照用不同時」是指主賓之間不須以棒喝作勘驗或以勘驗為棒喝，有問有答，各不失身份又融洽契合。

　　值得注意的是，臨濟義玄本是晚唐作風最不拘一格、最有獨創性的禪師，但他為了適應晚唐禪社蜂起的新形勢，接待四方學者，不得已總結出一些應機接物的方法。這些方法本來是義玄傳授「正法眼藏」（即「隨處作主，立處皆真」的宗旨）的「筌蹄」，都是應當拋卻的。然而，後來的門徒卻把這些「筌蹄」編排成若干種要訣，奉為傳宗的「正法眼藏」。如「四料簡」的說法，就首見於南院慧顒（？-952）與風穴延沼（887-973）的問答[12]。此後，臨濟宗宗師上堂，大抵都要回答「如何是賓中主」、「如何是奪人不奪境」、或「如何是先照後用」等等提問，幾乎成為定式。如關於「四料簡」的回答解釋，據《人天眼目》、《五燈會元》記載，就有克符道者、風穴延沼、首山省念（926-993）、法華全舉、慈明楚圓（986-1039）、道吾悟真、圓悟克勤（1063-1135）、石門聰、翠岩可真、佛鑒慧勤、三交智嵩等十一家。這種買櫝還珠的現象，對於一生

12《古尊宿語錄》卷七《風穴禪師語錄》：「（南院）又問：『汝道四種料簡語，料簡何法？』（風穴）對曰：『凡語不滯凡情，即墮聖解，學者大病。先聖哀之，為施方便，如楔出楔。』」

都極力主張「隨處作主，立處皆真」的大師來說，的確是一件不幸的事。相傳義玄臨終前上堂云：「吾滅後，不得滅卻吾正法眼藏。」三聖慧然云：「爭敢滅卻和尚正法眼藏。」義玄云：「已後有人問你，向他道什麼？」三聖便喝。義玄云：「誰知吾正法眼藏，向這裏瞎驢邊滅卻！」（《景德傳燈錄》卷一二《鎮州臨濟義玄禪師》）這句話裏我們能深深感到義玄的憤怒和失望，的確，三聖之流學到的只是臨濟的棒喝形式，而並未理解到臨濟獨立自主的叛逆精神。同樣，那些總結義玄各種言句並加以仿效的人，也是一幫滅卻臨濟「正法眼藏」的「瞎驢」，因為臨濟呵佛罵祖、自信自立的精神，正是在這些程式化的言句中逐漸被「滅卻」。

如果說臨濟的旨訣多為義玄的門徒所總結凝定的話，那麼曹洞的旨訣更多為祖師所制定確立。相對於義玄的「應機接物」來說，洞山良價和曹山本寂更注意編排闡明本宗宗旨的教材，如良價的《寶鏡三昧歌》、《綱要頌》、《五位顯訣》，本寂的《五位君臣旨訣》等，就是一些要學人背誦的要旨口訣。所以，曹洞宗的旨訣重點不在於勘辨學者，而在於傳授禪法。良價作《五位頌》：

> 正中偏，三更初夜月明前。莫怪相逢不相識，隱隱猶懷舊日嫌。
>
> 偏中正，失曉老婆逢古鏡。分明覿面別無真，休更迷頭猶認影。
>
> 正中來，無中有路隔塵埃。但能不觸當今諱，也勝前朝斷舌才。
>
> 兼中至，兩刃交鋒不須避。好手猶如火裏

蓮，宛然自有沖天志。

　　兼中到，不落有無誰敢和。人人盡欲出常流，折合還歸炭裏坐。[13]

　　良價以「偏」、「正」、「兼」相互間的五種情況來表示理（空界）與事（色界）之間可能存在的五種關係，但由於使用的是詩歌的比興手法，意義較晦澀。本寂進一步以君臣關係作譬喻，來解釋理事關係，號稱「五位元君臣」：

　　　　師因僧問「五位君臣旨訣」，師曰：「正位即空界，本來無物。偏位即色界，有萬象形。正中偏者，背理就事。偏中正者，舍事入理。兼帶者，冥應眾緣，不墮諸有，非染非淨，非正非偏，故曰虛玄大道，無著真宗。從上先德，推此一位，最妙最玄，當詳審辨明。君為正位，臣為偏位。臣向君是偏中正，君視臣是正中偏。君臣道合是兼帶語。」（《五燈會元》卷一三《曹山本寂禪師》）

　　「正位」是形而上的道理，是本來無物、一切皆空的解脫之道，即「空界」，相當於華嚴宗的「理法界」；「偏位」是形而下的事物，有萬象形，即「色界」，相當於華嚴宗的「事法界」。用君臣關係比喻說，君相當於理，臣相當於事。曹洞宗主張即色即空，事理圓融，因此，無論是「背

13《五燈會元》卷一三《洞山良價禪師》作《五位君臣頌》。按：此頌末言君臣事，
　當從《人天眼目》卷三題作《五位頌》。「君臣」當從本寂闡釋「五位」時所加。

理就事」，還是「舍事入理」，都是片面的。只有做到色空不二，事理兼顧，偏正回互，君臣道合，才是合乎虛玄大道的「真宗」。這種理論並無多大創新，值得注意的倒是曹洞宗的言說方式，即把空色、理事比作正偏、君臣。本來佛教並無偏正的說法，更無君臣的概念，顯然，「五位君臣」之說是對外來佛教術語的又一次本土化的改造。本寂指出：「以君臣偏正言者，不欲犯中。故臣稱君，不敢斥言是也。此吾法宗要。」（同上）「斥言」是中國本土訓詁學術語，謂指名而言。《左傳·桓公六年》：「周人以諱事鬼神。」杜預注：「自父至高祖，皆不敢斥言。」臣稱君要避諱，不敢斥言。本寂藉以比喻談禪不得直接說道理，所謂「不欲犯中」，語言要迂回曲折，含蓄隱晦。本寂又作偈曰：「學者先須自識宗，莫將真際雜頑空。妙明體盡知傷觸，力在逢緣不借中。出語直教燒不著，潛行須與古人同。無身有事超歧路，無事無身落始終。」（同上）用形象化的詩句說明談禪不能正面涉及佛理的「出語」原則。

　　儘管臨濟的「賓主句」目的在強調自主自立，破除權威，而曹洞的「五位君臣」重在明理，提倡中道，有一種保留權威、尊重典型的傾向，二者的禪法完全不同，但由於臨濟與曹洞同為南宗禪，其禪理也有相通之處。所以，雖然曹洞與臨濟的門徒各自「護宗黨祖」，然而臨濟宗宗師中喜好文辭者，仍對「五位君臣」表示出很大的興趣，如克符道者、汾陽善昭、慈明楚圓等都有「五位頌」。明安禪師更將曹洞「五位」和臨濟「賓主」看作一回事：「正中偏，乃垂慈接物，即主中賓，第一句奪人也；偏中正，有照有用，即賓中主，第二句奪境也；正中來，乃奇特受

用，即主中主，第三句人境俱奪也；兼中至，乃非有非無，即賓中賓，第四句人境俱不奪也；兼中到，出格自在，離四句，絕百非，妙盡本無之妙也。」（《人天眼目》卷三《明安五位賓主》）這種現象與其說是各宗派之間消除門戶之見的禪法交流，不如說是禪宗各宗師自我獨創的個性語言正日漸消失，日益成為一種程式化、普遍化的宗門行話。

雲門宗的情況和臨濟宗相似，也是祖師隨機生發的言句被門徒奉為要訣。據《人天眼目》記載，雲門文偃示眾云：「涵蓋乾坤，目機銖兩，不涉萬緣，作麼生承當？」眾人無對，自代答云：「一鏃破三關。」其弟子德山緣密禪師把文偃的話分解為三句，曰「函蓋乾坤句」，「截斷眾流句」，「隨波逐浪句」（《人天眼目》卷二《三句》）[14]。這就是所謂「韶陽（云門）則函蓋截流」。大致說來，「函蓋乾坤」是指至大無外、包容天地、凡聖不別、理事圓融的境界，普安道頌曰：

> 乾坤並萬象，地獄及天堂，物物皆真現，頭頭總不傷。（《五燈會元》卷一五《普安道禪師》）[15]

是說宇宙萬有都是真理的顯現，而顯現之物各不相傷，自由無礙。如果將此境界視為應接方式，則與臨濟的「人境俱不奪」、曹洞的「君臣道合」多有相似之處。「截斷眾流」是指斬斷語言葛藤，打破常情識解的境界，普安

---

14 《景德傳燈錄》卷二二《朗州德山緣密禪師》作「德山有三句語」。
15 下引兩首頌皆同。三頌也見於《人天眼目》卷二。

道頌曰：

　　堆山積嶽來，一一盡塵埃，更擬論玄妙，冰
消瓦解摧。

不管有多少知見情解，都以塵埃視之；如果還打算探討玄妙問題，更堅決予以摧截。這相當於臨濟的「人境俱奪」。「隨波逐浪」是指隨機應變、不主故常的應接方式，普安道頌曰：

　　辯口利舌問，高低總不虧。還知應病藥，診
候在臨時。

宗師需要有雄辯的口才，但更重要的是能針對參學者的不同水平或不同問題，臨時作出機智的回答。這相當於臨濟的「應機接物」。

　　後來雲門弟子視此三句為宗綱，多有闡釋。據《五燈會元》、《人天眼目》記載，諸禪師對此「三句」的解說共有歸宗慧通、三祖沖會、云居文慶、首山省念、天柱靜、瑞岩智才、西禪欽、中竺元妙等八家十說[16]。此外，還有普安道、翠岩可真的《三句頌》（《人天眼目》卷二），還有日芳上座以豎起拄杖、橫按拄杖、擲下拄杖回答三句（《五燈會元》卷一五《日芳上座》），還有法雲法秀上堂所云「看風使帆，正是隨波逐浪；截斷眾流，未免依前滲漏」等開場白（同上《法雲法秀禪師》）。總之，「三句」是雲門門庭的主要設施，如何解釋三句，幾乎是每個雲門禪師都

16 參見張伯偉《禪與詩學》第57-58頁，浙工人民出版社，1992年。

要遇到的問題。

值得注意的是，除了雲門的禪師外，臨濟的首山省念、翠岩可真也加入了對「三句」的闡釋，正如云門的雪竇重顯也曾為臨濟的「四賓主」作頌一樣（《人天眼目》卷一）。這種情況有點類似臨濟與曹洞的關係，即各家的旨訣不僅為本家門徒所崇奉，而且成為整個宗門的行話而流行。同時，由於禪宗五家都同屬南宗禪，有共同的「教外別傳、不立文字、直指人心、見性成佛」十六字傳統，其相異者，更多地是應接學人的方式或佈道的言說方式的區別，因此，其旨訣在精神上頗有相通之處，正如清涼文益所說，各宗綱宗要眼「雖差別於規儀，且無礙於融會」（《宗門十規論‧對答不觀時節兼無宗眼第四》）。這樣，禪師偶然借用他宗旨訣來闡明禪理，「隨波逐浪」，也在情理之中。

通過對晚唐五代禪宗旨訣的粗略考察，我們注意到，誠然五家在禪理方面也有一些差別，或主萬法皆空（如臨濟、云門），或主萬法皆理（如曹洞、溈仰），或主萬法唯心（如法眼），但五家門徒和禪史作者更強調的是門庭設施即旨訣的區別。由此可見，晚唐五代以後的禪宗不再留意於思想的建設，而把精力放在語言的選擇和形式的翻新。

四、圓相：立象盡意的禪法

在晚唐五代禪宗五家中，溈仰宗應接學人的方式最為獨特，對答雙方有時不用語言，而以圓相示意。一般有兩種方式：一是以手作圓相，即一種手勢；一是以筆或其他工具在紙上或地上畫圓相，即一種圖像。這是「不立文字」的另一種極端表現。

最初，圓相是禪師應接學人時隨機而作的手勢，後來漸漸成為溈仰宗門庭設施的標誌。據說，圓相之作始於南陽慧忠國師（？—775），慧忠傳耽源應真，再由耽源傳仰山慧寂。《五燈會元》有這樣一段記載：

> 　　耽源謂師（仰山）曰：「國師當時傳得六代祖師圓相，共九十七個，授與老僧。乃曰：『吾滅後三十年，南方有一沙彌到來，大興此教，次第傳受，無令斷絕。』我今付汝，汝當奉持。」遂將其本過與師。師接得一覽，便將火燒卻。耽源一日問：「前來諸相，甚宜秘惜。」師曰：「當時看了便燒卻也。」源曰：「吾此法門無人能會，唯先師及諸祖師、諸大聖人方可委悉。子何得焚之？」師曰：「慧寂一覽，已知其意。但用得，不可執本也。」源曰：「然雖如此，於子即得，後人信之不及。」師曰：「和尚若要重錄，不難。即重集一本呈上，更無遺失。」源曰：「然。」耽源上堂，師出眾，作此〇相，以手拓呈了，卻叉手立。源以兩手相交，作拳示之。師進前三步，作女人拜。源點頭，師便禮拜。（《五燈會元》卷九《仰山慧寂禪師》）

這則傳說突出慧忠國師讖記的先見之明，又渲染仰山慧寂聰明絕頂的悟性，其細節的真實性令人懷疑。不過，慧忠

17《景德傳燈錄》卷五《西京光宅寺慧忠國師》：「師見僧來，以手作圓相，相中書日字。僧無對。」

國師的確有過畫圓相的事蹟[17]，仰山的確先參拜耽源，跟從數年，[18]仰山的圓相受慧忠國師的啟示應該是可信的。然而，仰山圓相的來源應不只一途，事實上，馬祖的洪州禪本身就有作圓相的傳統。僅以《景德傳燈錄》所載為例，仰山之前洪州禪系的圓相之作就不只一例：

> 馬祖令人送書到，書中作一圓相。師發緘，於圓相中作一畫，卻封回。（《景德傳燈錄》卷四《杭州徑山道欽禪師》）

> 有小師行腳，回於師前，畫個圓相就上，禮拜了，立。（同上卷六《江西道一禪師》）

> 師有小師行腳回，師問曰：「汝離此間多少年邪？」曰：「離和尚左右將及八年。」師曰：「辨得個什麼？」小師於地畫一圓相。師曰：「只這個，更別有？」小師乃畫破圓相，後禮拜。（同上卷七《京兆章敬寺懷暉禪師》）

> 嘗謁州牧王常侍者，師退，將出門，王后呼之云：「和尚！」師回顧，王敲柱三下，師以手作圓相，復三撥之，便行。（同上《鄂州無等禪師》）

> 師入園取菜次。師畫圓相圍卻一株，語眾云：「輒不得動著這個。」（同上《廬山歸宗寺智常禪師》）

> 師與歸宗、麻谷同去參禮南陽國師。師先於路上畫一圓相，云：「道得即去。」歸宗便於圓

18　《宋高僧傳》卷一二《唐袁州仰山慧寂傳》：「先見耽源，數年，良有所得。」

相中坐，麻谷作女人拜。師云：「恁麼即不去
也。」歸宗云：「是什麼心行？」師乃相喚回，
不去禮國師。（同上卷八《池州南泉普願禪師》）

師畫一圓相，僧作女人拜，師乃打之。（同
上《溫州佛嶴禪師》）

有僧作一圓相，以手撮向師身上。師乃三
撥，亦作一圓相，卻指其僧，僧便禮拜。（同上
《洪州水老和尚》）

師問新到僧名什麼，僧云：「名月輪。」師
作一圓相，問：「何似這個？」（同上卷九《潭州
溈山靈祐禪師》）

以上作圓相的諸禪師，除了徑山道欽屬牛頭宗外，其餘如
章敬懷暉、鄂州無等、歸宗智常、南泉普願、溫州佛嶴、
洪州水老都是馬祖道一的弟子，而溈山靈祐嗣百丈懷海，
也是馬祖的再傳弟子。由此可見，仰山的圓相是對他以前
的禪宗各派圓相的總結，或者說突出了禪宗以圓相暗示禪
理的傳統。

前面曾經說過，仰山因溈山的一番話而悟，這番話
是：「以思無思之妙，返（思）靈焰之無窮；思盡還源，
性相常住，理事不二，真佛如如。」（《祖堂集》卷一八
《仰山和尚》）這個悟道因緣充分說明溈仰宗基本理論的兩
大特點：其一，無思之思，不可擬議言說；其二，理事不
二，事不棄理，理在事中，圓融無礙。那麼，用什麼方式
才能表達這種理論呢？即既要符合無思無言、又要表現理
事圓融呢？棒喝倒是能截斷思路，但不能表達思想；機鋒
能表達思想，但又易陷入語言的窠臼。只有圓相能符合以
上兩個要求，能最精當地從內容上和形式上兼顧溈仰宗的

理論特點，既沒有語言文字的闡釋說明，又非常形象地傳達出理事圓融的精神。相傳，官員韋胄曾向溈山乞一「伽陀」（偈頌），溈山曰：「覿面相呈，猶是鈍漢，豈況形於紙筆？」意思是道理不可用語言、更不可用文字表達。於是溈山請仰山於紙上畫一圓相，仰山於圓圈下注云：「思而知之，落第二頭；不思而知，落第三首。」（見《景德傳燈錄》卷一一《袁州仰山慧寂禪師》、《祖堂集》卷一八《仰山和尚》。參見《宋高僧傳》卷一二《唐袁州仰山慧寂傳》）此處「第二」、「第三」的含義很難理解，估計是相對於「第一義」而言，大約是說，「第一義」既非通過「思」而知之，也非通過「不思」而知之，而是通過「不思之思」而知之。因為「思」或「不思」都有執著於一端之嫌，只有「不思之思」才不偏不倚，無阻無礙，即所謂圓通。而「不思之思」的最好體現就是對圓相的觀照領悟。

　　仰山是唐代畫圓相最勤的禪師，所謂「九十七圓相」，很可能是他自己一生中曾對門徒畫過的圖像，其中當有很大部分是他自己隨機的創造，而非來自耽源的傳授。在各種燈錄裏，可見到一些仰山畫圓相的記載：

　　　　問：「如何是祖師意？」師以手於空作圓相，相中書佛字。僧無語。
　　　　師閉目坐次，有僧潛來身邊立，師開目，於地上作一圓相，相中書水字，顧視其僧，僧無語。
　　　　問：「天堂地獄相去幾何？」師將拄杖畫地一畫。（以上見《景德傳燈錄》卷一一）

根據這些記載，我們可發現作圓相的作用類似於鬥機鋒，目的是「表相現法，示徒證理」，也是應機接人、傳授禪法的手段。能否識得圓相的意義，是勘辨學人是否悟道的標誌之一。據明州五峰良和尚稱，仰山圓相總有六名：曰「圓相」，曰「暗機」，曰「義海」，曰「字海」，曰「意語」，曰「默論」（見《人天眼目》卷四《圓相因起》）。「圓相」乃就其「體」而言，其餘五名均指其「用」，「暗機」是指其暗藏機鋒，所謂「或間暇師資辨難，互換機鋒」；「義海」是指其包含無窮義理，所謂「覺海變為義海」；「字海」是指圓相中可書寫任何文字和符號，無有拘限；「意語」是指其相當於表意語言；「默論」是指其雖有形無聲，而沉默中自有妙論。六名之說，雖有強生分別、以為要訣之嫌，但也基本概括了圓相的作用。

圓相的「圓」義來自佛經的觀念，圓相就是滿月相，佛典愛以十五夜滿月比喻正遍智，如《文殊師利問菩提經》云：「初發心如月新生，行道心如月五日，不退轉心如月十日，補處心如月十四日，如來智慧如月十五日。」[19]又有「圓通」、「圓覺」、「圓成」、「圓融」、「圓滿」、「圓妙」、「圓明」、「圓寂」等諸多以「圓」為核心的合成詞。總之，「圓」是佛教中表示最高境界的一種常用概念。禪宗的心、道、理也常以圓為喻，如三祖僧璨《信心銘》稱至道為「圓同太虛，無欠無餘」（《景德傳燈錄》卷三〇），永嘉玄覺《證道歌》稱如來禪為「六度萬行體中圓」（同上）。據禪籍記載，龍樹尊者曾於法座上現自在身，如

---

19 參見錢鍾書《談藝錄》第307頁「說圓」，中華書局，1984年。

滿月輪。提婆曰：「此是尊者現佛性體相，以示我等。何以知之？蓋以無相三昧，形如滿月，佛性之義，廓然虛明。」（同上卷一《第十四祖龍樹尊者》）可見，圓相是禪宗追求的佛性（即無相三昧）的象徵。

　　至於圓相的「相」，則是仿效《周易》「聖人立象以盡意」的做法，用符號體現哲學思想。有證據表明，仰山對《周易》非常熟悉。仰山問一僧：「汝會甚麼？」僧回答：「會卜（占卜）。」仰山提起拂子問道：「這個六十四卦中阿那卦收？」僧回答不出。仰山代答道：「適來是雷天《大壯》，如今變為地火《明夷》。」（《五燈會元》卷九《仰山慧寂禪師》）《大壯》的卦象為 ䷡ ，雷（震）在天（乾）上；《明夷》的卦象為 ䷣ ，火（離）在地（坤）下。仰山借這兩個卦象來諷刺該僧，剛才說「會卜」時有如《大壯》的氣壯如雷，而現在回答不出則如《明夷》的火入地中「晦其明」。這個例子說明仰山對作相示意的方法頗有研究。前人也早已注意到圓相與卦象之間的相似關係，清代三山來禪師頌圓相「義海」云：「河洛交呈，鳥蟲迭變。剖羲畫之奇蹤，劃蒼頡之異撰。月印川以無痕，珠入盤而自轉。」（釋性統編《五家宗旨纂要》卷下《溈仰宗・義海》）鑒於《周易》卦象在中國民間廣泛的群眾基礎，我們有理由認為，圓相是禪宗借鑒本土的符號形式改造佛經的言說方式的嘗試之一，與禪宗語言其他的本土化嘗試是一致的。

　　曹洞宗的禪法更充分證明這一點。曹洞將「五位」用「五相」來表示，所謂「五相」，是以圓相為基礎、以黑白圖案相區別的五種形相，即 ◖●◑⊙○● ，不僅各配以詩偈作解釋，而且配以《周易》卦象。洞山良價云：「重離六

卦，偏正回互，疊而為三，變盡成五。」（《人天眼目》卷
三《寶鏡三昧》）　明確指出曹洞的「五位」由《周易》的
卦象演變而來。惠洪解釋說：

> 離，南方之卦，火也，心之譬也。其爻六
> 劃，回互成五卦，重疊成三卦。如 ☲ ，第二
> 爻、三爻、四爻又成一卦，巽也 ☴ ；第三爻、
> 四爻、五爻又成一卦，兌也 ☱ ；此之謂疊為三
> 也。下巽上兌，又成一卦，大過也 ☱ ；下兌上
> 巽又成一卦，中孚也；此之謂變成五也。（釋惠
> 洪《智證傳》）

也就是說，「正中來」相當於「大過」，卦象為 ☱ ，圓相
為◖◯◗；「偏中至」相當於「中孚」，卦象為 ☴ ，圓相
為◖◯◗；「正中偏」相當於「巽」，卦象為 ☴ ，圓相為
◯◯◖；「偏中正」相當於「兌」，卦象為 ☱ ，圓相為
●◯◯；「兼中到」相當於「重離」，卦象為 ☲ ，圓相為
●◯● （同上）。

　　從本質上說，圓相類似符號哲學，即通過圓形的符號
來表示宗教哲學觀念。由於圓形具有無始無終、不偏不倚
的物理性質，因此可以象徵永恒的宇宙時空，也可象徵通
達無礙的心性，可以象徵心佛眾生之間的各種微妙關係，
也可象徵各種對立範疇如理事、色空、心境、體用的圓融
統一。由於圓相具有包容性和圓通性，因此在用於應接學
人時，「便有賓主、生殺、縱奪、機關、眼目、隱顯、權
實」諸多功能（《人天眼目》卷四《暗機》），可囊括諸家的
應接方式。誠如明釋法藏所言，「圓相早具五家宗旨」，

「只一〇中，五宗具矣」（釋法藏《五宗原》）。曹洞宗的
「五位君臣圖」於圓相中畫分黑白回互（《人天眼目》卷
三），法眼宗的「華嚴六相義」於圓相中置「同異總別成壞」
六字（同上卷四），都可證明這一點。

　　本來，以圓相示意，最符合禪宗「不立文字」的宗
旨，甚至比迅捷的機鋒更「不落言詮」。通過「立象以盡
意」，最終達到類似魏晉玄學所謂的「得意忘象」，熄滅一
切聖凡心境。然而遺憾的是，一方面，溈仰宗的圓相常與
文字相結合，逐漸成為相對固定的符號，並且有了相對固
定的象徵意義，「或畫此⊕相乃縱意，或畫卍相乃奪意，
或畫⋀相乃肯意，或畫〇相乃許他人相見意」（同上），而
「九十七圓相」也就有了九十七種套路；另一方面，圓相常
把簡明直接的禪理搞得晦澀複雜，本來溈山、仰山師徒於
「普請」時常有精彩的應機說法，而圓相之作卻往往破壞了
活潑潑的語境。這樣，應時方便的手勢一變而為師徒秘授
的圖相，「直下即是」的禪理佛法一變而為玄虛隱晦的神
秘暗示。這種狀況顯然違背了南宗禪獨立自主的精神和方
便接人的態度，帶來很大的流弊。

五、作勢：示道啟悟的動作

　　除了圓相之外，溈仰宗另一著名的應接方式就是作
勢。北宋初楊億曾這樣概括各宗禪法：「洞山之建立五
位，回互以彰；仰山之分列諸勢，遊戲無礙；雪峰應接之
眼，啐啄同時；云門揚搋之言，藥石苦口。」（《汾陽無德
禪師語錄》卷首附楊億序）可見，作勢是溈仰宗區別於其
他宗的重要特色之一。

　　所謂「作勢」，是指用身體各部分的動作或表情來表達

特定的意義，如伸拳踢腿、揚眉瞬目等等。儘管以手作圓相也是作勢中的一種，但作勢卻非圓相所能概括，而畫圓相也不屬於作勢的範圍。如果說圓相主要近似於繪畫藝術的話，那麼，作勢就相當於一種舞蹈藝術。在溈仰宗的實際操作中，圓相和作勢往往配合使用，共同達到不用文字的表意效果。如下面這個例子：

> 師坐次，有僧來作禮，師不顧。其僧乃問：
> 「師識字否？」師曰：「隨分。」僧乃右旋一匝。
> 曰：「是甚麼字？」師於地上畫十字酬之。僧又
> 左旋一匝，曰：「是甚字？」師改十字作卍字。
> 僧畫此○相，以兩手拓，如修羅掌日月勢。曰：
> 「是甚麼字？」師乃畫此○相對之，僧乃作婁至德
> 勢。師曰：「如是！如是！此是諸佛之所護念，
> 汝亦如是，吾亦如是。善自護持！」其僧禮謝，
> 騰空而去。（《五燈會元》卷九《仰山慧寂禪
> 師》。又見《人天眼目》卷四《義海》）

在仰山和僧人的對話中，主要的媒介不是語言，而是圖像和動作。僧人出之以「勢」（右旋、左旋、修羅掌日月勢、婁至德勢），而仰山對之以「相」（十字、卍字、○相），可見，在溈仰宗的門庭設施裏，「勢」和「相」往往是相互配合、並可一一對應的。正如贊寧所言：「（仰山）凡於商攉，多示其相。……自爾有若干勢以示學人，謂之仰山門風也。……今傳仰山法示，成圖相行於代也。」（《宋高僧傳》卷一二《唐袁州仰山慧寂傳》）顯然，「多示其相」和「有若干勢示學人」二者是相通的，有時「相」就是「勢」。

正如圓相一樣，作勢也是禪宗源遠流長的示意方式之
一，並不始於仰山。就淵源來看，仰山的「勢」大約有兩
個源頭，一是來自禪宗日常生活中常見的動作，如「豎起
拂子」之類；二是來自義學講師講經時常用的與語言相配
合的表情動作，如隋釋吉藏云：「此論或一字論義，或二
字、三字乃至十字；或默然論義；或動眼論義；或閉眼論
義；或舉手論義；或鳥眼疾轉；或師子返擲；巧難萬端，
妙通千勢，非可逆陳。」（釋吉藏《百論疏》卷上之上，
《大正藏》第四十二卷）當然，吉藏所論「千勢」，不光指
演講者的各種表情動作，也包括其語言句式的節奏頓挫，
即「語勢」。

　　就禪宗而言，最早的作勢是隨機生發的，只是作為暫
時代替語言的表情動作。如四祖道信到牛頭山見法融禪
師，在法融所居庵周圍唯見虎狼之類，四祖乃「舉兩手作
怖勢」（《景德傳燈錄》卷四《金陵牛頭山第一世法融禪
師》）。然而，由於作勢正好符合禪宗「不立文字」的宗
旨，所以後來禪師們越來越愛用表情動作來代替語言交
談。同時，由於受到講師生動的講經藝術的啟發和影響，
配合語言的作勢也漸漸成了宗門中一種時尚和習慣，並且
開始有了禪理方面的象徵意義。至遲到中唐，已有一些表
情動作成為宗門中流行的、有相對固定意義的「勢」。例如
馬祖弟子大珠慧海和參學僧人的一段對話：

　　　　僧問：「未審托情勢、指境勢、語默勢，乃
　　至揚眉動目等勢，如何得通會於一念間？」師
　　曰：「無有性外事。用妙者，動寂俱妙；心真
　　者，語默總真；會道者，行住坐臥是道。為迷自

性，萬惑茲生。」（《大珠禪師語錄》卷下《諸方門人參問》。又見《景德傳燈錄》卷二八《越州大珠慧海和尚語》。）

從這個例子可看出這樣兩個事實：其一，中唐時期已有「托情勢」、「指境勢」、「語默勢」、「揚眉動目勢」等名目出現，並受到參學者的關注，如這個僧人就試圖弄清「勢」和心念的關係，這說明禪門中確有以「勢」示禪的方法出現。而這些名目的「勢」，很可能和講經的「勢」有關，如「語默勢」之於「默然論義」，「揚眉動目勢」之於「動眼論義」、「閉眼論義」。其二，大珠慧海認為，只要不迷失自性，任何動作行為都與道合，任何「勢」都是真妙的體現，都是和心念相通的，而不用去管那些「勢」的名目。這應該是洪州禪對作勢的基本看法，即僅把「勢」看作人在日常生活中的自然行為，看作「平常心」的自然流露，而並不看重「勢」作為動作語言的符號意義。

事實上，洪州禪系的禪師們的「作××勢」大多都是隨意自由的行為，並無特別的象徵性。下面這些故事似能證明這一點：

師至來日又問丹霞：「昨日意作麼生？」丹霞乃放身作臥勢。師云：「蒼天！」（《景德傳燈錄》卷七《蒲州麻穀山寶徹禪師》）

師問新到僧：「什麼處來？」僧云：「鳳翔來。」師云：「還將得那個來否？」僧云：「將得來。」師云：「在什麼處？」僧以手從頂擎捧呈之，師即舉手作接勢，拋向背後。僧無語。師

云：「這個野狐兒。」（同上《盧山歸宗寺智常禪師》）

師鏟草次，有座主來參。值師鋤草，忽見一條蛇。師以鋤便钁。座主云：「久向歸宗，到來只見個粗行沙門。」師云：「是你粗？是我粗？」主云：「如何是粗？」師豎起鋤頭。主云：「如何是細？」師作斬蛇勢。主無語。（同上）

云岩來參，師作挽弓勢。岩良久，作拔劍勢。師云：「來太遲生。」（同上）

一日，石頭和尚鏟草次，師在左側叉手而立。石頭飛鏟子向師面前鏟一株草。師云：「和尚只鏟得這個，不鏟得那個。」石頭提起鏟子，師接得鏟子，乃作鏟勢。石頭云：「汝只鏟得那個，不解鏟得這個。」師無對。（同上卷八《五臺山隱峰禪師》）

溈山聞師叔到，先具威儀，下堂內。師見來，便倒作睡勢。（同上）

百丈一日問師：「什麼處去來？」曰：「大雄山下采菌子來。」百丈曰：「還見大蟲麼？」師便作虎聲。百丈拈斧作斫勢，師即打百丈一摑。（同上卷九《洪州黃檗希運禪師》）

這些作勢，都是在特定場景中因時制宜所採用的動作，與其說是暗藏佛理禪機，不如說是充滿生活氣息。後來的臨濟宗繼承了這個傳統，凡作勢都強調平常天真，所以後世禪學研究者總結「濟宗四大勢」有這樣一些名目：「第一正利大勢，從正接人，以此利物，不作高遠；第二平常大

勢，用處尋常，拈來便是，不存奇特；第三真假大勢，借假明真，意在言外，不拘一定；第四本分大勢，作用自然，毫無勉強，不生枝節。」（《五家宗旨纂要》卷上）

相對於洪州禪其他派系而言，溈山和仰山師徒尤其好用作勢來代替交談，並漸向非自然的、象徵性的方向發展。於是「勢」便有了幾分勘辨學人的作用。如仰山應接神僧的故事：「師一日在法堂上坐，見一僧從外來，便問訊了，向東邊叉手立，以目視師。師乃垂下左足。僧卻過西邊叉手立，師垂下右足。僧向中間叉手立，師收雙足。僧禮拜。師曰：『老僧自住此，未曾打著一人。』拈挂杖便打。僧便騰空而去。」（《五燈會元》卷九《仰山慧寂禪師》）神僧之說當然不可為憑，但仰山以勢接人的方式卻是真實的。在此，作勢有如不立文字的機鋒。仰山曾公開宣稱：「慧寂有驗處，但見僧來便豎起拂子，問伊諸方還說這個不說？」（同上《仰山慧寂禪師》）所以後來溈仰宗的香岩智閑、南塔光湧、五觀順支等禪師都有用「豎起拂子」來回答僧問的舉動（同上《香岩智閑禪師》、《南塔光湧禪師》、《五觀順支禪師》），簡直就像臨濟宗用棒喝來對付提問。所以後來萬松行秀評價仰山的以勢接人說：「此仰山壁立千仞，與德山、臨濟峻機不別。」（釋行秀《萬松老人評唱天童覺和尚頌古從容庵錄》（簡稱《從容庵錄》）卷五第七十七則《仰山隨分（圓相）》，《大正藏》第四十八卷）由此可見，作勢的目的也在於截斷學者的言路，有不許擬議之意。

在有關仰山的記載中，可以看到很多不同於洪州禪的非日常非自然的古怪動作，如「以兩手交拳」、「作女人拜」、「作圓相拋向背後」、「以手空中撥三下」、「以拂子

倒點三下」等等，特別是溈山與仰山之間一段無言的對話：

　　　溈山一日見師（仰山）來，即以兩手相交
過，各撥三下，卻豎一指。師亦以兩手相交過，
各撥三下，卻向胸前仰一手，覆一手，以目瞻
視，溈山休去。（同上《仰山慧寂禪師》）

完全在打啞謎，令局外人感到莫名其妙。由此可見，洪州禪日常自然的「勢」發展到溈山、特別是仰山之後，逐漸被另一套神秘玄虛的「勢」所取代，這與他們視禪學為玄學的傾向是相一致的。仰山諸「勢」雖因年久失傳，難以瞭解全貌，但從禪籍中還能窺見一二，如《人天眼目》、《五燈會元》中就提及仰山的「背拋勢」、「修羅擎日月勢」、「婁至勢」等（《人天眼目》卷四《義海》）[20]。這些「勢」有如九十七圓相一樣，成為有獨特象徵意義的姿勢語，能表達特定的禪學概念。據萬松行秀解釋，九十七種圓相交拳，名羅剎三昧；女人拜名女人三昧；修羅（即阿修羅）是梵語，意即非天，以手障日月，僧畫圓相，如修羅掌日月，九十七種圓相，名為修羅三昧；梵語樓至，賢劫千佛之最後一佛，為執杵之護法神（《從容庵錄》卷五第七十七則《仰山隨分》）。值得一提的是，仰山的弟子霍山景通禪師積薪自焚，「師自執燭登積薪上，以笠置項後，作圓光相；手執拄杖，作降魔杵勢立，終於紅焰中」（《景德傳燈錄》卷一二《晉州霍山景通禪師》），用自己寶貴的

────────────────

20《五燈會元》卷九《仰山慧寂禪師》「擎」作「掌」，「樓至」作「樓至德」，疑誤。

生命給溈仰宗的圓相和作勢塗上一層莊嚴神聖的亮色。而「降魔杵勢」應當就是仰山諸勢中的「樓至勢」。

無論如何，作勢是溈仰宗對語言表意功能的局限性進行彌補的有益嘗試，在「不立文字」的層面上與南宗禪的精神接軌。作為局外人，我們很難理解「仰山諸勢」的具體象徵意義，正如未接受過啞語訓練很難知道啞語的意義一樣，但這並不妨礙我們對「勢」在禪宗語言特色形成的過程中所曾起到的作用帶一份同情的理解。

六、偈頌：明心見性的禮贊

從慧能的《壇經》開始，白話的敘述加上偈頌的吟誦成為禪師接引學者最典型的佈道方式之一，後來的宗師說法，多仿此例。到了晚唐五代，製作偈頌更蔚然成風，以致於清涼文益在《宗門十規論》中專門列一條來探討如何製作偈頌的問題。

一般說來，禪宗最警惕的是佛教的經論文字，而對詩歌文字毫不介懷，有時為了避免使用義學的邏輯語言和外來的印度話語，反而有意識地大量運用詩歌語言。而偈頌實際上就是宗門的詩歌，只不過其功能和一般世俗詩歌的言志緣情不同，主要用於明心見性，開悟示法。從純形式的角度看，禪宗的偈頌在格式、聲律、辭藻、偶對、意象等方面都與詩歌完全一樣，有古體，也有近體，有五言古詩、七言歌行，也有五絕、五律、七絕、七律，因此常被人們稱為「詩偈」或「歌頌」。對於禪宗傳教而言，「詩偈」「歌頌」有這樣幾個好處，一是主要由非邏輯的意象語言組成，與禪宗反對理性思索不相矛盾；二是具有極強的象徵性和暗示性，可取代義學經論的疏解闡釋而作為得魚之

筌，示月之指；三是具有韻律感，易於記誦，適宜於口頭的傳播；四是具有深厚的群眾基礎，體現出極強的本土文化色彩，與禪宗「教外別傳」的精神相一致。

我在前面曾提到過，詩句的引用和製作是中唐以後禪宗語言的一大特點，意味著本土士大夫話語系統產生了潛在的影響。關於這一點，可以通過對偈頌這一文體演變過程的考察得到最充分的證明。

偈頌本是印度佛教經典中的一種文體，梵文作伽陀，是佛經中的讚頌詞。伽陀是古印度的詩歌，本來在梵文裏，伽陀（偈頌）的體制很嚴密，講究音節格律。但在漢譯佛典時，譯場師為了便於讀誦與理解，不惜削足適履，把它們統統依照中國詩的傳統形式（主要是五言，也有四言、六言、七言）翻譯出來。由於既要借用中國詩的形式，又受原典內容與形式的限制，因此傳譯的偈頌不得不放棄梵文的辭藻與韻律，形成一種非文非詩的體裁。所以在佛教的經藏中，偈頌一般是拙樸粗糙的，僅做到了每句的字數整齊一致，連節奏都無暇顧及，更談不上押韻了。如反映原始佛教教義的《雜阿含經》中的一些偈頌：

> 法無有吾我，亦復無我所。我既非當有，我所何由生。比丘解脫此，則斷下分結。（《雜阿含經》卷三，《大正藏》第二卷）
> 佛者是世間，超渡之勝者。為是父母制，名之為佛耶？（同上卷四）

除了五言的整齊形式外，再沒有任何可稱為詩的因素。這種狀況的形成，一方面是受到譯者文化水平的限制，另一

方面是受到翻譯文體本身的限制,因為從根本上來說,詩歌是所有文學樣式中最抗翻譯的。甚至在文筆優美的《維摩經》、《楞嚴經》諸經中,偈頌仍不過是佛經散文(長行)的分行排列形式,說理佈道,全無韻律,與中國傳統詩歌毫無關係。顯然,佛經文本中的偈頌同樣也屬於印度話語系統,與漢語的習慣表達法多少有點不同,因此顯得生澀拗口。

從初盛唐起,禪宗的偈頌就開始流行,並逐漸褪去佛經伽陀的文體風格,成為獨立於佛教經藏之外的押韻的順口的新宗教詩歌。禪宗詩偈的流行有兩個重要原因,一是來自社會的影響,唐代整個社會詩歌空前繁榮,禪僧處於這樣的文化氛圍薰陶之下,自然對詩歌有一種潛移默化的愛好。二是來自宗教的需要,禪宗所謂「不立文字」,並非徹底反對所有的文字,而在很大程度上只是排斥概念化的、說教式的經論文字,詩歌正好以其非概念化、反說教式的文字成為禪宗傳心示法的理想工具。

需要說明的是,禪宗偈頌的詩化仍有一個漸變過程。在中唐以前,許多大師的偈頌是相當枯燥乏味的,如從達摩到慧能東土六祖的付法偈:

> 吾本來茲土,傳教救迷情。一花開五葉,結果自然成。(達摩)
> 本來緣有地,因地種華生。本來無有種,華亦不曾生。(慧可)
> 華種雖因地,從地種華生。若無人下種,華地盡無生。(僧璨)
> 華種有生性,因地華生生。大緣與信合,當

　　　生生不生。（道信）

　　　　有情來下種，因地果還生。無情既無種，無
　　性亦無生。（弘忍）

　　　　心地含諸種，普雨悉皆生。頓悟華情已，菩
　　提果自成。（慧能）

　　　（《景德傳燈錄》卷三、卷五）[21]

雖然有了節奏和韻律，但仍留存著佛經偈頌那種拙樸粗糙
的風格，仍類似翻譯語體；雖然有了「花」、「果」、
「地」、「種」的比喻，但仍採用的是佛經偈頌那種說理手
法。從詩律學的角度看，這些偈頌雖注意到四聲的規律，
但尚未能避「八病」，有四首偈犯「平頭」；以唐代近體詩
格律來衡量，更是平仄粘對都不合律。慧能以後，南嶽懷
讓和馬祖道一的示法偈仍保留著類似的風格：

　　　　心地含諸種，遇澤悉皆萌。三昧華無相，何
　　壞復何成？（懷讓）

　　　　心地隨時說，菩提亦只寧。事理俱無礙，當
　　生即不生。（道一）（《景德傳燈錄》卷五、卷六）

同樣是概念化說理，毫無詩意可言，而且同樣是不合平仄
粘對。

　　　大約從中唐開始，一批富有詩意的禪偈出現了，多少
改變了傳統偈頌質木無文的狀況。如馬祖道一的法嗣明州
大梅山法常禪師（752-839）的偈：

21《壇經》法海本也載此六偈，文字稍異；慧昕、契嵩、宗寶諸本則只載達摩與慧
　能之偈。

摧殘枯木倚寒林，幾度逢春不變心。樵客遇
　　之猶不顧，郢人那得苦追尋？（同上卷七《明州
　　大梅山法常禪師》）

不僅平仄音韻完全符合近體詩格律，而且全用比興手法，
不露說理的痕跡。偈中的意象「枯木」、「寒林」、「樵
客」、「郢人」等，完全是中國傳統詩歌中的意象，再沒有
早期禪偈中常見的「菩提樹」、「明鏡台」、「心地」、「普
雨」等佛經文本裏的意象。此外，如靈云志勤見桃花悟道
而作的詩偈：「三十年來尋劍客，幾逢落葉幾抽枝。自從
一見桃花後，直至如今更不疑。」（同上卷一一《福州靈云
志勤禪師》）長沙景岑的勸學偈：「萬丈竿頭未得休，堂堂
有路少人遊。禪師願達南泉去，滿目青山萬萬秋。」（同上
卷一○《湖南長沙景岑禪師》）龜山正原的詩偈：「滄溟幾
度變桑田，唯有虛空獨湛然。已到岸人休戀筏，未曾度者
要須船。」（同上《福州龜山正原禪師》）船子德誠的詩
偈：「千尺絲綸直下垂，一波才動萬波隨。夜靜水寒魚不
食，滿船空載月明歸。」（《五燈會元》卷五《船子德誠禪
師》）這些作品完全脫離了印度伽陀的母體，成為地地道道
的中國詩。

　　前面我曾指出，唐代禪宗最重要的貢獻就在於把佛教
的禪學從印度話語系統移植到中國話語系統之中，偈頌的
詩化也是最有說服力的例證之一。值得注意的是，中國詩
歌語言有雅俗之分，即典雅的文言詩（特別是格律謹嚴的
近體詩）和通俗的白話詩（主要是不拘聲律的古體詩）之
分，前者屬於士大夫話語系統，後者屬於平民話語系統。

禪宗的主流是農禪，因而通俗的白話是禪宗最常用的語言，偈頌也多用白話；但隨著中晚唐參禪的居士日漸增多，典雅的文言也部分地滲入禪宗語言，尤其是偈頌的製作日趨精工。著名的參禪文人如馬祖道一的弟子龐蘊、佛光如滿的弟子白居易（772-846）、藥山惟儼的弟子李翱（772-841）、黃檗希運的弟子裴休（791-864）都寫過偈頌，儘管他們有意識在偈頌中模仿農禪語言，但較那些文化層次低下的禪師，畢竟在文詞方面要考究得多。如龐蘊的那首著名的示法偈：「日用事無別，唯吾自偶諧。頭頭非取捨，處處勿張乖。朱紫誰為號？丘山絕點埃。神通並妙用，運水及般柴。」（《景德傳燈錄》卷八《襄州居士龐蘊》）雖然文詞較通俗，但聲律已相當精嚴，據我所知，這恐怕是第一首符合五律格式的禪偈。又如裴休呈示黃檗希運的偈：「自從大士傳心印，額有圓珠七尺身。挂錫十年棲蜀水，浮杯今日渡漳濱。一千龍象隨高步，萬里香花結勝因。擬欲事師為弟子，不知將法付何人？」（同上卷九《洪州黃檗山希運禪師》）這當然算不上好詩，但有可能是第一首七律禪偈。至於李翱贈藥山的那首偈：「選得幽居愜野情，終年無送亦無迎。有時直上孤峰頂，月下披云笑一聲。」（同上卷一四《澧州藥山惟儼禪師》）則不僅是一首標準的七絕，而且語言也很優美，完全體現了一種士大夫的審美情趣。這些例子似乎表明，士大夫在參禪的同時，也無意識地將自己的話語滲透到禪宗話語系統。

　　事實上，藥山禪系的不少禪師頗好文詞，就可能受了士大夫的影響。除了船子德誠以詩偈知名外，道吾圓智（769-835）、夾山善會（805-881）、樂普元安（834-898）以及同安常察都是作偈頌的好手[22]，道吾的《樂道歌》、樂

普的《浮漚歌》、同安的《十玄談》均為宗門的歌頌名作，特別是樂普和尚，「答酬請益，多偶句華美，為四海傳焉」（《宋高僧傳》卷一二《唐澧州蘇溪元安傳》）。出自藥山禪系的曹洞宗，其開山祖師洞山良價也很有文彩，著有《寶鏡三昧歌》、《玄中銘》、《新豐吟》、《綱要頌》等等（參見《筠州洞山悟本禪師語錄》，《大正藏》第四十七卷）。曹山本寂的文學修養更有名，據《宋高僧傳》稱，本寂「素修舉業」，「文辭遒麗，號富有法才」，「注《對寒山子詩》，流行宇內」（同上卷一三《梁撫州曹山本寂傳》）。唐代以詩賦取士，本寂所修舉業，就是詩賦。值得注意的是，本寂從小生活在一個典型的士大夫語境裏，「其邑唐季多衣冠士子僑寓，儒風振起，號小稷下焉」。因此他「少染魯風，率多強學」（同上），較多地接受了士大夫的文化。

法眼宗開山祖師清涼文益也具有深厚的文學修養，「傍探儒典，遊文雅之場」，佛教宗師「目為我門之游、夏」（景德傳燈錄）卷二四《金陵清涼文益禪師》）[23]，「好為文筆，特慕支、湯（指六朝詩僧支遁、湯惠休）之體，時作偈頌真贊，別形纂錄」（《宋高僧傳》卷一三《周金陵清涼院文益傳》）。文益的主要傳教活動在南唐，五代十國時期，南唐是經濟相對發達、文化相對繁榮的地區之一，而南唐國主也素以好文學而知名，因此，文益的偈頌比以往任何禪師的偈頌都更典雅而富有詩意。一日，文益與南唐

---

22 「樂普」，《祖堂集》卷九作「落浦」，《五燈會元》卷六作「洛浦」，此從《景德傳燈錄》卷一六、卷三〇。

23 「游、夏」指孔子學生言子游、卜子夏。《論語·先進》：「文學子游、子夏。」後世遂以「游、夏」代稱文學之士。

中主李璟論道罷，同觀牡丹花，中主命作偈，文益賦曰：

> 擁毳對芳叢，由來趣不同。髮從今日白，花
> 是去年紅。豔冶隨朝露，馨香逐晚風。何須待零
> 落，然後始知空。（《五燈會元》卷一○《清涼文
> 益禪師》）

這首偈簡直就是一首以牡丹為題的詠物詩，採用的是精工
的五言律詩，全用譬喻和象徵來說理，以牡丹的榮衰闡明
「色即是空」的觀念，意在言外，餘味無窮。

　　顯然，曹山本寂和清涼文益等人代表了禪宗的另一種
話語選擇，即語言的士大夫化。這一現象表明，由於晚唐
五代各地方割據政權的經濟文化上的不平衡，使得流行於
不同地區的禪宗出現了更進一步的分化，且不論各宗宏揚
的宗旨各有特點，就是言說方式也漸有了雅俗之分。也就
是說，處於經濟文化相對落後地區的河北臨濟宗和嶺南云
門宗，更多地繼承了呵佛罵祖的傳統和棒喝交馳的方式，
而處於經濟文化相對發達地區的江西曹洞宗和江南法眼
宗，更多地採用「主意在文」的傳教方式。即使同樣是偈
頌創作，臨濟、云門與曹洞、法眼仍有雅俗之別。文益的
《宗門十規論》就反映了當時禪宗偈頌創作中的兩種不同傾
向：

> 論曰：宗門歌頌，格式多般，或短或長，或
> 今或古，假聲色而顯用，或托事以伸機，或順理
> 以談真，或逆事而矯俗。雖則趣向有異，其奈發
> 興有殊，總揚一大事之因緣，共贊諸佛之三昧。

激昂後學，諷刺先賢，皆主意在文，焉可妄述？稍睹諸方宗匠，參學上流，以歌頌爲等閒，將製作爲末事，任情直吐，多類於野談；率意便成，絕肖於俗語。自謂不拘粗獷，匪擇穢屛，擬他出俗之辭，標歸第一之義。識者覽之嗤笑，愚者信之流傳。使名理而寢消，累教門之愈薄。不見華嚴萬偈，祖頌千篇，俱爛漫而有文，悉精純而靡雜。豈同猥俗，兼糅戲諧。在後世以作經，在群口而爲實。亦須稽古，乃要合宜。苟或乏於天資，當自甘於木訥。胡必強攀英俊，希慕賢明，呈醜拙以亂風，織弊訛而貽戚。無惑妄誕，以滋後羞。（《宗門十規論‧不關聲律不達道理好作歌頌第九》）

文益這段話揭示了「宗門歌頌」創作中雅俗對立的現象，並表明了他自己的觀點：其一，指出偈頌的創作目的，最主要是闡明「諸佛之三昧」，因此作者須達「道理」；其二，主張偈頌必須「爛漫有文」，「精純靡雜」，提倡語言修飾，並要求作者須通「聲律」；其三，批評「任情直吐」、「率意便成」的「野語」、「俗談」，表達了對「粗獷」、「穢屛」的猥俗戲諧之言的不滿。文益顯然是站在高層次文化人的立場上，力圖對當時宗門語言粗俗化的傾向有所糾正整頓。

　　通過文益的描述，我們對晚唐五代禪宗偈頌的創作情況有了大致的瞭解，即由於禪宗總體上向民間大眾化的方向普及，因而俗語言成爲禪宗偈頌創作的主流話語，權威的喪失帶來平民的自信，任何僧徒都敢於用「不拘粗獷」

的偈頌來表達自己理解的禪理。同時，由於禪宗中一部分富有文化修養的大師的加盟，雅正的文言、特別是詩賦的聲律語言也開始成為宗門傳教的工具，如文益的《宗門十規論》完全由典雅的四六駢文寫成，體現出與傳統農禪話語系統迥然不同的語言風格，這顯然意味著在五代文化相對發達的地區，士大夫話語系統對禪宗產生了相當的影響。

　　必須指出的是，由於禪宗的偈頌有多種功能，因而其語言風格也有很大差別，舉例來說，一種是正面闡明佛理、宏揚宗旨的偈頌，如永嘉玄覺的《證道歌》、石頭希遷的《參同契》之類，往往較多地保留了佛經原典的詞語，且有概念化的說理傾向，文益的《華嚴六相頌》也屬此類；一種是抒發個人的禪悅之情的偈頌，如道吾和尚的《樂道歌》、懶瓚和尚的《樂道歌》，往往直接描寫山居環境和逍遙自在的生活，採用賦的手法；另一種是頓悟自性後當即寫下的偈頌，如靈云志勤見桃花、洞山良價睹水影而作的悟道偈，往往緣境而發，類似觸景生情的詩歌，採用的是比興手法，舉一境而說理。相比較而言，最後一種最能體現禪宗偈頌的特色，即本土化和詩化的特色，因此自晚唐五代後日益流行開來，成為宗門最常見的言說方式之一。

公案禪：闡釋時代的開始

第四章　公案禪：闡釋時代的開始

　　隨著禪宗五家的形成，門庭設施的建立，祖師（東土六祖以及迄至五代的禪門宗師）的地位進一步提高。祖師的言行被視為判別邪正是非的典型案例，稱為「公案」[1]。記載公案的文本主要是語錄和燈錄。儘管早在中唐就出現了禪宗語錄，但大多數公案仍是通過口耳受授的形式而流傳，直到五代末、北宋初，作公案彙總形式的燈錄才真正誕生。北宋封建文化的全面復興，為公案的流行提供了深厚的文化土壤，燈錄和語錄開始取代佛經論藏而成為禪宗的新經典。而作為經典文獻的仿效，北宋又進一步出現了記載當代宗師言行的燈錄語錄，甚至宗師自編自選的語錄。與此同時，對公案的整理、闡釋也以各種形式全面展開，於是有了代語、別語、拈古、頌古、評唱、垂示等諸多名目，有了評價、讚譽、解說、考證、注釋公案的諸多文本。這些文本不僅闡明了前輩大師的言行作為典型的深刻意義，而且開創了前所未有的新闡釋方法。

　　在促進禪宗語言經典化、文本化的過程中，有兩個因素特別值得注意：其一，禪宗隊伍的基本成分逐漸改變，文化素質大大提高，即執耒耜的勞動者讓位於執筆硯的文化人，或者說農禪讓位於士大夫禪。這樣，閱讀行為成為禪宗的重要實踐方式。其二，印刷術的進步和印刷業的發

---

[1]「公案」一詞，本為法律用語，指官府的案牘。據日本無著道忠《五家正宗贊助桀》卷四的觀點，「公案兩字，此黃蘗語為始」，指宋釋希叟紹曇《五家正宗贊》卷一載黃蘗曰：「昨日公案未了」句。禪宗借用此術語喻判別教理，而文獻記載則首見於《景德傳燈錄》，如卷一一《紫桐和尚》「今日好個公案」、《日容和尚》「且休未斷這公案」、卷一二《睦州龍興寺陳尊宿》「見成公案」等等。在宋代，「公案」特指祖師具有典範性質並需詮釋判別的言行。

展，為各類禪宗文獻的製作傳播提供了必要的物質基礎，而這種物質基礎又反過來促進禪師和居士們對非文字形式的禪學資料重新進行整理。也就是說，宋代以文獻載體高度發展為標誌的封建文化的復興和繁榮，是「公案禪」席捲禪林的最深刻的背景。

就整體而言，宋代的「公案禪」 正如「以俗為雅、以故為新」的宋詩一樣，在「大判斷」方面沒有更多的貢獻，然而在「小結果」方面卻有很多發明和創獲。所謂「以俗為雅」，是指唐代禪宗的俗語言形態，經過宋代各種禪籍的反覆稱引，擬定為一種經典化、文本化的成語典故，成為一種雅化的俗語。所謂「以故為新」，是指利用古德公案中的陳言表達新的禪理，同時也指對古德公案作出不同於原典的全新的意義認知和價值判斷。

一、 燈錄語錄：祖師言行的記載

如果嚴格按照祖師的訓誡從事的話，「不立文字」的禪宗將給我們留下一張白紙。據說，雲門文偃上堂說法，絕不喜人記錄其語，見必罵逐曰：「汝口不用，反記我語，佗時定販賣我去。」（惠洪《林間錄》卷上，《佛藏要籍選刊》第十一冊。又見惠洪《禪林僧寶傳》卷二九《雲居佛印元禪師傳》，《佛藏要籍選刊》第十三冊）這與臨濟義玄「吾正法眼藏向這裏瞎驢邊滅卻」的擔心是一樣的，害怕門徒失去自證自悟的精神。然而，任何一種思想學說的傳播僅靠口耳受授是難以流傳開來並傳之久遠的，一時一地的聲音語言必須通過文字形式記錄下來，才能真正成為一種精神傳統傳世。祖師作為肉體的生命形式必然會消亡，而後代的禪人只有通過他的語言的記錄，才能領悟其

宗教精神。所以，我們應該感謝那些有一定文化素養的好事的禪僧，是他們無視「不立文字」的祖訓，突破「口耳受授」的門規，為後人留下大量的反映禪宗思想歷程的原始文字記錄，使禪宗由神秘的宗教受授上升為一種具有形而上意義的思想資源。就以雲門宗為例，若沒有香林明教等人偷偷地「以紙為衣，隨所聞隨即書之」（同上），我們也就難以睹見收入《大藏經》中的《雲門匡真禪師廣錄》。

事實上，早在中唐就出現了手抄的語錄，如敦煌卷子中法海集記的《南宗頓教最上大乘摩訶般若波羅蜜經六祖惠能大師於韶州大梵寺施法壇經》（即法海本《壇經》），其實就是慧能語錄。稍後又有《荷澤神會禪師語錄》、《大珠禪師語錄》、《龐居士語錄》、《筠州黃檗山斷際禪師傳法心要》、《黃檗斷際禪師宛陵錄》、《鎮州臨濟慧照禪師語錄》等等問世。這些語錄不僅保存了祖師的禪學思想，而且提供了一種以白話口語為主的語言範式。

語錄的產生與禪宗的傳教方式有密切關係。從早期楞伽師時代開始，禪宗祖師就有「口說玄理，不出文記」的傳統，到後來南宗禪及其主流洪州禪的祖師，也基本遵循了不撰寫佛學理論著作的原則。在整個唐代，最正統的禪宗宗師大都無疏經造論的文字傳世[2]，這一點和其他義學各派有很大的不同。禪宗的主要傳教方式是所謂「覿面相呈」或「口耳受授」，禪學思想通過師徒間面對面的語言形式（機鋒、旨訣、偈頌）或非語言形式（棒喝、圓相、作勢）的交談而得以承傳。因此，語錄儘管也是一種文字形式，但它不屬於個人撰寫的著作，僅僅是「覿面相呈」、「口耳

---

2 大珠慧海撰有《頓悟入道要門論》，但在燈錄中，他是沒有法嗣的非主流的禪師。

受授」的言談及場景的記錄，或者說是一些案例（公案）的記錄。只有說話者和記錄者，沒有著作者。換言之，宗師仍堅持了「不立文字」的傳統，因為語錄並非他本人撰寫；而弟子也不負「墮於言句」的責任，因為所錄之語並非他本人所說。所以，即使依最激進的反對語言文字的觀點來看，語錄也算不上多大的犯規。除了雲門文偃這樣過分認真的宗師，大多數禪師都採取睜隻眼閉隻眼的態度，任隨弟子去記錄販賣。

　　由於語錄是一種非著作的文本，因而它和其他義學「文記」在語言風格上有很大的區別，最突出的特點就是它的口語俗語言性質。我們所說的禪宗以本土的平民話語系統取代外來的印度話語系統，其實就是依據禪宗語錄所提供的語言資料而得出的結論。同時，我們所說的禪宗語言不同於本土的帶有官方色彩的文言文，也是通過對禪宗語錄的閱讀而得出的認識。

　　儘管語錄的編纂始於唐代，但到了北宋才真正得以大規模發展並得以廣泛流傳。這主要表現在以下兩個方面：

　　其一，除了敦煌寫本外，現存的唐代祖師語錄多為宋代所刊刻印行。大致說來，唐代流傳的祖師語錄都是手抄本，限於抄者的文化水平，這些抄本的錯誤脫漏特別是錯別字極多，這只須看看敦煌本的《壇經》就可略知一斑。文字上的魚魯豕亥既多，思想上的郢書燕說也就不可避免。而宋代的禪師已有足夠的禪學素養和文化素養來重新整理這些抄本，同時，宋代發達的印刷業也足以保證整理的成果能刊行於世。所以，唐代祖師語錄的刊刻印行既有傳播學方面流通普及的意義，更有文獻學方面刊正謬誤的意義。如兩浙轉運副使蘇澥作於熙寧九年（1076）的《雲

門匡真禪師廣錄序》云：「其傳於世者，對機室錄，垂代勘辨。行錄歲久，或有差舛，今參考刊正，一新鏤板，以永傳播。」（《雲門匡真禪師廣錄》卷首）又如真定府路安撫使馬防作於宣和二年（1120）的《鎮州臨濟慧照禪師語錄序》云：「面壁未幾，密付將終。正法誰傳？瞎驢邊滅。圓覺老演，今為流通。點檢將來，故無差舛。」（《鎮州臨濟慧照禪師語錄》卷首）都談到刊行語錄在正謬和流通兩方面的意義。

其二，宋代禪宗編纂語錄成風，不僅記錄當代宗師語句加工付梓，而且自己編選機語及其它文字彙聚成冊，囑徒刊行。稍有影響的禪師可以說人人有語錄，甚至在僧史上名不見經傳的二三流和尚，也紛紛效尤。兩宋三百年間，傳世的禪宗語錄數量相當龐大，據《大藏經》、《續藏經》、《禪宗集成》等典籍收錄，宋代語錄共有百多家，數百卷。如果按照宋人文集中的語錄序來統計，則數量更為驚人。黃庭堅、蘇轍、張耒、惠洪、宗澤、李綱、陸遊等一大批文人所作的禪師語錄序，其語錄基本失傳，不見於佛教典籍所載，足可反證有宋一代語錄極度繁榮的盛況。

如果把唐代禪宗語錄和宋代禪宗語錄相比較，我們可看到這樣一些變化：前者多為宗師圓寂後方才問世，如裴休的《黃檗山斷際禪師傳法心要》編纂於黃檗希運卒後二年（857）；而後者則多為宗師尚在世時即已刊行，如汾陽善昭即遣門徒刊刻其辭句集錄，並致書當代文豪楊億作序，「屬圖鏤版，邈求冠篇」（見《汾陽無德禪師語錄》卷首附楊億序）。前者通常只記載開堂說法、應接勘辨的「機語」，是較為純粹的語錄；而後者則除了機語之外，還收錄了不少宗師本人的書面作品，如論議、書信、序跋、詩

歌、銘贊、偈頌等等，最典型的是雪竇重顯的《明覺禪師語錄》，其中最後兩卷就是他本人的詩集[3]。這些變化顯示出這樣一種傾向，即宋代禪師對待文字的態度已與唐代祖師的態度大不相同，由反感漸變為信賴。最有趣的是，臨濟義玄痛罵「吾正法眼藏向這裏瞎驢邊滅卻」，是擔心門徒販賣他的言句；而宋人理解的「正法眼藏向者瞎驢邊滅」，卻是害怕祖師的語錄失傳，因此「特命工重刊」，使「後之覽者，如墮妖霧，而獲指南之車」（見章倧《慈明四家錄序》）。也就是說，唐代禪師仍堅持著「直指人心」的原則，以為正法眼藏須自證自悟；而宋代禪師已偏離了「不立文字」的傳統，以為正法眼藏須靠文獻形式得以流傳。唐代禪師反對一切權威經典，突出表現為「呵佛罵祖」；宋代禪師則尊崇一切祖師典型，突出表現為「護宗黨祖」。

有大量事例證明，宋代禪宗語錄中師徒之間的主要話題是如何理解闡釋祖師的公案，而非在「普請」場景中探討如何是「此在」的問題。試看下列數例：

> 上堂：「先聖云：『一句語須具三玄門，一玄門須具三要。』阿那個是三玄三要底句？快會取好，各自思量，還得穩當也未？」（《汾陽無德禪師語錄》卷上）
>
> 上堂云：「百丈把火開田說大義，是何言歟？楊岐兩日種禾，亦有個奇特語。乃云：達磨大師，無當門齒。」（《古尊宿語錄》卷一九《袁州楊岐山普通禪院會和尚語錄》）

3　如《四庫全書》本所收重顯的《祖英集》，內容與《明覺禪師語錄》最後兩卷基本相同。

上堂，舉僧問首山：「如何是佛？」山云：「新婦騎驢阿家牽。」師乃有頌：「手提巴鼻腳踏尾，仰面看天聽流水。天明送出路傍邊，夜靜還歸茅屋裏。」（同上《潭州道吾真禪師語要》）

上堂，舉梁武帝問達磨：「如何是聖諦第一義？」磨云：「廓然無聖。」帝云：「對朕者誰？」磨云：「不識。」又僧問六祖：「黃梅意旨什麼人得？」祖云：「會佛法底人得。」僧云：「和尚還得麼？」祖云：「不得。」僧云：「和尚爲什麼不得？」祖云：「我不會佛法。」師云：「大小大祖師，問著底便是不識不會，爲什麼卻兒孫遍地？」乃云：「一人傳虛，萬人傳實。」（同上卷二○《舒州白雲山海會演和尚初住四面山語錄》）

上堂，舉南泉云：「道個如如，早是變也。今時師僧須向異類中行始得。」且道：「作麼生是異類中行？」乃云：「石牛長臥三春霧，木馬嘶時秋後泉。」（同上卷二六《舒州法華山舉和尚語要》）

上堂，舉僧問趙州：「學人乍入叢林，乞師指示。」趙州曰：「吃粥了也未？」僧云：「吃粥了也。」州云：「洗缽盂去。」其僧言下便悟。「大眾，山僧今朝吃粥也洗缽盂，只是不悟。既是爲善知識，爲什麼卻不悟？還會麼？豈可喚鍾作甕，終不指鹿爲馬。善人難犯，水銀無假。冷地忽然覰破，管取一時放下。」（同上卷二八《舒州龍門佛眼和尚語錄》）

舉一則古德公案作為僧徒的思考題，旁敲側擊地點撥一番，是宋代禪宗語錄裏最普遍的現象。這種形式的傳教，有一個專門的名稱，叫做「舉古」（如同上卷二四《潭州神鼎山第一代諲禪師語錄》就有「舉古」類）。

　　燈錄的編纂和語錄的編纂意義相近。燈錄雖帶有傳記的因素，但其主體部分是語言的記錄，相當於語錄的彙編。楊億《景德傳燈錄序》敘述釋道原作燈錄的過程是「披奕世之祖圖，采諸方之語錄，次序其源派，錯綜其辭句」，可見，燈錄相當於按世系宗派編排的語錄總集。如《景德傳燈錄》、《五燈會元》中關於臨濟義玄、雲門文偃、洞山良價、曹山本寂等人的記載，其內容多與《鎮州臨濟慧照禪師語錄》、《雲門匡真禪師廣錄》、《筠州洞山悟本禪師語錄》、《撫州曹山本寂禪師語錄》等相同。正如陳垣所說：「燈錄為記言體，與僧傳之記行不同。」[4]記言體的燈錄同樣是為了提供可資後人借鑒的早期宗師精神記錄的文獻形式，「庶幾後學，得見前輩典刑存焉」（釋悔明《聯燈會要》卷首自序，《續藏經》第一輯第二編乙第九套第三冊）。與個人語錄相比較，燈錄搜羅更廣，編排更集中，更簡練精粹，同時因有簡單的場景而使語言更生動，更富有暗示性。所以，燈錄比語錄更適合作參禪學人的教科書。事實上，燈錄正是宋代士大夫參禪所憑藉的主要文本，尤其是《景德傳燈錄》，它的功能有些像《世說新語》之於南北朝的談玄者，幾乎是宋代士大夫參禪的必讀書。

　　與語錄編纂的情況相類似，燈錄最早也出現於中唐，代表作是《寶林傳》、《續寶林傳》。但這兩部書與後來的燈錄還是有所不同，著重在記載禪宗世系，傳法統緒，而

---

4 陳垣《中國佛教史籍概論》第92頁，中華書局，1988年。

非採摘諸方語錄。同時，如唐代其他語錄一樣，這兩部書也是手抄本，錯漏較多，在宋代就因其「文字鄙俗，序致煩亂」而受到契嵩禪師（1007-1072）的批評（釋契嵩《傳法正宗論》卷上，《大正藏》第五十一卷）。現存最早的燈錄是五代南唐福建泉州招慶寺靜、筠二禪僧所編《祖堂集》，其書的特點是集「古今諸方法要」，目的在於收集保存祖師的「利濟之方」。本書首敘七佛，次敘西天、東土共三十三祖，然後按法嗣傳承世系分頭敘寫，共錄二百五十三人。所錄諸佛祖和禪師，有生平簡介和機語記錄，而詳於後者。本書保存了大量的禪宗史料和唐五代時期的口語材料，對於瞭解唐五代禪宗所處的語境及所使用的話語都有極珍貴的價值。遺憾的是，此書在宋代即傳入高麗，後又傳入日本，但在國內卻逐漸失傳，在宋人文集中已難見到它的影子。因此，就傳播學的意義而言，成書於北宋景德年間（1004-1007）的《景德傳燈錄》才是第一部真正有影響的燈錄，也是第一部帶著宋人新的語言觀念的燈錄。

《景德傳燈錄》是北宋東吳僧道原編撰的。書名「傳燈」取自《壇經》中「一燈能除千年暗，一智慧滅萬年愚」之意，喻禪法為心燈，禪法傳承也就是心燈相傳。道原是清涼文益禪師的再傳弟子，屬於法眼宗。前面曾說過，禪宗五家之中，法眼宗流行於文化發達的江南地區，開山祖師文益特別愛好文詞，其宗風也較其他各宗更帶文化色彩。同時，隨著北宋初期社會政治的漸趨平穩，封建文化的重建工作也逐步展開，具體體現為文獻典籍的大規模整理編纂，如太宗朝的《太平廣記》（978）、《太平禦覽》（984）、《文苑英華》（986），真宗朝的《冊府元龜》

（1013）等。《景德傳燈錄》的編撰正好既顯示出法眼宗對典範的尊崇和對文詞的偏愛，又與宋王朝的封建文化重建的步伐合拍。所以，當景德元年（1004）道原將所編《景德傳燈錄》送呈朝廷時，立即受到宋真宗的高度重視，親命翰林學士楊億（974-1020）等人裁定。而楊億不僅是大型類書《冊府元龜》的項目負責人之一，而且是文詞華麗、堆砌典實的「西昆體」的領袖，這似乎表明，《景德傳燈錄》的裁定也與他從事的類書編纂、詩歌創作有類似的性質和意義，即同屬於北宋文化重建的一部分。正因如此，當楊億等人用了一年時間修訂成書三十卷，立即被頒入藏流通，成為有史以來第一部官修禪籍，並因此而取代《祖堂集》成?中國流傳最廣、影響最大的燈錄。

據楊億的《景德傳燈錄序》，他對道原的原作主要從三方面作了修訂：其一，本著「事資紀實，必由於善敘；言以行遠，非可以無文」的原則，對原作進行文字潤色，使其條目分明，文意暢達，「或辭條之紛糾，或言筌之猥俗，並從刊削，俾之綸貫」。其二，對原作的史實作了必要的訂正，「至有儒臣居士之問答，爵位姓氏之著明，校歲曆以愆殊，約史籍而差謬，鹹用刪去，以資傳信」。其三，突出其作為語錄彙編的性質，刪除其他蕪雜成分，專錄「啟投針之玄趣，馳激電之迅機，開示妙明之真心，祖述苦空之深理」的問答機語，「若乃但述感應之征符，專敘參遊之轍跡，此已標於僧史，亦奚取於禪詮，聊存世系之名，庶紀師承之實」。顯然，楊億修訂的結果是將士大夫的語言觀念注入燈錄之中，包括「言之無文，行而不遠」的文學語言觀，「事資紀實，信而有徵」的史學語言觀，以及欣賞「玄趣迅機」等「禪詮」的禪學語言觀。

　　《景德傳燈錄》問世後，在宋代佛教界引起很大反響，不僅促進了佛教的禪化向深層發展，而且進一步推動了禪宗向士大夫階層的普及。由於《景德傳燈錄》是法眼宗禪師所編，記敘青原系禪師較南嶽系為詳，特別詳於法眼宗，且所記多為北宋以前禪師，因此，後來又有臨濟宗居士李遵勗撰《天聖廣燈錄》（1029），雲門宗禪僧惟白撰《建中靖國續燈錄》（1101），臨濟宗禪僧悟明撰《聯燈會要》（1183），雲門宗禪僧正受撰《嘉泰普燈錄》（1201-1204），不僅補充了南嶽系馬祖以下諸禪師語句，詳敘臨濟宗的世系，而且記錄了大量當代禪師的言行。就此而言，《天聖廣燈錄》等「四燈」雖是效顰之作，但因為保留了豐富的宋代禪師的機緣語句，其價值也非《景德傳燈錄》所可取代。南宋末寶祐年間（約1253）臨濟宗禪師普濟主編《五燈會元》問世，將《景德傳燈錄》以下五種燈錄合為一編，刪繁就簡，去其重復，為宋代的燈錄之作畫上一個圓滿的句號。

　　當代禪史研究者最不滿燈錄之處就在於它們的偽造和篡改歷史，但這種偽造和篡改大多來源於唐代禪宗的著述，如禪宗西天、東土諸祖的世系，在《寶林傳》和《壇經》中就已成型，《景德傳燈錄》不過取其舊說，而對其中一些明顯的錯誤予以改正[5]。也就是說，《寶林傳》等偽造篡改歷史的弊病來自唐代禪僧歷史文化知識的貧乏，而宋代燈錄沿用其說則主要出於對古本原始文獻的尊重以及對「言必有徵」的文獻整理原則的信奉。實際上，燈錄中有關晚唐五代和兩宋的禪宗世系記載，多根據語錄、行狀、碑銘、傳記等等原始資料整理而成，有相當的史料價

5　參見陳垣《中國佛教史籍概論》第108-110頁。

值。

然而，宋代燈錄的意義更多地體現在以下幾方面：其一，從宗教學角度看，燈錄記載了大量祖師的「公案」，為參禪者提供了判明教理、辨別邪正的典型案例。其二，從語言學角度看，燈錄將唐宋口語固定為文字形式，並給很多俗語詞一個較為規範的書寫形態，改變了唐代手抄本禪籍「文字鄙俗」、書寫混亂的狀況。這只要將敦煌寫本中唐宋口語的書寫形式與燈錄文字相比較，就可看出燈錄在文字方面的相對考究。由於燈錄既保留了唐宋俗語言的活潑風格，又剔除了其中過分鄙俗混亂的成分，因此大受兩宋士大夫的青睞。其三，從文獻學角度看，燈錄廣泛網羅了大量禪僧的機語，特別是收羅了不少宋代禪師和士大夫的詩偈，許多不太知名的禪僧語錄以及士大夫參禪的隻言片語，賴燈錄而得以保存，因而具有文獻輯佚的意義。

總而言之，燈錄對古德公案的崇拜和對機語玄言的欣賞多少背離了唐代禪宗呵佛罵祖、不立文字的精神，正如南宋目錄學家陳振孫所說：「本初自謂直指人心，不立文字，今四燈（指《景德傳燈錄》、《天聖廣燈錄》、《建中靖國續燈錄》、《嘉泰普燈錄》）總一百二十卷，數千萬言，乃正不離文字耳。」（《直齋書錄解題》卷一二《釋氏類・嘉泰普燈錄》解題，《叢書集成初編》本）這一現象的出現，一方面是因為禪宗內部思想資源的層累積澱已超出「口耳受授」所能負載的限度，必須有書面的記載才能使這些資源不會損失；另一方面也因為宋代禪宗傳法面臨的對象更多的是讀書人——士大夫和詩文僧，必須有書面的教科書才能爭取更多的徒眾，由一時一地的聽眾隊伍擴展到隨時隨地的讀者隊伍。

二、代別拈頌：前輩典型的評說

從晚唐五代開始，祖師公案就成為禪宗關心的話題之一，而到了宋代，禪門的一切語言文字幾乎都圍繞著公案展開。三教老人《碧巖錄序》對「公案」一詞的來源和作用作了最詳盡的解釋：

> 祖教之書謂之公案者，倡於唐而盛於宋，其來尚矣。二字乃世間法中吏牘語。其用有三：面壁功成，行腳事了，定盤之星難明，野狐之趣易墮。具眼為之勘辨，一呵一喝，要見實詣。如老吏據獄讞罪，底裏悉見，情款不遺，一也。其次則嶺南初來，西江未吸，亡羊之歧易泣，指海之針必南。悲心為之接引，一棒一痕，要令證悟。如廷尉執法平反，出人於死，二也。又其次則犯稼憂深，繫驢事重，學弈之志須專，染絲之色易悲。大善知識為之付囑，俾之心死蒲團，一動一參，如官府頒示條令，令人讀律知法，惡念才生，旋即寢滅，三也。
>
> （《碧巖錄》卷首）

這段話可以說代表了宋代大部分禪師的觀點。參禪並不是脫離傳統的純粹的個人性行為，也不是無宗教標準的純粹個人性體驗，僅依靠個人的自參自證不能保證最終達到覺悟。參禪需要得道高僧為之指路，為之提供定盤之星，指南之針，才可免於墮入野狐之趣，誤入亡羊之歧。顯然，唐代農禪那種自證自悟、自由自在的精神被一種尊崇典

範、奉行規則的觀念所取代，參究公案或闡釋公案成為宋
代宗門最重要的活動。

對公案的闡釋，最早開始於晚唐，其形式是所謂「代
語」和「別語」，合稱「代別」。據汾陽善昭解釋：「室中
請益，古人公案未盡善者，請以代之；語不格者，請以別
之。故目之為代別。」（《汾陽無德禪師語錄》卷中《頌古
代別》）「代語」是指原公案中，祖師設問，聽者懵然不
知，或所答不合意旨，闡釋者便代答一語。還有就是原公
案中只有問話，沒有答語，闡釋者代作答語。「別語」是
指原公案中本有答語，闡釋者另加一句別有含義的話。實
際上，二者差別不大，都是一種以代替回答的形式對公案
作出補充性或修正性的解釋。「代語」、「別語」首見於雲
門文偃的語錄中，試舉數則如下：

> 舉雪峰勘僧：「什麼處去？」僧云：「識得
> 即知去處。」峰云：「你是了事人，亂走作什
> 麼？」僧云：「莫塗污人好。」峰云：「我即塗
> 污你。古人吹布毛作麼生？與我說來看。」僧
> 云：「殘羹餿飯，已有人吃了也。」師別前語
> 云：「築著便作屎臭氣。」代後語云：「將謂是
> 鑽天鷂子，元來是死水裏蛤蟆。」
>
> 舉韶山勘僧云：「莫便是多口白頭因麼？」
> 因云：「不敢。」山云：「有多少口？」因云：
> 「遍身是。」山云：「大小二事，向甚處局？」因
> 云：「向韶山口裏局。」山云：「有韶山口，即
> 向韶山口裏局；無韶山口，向甚處局？」因無
> 語，山便打。師代云：「這話墮阿師，放你三十

棒。」又代云：「將謂是師子兒。」又云：「韶
山今日瓦解冰消。」

　　舉湖南報慈垂語云：「我有一句子，遍大
地。」僧便問：「如何是遍大地底句？」慈云：
「無空缺。」師云：「不合與麼道。」別云：「何
不庵外問？」（《雲門匡眞禪師廣錄》卷中《室中
語要》）

「代別」的語言風格類似機鋒，也是機警玄妙，不落擬議。
儘管雲門文偃愛舉前人公案，但他的「代別」卻大多借為
僧人代答的方式，表現出一種對宗師的反叛態度，或譏諷
其如「死水裏蛤蟆」，或嘲笑其「瓦解冰消」，或指責其
「不合作麼道」，「代別」中仍保持著呵佛罵祖的精神。由
此可見，以雲門文偃為代表的早期「代別」，主要是以公案
為例，教參學者如何在面對勘辨時樹立自信心，為參學者
指明「沖天鷂子」的向上一路。
　　稍後於雲門文偃的法眼文益，在代別中流露出另一種
傾向，即多為宗師辯護。儘管仍使用機鋒玄言，在判案上
卻明顯地將天平向宗師傾斜，指責物件多為參學者。試以
文益語錄中的「代別」為例：

　　舉「僧問雪峰：『拈槌豎拂，不當宗乘，未
審和尚如何？』雪峰豎起拂子，僧乃抱頭出去，
雪峰不顧。」師代云：「大眾，看此一員大將。」
　　又舉「雪峰問鏡清云：『古來有老宿，引官
人巡堂。云：此一眾，儘是學佛法僧。官人云：
金屑雖貴，又作麼生？老宿無對。』鏡清代云：

『比來拋磚引玉。』」師別云：「官人何得貴耳賤
目。」（《金陵清涼院文益禪師語錄》，《大正藏》
第四十七卷）

前一則「代語」代雪峰發言，以「看此一員大將」的調侃
語氣挖苦僧人被雪峰勘辨後類似打敗仗的狼狽相；後一則
「別語」在鏡清代老宿回答後，另作代答，用「貴耳賤目」
的評價折服官人的提問。

　　大致說來，禪宗語錄中大量的「代別」主要有兩種傾
向，一種保持了洪州禪自證自悟的傳統，呵佛罵祖；另一
種則體現出對祖師言行的尊崇，黨宗護祖。這兩種傾向在
「代別」的發展過程中一直存在，相對而言，後一種傾向在
宋代更占上風，而在汾陽善昭身上表現得尤為典型。

　　儘管《祖堂集》、《景德傳燈錄》中「代別」已用得很
廣泛，但是，直到汾陽善昭才利用這種形式，真正將禪引
導到發掘古德公案的意旨方面，而不僅僅作為代替前人應
對詰問勘辨的語言技巧。換言之，汾陽將「代別」由應對
性的語體改造為闡釋性的語體。試以下面幾則為例：

　　　梁武帝問祖師：如何是聖諦第一義？祖曰：
　　廓然無聖。帝云：對朕者誰？祖曰：不識。代
　　云：弟子智淺。
　　　梁武帝請傅大士講經，大士儼然。帝曰：請
　　大士與朕講經，爲什麼不講？志公曰：大士講經
　　畢。代云：講得甚好。（《汾陽無德禪師語錄》卷
　　中）

表面看來，汾陽的「代別」並無高明之處，「智淺」就是「不識」，「講得甚好」就是「講經畢」，似乎是同義語反覆。而實際上，用「智」來代「識」，就暗示了禪宗無凡無聖、無人無我的「無分別智」；「講得甚好」就有如《維摩經》裏文殊稱讚默然的維摩詰「無有文字語言是真入不二法門」。

汾陽的《詰問百則》中的代語表現出更有特色的闡釋性質。《詰問百則》是對著名的佛禪術語提出問題，並代為回答。試以「四誓」為例：

> 眾生無邊誓願度。誰是度者？代云：車輪往靈山。法門無邊誓願學。作麼生學？代云：朝參暮請。煩惱無邊誓願斷。將什麼斷？代云：有麼？無上菩提誓願成。作麼生成？代云：天子不刈草。（同上）

「靈山」是釋迦牟尼說法處，「車輪往靈山」意即聽釋迦牟尼說法；「朝參暮請」意即時時刻刻參學佛法；「有麼」以反問的語氣表達了對煩惱的否定，因為禪宗「性空」觀認為本來無物，煩惱亦無；「天子不刈草」暗喻「無上菩提」無須勞作生成。值得注意的是，「眾生」、「法門」、「煩惱」、「菩提」等詞都是佛教原典術語，而汾陽卻用本土的成語俗諺去解釋，這似乎意味著他有意將印度話語轉換為本土話語，或者有意將邏輯語言轉換為非邏輯語言（即「玄言」）。儘管這種轉換在表達意義上顯得更加晦澀，但卻以類似詩歌的語言增強了解釋的暗示隱喻性質。

汾陽的「代別」的目的是，古德公案「未盡善者」使

之「善」，「語不格者」使之「格」，力圖建立一種完美標準的公案答語，這就是一種玄妙的答語。汾陽認為：「夫參玄之士，與義學不同，頓開一性之門，直出萬機之路；心明則言垂展示，智達則語必投機。了萬法於一言，截眾流於四海。」（同上卷上）汾陽的「參玄」之說集中代表了自晚唐五代以來禪宗內部悄然出現的玄學化思潮，禪學被稱之為「玄學」，參禪被稱之為「參玄」，禪宗僧人修行的重點，不再是對禪境的直觀體驗，也不是「直下即是」的問答，而是對「玄言」的運用和理解。按汾陽的觀點來看，禪學或曰玄學優於義學之處在於，它不需要思辨分析，而是靠「頓開」、「直出」；它不是靠義理的探究來說服聽眾讀者，而是靠一言半句的展示來尋覓投機的知音；它沒有拖泥帶水的煩瑣註疏，而是以「一言」而「了萬法」。無論如何，汾陽的觀點體現出宋代禪宗對語言在傳教（言垂展示）、交流（語必投機）、悟道（了萬法於一言）等方面功能的重視，儘管偏離了以前祖師強調「不立文字」、「直指人心」的古訓，但仍保持著區別於佛經言教的宗門話語形式。

汾陽善昭無疑是宋代「公案禪」的開山祖師之一，他不僅確定了「代別」作為完善統一公案標準、借題發揮自己思想的形式的意義，而且創立了一種影響深遠的以韻文對公案進行讚譽性解釋的體裁--「頌古」。汾陽首創《頌古百則》，選擇百則古德公案，分別以韻文評說解釋。他在《都頌》中簡述創作目的：

　　先賢一百則，天下錄來傳。難知與易會，汾
陽頌皎然。空花結空果，非後亦非先。普告諸開

士，同明第一玄。（同上卷中）

首先，他選擇的公案是禪林公認的先賢言行，是流傳已久的典型範例；其次，這些公案不管是晦澀難懂還是容易理解，他都要通過頌古使其清楚明白；再次，他提醒讀者注意，公案與頌古的關係如同空花結空果，文字性空，無所謂先後；最後，他力圖用頌古文字普告學者，從中領悟「第一玄」的禪理。這首《都頌》可以說建立了頌古的基本原則，即所選公案一定要有典型性，擇優錄取，不論宗派；所頌文字一定要闡明或暗示禪理，使公案意旨「皎然」。汾陽自己的頌古就實踐了這一原則，例如，他所頌百則公案，除了世尊、達摩、二祖、六祖之外，不僅有南嶽系洪州禪諸大師如馬祖、百丈、南泉、歸宗、麻谷、石鞏、魯祖、黃檗、趙州、長沙等等，而且有青原系石頭禪諸大師如石頭、藥山、天皇、龍潭、道吾、德山、雲岩、雪峰、岩頭、玄沙等等，禪宗五家的開山祖師臨濟、溈山、仰山、洞山、曹山、雲門、法眼更是全數涉及。而頌古的文字也的確是為了使人更好地瞭解公案所蘊藏的禪意。如「鳥窠吹布毛」這則公案，說的是唐代鳥窠和尚的侍者辭別他，打算往諸方學佛法去。鳥窠云：「若是佛法，我者裏也有些子。」侍者問：「如何是和尚佛法？」鳥窠拈布毛一吹，侍者遂悟玄旨（參見《景德傳燈錄》卷四《杭州鳥窠道林禪師》）。汾陽作頌曰：

> 侍者初心慕聖緣，辭師欲去學參禪。鳥窠知
> 是機根熟，吹毛當下得心安。（《汾陽無德禪師語
> 錄》卷中）

這則頌古用詩句重複述敘公案內容，只是加了句「鳥窠知是機根熟」來說明鳥窠吹布毛的目的。又如「俱胝一指」這則公案，唐代俱胝和尚因見天龍豎一指頭而悟，從此，凡有參學僧問禪，他都不說話，只豎起一指表示回答（參見《景德傳燈錄》卷一一《婺州金華山俱胝和尚》）。這就是著名的「一指禪」。汾陽作頌曰：

> 天龍一指悟俱胝，當下無私物匪齊。萬互千差寧別說，直教今古勿針錐。（《汾陽無德禪師語錄》卷中）

「一指」比喻萬法歸一，佛教認為，在千差萬別的世界中，有一以貫之的東西，這就是「空」（萬法皆空）或「心」（三界唯心）。汾陽解釋「一指」為「無私物匪齊」。「無私」既指「無我」，即「性空」之意，也指無偏私，即無差別之意。總之，汾陽頌古的確是為了使「難知」或「易會」的公案意義「皎然」，利用韻文便於記誦的特點，普及禪知識，因此並不刻意追求辭藻，賣弄文彩，「看他吐露，終是作家，真實宗師，一拈一舉，皆從性中流出，殊不以攢華疊錦為貴也」（釋明河《補續高僧傳》卷六《汾陽昭、葉縣省、神鼎諲三禪師傳》，《佛藏要籍選刊》第十三冊）。

　　大約略早於汾陽創制頌古，五代宋初還出現了以散文口語評價解說公案的體裁--「拈古」。就純形式看，「拈古」類似「代別」，也是前面舉古德公案，後面發表自己的看法；但從手法看，「拈古」是直接對公案蘊藏的禪理進行評判和解說，不同於「代別」借替古人作答來解釋禪理；

從目的看，「拈古」是給公案禪理定性，所謂「據款結案」[6]，不同於「代別」力圖使公案答語「盡善」、「語格」。

最初「拈古」只是一些「口耳受授」的言談，祖師上堂說法時，舉一則古德公案，當場為僧徒評說，類似於「舉古」。而這些言談經記錄下來，就成為一種正式的體裁，於是宋代禪宗語錄裏就有了「拈古」一類。在《景德傳燈錄》中，我們常能看到正文夾註的小字有「雲居錫拈云」、「東禪齊拈云」等等，其實就是雲居清錫、東禪道齊（929-997）的拈古。清錫和道齊分別是法眼文益的弟子和再傳弟子（見《景德傳燈錄》卷二五《洪州雲居清錫禪師》、卷二六《洪州雲居道齊禪師》）。《景德傳燈錄》稱道齊「著《語要》、《搜玄》、《拈古》、《代別》等集，盛行諸方」，這大約是見於著錄的最早的拈古。

現存的宋代禪師語錄中，最早收錄「拈古」的是雪竇重顯（980-1052）的《明覺禪師語錄》。雪竇早年曾追慕五代詩僧禪月貫休（833-913），後來得法於雲門宗的智門光祚禪師，為雲門第四世。《明覺語錄》中的拈古有兩種情況，一種如：

> 舉寶公云：「終日拈香擇火，不知身是道場。」玄沙云：「終日拈香擇火，不知真個道場。」師拈云：「一對無孔鐵槌。」（《明覺禪師語錄》卷一《拈古》）

其形式是以一句極簡單極玄妙的語言判決公案的問答，這

6《碧巖錄》卷一第一則《聖諦第一義》：「大凡頌古，只是繞路說禪；拈古大綱，據款結案而已。」

種情況一般是公案本身已直接討論禪理，無需作過多的說明。梁朝寶志和尚與晚唐玄沙師備兩人的話都是揭示禪學真諦的名言，無庸置喙，所以用「一對無孔鐵槌」來讚歎其完滿無缺。另一種如：

> 舉德山圓明示眾云：「但有問答，只豎一指頭。寒則普天普地寒。」師云：「什麼處見俱胝老？」「熱則普天普地熱。」師云：「莫認錯定盤星。森羅萬象，徹下孤危；大地山河，通上險絕。甚麼處得一指頭禪？」（同上卷三《拈古》）

其形式是通過討論禪理來修正或駁斥前人對古德公案的誤解。這種情況一般是自己認為前輩禪師對公案的解釋不準確，特地另作說明。如德山圓明（即緣密禪師）是雲門文偃的弟子，是雪竇的師祖輩，但他將「一指頭禪」理解為「寒則普天普地寒，熱則普天普地熱」，把世界看作絕對的統一。所以雪竇指出他「認錯定盤星」，不懂得一以貫之的「禪」存在於千差萬別的世界萬物中。

雪竇的拈古為宋代的公案禪提供了經典的文本，後來臨濟宗大師圓悟克勤（1063-1135）作《擊節錄》，選雪竇的拈古一百則專門為之評唱，可見他的影響。雪竇之後，拈古大為流行，幾乎所有的禪師語錄中都有這一文類。南宋僧人祖慶編《拈八方珠玉集》，收集佛鑒慧懃、圓悟克勤、正覺宗顯、石溪心月四位禪師的拈古語句，可窺宋代拈古盛況之一般。

雪竇重顯在禪學界的更大影響體現在他的頌古製作上。如果說汾陽還多少保留了晚唐五代歌頌朴質的文風的

話，那麼，雪竇則完全將頌古變為嘗試多種藝術風格的詩歌創作。雪竇既有文學天才，又深契宗門悟境，因此他將詩骨禪心融結為《頌古百則》，能做到情理並茂，成為法眼文益所期待的「俱爛漫而有文，悉精純而靡雜」的歌頌製作的典型。他的《頌古百則》所選公案雖大大增加了雲門、智門的內容，但也基本上照顧到青原、南嶽兩系和禪宗五家。與汾陽相比較，雪竇的頌古在表現手法上和形式體裁上都有較大的改進。他放棄了汾陽那種意義「皎然」的闡釋原則，而代之以「繞路說禪」的新闡釋方法；打破了汾陽七言詩（七言絕句為主）的單調形式，而根據不同的內容，選擇不同的詩體，有律詩絕句，也有古風歌行，有五言、七言，也有三言、四言、六言，或村樸，或典雅，或輕靈，或凝重。試看下面幾首：

> 江國春風吹不起，鷓鴣啼在深花裏。三級浪高魚化龍，癡人猶㪬夜塘水。（《碧巖錄》卷一第七則《慧超問佛》）

> 曾騎鐵馬入重城，敕下傳聞六國清。猶握金鞭問歸客，夜深誰共禦街行？（同上卷三第二十四則《劉鐵磨老牸牛》）

> 問既有宗，答亦攸仝。三句可辨，一鏃遼空。大野兮涼颸颯颯，長天兮疏雨濛濛。君不見少林久坐未歸客，靜依熊耳一叢叢。（同上第二十七則《雲門體露金風》）

> 大地絕纖埃，何人眼不開？始隨芳草去，又逐落花回。羸鶴翹寒木，狂猿嘯古台。長沙無限意，掘地更深埋。（同上卷四第三十六則《長沙

芳草落花》)

　　咄這維摩老，悲生空懊惱。臥疾毗耶離，全身太枯槁。七佛祖師來，一室且頻掃。請問不二門，當時便靠倒。不靠倒，金毛獅子無處討。(同上卷九第八十四則《維摩不二法門》)

　　盲聾瘖啞，杳絕機宜。天上天下，堪笑堪悲。離婁不辨正色，師曠豈識玄絲。爭如獨坐虛窗下，葉落花開自有時。(同上第八十八則《玄沙三種病人》)

　　這些頌古有禪理而無禪語，完全可以當作獨立的詩歌作品來欣賞。除了「維摩老」一首之外，其餘的根本看不出頌的是哪一則公案。這意味著雪竇的頌古不再是用韻文的形式去復述公案內容，而是以詩歌的意象語言來闡釋禪理，或者說是不再正面去直接講解公案的禪理，而是企圖通過形象思維的方式來喚起讀者對禪理的直觀體驗。

　　前面說過，晚唐五代的雲門宗類似臨濟宗，具有某種非文化的傾向。雲門文偃雖也曾用偈頌說法，但語句多為野語俗談，當時就有人嫌他「太粗生」。而到了雪竇重顯，上堂(法堂上說法)、小參(非按時的說法)、垂示(指授弟子)所用語句，大多是優美的詩句，如他住持雪竇時，上堂便吟詩一首：「春山疊亂青，春水漾虛碧。寥寥天地間，獨立望何極！」(《五燈會元》卷一五《雪竇重顯禪師》)氣象雄渾，體現出一種詩人特有的宇宙意識。特別是他撰寫的《頌古百則》，既富有情韻，又引經據典，「其間取譬經論或儒家文史，以發明此事」，因此不僅為「叢林學道詮要」(《碧巖錄》卷末附關友無黨《碧巖錄後序》)，而且深

受士大夫歡迎。所以後人評價說：「雲門一宗，得雪竇而中興。」（《補續高僧傳》卷七《雪竇顯禪師傳》）

事實上，雪竇不僅改變了雲門粗野質樸的宗風，而且影響到整個宋代禪林的發展。汾陽雖首創頌古的形式，但雪竇的《頌古百則》才作為更經典的文本，把宋代的頌古之風推向高潮。圓悟克勤《碧巖錄》所謂「大凡頌古，只是繞路說禪」的定義，就是根據雪竇頌古的文本總結概括的。此後幾百年，幾乎所有能提筆的禪僧都有頌古之作，所有的參禪者都要閱讀研究頌古，所有的名禪師都發表過頌古的評說。於是，頌古著作劇增，構成禪宗典籍的重要組成部分。南宋僧人法應編《禪宗頌古聯珠集》，「采擷機緣三百二十五則，頌二千一百首，宗師一百二十二人」（《禪宗頌古聯珠通集》卷首附釋法應《禪宗頌古聯珠集序》，《續藏經》第二編第二十套第一冊）；元代僧人普會續編成《禪宗頌古聯珠通集》，「加機緣又四百九十又三則，宗師四百二十六人，頌三千丹（單）五十首」（同上卷首附釋普會《禪宗頌古聯珠通集序》）。儘管這兩個集子還不能囊括宋代全部頌古之作，但其規模也相當驚人。更重要的是，頌古作為有宋一代特有的體裁，比其他任何禪籍都更能體現整個時代「以公案為禪」的特色。特別是雪竇把汾陽注重的玄言演變為辭藻之學，更代表了宋代禪宗走向「文字禪」的大趨勢。在這一趨勢的影響下，甚至連提倡「默照禪」的天童正覺禪師，也有《頌古百則》傳世，為後人評唱（即《從容庵錄》）；而痛斥「文字禪」、火燒《碧巖錄》的大慧宗杲禪師，也曾取古德公案一百一十則，作頌古一百一十首[7]。

不僅宗門中人頌古成風，參禪的士大夫對此也頗感興

趣，紛紛效顰，例如黃庭堅（1045-1105）的詞集中有《江寧江口阻風，戲效寶（保）寧勇禪師作古漁家傲四首》（見《山谷琴趣外編》卷三，《彊村叢書》本），其實就是以詞為頌古；江西詩派詩人李彭也曾為大慧宗杲作《漁父歌》十首，頌汾陽以下十位古德的公案（見釋曉瑩《雲臥紀譚》卷下，《續藏經》第二編乙第二十一套第一冊）。

頌古在宋代雖深受歡迎，但也引起了堅持早期禪宗傳統的部分禪師的強烈不滿，如心聞曇賁就指責雪竇「以辯博之才，美意變弄，求新琢巧，繼汾陽為頌古，籠絡當世學者，宗風由此一變矣」（釋淨善編《禪林寶訓》卷四引心聞語，《大正藏》第四十八卷）。心聞的指責雖言詞激烈，但也道出了實情。值得注意的是，雪竇為什麼要用「辯博之才，美意變弄，求新琢巧」去籠絡學者呢？這裏面自有其深刻的社會原因。

前面曾說過，晚唐五代禪宗五家並宏的時代恰巧是中國整個封建文化全面衰落的時代，藩鎮割據、朝代更迭、國土分裂造成整個社會文化素質的低下。而文化發展的慣性使這種狀況一直延續到北宋初期。《宋史‧路振傳》云：「淳化（990-994）中舉進士，太宗以詞場之弊，多事輕淺，不能該貫古道，因試《卮言日出賦》，觀其學術。時就試者凡百數人，鹹齰眙忘其所出，雖當時馳聲場屋者亦有難色。」「卮言日出」語出《莊子‧寓言》，並不生僻，而參加考試的幾百人竟都不知其出處。這就是宋初詩壇淺俗粗疏的白體和窘澀褊狹的晚唐體流行的土壤。所謂「貴

---

7 見《大慧普覺禪師語錄》卷一○，《大正藏》第四十七卷；參見《大慧普覺禪師年譜》「紹興三年癸醜」（1133），吳洪澤編《宋人年譜集目\宋編宋人年譜選刊》第179頁，巴蜀書社，1995年。

白描而忌用事」，與其說是提倡清新淺切的詩風，不如說是學貧才餒的體現。對此輕淺的士風，宋太宗痛下針砭，力倡學術，鼓勵讀書。到真宗朝（998-1022），情況已有了很大改觀，西昆體領袖楊億以「雄文博學」傲視當世，領導一代潮流，就是宋初三代皇帝封建文化重建初見成效的反映。

仁宗朝（1023-1063）出現的儒學復古運動，更把封建文化的復興推向高峰。這不僅表現在文化各個領域都出現了全才巨匠，而且表現在整個社會民眾文化水平的空前提高。在不少經濟發達的地區，出現了「釋耒耜而執筆硯者十室而九」的狀況（見《蘇軾文集》卷四九《謝範舍人啟》）。隨之而來的是禪宗隊伍基本成分的改變，執耒耜的農禪逐漸讓位於執筆硯的士大夫禪，在禪宗隊伍中，隨處可見披著袈裟的博學之士和文彩風流的詩人。僅以南宋初釋曉瑩《雲臥紀譚》所載數則為例：

> 惟正禪師，秀之華亭黃氏子。甫五歲，見佛書能指識其字，才誘讀，則琅然成誦。……正雅富於學，作詩有陶、謝趣，臨義、獻書，益尚簡淳。至於吐論卓犖，推為辯博之雄。如王文康、胥內翰、吳宣獻、蔡密學皆樂與為方外遊。

> 倚松庵主乃臨川饒節字德操者，政和間，裂儒衣，從釋氏，名如璧。

> 南昌信無言者，早以詩鳴於叢林，徐公師川、洪公玉父品第其詩韻致高古，出瘦權、癩可一頭地，由是收名定價於二公。……平時製作，名為《南昌園夫集》，胡侍郎明仲易之曰《奇

範》，以序冠集首雲。

　　南海僧守端字介然，爲人高簡，持律甚嚴，於書史無不博究，商榷古今，動有典據，叢林目爲「端故事」。亦喜工詩，務以雅實。

　　佛印禪師平居與東坡昆仲過從，必以詩頌?禪悅之樂。

　　中際可遵禪師，號野軒，早於江湖以詩頌暴所長，故叢林目之?「遵大言」。因題廬山湯泉，東坡見而和之，自是名愈彰。

　　金山達觀穎禪師，爲人奇逸，智識敏妙，書史無不觀，詞章亦雅麗，與夏英公、王文康公、歐陽文忠公、趙參政平叔遊，殊相樂也。

　　蔣山佛慧禪師，叢林號「泉萬卷」者，有《北邙行》曰：「前山後山高峨峨……縱經劫火無生死。」觀其詞理淒壯，有關教化。

　　西蜀政書記，居百丈山最久，而內外典墳，靡不該洽。至於詩詞，雖不雅麗，尤多德言。（均見《雲臥紀譚》卷下）

　　從以上記載可以看出，宋代禪僧有這樣一些特點：博覽群書，包括儒書釋典；愛好文學，特別是詩詞創作；愛與當世著名文人交遊。像唐代曹山本寂那樣「文辭逾麗」的禪僧，不再是鳳毛麟角，而比比皆是。如「端故事」、「遵大言」、「泉萬卷」這樣的別號，正是禪宗隊伍學術化和文學化的極佳例子。

　　作為真宗、仁宗朝文化復興中成長起來的禪師，雪竇所要籠絡的就是這樣一大批像他本人一樣的博學多才的

「當世學者」。雪竇頌古的文本有三個特點：一是保留了宗門語的生動活潑的特色，二是加強了文學的修辭性，三是突出了對典範的尊崇。前一個特點使得它仍能獲得一般平民僧眾的支援，而後兩個特點則可以迎合更多博學好文的禪僧、居士。事實上，「參雪竇禪」已成為北宋士大夫中流行的風氣，如蘇軾過廬山圓通院時明確表示：「此生初飲廬山水，他日徒參雪竇禪。」（《蘇軾詩集》卷二三《圓通禪院，先君舊遊也。四月二十四日晚，至，宿焉。乃作是詩》）又稱讚朋友楊傑（次公）：「高懷卻有雲門興，好句真傳雪竇風。」（《蘇軾詩集》卷三二《再和並答楊次公》）呂本中督促李彭「參雪竇下禪」[8]，韓駒稱讚禪僧「詩如雪竇加奇峭」（韓駒《陵陽先生詩》卷四《送東林珪老遊閩五絕句》之四，清宣統庚戌刊《江西詩派》本），都反映出雪竇在北宋的廣泛影響。

三、著語評唱：機緣拈頌的訓釋

　　圓悟克勤就是被雪竇籠絡的學者之一。在北宋禪宗圈子裏，克勤稱得上是與汾陽、雪竇齊名的公案闡釋大師。從某種意義上來說，他的《碧岩錄》才真正將宋代的「公案禪」推向頂點。

　　克勤，號佛果，又號圓悟，臨濟宗楊歧派五祖法演禪師的法嗣。相傳，克勤在五祖山時，有一官員入山問法，法演誦小豔詩云：「頻呼小玉元無事，只要檀郎認得聲。」克勤侍立在側，忽然大悟，並寫了一首偈呈交法演：「金鴨香消錦繡幃，笙歌叢裏醉扶歸。少年一段風流事，只許

8　李彭《日涉園集》卷八《戲次居仁見寄韻》題下自注：「居仁見督參雪竇下禪。」
　居仁，即呂本中。臺北商務印書館影印文淵閣《四庫全書》本。

佳人獨自知。」深得法演嘉許（《五燈會元》卷一九《昭覺克勤禪師》；又見釋念常《佛祖歷代通載》卷三○，《大正藏》第四十九卷）。克勤能從小豔詩悟入，所作詩偈，深得禪家和詩家三昧，可見出他深厚的禪學和文學修養。而雪竇的《頌古百則》，正是禪與詩結合的最佳典範，所以頗能引起克勤的興趣。

徽宗政和年間（1111-1118），克勤住持湖南澧州夾山靈泉禪院時，應參學門人之請，評唱雪竇重顯的《頌古百則》，門人記錄彙編為《佛果圓悟禪師碧岩錄》（又名《碧岩集》）十卷，試圖給參禪的人提供一條終南捷徑。「碧岩」為夾山的別名，二字出自一則公案：唐懿宗鹹通年間（860-874），有僧問夾山靈泉禪院的善會禪師：「如何是夾山境？」善會答道：「猿抱子歸青嶂裏，鳥銜花落碧岩前。」（見《景德傳燈錄》卷一五《澧州夾山善會禪師》）儘管克勤早在住持成都昭覺寺時就開始講解雪竇頌古，但在夾山這充滿禪意詩情的地方，他的講稿才真正成形。因此《碧岩錄》不僅以剖析禪理著名，而且富有文學色彩。

《碧岩錄》包括對古德公案和雪竇頌古二者的評唱，即評說注釋，每一則評唱包括三個方面：

其一，「垂示」，放在每則公案和頌古的最前面，是一種總論式的提示，大抵有概括和引入的作用。試以第七則《慧超問佛》為例：

> 垂示云：聲前一句，千聖不傳。未曾親覲，如隔大千。設使向聲前辨得，截斷天下人舌頭，亦未是性躁漢。所以道：天不能蓋，地不能載，虛空不能容，日月不能照。無佛處獨稱尊，始較

些子。其或未然，於一毫頭上透得，放大光明，
七縱八橫，於法自在自由，信手拈來，無有不
是。且道得個什為如此奇特？復云：大眾會麼？
從前汗馬無人識，只要重論蓋代功。即今事且致
雪竇公案，又作麼生？看取下文。

就像宋代說話藝術的「入話」或「得勝頭回」，目的是引出
下面的公案頌古來。這段垂示大意是說，禪的真諦是超越
語言的，或曰前語言的，因而不可能通過聲音文字傳授證
悟，必須靠自己親身體驗。禪是一種心性的覺悟，而這種
心性無比自由，不受任何外在空間的限制。所以，天上地
下，唯我（心性）獨尊。能鑽透這個道理，就能夠自由自
在，信手拈來，頭頭是道。這是很平常的道理，並沒有多
少奇特的地方。但要重新認識這個道理，還得看雪竇的公
案頌古到底說了些什麼？這段垂示表面看來顯得東拉西
扯，但與下文《慧超問佛》公案中表現出來的自身是佛的
意旨是緊密扣合的。

其二，「著語」，附在公案和頌古的每一句下，相當於
夾註夾批。如《慧超問佛》公案下附著語：

舉僧問法眼：（道什麼擔枷過狀。）「慧超咨
和尚，如何是佛？」（道什麼眼睛突出。）法眼
云：「汝是慧超。」（依模脫出，鐵餕餡，就身打
劫。）

括弧外是雪竇所舉公案，括弧內是克勤所下著語。「擔枷
過狀」是唐宋歇後語，出自唐睦州和尚一則公案[9]，意謂

「自求解脫」；「眼睛突出」，出自唐婺州蘇溪和尚一則公案[10]，大致是指識見不明，即後面評唱中所說「只管瞠眼作解會」；「依模脫出」是唐宋俗語，即「依樣畫葫蘆」之意；「鐵餕餡」是宋代歇後語，意謂「咬不破」，禪宗借喻鑽不透的禪理，出自克勤的老師五祖法演禪師的一則公案[11]；「就身打劫」也是唐宋俗語，指自己搶劫自己，出自雲門文偃的一則公案[12]，此處借喻自性具足，無需外求。又如雪竇頌古下附著語：

> 　　江國春風浪不起，（盡大地那裏得這消息？
> 文彩已彰。）鷓鴣啼在深花裏。（喃喃何用？又
> 被風吹別調中。豈有恁麼事？）三級浪高魚化
> 龍，（通這一路，莫謾大眾，好踏著龍頭。）癡
> 人猶戽夜塘水。（扶籬摸壁，挨門傍户，衲僧，
> 有什麼用處？守株待兔。）

正如前面所說，雪竇的頌古有禪理而無禪語，字面上全不涉及公案內容，因此克勤的著語有如詩歌評點，不做理性的說明，用同樣閃爍其詞的語言略作點撥，讓讀者自己領會。這段頌古似與「慧超問佛」毫不相干，著語也似乎不

9　《景德傳燈錄》卷一二《睦州龍興寺陳尊宿》：「新到僧參，師云：『汝是新到否？』云：『是。』師云：『且放下葛藤，會麼？』云：『不會。』師云：『擔枷陳狀，自領出去。』」

10　《五燈會元》卷四《婺州蘇溪和尚》：「僧問：『如何是定光佛？』師曰：『鴨吞螺螄。』曰：『還許學人轉身也無？』師曰：『眼睛突出。』」

11　同上卷一九《五祖法演禪師》：「某甲十有餘年，海上參尋，見數人尊宿，自為了當。及到浮山會裏，直是開口不得。後到白雲門下，咬破一個鐵酸餡，直得百味具足。」案：「酸」同「餕」，「餡」同「餡」。

12　《雲門匡真禪師廣錄》卷上有「就身打出語」，即「就身打劫」之意。

著邊際，但只要將後面的評唱與此聯繫起來看，就知道克勤對頌古的理解。大意是說，「江國春風浪不起」句，透露出「汝是慧超」的消息；「鷓鴣啼在深花裏」句，意謂糾纏於言詞情解是無用的；「三級浪高魚化龍」句，是喻指通向覺悟之途，所謂「轉凡成聖」；「癡人猶戽夜塘水」句，是喻指未理解「汝是慧超」深意的學者還始終從字面上去苦苦思索，有如守株待兔。

其三，「評唱」，是《碧岩錄》的主體部分，分別放在公案之後和頌古之後，是克勤對公案和頌古的正面闡釋評論。評唱一般文字冗長，比較全面詳盡地闡釋出公案和頌古所蘊藏的禪理及其典範意義。試以《慧超問佛》公案的評唱為例：

> 法眼禪師有啐啄同時底機，具啐啄同時底用，方能如此答話。所謂超聲越色，得大自在，縱奪臨時，殺活在我，不妨奇特。然而此個公案諸方商量者，多作情解會者不少。不知古人凡垂示一言半句，如擊石火，似閃電光，直下撥開一條正路。後人只管去言句上作解會，道「慧超便是佛，所以法眼恁麼答」。有者道：「大似騎牛覓牛。」有者道：「問處便是。有什麼交涉？」若恁麼會去，不惟辜負自己，亦乃深屈古人。若要見他全機，除非是一棒打不回頭底漢，牙如劍樹，口似血盆，向言外知歸，方有多少分相應。若一一作情解，盡大地是滅胡種族底漢。只如超禪客，於此悟去，也是他尋常管帶參究，所以一言之下，如桶底脫相似。只如則監院，在法眼會

中，也不曾參請入室。一日，法眼問云：「則監院，何不來入室？」則云：「和尚豈不知，某甲於青林處有個入頭。」法眼云：「汝試麼我舉看。」則云：「某甲問：『如何是佛？』林云：『丙丁童子來求火。』」法眼云：「好語。恐你錯會，可更說看。」則云：「丙丁屬火，以火求火，如某甲是佛，更去覓佛。」法眼云：「監院果然錯會了也。」則不憤，便起單渡江去。法眼云：「此人若回，可救，若不回，救不得也。」則到中路，自忖云：「他是五百人善知識，豈可賺我耶？」遂回再參，法眼云：「你但問我，我爲你答。」則便問：「如何是佛？」法眼云：「丙丁童子來求火。」則於言下大悟。如今有者只管瞠眼作解會，所謂彼既無瘡，勿傷之也。這般公案，久參者一舉便知落處。法眼下謂之箭鋒相拄，更不用五位君臣、四料簡。直論箭鋒相拄，是他家風，如此一句下便見，當陽便透。若向句下尋思，卒摸索不著。法眼出世，有五百眾，是時佛法大興，時詔國師久依疏山，自謂得旨，乃集疏山平生文字頂相，領眾行腳到法眼會下。他亦不去入室，只令參徒隨眾入室。一日，法眼升座，有僧問：「如何是曹源一滴水？」法眼云：「是曹源一滴水。」其僧惘然而退。詔在眾聞之，忽然大悟，後出世承嗣法眼，有頌呈云：「通玄峰頂，不是人間。心外無法，滿目青山。」法眼印云：「只這一頌，可繼吾宗。子後有王侯敬重，吾不如汝。」看他古人恁麼悟去，是什麼道

理？不可只教山僧說，須是自己二六時中，打辦
精神，似恁麼與他承當，他日向十字街頭，垂手
爲人，也不爲難事。所以僧問法眼：「如何是
佛？」法眼云：「汝是慧超。」有甚相辜負處？
不見雲門道：「舉不顧，即差互。擬思量，何劫
悟？」雪竇後面頌得，不妨顯赫。

這段評唱爲了闡釋這則公案，不厭其煩地介紹了法眼宗的
宗風，並舉了法眼與則監院、法眼與韶國師的兩則公案作
爲旁證，批駁了禪門對這則公案的各種誤解。克勤認爲，
法眼回答「汝是慧超」，是不能從情理上推測、言句上分析
的。因爲法眼的宗風是「箭鋒相拄」，問答之間針尖對麥
芒，無需擬議思索。那些把法眼的答語理解爲自身有佛
性、不必更求佛的種種說法，正如則監院對「丙丁童子來
求火」的解釋一樣，都是「只管去言句上作解會」，完全錯
會了法眼的意思。如果說公案的評唱主要是辨明禪理的
話，那麼頌古的評唱則同時兼顧文詞的解釋，有時甚至象
詩歌賞析。如這則頌古的評唱：

　　雪竇是作家，於古人難咬難嚼、難透難見、
節角淆訛處，頌出教人見，不妨奇特。雪竇識得
法眼關捩子，又知慧超落處，更恐後人向法眼言
句下錯作解會，所以頌出。這僧如此問，法眼如
是答便是。「江國春風吹不起，鷓鴣啼在深花裏」
此兩句只是一句。且道雪竇意在什麼處？江西、
江南多作兩般解會，道「江國春風吹不起」用頌
「汝是慧超」，只這個消息，直饒江國春風也吹不

起。「鷓鴣啼在深花裏」用頌諸方商量這話，浩浩地似鷓鴣啼在深花裏相似。有什麼交涉？殊不知雪竇這兩句只是一句，要得無縫無罅，明明向汝道，言也端，語也端，蓋天蓋地。他問：「如何是佛？」法眼云：「汝是慧超。」雪竇道：「江國春風吹不起，鷓鴣啼在深花裏。」向這裏薦得去，可以丹霄獨步。你若作情解，三生六十劫。雪竇第三第四句忒煞傷慈，為人一時說破。超禪師當下大悟處，如「三級浪高魚化龍，癡人猶戽夜塘水」。禹門三級浪，孟津即是龍門。禹帝鑿為三級，今三月三桃花開時，天地所感，有魚透得龍門，頭上生角，昂鬐鬣尾，拏雲而去。跳不得者，點額而回。癡人向言下咬嚼，似戽夜塘之水求魚相似，殊不知魚已化為龍也。端師翁有頌云：「一文大光錢，買得個油糍。吃向肚裏了，當下不聞饑。」此頌極好，只是太拙，雪竇頌得極巧，不傷鋒犯手。舊時慶藏主愛問人：「如何是三級浪高魚化龍？」我也不必在我，且問你：「化作龍去，即今在什麼處？」

這段評唱再次申明不可從言句上理解法眼的答話。克勤認為，雪竇頌古中「江國」兩句的目的就是要人們放棄任何從言詞上理解的企圖，因此這兩句本身也是不說破，「無縫無罅」，無法用情理去剖析，而江西、江南的禪師將兩句分開來講，完全誤解了雪竇的意思。在克勤看來，也就是說，無論是對公案還是對頌古，都不能執著於言句，都不能作道理解會。只有悟透這一點，才能見性成佛，「丹霄

獨步」。持此「不說破」的原則，克勤認為雪竇的後兩句太
具慈悲心腸，為學者點破了悟透禪關的途徑以及不得「向
言下咬嚼」的道理。值得注意的是，在評唱完雪竇頌古的
意旨後，克勤特意將端師翁的頌拿來作比較。端師翁即楊
歧方會的法嗣白雲守端禪師，是克勤的師祖，但由於他的
頌語言太粗俗，因而不為克勤所取。這裏，克勤對雪竇和
守端兩首頌的優劣品評，已完全拋開了門戶之見，純粹以
辭藻的精美與否、構思的巧妙與否作為評價標準。

　　從以上《慧超問佛》這一則的「垂示」、「著語」和
「評唱」三部分可以看出，《碧岩錄》有這樣一些特點：在
宗教觀念上，仍然繼承了唐代禪宗反對擬議思索的傳統；
在語言形態上，仍然保持著禪宗常用的唐宋時期流行的俗
語；在言說方式上，仍然採取了禪宗特有的不拘一格、聲
東擊西的機鋒。更重要的是，《碧岩錄》集禪宗話語之大
成，建立了一種前所未有的新闡釋方法。這種闡釋方法既
不同於漢唐儒家經學的章句訓詁，也不同於魏晉玄學的
「寄言出意」、「辨名析理」，甚至也不同於佛教因明學的表
詮與遮詮，它的特點是，闡釋的文本力求不與被闡釋的內
容正面發生關係，既不解釋字詞章句，也不探求內在意
義，只用一些旁敲側擊的成語俗諺略作暗示，或用一些大
同小異的公案頌古略作旁證，不點破，不說穿，讓讀者超
越「言句」、「情解」去作創造性的解讀。這就是所謂「不
傷鋒犯手」，或曰「繞路說禪」。顯然，「繞路說禪」的方
式更多地把「本文」的意義由全能的闡釋者交給穎悟的解
讀者。這種新闡釋方法對後世影響極為深遠，不僅金、元
的頌古評唱如《從容庵錄》、《空穀集》、《虛堂集》等等
仿其體勢，而且明、清的李贄、金聖歎等人的小說詩文評

也得其神髓。

　　儘管克勤一再強調莫從「言句上作解會」，但實際上他的「垂示」、「著語」、「評唱」那些疊床架屋的解釋，本身就有「以文字說禪」的嫌疑。在克勤之前，我們還很難看到禪宗有如此喋喋不休的言說。其實，克勤的言意觀本身就自相矛盾，他曾經指出：「言語只是載道之器，殊不知古人意，只管去句中求，有什麼巴鼻？不見古人道：道本無言，因言顯道，見道即忘言。」（《碧巖錄》卷二第十二則《洞山麻三斤》）既然承認語言可以「載道」，那麼公案答語和雪竇頌古中就必然有「道」蘊藏其中，因而通過語言而「求道」也就無可厚非。事實上，他一方面批評其他禪師言中求解，但另一方面也承認「句中有眼」（同上卷三第二十五則《蓮花峰拈拄杖》），並主張「句裏呈機，言中辨的」（同上卷七第七十則《溈山請和尚道》）。從前面所舉對雪竇之「巧」與守端之「拙」的褒貶上，可看出他對語言技巧的重視。所以，表面看來，《碧巖錄》保留了禪宗語言的本色，但其中很多看似生動活潑的俗語，都能從祖師公案裏找到出處。換言之，這些宗門俗語，不再是隨機生發，而是語有所本，不再是實際生活中交流的語言，而是典範化、文本化的陳言。禪宗的原創性從思想上到語言上都被一種沿襲性所替代，無論「普請」場景中有多麼豐富的生活內容和禪學思想，都被納入「單傳心印，開示迷途，不立文字，直指人心，見性成佛」的框架中（同上卷一第一則《聖諦第一義》），不管是棒喝峻利的臨濟、截斷眾流的雲門，還是偏正回互的曹洞、圓相互出的溈仰，所有的公案、頌古都用「不隨一切語言轉，脫體現成」的套話去籠統概括（同上）。所謂「百則公案從頭一串穿來」

（同上卷首附釋普照《碧巖錄序》），雖然堅持了禪宗最占主流地位的傳統，但未免把禪宗發展過程中各種富有創新精神的禪法過於簡單化、統一化，從而導致認識的貧困化。

《碧巖錄》的成書，說明「公案禪」自晚唐出現後，經歷北宋幾位大師的求新琢巧，踵事增華，語句修辭空前成熟，成為地地道道的「文字禪」。　《碧巖錄》給參禪的人很大方便，有敲門磚可尋，被當時禪僧稱為「宗門第一書」。然而，學禪者並非都有克勤那種由豔詩而悟道的靈根慧骨，所以不少人成天醉心於《碧巖錄》的文字，蕩而不返，不再去頓悟自性，而是到公案中去乞求靈感，到頌古中去剽竊語言。

克勤用大立文字的方法，宣傳不立文字的宗旨，大似掩耳盜鈴，賊喊捉賊，其效果自然是南轅北轍。所以，他越是大聲疾呼「不立文字」，以文字為禪之風越是猛烈。正因如此，南北宋之際一些崇尚樸實的禪師把克勤視為敗壞禪風的罪魁禍首，心聞賁禪師在批評雪竇頌古「籠絡當世學者，宗風由此一變」之後，進一步痛心疾首地指出：「逮宣、政間，圓悟又出己意，離之為《碧巖集》。彼時邁古淳全之士，如寧道者、死心、靈源、佛鑒諸老，皆莫能回其說。於是新進後生珍重其語，朝誦暮習，謂之至學，莫有悟其非者。痛哉！學者之心術壞矣。」（《禪林寶訓》卷四）

然而，我們要追問的是，《碧巖錄》為什麼能取得這樣大的影響，以致於幾位禪宗大德「皆莫能回其說」為這裏面當然有各種複雜的因素，但我想恐怕最重要的是因為它的言說方式和文本形式與北宋後期禪宗隊伍的生存方式相契合。正如我在前面所說，北宋中葉後，整個社會民眾

文化水平空前提高，禪宗內部出現了一大批博學多才的禪僧，執耒耜的農禪讓位於執筆硯的士大夫禪。因此，早期農禪運水搬柴的神通妙用對於從事筆硯活動的居士、禪僧再沒有多少現實針對性，只有文字才能建立起禪宗與士大夫真正的親和關係。筆硯活動本身就是富有文化修養的居士和禪僧的日常實踐行為，文字因此而並不與禪衝突，而是以日常生活實踐為宗教實踐的禪經驗之一種。《碧巖錄》正是在相當程度上順應了北宋佛教界以文字為禪的大趨勢，因而深受當代學者的歡迎。所以儘管有一些堅持自證自悟或口耳受授的禪師竭力反對，克勤的弟子大慧宗杲甚至毀掉其師《碧巖錄》的刻板，但仍未能阻止此書的流傳。不過數代以後，元大德年間（1297-1307）居士張煒又將此書重新刻板印行，死灰復燃，又成燎原之勢。而宗杲本人也始終未能擺脫公案文字的陰影，不僅其《大慧語錄》就多達三十卷，還有《正法眼藏》、《宗門武庫》等等數種著述傳世，這是因為他不可能真正跳出自己生存於斯的禪文化圈。

第五章

文字禪：禪宗語言與文化整合

第五章 文字禪：禪宗語言與文化整合

當我在使用「士大夫禪」這一概念時，並非僅指禪宗隊伍文化素質的提高，而且包括士大夫階層禪悅之風的大盛以及士大夫儒家語言觀念對禪門的滲透。從北宋中葉開始，「百年無事」的社會承平導致封建經濟的高度發達，與此同時，以文獻載體書籍高度發展為標誌的封建文化進入鼎盛時期，參禪學佛由純粹的個人解脫而多少演變為從屬於更廣闊的文化整合的社會需要。禪宗內部由此出現了一次在文化史上頗有意義的「語言學轉向」（linguistic turn），這就是所謂「文字禪」。

「文字禪」有廣義、狹義之分。廣義的「文字禪」泛指一切以文字為媒介、為手段或為對象的參禪學佛活動，包括燈錄語錄的編纂、頌古拈古的創制、評唱著語的彙集、僧傳筆記的寫作，甚至佛經文字的疏解、宗門掌故的編排、世俗詩文的吟誦。「文字禪」不是一個固定的概念，而是在禪宗發展過程中逐漸形成的一種傾向。儘管在晚唐五代的機鋒和旨訣中就出現了某種醉心言句的苗頭，在北宋初期的代別和偈頌中更有了講究文字的趨勢，但直到北宋中葉後，以文字製作解讀為中心的參禪活動才發展為席捲叢林的普遍現象。事實上，「文字禪」與晚唐五代的機鋒言句已有本質的不同，這還不僅是從量變到質變的縱向發展的結果，而更主要是宋代文化氣候橫向影響的產物。在五代十國的分裂混亂之後，宋王朝開始著手文化的重建，經過太祖、太宗、真宗、仁宗幾朝的積累，北宋中葉文化出現全面繁榮，復古思想盛行，學術空氣濃厚。禪宗文獻作為一種人文資源、古典精神傳統，像儒家經典一樣

得到人們的重視，「文字禪」的形成，正是這種文化積累和學術風潮在禪門的折光。「文字禪」既受儒家語言觀念的影響，又對宋代儒家的學術觀念有反饋作用，禪僧的博究書史與居士的留心內典，造成儒釋交流和融合的局面。同時，佛教經典也作為一種重要的思想資源受到士大夫的青睞，由研習佛經入手，最後證之以禪家心印，是宋代士大夫參禪的基本模式。這種模式導致藉教悟宗、禪教合一思潮的重新抬頭，禪門出現了過去不曾有過的為佛經作注、為禪僧立傳這樣的被義學沙門壟斷的「文字」。

狹義的「文字禪」是詩與禪的結晶，即「以詩證禪」，或就是詩的別稱。禪的生命哲學與詩的藝術語言聯手，既促進哲學的詩化，也推動詩的哲學化。「文字」不僅僅是外在於意義的工具，如捕魚之筌，捕兔之蹄，而是本身就具有一種高度抽象的精神。詩化的文字是宋人存在的家園。宋禪的參究話頭和妙悟自性相一致，宋詩的研煉句法與反向內心相一致，說明宋人已將翰墨生涯轉換為一種陶冶精神的活動，因而「文字」對於宋代禪僧和居士來說，也就有了幾分形而上的准宗教的意義。禪家和詩家共同津津樂道的「句中有眼」（即語句中有正法眼藏），正是這種語言觀的集中體現。

「文字禪」表明了宋代禪宗對語言本質的更深刻的認識，魏晉以來的「言意之辨」在宋代得到更進一步的發展。佛教二道相因的思維方式使得宋代禪宗對言意關係有著更為圓通和辯證的看法，特別是惠洪為「文字禪」的辯護，堪稱中國語言哲學的經典言論之一。在宋代禪人眼中，指與月，符號與意義，能指與所指，存在著同一性，因此語言文字並不僅僅是運載思想的工具，而其本身就可

成為參禪的對象，所謂「一切語言文字皆解脫相」。

在語言實踐方面，「文字禪」通過士大夫階層這一媒介對宋代文化產生了深刻的影響。禪宗語錄為儒者提供了理想的說教形式，道學家的語錄，其文體風格和口語形態都直接從禪宗語錄脫胎而出；禪宗典籍為詩人提供了全新的語言資源，以禪語為詩以及由此而引發的以俗語為詩，成為宋詩的一大特色；禪宗話頭為批評家提供了不少全新的術語，形成宋詩學「以禪喻詩」的鮮明特徵，填補了傳統文論話語的不足。

還需要說明的是，「文字禪」與「公案禪」是兩個內含與外延相交而不重合的概念，前者主要是指觀念上對語言文字表意功能的承認或肯定，實踐上以儒明禪，以教說禪，以詩證禪；後者主要是指觀念上強調祖師言行的典範意義，實踐上圍繞著古德公案展開各種形式的闡釋或參究活動。前者主要盛行於北宋中葉至南宋前期（11世紀至12世紀），在晚明有過迴光返照；後者則幾乎貫穿於宋以後的所有朝代，直到清雍正皇帝編《御選語錄》之後，才算告一段落。

一、 以儒明禪：儒釋相通，文以載道

士大夫的參禪學佛活動，在北宋中葉之前，總體說來水平不高，規模不大。但就是不多的幾位居士，在禪宗典籍的編纂整理方面作出了引人注目的貢獻，如翰林學士楊億修改潤色《景德傳燈錄》，駙馬都尉李遵勗收錄編撰《天聖廣燈錄》，丞相王隨為《雪峰廣錄》作序。而宋仁宗作於景祐三年（1036）的《御制天聖廣燈錄序》則代表了北宋前期幾位皇帝對佛教禪宗的寬容態度。不過，就整體而

言，此時士大夫的參禪還只是個人的愛好，尚未形成社會風潮。禪宗的思想和語言也尚未對其他文化領域產生真正的影響。

　　宋仁宗慶曆（1041-1048）前後，朝野上下掀起一股排佛浪潮，范仲淹（989-1052）、張方平（1007-1091）等人從政治或經濟的角度提出限制僧尼的主張[1]，孫復（992-1045）、石介（1005-1045）、歐陽修（1007-1072）、李覯（1009-1059）等人則從思想上對佛教大肆撻伐[2]。排佛浪潮的出現有其特定的社會背景：一是宋代統治者要求建立一種穩定的符合中央集權制的意識形態，儒家的社會政治倫理學說正符合這種時代需要。經歷過太祖、太宗、真宗三朝的文化積累，儒家文化已全面復興，以天下為己任、恢復先王古道的政治意識和道統意識已成為士大夫中的普遍思潮。而隨著道統意識的加強，必然視佛老為異端，韓愈的《原道》正成為這個時代的旗幟。二是西夏的入侵形成尖銳的民族矛盾，華夷之辨是維繫中華民族傳統文化的重要課題，佛教作為外來文化與傳統的儒家文化相衝突，自然被視為異端邪說。三是民族矛盾引發社會危機，宋代統治者和一切有識之士都把注意力集中到富國強兵的現實政治問題上來。而作為以個人生死解脫為主旨的佛教禪宗思想，由於與此現實政治問題毫不相干，所以相對遭到唾

1　參見范仲淹《范文正公集》卷七《上時務書》，《四部備要》本；張方平《樂全集》卷一五《原蠹篇》，《四庫全書》本。

2　孫復作《儒辱》，痛斥「佛、老之徒橫乎中國」的現象，《全宋文》卷四○一，巴蜀書社排印本；石介作《怪說》，稱「釋、老之為怪也，千有餘年矣」，《徂徠石先生文集》卷五，中華書局排印本，1984年；李覯先後作《潛書》（1031）、《廣潛書》（1038），批判浮屠「絕親去君」，是「夷狄」，《直講李先生文集》卷二○，《四部叢刊》本；歐陽修作《本論》二篇（1042），驚呼「佛法為中國患千餘歲」，《歐陽文忠公文集》卷一七，《四部叢刊》本。

棄。四是由於佛教勢力膨脹，使得遊民混跡其間，濫度僧尼，大建佛寺，造成不少社會問題和經濟問題。因此包括同情佛教的士大夫也主張限制佛教的規模。

然而，排佛的結果，卻從某種意義上起了為淵驅魚、為叢驅雀的作用。在儒佛的對抗中，雙方的有識之士都明白「欲破彼宗，先善彼宗」的道理，於是，禪師涉足儒書，儒士研讀佛典，對抗漸變為交流，又進一步變為融合。而「深入虎穴」之後，儒者才發現了儒家經典中不曾有過的「新大陸」。如李覯（泰伯）「先嘗著《潛書》，又廣《潛書》，力於排佛。嵩明教（契嵩禪師）攜所著《輔教論》謁之。辯明，泰伯方留意佛書。乃悵然曰：『吾輩議論，尚未及一卷《般若心經》，佛道豈易知耶？』」（《雲臥紀譚》卷上）甚至後來的學者還一直為歐陽修的排佛感到遺憾：「予嘗恨歐陽公文章議論，高出千古，而猶未能免俗，惜乎其不看佛書也。」（《捫虱新話》下集卷四）其實，歐陽修晚年也漸向佛教靠攏，跟從雲門宗投子修顒禪師讀《華嚴經》（葉夢得《避暑錄話》卷上，《津逮秘書》本），不過，這已是宋神宗熙寧年間的事了。

研究禪宗史的學者都普遍注意到兩宋士大夫參禪的盛況，卻未留心禪悅之風真正席捲朝野是在北宋中葉特別是熙寧（1068-1077）以後。宋初以臨濟宗為代表的禪宗勢力向江西的南移，漸變為北宋中葉後以雲門宗為代表的禪宗勢力向中原的北上。一方面，臨濟宗黃龍派和楊歧派盤踞江西各大禪院，成為外放或遷謫的官員的精神避難所；另一方面，雲門宗圓通居訥（1010-1071）、大覺懷璉（1009-1090）、法雲法秀（1027-1090）、慧林宗本（1020-1099）諸大師先後主持東京名剎，籠絡更多的朝廷

重臣。參禪學佛一時蔚成風氣。西京洛陽也成了士大夫禪的根據地之一，據葉夢得（1077-1148）記載：「熙寧以前，洛中士大夫未有談禪者。偶富韓公（富弼）問法於顯華嚴（投子修顯），知其得於圓照大本（慧林宗本）。時本方住蘇州瑞光寺，聲震東南，公乃遣使作頌寄之，執禮甚恭如弟子。於是翻然慕之者，人人喜言名理。惟司馬溫公（司馬光）、範蜀公（範鎮）以為不然。既久，二公亦自偶入其說，而溫公尤多，蜀公遂以為譏。」（同上）其實，范鎮（1008-1088）於禪也有心解：「或問景仁（范鎮）何以不信佛，景仁曰：『爾必待我合掌膜拜然後為信耶？』」（宋闕名《道山清話》，陶氏涉園影印宋刊《百川學海》本）這種態度就完全來自禪宗反偶像崇拜的精神。

熙寧以後士大夫禪悅之風大盛表現在以下幾個方面：

其一，士大夫參禪隊伍空前龐大，有相當多的朝廷重臣和文壇領袖熱衷釋典，棲心禪寂。據《嘉泰普燈錄》、《五燈會元》、《續傳燈錄》、《居士分燈錄》、《居士傳》等佛教禪宗典籍記載，北宋中葉後居士中僅位至宰輔（宰相、參知政事、樞密使、副使等）的就有富弼（1004-1083）、文彥博（1006-1097）、張方平、歐陽修、趙抃（1008-1084）、呂公著（1018-1089）、司馬光（1019-1086）、王安石（1021-1086）、呂惠卿（1032-1111）、吳居厚（1037-1113）、蘇轍（1039-1112）、張商英（1043-1121）、徐俯（1075-1140）、李綱（1083-1140）、李邴（1085-1146）、陳與義（1090-1138）、張浚（1097-1164）、錢端禮（1109-1177）、周必大（1126-1206）等等，其中當然不乏燈錄作者拉名人壯聲勢的情況，如歐陽修、司馬光就很難說是宗門信徒，但也有濡染禪學極深的

真正居士，如富弼、張方平、王安石、張商英、李綱等
等。這批朝廷重臣的思想取向，無疑對整個社會風氣發生
巨大影響。在北宋後期士大夫的社交圈子裏，幾乎出現了
「不談禪，無以言」的局面[3]。在熙寧以前，還難得看到士
大夫以「居士」為別號的現象，而熙寧以後，「居士」的
名號簡直氾濫成災。蘇門文人和江西詩派幾乎由一幫居士
組成，如東坡居士、黔安居士、淮海居士、後山居士、姑
溪居士、東湖居士、清非居士、溪堂居士、竹友居士等
等。

其二，士大夫的禪學水平空前提高，對佛經禪籍的意
旨多有發明，士大夫為佛經作註疏、為禪師語錄作序成為
一時風尚。著名的如王安石著《維摩詰經注》三卷（見元
脫脫等《宋史‧藝文志四》，中華書局排印本，1977年）
，《楞嚴經解》十卷（見晁公武《郡齋讀書志》卷五，
《四部叢刊三編》本），又著《華嚴經解》（見《蘇軾文集》
卷六六《跋王氏華嚴經解》）；黃庭堅為翠岩可真、雲居元
祐、大溈慕喆、翠岩文悅、福州西禪暹老諸禪師語錄作序
（見《豫章黃先生文集》卷一六）。張商英對佛禪更是深有
研究，不僅從兜率從悅禪師參禪，為禪門諸大德語錄作
序，而且撰寫《護法論》、《金剛經四十二分說》、《法華
經合論》等著述（見《續藏經》目錄《支那撰述》部分）。
士大夫的禪學水平也受到禪師們的高度評價，如惠洪稱讚
王安石的《楞嚴經解》「其文簡而肆，略諸師之詳，而詳諸
師之略，非識者莫能窺也」（《林間錄》卷下）；惠洪作
《智證傳》，屢引蘇軾之說與佛經禪籍相印證，如引蘇軾

---

3 如司馬光《溫國文正司馬公文集》卷一五《戲呈堯夫》云：「近來朝野客，無座
不談禪。」《四部叢刊》本。

《虔州崇慶禪院新經藏記》證《金剛般若經》（《智證傳》，
《禪宗集成》本第一冊）。一些士大夫所作禪師語錄序，也
頗為叢林稱道：「本朝士大夫與當代尊宿撰語錄序，語句
斬絕者，無出山谷（黃庭堅）、無為（楊傑）、無盡（張商
英）三大老。」（釋道融《叢林盛事》卷下，《續藏經》第
二編乙第二十一套第一冊）尤其是張商英的禪學，更受到
禪門學者的推許，稱「相公禪」，後來竟然有禪門長老承嗣
張商英開堂說法（《避暑錄話》卷上）。

其三，士大夫中以反佛排佛相標榜的道學家也普遍受
佛教學說影響，與此前的孫復、石介等人的作風大為不
同。張載（1020-1077）曾「訪諸釋、老，累年極究其說」
（《宋史・張載傳》）。周敦頤（1017-1073）曾從學於潤州
鶴林寺壽涯禪師，又問道於晦堂祖心禪師，在廬山與東林
常總禪師討論「性及理法界、事法界」，後從佛印了元禪師
悟禪旨，並追慕東晉白蓮社故事，而結青松社，推佛印為
社主（見《雲臥紀譚》卷上，參見朱時恩《居士分燈錄》
卷下，《續藏經》第二編乙第二十套第五冊）。程顥
（1032-1085）「自十五六時，聞汝南周茂叔論道，遂厭科
舉之事，慨然有求道之志。未知其要，氾濫於諸家、出入
於老釋者幾十年」（見《二程文集》卷一一程頤《明道先生
行狀》，《正誼堂全書》本）。程頤（1033-1107）雖自誇醇
儒，但也暗受禪學戒、定、慧修行方式的影響，「每見人
靜坐，便歎其善學」（見《二程全書》卷三七，《四部備要》
本）。而他與黃龍派靈源惟清禪師的交往也非同一般，《禪
林寶訓》中尚存二人往來的書信[4]。不管這些道學家是否懷

---

4 《禪林寶訓》卷二引《筆帖》「靈源謂伊川先生曰」共二條。

著「入虎穴探虎子」、「透識禪弊」的目的，總之，在客觀上推動了禪悅之風的流行。

據傳，張方平和王安石之間有這樣一段對話：

> 世傳王荊公嘗問張文定公曰：「孔子去世百年，生孟子，亞聖後絕無人，何也？」文定曰：「豈無，只有過孔子上者。」公曰：「誰？」文定曰：「江西馬大師、汾陽無業禪師、雪峰、岩頭、丹霞、雲門是也。」公暫聞，意不甚解，乃問曰：「何謂也？」文定曰：「儒門淡薄，收拾不住，皆歸釋氏。」荊公忻然歎服。其後說與張天覺，天覺撫几歎賞曰：「達人之論也。」遂記於案間。（《捫虱新話》上集卷三《儒釋迭爲盛衰》）

在張方平看來，孔孟的精神傳統在儒者那裏斷絕，卻在禪門大師那裏得到真正繼承。如果拋開狹隘的道統之爭，應該說這種觀點相當深刻。在「平常心是道」的禪觀中，的確蘊藏著類似孔孟的實踐理性精神；在「天上地下，唯我獨尊」的禪觀中，的確包含著類似孔孟的獨立人格意識。所謂「儒門淡薄，收拾不住，皆歸釋氏」的說法，既如實概括了隋唐五代儒學停滯衰落的狀況，表示出對孫復、石介一類淺薄儒者的不滿，同時也流露出儒者欲從釋氏那裏尋求思想資源而重新收拾儒門的強烈願望。禪宗對於士大夫來說，不光是一種現實中的宗教信仰，也是一種古典的精神傳統。這就是北宋中葉後士大夫參禪的真實思想背景。

宋代文化重建的目的不僅在於復興正統的儒學，而且

在於對以往一切文化資源的重新收集整理。太宗、真宗朝《太平禦覽》、《太平廣記》、《文苑英華》、《冊府元龜》四大類書、《雲笈七籤》等道藏、《景德傳燈錄》等禪籍的編纂，以及佛經譯場的重新開設，揭開了宋代文化復興的序幕。到北宋中葉，以文獻典籍印行為基礎的封建文化已達到鼎盛。大量書籍的印行出版培養出士大夫大得驚人的閱讀胃口：「一書之不見，一物之不識，一理之不窮，皆有憾焉。」（陸遊《渭南文集》卷三九《何君墓表》，《四部叢刊》本）顯然，傳統的儒家經典已不能滿足這種需要，於是佛典禪籍自然而然進入士大夫的視野。他們像對待其他古典文獻一樣，也把禪宗看成一種文獻，一種人生必備的知識。他們不再像前輩儒者那樣意氣用事，致力於排佛老，而更多地用一種心平氣和的理性態度去看待佛禪這份遺產，使之融合於以儒學為主體的封建傳統文化中。可以說，禪悅之風的盛行與北宋文化的全面繁榮分不開，它符合一種文明達到鼎盛後所必然產生的文化整合的需要。

正是出於文化整合的需求，宋代士大夫遠較唐代士大夫更直接地加入了禪宗思想、文獻的整理和闡釋工作，參與了佛禪與儒學的交流融通工作，同時也更自覺地把佛禪的文化資源移植到意識形態的其他領域，尤其是文學藝術領域。這樣，一方面是文化素養較高的士大夫不斷將儒家語言觀以及學術氣質帶進宗門，助長了「以文字為禪」的新宗風；另一方面是佛禪文獻為士大夫提供了全新的思想和語言資源，改變了宋代儒者的思維方式和言說方式，並造成宋代詩人以俗語為詩的新詩風。

早在仁宗朝排佛浪潮方興未艾之時，雲門宗契嵩禪師

就開始試圖消解儒釋的對抗，明確主張儒釋合一，特別聲明「儒佛者，聖人之教也。其所出雖不同，而同歸於治」（釋契嵩《鐔津文集》卷八《寂子解》，《四部叢刊三編》本）。他之所以作《輔教編》，主旨就在於「推會二教聖人之道，同乎善世利人矣」（同上卷九《再書上仁宗皇帝》）。嘉祐六年（1061），契嵩帶著他的著作《輔教編》、《傳法正宗論》、《傳法正宗記》和《傳法正宗定祖圖》北上京城，上達仁宗。次年，仁宗下詔將這些著作編入大藏經。契嵩的行為對北宋後期儒釋融合的思潮有重要影響，他在京城日，「朝中自韓丞相（韓琦）而下，莫不延見而尊重之」（見陳舜俞《鐔津明教大師行業記》，《大正藏》第五十一卷）。自此以後，士大夫以儒通禪的言論屢見不鮮。如蘇軾云：「孔老異門，儒釋分宮。又於其間，禪律相攻。我見大海，有北南東。江河雖殊，其至則同。」（《蘇軾文集》卷六三《祭龍井辯才文》）蘇門文人大抵持相同的看法，陳師道（1053-1102）以為「三聖（指孔、老、釋）之道非異，其傳與不傳也」（《後山居士文集》卷一五《面壁庵記》，上海古籍出版社影印宋刻本）；張耒（1052-1112）也認為「儒佛故應同是道，詩書本自不妨禪」（《張右史文集》卷二三《贈僧介然》，《四部叢刊》本）。稍後，葉夢得有更詳細的說明：「裴休得道於黃檗，《圓覺經》等諸序文，皆深入佛理，雖為佛者亦假其言以行，而吾儒不道，以其為言者佛也。李翱《復性書》，即佛氏所常言，而一以吾儒之說文之，晚見藥山，疑有與契，而為佛者不道，以其為言者儒也。此道豈有二？以儒言之則為儒，以佛言之則為佛。」（《避暑錄話》卷下）李綱的看法最精彩，一一將儒家經典與佛典禪旨相對照：

　　曲禮三百，威儀三千，即律（佛教戒律）也；六經之所載，諸子之所言，即經論也；至於教外別傳正法眼藏，則孔子與諸弟子見於問答，言屯而理解者是已。顏淵問仁，孔子曰：「克己復禮爲仁。一日克己復禮，天下歸仁焉。」此非禪宗所謂「心外無法」者耶？子曰：「參乎，吾道一以貫之。」曾子曰：「唯。」此非禪宗所謂「默契」、「頓悟」者耶？「二三子以我爲隱乎？吾無隱乎爾！」此即禪宗之揚眉瞬目也。「朝聞道，夕死可矣。」此即禪宗之坐脫立亡也。「毋固毋必毋意毋我。」其無諸滯礙執著有如此者。「性與天道，不可得而聞也。」其不假文字言說有如此者。凡《論語》所載孔子與諸弟子問答之辭，無非明此一事，但學者不心會之，既其文不既其實，故以吾儒爲世間法，而以佛之所傳爲出世間法。殊不知其初未嘗異也。（李綱《梁谿集》卷一三五《送浮圖志深序》，《四庫全書》本）

　　《易》立象以盡意，《華嚴》托事以表法，本無二理，世間、出世間亦無二道。何以言之？天地萬物之情，無不總攝於八卦，引而申之，而其象至於無窮，此即華嚴法界之互相攝入也。一爲無量，無量爲一，小中現大，大中現小，法界之成壞，一漚之起滅是也；乾坤之闔辟，一氣之盈虛是也。《易》有時，其在華嚴，則世界也；《易》有才，其在《華嚴》，則法門也。（彭際清《居士傳》卷二九《李伯紀傳》引李綱《答吳元中

敏書》，《續藏經》第二編乙第二十二套第五冊）

這種打通儒釋牆壁的觀點，在北宋後期和南宋前期極為常見。道學家程頤的四大弟子游酢、楊時（1044-1130）、呂大臨、謝良佐均出入於禪，融通儒釋，如謝良佐「說得『仁』字，正與尊宿談禪一般」。楊時曾曰：「微生高乞醯與人，孔子以為不直。《維摩經》云：直心是道場。」儒佛至此，實無二理。」又曾論《孟子・盡心上》「形色天性」一章曰：「此與釋氏色空之論何異？」（均見《居士分燈錄》卷下）此外，如陳善以儒家古書贅訛處同於禪家公案，將孔子之說與《楞嚴經》相比附（見《捫虱新話》上集卷一《讀書當講究得力處》、下集卷一《孔子說與楞嚴經合》），都反映了這一思潮。

這種儒釋的交流和融合，為士大夫審視儒家經典提供了一個全新的視角，從而使儒學研究從漢唐經學的繁瑣訓詁考據中解放出來，成為活潑潑的觀察體驗與心性證悟。黃庭堅讀傅大士的《心王銘》後頗有感觸：「若解雙林此篇，則以讀《論語》，如啖炙自知味矣。不識心而云解《論語》章句，吾不信也。」（《豫章黃先生文集》卷二五《跋雙林心王銘》）陳善也有類似的體會：「唐人李翱問藥山：『如何是道？』藥山以手指上下，翱不會。藥山云：『雲在青天水在瓶。』予始讀此，而悟《中庸》『鳶飛戾天，魚躍於淵，言其上下察』之義。」（《捫虱新話》下集卷一《李翱問藥山如何是道》）此外如陳善所謂「讀書須知出入法」（同上上集卷四《讀書須知出入法》），羅大經所謂「活處觀理」（《鶴林玉露》乙編卷三《活處觀理》），都體現出一種迥異於傳統儒學的新的學術觀念和方法。

　　觀念的選擇往往意味著話語的選擇，宋儒在思想方法
上吸收禪宗精神的同時，在語言上也不知不覺地接受了禪
宗語錄的言說方式。正如清人江藩所說：「儒生辟佛，其
來久矣，至宋儒辟之尤力。然禪門有語錄，宋儒亦有語
錄；禪門語錄用委巷語，宋儒語錄亦用委巷語。夫既辟
之，而又效之，何也？蓋宋儒言心性，禪門亦言心性。其
言相似，易於混同，儒者亦不自知而流入彼法矣。」（江藩
《國朝宋學淵源記》附記，《四部備要》本）儘管在儒家典
籍中也有《論語》、《文中子》之類的語錄體著作，但這些
著作均使用文言，宋儒語錄的白話口語形式顯然與禪宗語
錄有更直接的聯繫。明人楊慎指出：

　　《中庸章句》引程子語云：「活潑潑地。」僧
家語錄有云：「頂門之竅露堂堂，腳根之機活潑
潑。」又云：「圓陀陀，活潑潑。」程子之言未
必用僧語，蓋當時有此俗語，故偶同耳。有人問
尹和靖曰：「《伊川語錄》載：人問『鳶飛魚
躍』，答曰：『會得時活潑潑地，會不得時只是弄
精魂。』不知當時曾有此語否？」先生曰：「便
是學者不善記錄。伊川教人多以俗語引之，人便
記了此兩句。焞嘗問：『莫只是順理否？』伊川
曰：『到此，吾人只得點頭。』今不成書『先生
教人點頭』？」嗚呼！和靖親炙伊川，其言若
此，蓋恐俗語誤後人，可謂不阿所好矣。朱子乃
以入《章句》，所見何其不同耶？（楊慎《丹鉛續
錄》卷七《活潑潑地》，《四庫全書》本）

即使宋儒語錄中的俗語不一定直接借用禪語，但至少二者的俗語口語的形態是完全相同的。所謂「偶同」，其實也包含著必然性，因為宋代士大夫的出身，大都是由「釋耒耜」而轉向「執筆硯」的，與平民社會保持著千絲萬縷的聯繫。事實上，依照不少歷史學家的觀點，從唐代到宋代經歷了由門閥貴族社會到平民市俗社會的轉變。因此，禪宗語錄的白話口語文本形式，由於代表了平民話語系統而在宋代倍受歡迎。

在儒釋的交流融合中，儒家的觀念也對禪宗有反饋作用，其中最引人注目的就是儒家言意觀的影響。葉夢得曾比較儒佛的言意觀說：「大抵儒以言傳，而佛以意解。非不可以言傳，謂以言得者未必真解，其守之必不堅，信之必不篤，且墮於言，以為對執，而不能變通旁達爾。此不幾吾儒所謂『默而識之，不言而信』者乎？兩者未嘗不通。自言而達其意者，吾儒世間法也；以意而該其言者，佛氏出世間法也。若朝聞道，夕可以死，則意與言兩莫為之礙，亦何彼是之辨哉？」（《避暑錄話》卷上）這段話強調的是儒佛融通，但顯然站在儒的立場，認為從本質上說，言是可以傳意的，只是從宗教實踐「守」、「信」的角度看，最好不提倡「以言得意」。通觀宋代禪僧、居士的言論，可發現儒家對禪宗語言觀的影響滲透主要有這樣幾個方面：

其一，「文以載道」（周敦頤《通書·文辭第二十八》，《全宋文》卷一○七四），「言以足志」[5]。雖然在這方面禪僧和居士總是閃爍其詞，但從大量的禪籍序跋中，

5　《春秋左傳正義·襄公二十五年》：「仲尼曰：『《志》有之：言以足志，文以足言。不言誰知其志？』」《十三經注疏》本。

多少能看到「自言而達其意者」的「吾儒世間法」的影子，甚至有的士大夫直接將禪師的著述稱為「載道之文」[6]。公案闡釋大師圓悟克勤說過「言語只是載道之器」的話，同意「道本無言，因言顯道」的觀點，儘管這只是他「見道即忘言」的前提（見《碧巖錄》卷二第十二則《洞山麻三斤》），但已與早期禪宗的經典教義「佛性之理，非關文字」、「聖道幽通，言詮之所不逮」、「以心傳心，不立文字」等等有很大的不同。即使是標榜祖師垂訓的禪者，在論述言和意的關係時，其強調的重點和句式的轉折也與早期禪師的論述剛好相反。早期禪師的典型句式是：佛教雖有文字，但佛性之理，非關文字。而宋代禪者的典型句式是：佛性之理，雖非關文字，但參禪學道，卻離不開文字。簡言之，前者是「雖不離文字，但不立文字」；後者是「雖不立文字，但不離文字」。在宋代的禪籍和文集中，這種「不離文字」的論調隨處可見：

> 蓋聞：言語道斷，而未始無言；心法雙亡，而率相傳法。有得兔忘蹄之妙，無執指為月之迷。故宗師起而稱揚，若尺棰取之不竭；學者從而領悟，如連環解之無窮。（《法演禪師語錄》卷末附張景修序，《大正藏》第四十七卷）

> 臣僧蘊聞竊以佛祖之道，雖非文字語言所及，而發揚流布，必有所假而後明。譬如以手指月，手之與月，初不相干。然知手之所指，則知

---

6 如南宋樓治《題北潤和尚語錄後》曰：「北潤禪師以載道之文鳴於時，方壯歲，已為善知識，名公卿友而畏之。」見《北潤和尚語錄》卷末，《禪宗集成》本第十五冊。

月之所在。是以一大藏教，爲世標準，於今賴之。（《大慧普覺禪師語錄》卷首附僧蘊聞《進大慧禪師語錄奏劄》）

鐘鼓非樂之本，而器不可以去；論議非道之本，而言不可以亡。苟存器而忘本，樂之所以遁也；立言而忘本，道之所以喪也。然而去器無以聞九韶之樂，亡言無以顯一貫之道。唯調器以中和，樂之成也；話言以大公，道之明矣。（釋惠彬《叢林公論》卷首附釋宗惠敘，《續藏經》第二編第十八套第五冊）

雖佛祖不傳之妙，不可得而名言，初無字書，安有密語？臨機直指，更不覆藏，徹見當人本來面目。故諸佛以一大事因緣出現於世，譬喻言詞，說法開示，欲令眾生悟佛知見，豈徒然哉！（《禪宗頌古聯珠通集》卷首附釋法應《禪宗頌古聯珠舊集本序》）

禪本無覺，非覺無見也；道本無言，非言無傳也。因言而覺，則此編之傳足矣。（《劍關禪師語錄》卷首附林希逸序，《禪宗集成》本第十六冊）

人根有利鈍，故機語有開斂。針砭藥餌，膏肓頓起，縱橫展拓，太虛不痕。雖古人用過，時無古今，死路活行，死棋活著，觀照激發，如龍得水。故曰：言語載道之器，雖佛祖不得而廢也。（《古尊宿語錄》卷首附釋物初大觀《重刻古尊宿語錄序》）

雖然，道不可以言傳，而非言亦無以求道。

（《北澗和尚語錄》卷末附劉震孫《題北澗和尚語
錄》）

總之，由於宋代出現了大量的禪宗典籍，語言文字如決堤
開閘，懸河瀉水，不可收拾，因此極需要一種權威觀點來
為之申辯，於是，以儒家「文以載道」、「言以足志」之說
為內核、以佛教「以聲音言說而為佛事」之說為外殼的儒
釋綜合言意觀，就成了宋代「文字禪」最強有力的辯護
士。

其二，「言之無文，行而不遠」（見《春秋左傳正義・
襄公二十五年》）。宋代士大夫在整理和闡釋禪宗燈錄語錄
時，遇到的最令人頭疼的事就是語言的粗鄙不堪。儘管他
們欣賞禪語的質樸天然，但對其文繁語俚仍時常不能接
受。早在楊億修改潤色《景德傳燈錄》時，就已不滿道原
的原作「辭條之紛糾，言筌之猥俗」，而提出「事資紀實，
必由於善敘；言以行遠，非可以無文」的編撰原則（《景德
傳燈錄》卷首附楊億《景德傳燈錄序》）。到了北宋中葉
後，士大夫更進一步通過參禪學佛活動把這種觀念輸入禪
門，如蘇軾指出：「釋迦以文教，其譯於中國，必托於儒
之能言者，然後傳遠。故大乘諸經至《楞嚴》則委曲精
盡，勝妙獨出者，以房融筆授故也。」（《蘇軾文集》卷六
六《書柳子厚大鑒禪師碑後》） 這種觀點顯然出自儒家
「言之無文，行而不遠」的說法，推崇《楞嚴經》的背後，
隱藏著對文字的信賴和對麗詞的偏愛。於是，在宋代不僅
出現了一些以儒家語言觀來整理唐代禪籍的實例，如樓炤
《題善慧大士語錄》云：「紹興壬戌，住寶林寺定光大師元
湛攜唐進士樓穎所撰《善慧大士錄》以示予。端憂之暇，

取而觀之，病其文繁語俚，不足以行遠，且歲月或舛焉，乃為刊正。」（《善慧大士語錄》卷末附樓炤《題善慧大士語錄》，《禪宗集成》本第十四冊）　而且出現了一批由禪僧撰寫的專門記載禪林掌故文詞的筆記，如惠洪的《林間錄》、曉瑩的《羅湖野錄》、《雲臥紀譚》、道融的《叢林盛事》、圓悟的《枯崖漫錄》等等。從這些筆記津津樂道的對象以及其本身的文章風格來看，追求文字華美已成為宋代禪僧的自覺行為。江西詩派詩人謝逸（？-1113）評惠洪的《林間錄》云：

> 昔樂廣善清言而不長於筆，請潘岳為表，先作三百語以述己之志。岳取而次比之，便成名筆。時人咸云：「若廣不假岳之筆，岳不假廣之旨，無以成斯美也。」今覺范（惠洪）口之所談，筆之所錄，兼有二子之美，何哉？大抵文士有妙思者，未必有美才；有美才者，未必有妙思。惟體道之士，見亡執謝，定亂兩融，心如明鏡，遇物便了，故縱口而談，信筆而書，無適而不真也。然則覺范所以兼二子之美者，得非體道而然耶？」（《林間錄》卷首附謝逸《洪覺范林間錄序》）

可見，《林間錄》的確以其文筆之美而受到士大夫的喝彩。《羅湖野錄》也如此，尼妙總（1095-1170）稱其「所載皆命世宗師與士大夫言行之粹美，機鋒之酬酢，雄文可以輔宗教，明誨可以警後昆」（釋曉瑩《羅湖野錄》卷末附妙總《羅湖野錄跋》，《佛藏要籍選刊》第十一冊），欣賞

其語言的優美，機鋒的警辟，著眼點也在其「雄文」有助於禪宗思想的傳播。

其三，「雖無老成人，尚有典型」（見《毛詩正義‧大雅‧蕩》，《十三經注疏》本）。宋代「文字禪」在很大程度上是作為「口耳受授」之禪的對立面出現的。本來，「口耳受授」似乎更接近「以心傳心」的精神，禪法的承傳完成於師徒語默相對的一瞬間，不著任何跡象。然而，這種沒有固定文字記錄的「以心傳心」，也可能在「口耳受授」的過程中「以訛傳訛」。因此，宋代那些熱衷禪宗文獻整理撰寫的禪僧，便借用儒家崇尚典型的權威觀念來作為禪宗「以心傳心」的補充。祖師（老成人）的肉體生命形式會消亡，但他的語言可以通過文獻記錄的形式成為「典型」而傳之久遠，這就是惠洪在幾篇禪師語錄序中一再徵引的「雖無老成（人），尚有典型」的含義之所在。古代禪師的言行作為一種「典型」，為後人提供了回憶和恢復早期禪宗原創性活力的可資憑藉的有形文字和文獻形式，從而避免了「枝詞蔓說」、「鉤章棘句」、「苟認意識」、「懶惰自放」、「險設詐隱」之類的弊病（見《石門文字禪》卷二三《洪州大寧寬和尚語錄序》、《臨平妙湛慧禪師語錄序》等等）。這就是宋代燈錄、語錄、僧傳、筆記流行的理論基礎。惠洪在《題隆道人僧寶傳》中指出：

> 禪宗學者自元豐以來，師法大壞，諸方以撥去文字為禪，以口耳受授為妙，耆年凋喪，晚輩蝟毛而起，服紈綺，飯精妙，施施然以處華屋為榮，高尻磬折王臣為能，以狙詐羈縻學者之貌而腹非之，上下交相欺誑。視其設心，雖儈牛履豨

之徒所恥爲，而其人以爲得計。於是佛祖之微
言，宗師之規範，掃地而盡也。（同上卷二六）

惠洪撰寫《禪林僧寶傳》的目的，就是力圖將前輩大師的
「前言往行」通過史傳記載化爲一種文字上的「典型」，以
資後人借鑒[7]，從而醫治各種違背祖師教導的禪病。正是出
於同樣的認識，黃庭堅從另一個角度爲古代禪師言行的文
字記錄—語錄作了有力的辯護：

佛以無文之印，密付摩訶迦葉，二十八傳而
至中夏，初無文字言說可傳可說。眞佛子者即付
即受，必有符證印空同文。於其契會，雖達摩面
壁九年，實爲二祖鑄印。若其根契不爾，雖親見
德山，棒似雨點；付與臨濟，天下雷行，此印陸
沈，終不傳也。今其徒所傳文字典要，號爲一四
天下品，盡世間竹帛不能載也。蓋亦如蟲蝕木，
賓主相當，偶成文爾。若以爲不然者，今有具世
間智、得文字通者，自可閉戶無師，讀書十年，
刻菩提印而自佩之矣。故曰：「神而明之，存乎
其人。」「苟非其人，道不虛行。」（《豫章黃先生
文集》卷一六《福州西禪逴老語錄序》）

這段話很有意思，在黃氏看來，若是鈍根人，即使親自見
到德山、臨濟禪師，仍無法傳菩提心印；若是利根人，即

7　如同上《題佛鑒僧寶傳》謂欲以「先覺之前言往行」聞於後世，《題珣上人僧寶
傳》謂是錄「皆叢林之前言往行」，《題英大師僧寶傳》謂「多識前言往行者，日
益之學也」。

使無師傳授，仍可通過閉戶讀書而自證心印。這顯然是站在「具世間智、文字通者」的立場，即士大夫的立場，對早期農禪的單純重視親見口授的傳宗方式表示懷疑，以為悟道不必非要離開文字，當視學者的「根契」如何，即對禪道的潛在領悟能力如何。對於以文字筆硯為其主要生存方式的士大夫來說，完全可以通過解讀禪宗的「文字典要」——即「典型」而達到契會心印的效果，因此，讀語錄或許比遭棒喝更為有益。值得注意的是，黃庭堅引用的「神而明之」兩句，正好出自儒家經典《易·繫辭》，這充分說明儒家觀念在助長宋代「文字禪」方面所起的作用。

其四，「有德者必有言」[8]，「言為心聲」[9]。唐代禪宗大師普遍認為「心法無形」，「莫向文字中求心」（見《鎮州臨濟慧照禪師語錄》），對語言文字持一種虛無主義的態度，視一切言句為隨說隨掃的「戲論之糞」（見《古尊宿語錄》卷二《大鑒下三世百丈大智禪師語之餘》、卷三《黃檗斷際禪師宛陵錄》等）。「文字禪」的倡導者惠洪則用偷梁換柱的手法對此進行了改造：

> 心之妙，不可以語言傳，而可以語言見。蓋語言者，心之緣，道之標識也。標識審則心契，故學者每以語言為得道淺深之候。（《石門文字禪》卷二五《題讓和尚傳》）

8 《論語注疏·憲問》：「子曰：『有德者必有言，有言者不必有德。』」《十三經注疏》本。

9 揚雄《揚子法言·問神》曰：「君子之言，幽必有驗乎明，遠必有驗乎近，大必有驗乎小，微必有驗乎著。無驗而言之謂妄。君子妄乎？不妄。言不能達其心，書不能達其言，難矣哉！故言，心聲也；書，心畫也。聲畫形，君子小人見矣。」《四部叢刊》本。

表面看來，惠洪仍承認不可「以言傳心」，但卻認為語言是心的顯現，也就是說，語言儘管難以將自己獨特的心理經驗傳遞給他人，但至少可以將心理經驗顯現出來，作為心靈的橋梁和真如的標幟，作為得道深淺的徵候。如果沒有語言，誰能知道偉大的心靈真如與卑俗的邪思妄想之間的區別呢？豈不是連失語的癡兒和默然的高僧也無法辨別了。在《冷齋夜話》中，惠洪更明確地使用了儒家的說法：「然句中眼者，世猶不能解。語言者，蓋其德之候也。故曰：『有德者必有言。』」(《冷齋夜話》卷四《詩言其用不言其名》，《四庫全書》本)惠洪的觀點和蘇軾的這段話如出一轍：「佛法浸遠，真偽相半。寓言指物，大率相似。考其行事，觀其臨禍福死生之際，不容偽矣。而或者得戒神通，非我肉眼所能勘驗，然真偽之候，見於言語。」(《蘇軾文集》卷六六《題僧語錄後》)鑒於惠洪對蘇軾的高度推崇，我們有理由認為他的觀點受蘇軾影響。作為一個文學大師，蘇軾基本上對語言持一種樂觀主義的態度，他在送詩僧思聰時就明確表示，要通過觀聰之詩，「以為聰得道淺深之候」(同上卷一〇《送錢塘僧思聰歸孤山敘》)。這樣，惠洪調和儒釋語言觀後得出一種折衷的認識：「佛語心宗，法門旨趣，……此中雖無地可以棲言語，然要不可以終去語言也。」(《石門文字禪》卷二五《題百丈常禪師所編大智廣錄》)「借言以顯無言，然言中無言之趣，妙至幽玄，……知大法非拘於語言，而借言以顯發者也。」(同上《題雲居弘覺禪師語錄》)

　　儒家對禪宗的反饋還表現為以儒說禪，即用儒家經典中的言說方式來解釋禪宗的言說方式。如陸游指出：「處

羲一畫，發天地之秘；迦葉一笑，盡先佛之傳。淨名一默，曾點一唯，丁一牛刀，扁一車輪，臨濟一喝，德山一棒，妙喜一竹篦子，皆同此關捩。」（《渭南文集》卷一五《天童無用禪師語錄序》）又如王楠云：「予聞孔聖曰：『參乎！吾道一以貫之。』曾子曰：『唯。』子出，門人問，曰：『夫子之道，忠恕而已矣。』又聞釋迦在靈山拈花，迦葉微笑。世尊曰：『吾有正法眼藏，涅槃妙心，付囑摩訶大迦葉。』二者用處不同，義則一也。由此觀之，一貫之理，以心傳心，千萬載間，綿綿不絕，其道學宗派，蓋自曾子一『唯』中來。佛法昭明，歷幾千劫，闡揚宗風，源源相繼，其教外別傳，蓋自迦葉微笑中始。烏可歧而二哉？」（《五燈會元》卷首附王楠序）這其實是士大夫有意將禪宗語言同本土儒、道言說方式等同起來。不僅如此，禪師也自覺用儒家的言句來證明禪理，如惠洪借孔子「天下何思何慮」之句說明由「思之」到「無思」的參禪歷程（見《石門文字禪》卷二六《題英大師僧寶傳》）；甚至直接把儒家的經典章句當作參禪的話頭，如晦堂祖心禪師以《論語》中「吾無隱乎爾」之句啟悟黃庭堅（《五燈會元》卷一七《太史黃庭堅居士》）。

二、以教說禪：禪教合一，不離文字

宋代禪宗雖仍堅持著教外別傳的原則，自覺與義學諸派劃清界限，但也受到來自士大夫陣營的禪教相融思潮的強烈衝擊。禪教相融一方面是宋代文化整合需求的必然產物，另一方面也是禪宗為自身健康發展而作出的話語選擇。

禪宗發展到北宋後期，「不立文字」已失去其原有的

革命性，而成為飽食終日、無所事事的寄生僧侶的遁詞。
不少禪師「以為齋戒持律不如無心，講誦其書不如無言，
崇飾塔廟不如無為」，正如蘇軾所一針見血指出的那樣：
「其中無心，其口無言，其身無為，則飽食而嬉而已。」
（《蘇軾文集》卷一二《鹽官大悲閣記》）同時，「口耳受授」
的傳法方式也因其過分便於普及而使精深的禪流於俗濫，
正如蘇軾所大加撻伐的那樣：「近歲學者各宗其師，務從
簡便，得一句一偈，自謂了證。至使婦人孺子，抵掌嬉
笑，爭談禪悅。高者為名，下者為利，餘波末流，無所不
至，而佛法微矣。」（同上卷六六《書楞伽經後》）禪的簡
易化，同時也是禪的庸俗化。此外，禪宗玄學化傾向也日
益嚴重，游談無根蔚成風氣，導致不學無術之徒的以談禪
而欺世盜名，正如蘇軾所嘲諷的那樣：「近世學者以玄相
高，習其徑庭，了其度數，問答紛然，應諾無窮。至於死
生之際一大事因緣，鮮有不敗績者。」（同上《跋荊溪外集》）
故弄玄虛，故作高深，而究其內在則空空如也。

在士大夫看來，醫治這種禪病的良方之一就是研習佛
經，正本清源，在佛經中尋求能解釋禪學的經典教義。由
於宋代士大夫學佛的目的是出於解決個人生死解脫問題以
及文化整合的需要，而非僅為了宗教的傳燈嗣法，因此其
參禪活動充滿一種理性的懷疑精神，無信仰盲從和門戶偏
見。他們不像禪師那樣嚴守宗門、教門的分別，而主張禪
學和義學相互融通，合二為一。蘇軾指出：「玄學，義
學，一也。世有達者，義學皆玄；如其不達，玄學皆義。」
（同上）陳師道也認為：「南北不異，禪律相資。曲士拘
文，起差別於耳目；至人達觀，示平等於冤親。」（《後山
居士文集》卷一七《請興化禪師疏》）相對而言，北宋後期

禪門僧侶中的激進分子，已完全拋開文字經教的基礎，以無知、無為、無言、無思相標榜，所以，佛教界所面臨的首要任務是「扶獎義學，以救玄之弊」（《蘇軾文集》卷六六《跋荊溪外集》）。正是基於這一點，晁說之（1059-1129）從根本上對禪宗「教外別傳」、「不立文字」之說的合理性提出質疑，他指出：

> 或曰「教外別傳」，不知教無等等，何外之有？傳授圓成，何外之有？詔國師者故自斥之。（或曰）「當絕語言」，不知此方以何爲佛事？或曰「不立文字」，不知文字非眞亦非妄，乃以何者爲文字？嘗求乎其人矣，前乎智者而導其教者，曰梁傅大士、北齊稠禪師；後來推極智者之教而尊之者，曰南山宣律師；其餘達摩法門義同贊者，曰皎然禪師；晚則詔、壽二禪師；其密弘而取證者，（曰）永嘉禪師；雖異塗而不敢不贊者，曰賢首藏師；或叛去而竊用其意者，曰華嚴觀師；有公而異同，而意自有所在，曰慈恩基師。唯是圭峰密弘用其言，而妄相排斥，專以四禪八定次第之學，何異兒戲以侮耆德。（《嵩山文集》卷二〇《宋故明州延慶明智法師碑銘》，《四部叢刊續編》本）

晁說之雖是站在天臺宗的立場反對「教外別傳」的「四禪八定」，但其思想卻代表了當時士大夫對「不立文字」之說的普遍不滿。在他看來，經教不僅是律宗、華嚴宗（賢首宗）、法相宗（慈恩宗）、天臺宗立教的基礎，而且也為達

摩一系的禪宗所取證宏揚。他特別指出：「竊少聞大道於圓照禪師（雲門宗慧林宗本），且有言曰：『他日勉讀經教。』其後三十年，果得明智於四明，視彼暗證禪、魔禪、鬼定文字法師乘壞驢車者，無以正之，則不敢不自勉。」（同上）申明自己研讀經教、崇奉義學正是來自禪宗大師的教導。

顯然，士大夫鼓吹的禪教相融的主要著眼點在於以教救禪。為此，他們重新解釋了達摩諸祖崇奉的《楞伽經》，從而偷梁換柱地修正了禪宗離經慢教的傳統觀念。前面我曾指出，禪宗初祖均視《楞伽經》為「心法」，並不當作言教。而蘇軾卻視之為「如醫之有《難經》，句句皆理，字字皆法」，應當認真研讀，「若出新意而棄舊學，以為無用，非愚無知，則狂而已」（同上《書楞伽經後》）。李綱更以達摩傳《楞伽經》的事例，推導出諸祖不廢經教的結論，「是知禪教相融，初無二門；心語相印，亦無二法，豈特《楞伽》四卷為然哉」（《梁谿集》卷一三五《棲雲院新修印心堂名序》）！這種對《楞伽經》的重新解釋，表明士大夫對離開語言文字而純粹「以心傳心」的可行性的懷疑。因此，宋代士大夫所主張的參禪過程，一般是由研習佛經入手，最後證之以禪家心印，或是先悟得「正法眼藏」，然後返觀佛經文字相印證。總之，參禪不再是一種師徒間的口耳受授，或是一種靜室中的焚香默坐，而主要是一種通過解讀經典而獲得的內在的心靈領悟，是一種在解破疑團之後獲得的無上喜悅。

正因具有這種理性精神，宋代士大夫參禪由被動接受變為主動選擇，這不僅體現為對禪門庸俗化的警惕和批判，而且體現為對某些適合宋代士人心理需要和文化需要

的佛教經典的明顯偏愛。除了唐代士大夫常閱讀的《維摩》、《金剛》二經外，《華嚴》、《楞嚴》、《圓覺》三經取代早期達摩時代的《楞伽》、《法華》等經成為宋代居士參究的主要經典。

《華嚴經》本是華嚴宗的經典，但以其事理圓融受到宋代士大夫的特別愛好。王安石曾作《華嚴經解》(《蘇軾文集》卷六六《跋王氏華嚴經解》)；蔣之奇（字穎叔，1031-1104）亦撰《華嚴經解》三十篇（《羅湖野錄》卷下）；歐陽修晚年借《華嚴經》，讀至八卷而終（《居士分燈錄》卷下）；周敦頤曾與常總禪師討論華嚴理法界、事法界（同上）；程顥亦曾觀《華嚴合論》（同上）；陳瓘（字瑩中，1060-1124）早年即留心內典，特愛《華嚴經》，號華嚴居士（同上）；張商英曾與克勤禪師劇談《華嚴》旨要（《羅湖野錄》卷上）；陳師道因佈施寺院而買《華嚴經》一部八十策（冊），自稱「將口誦而心追」（《後山居士文集》卷一七《華嚴證明疏》）；吳則禮（？-1121）閒居時聲稱「大部《華嚴經》，字字要飽觀」（《北湖集》卷一《閒居》，《四庫全書》本）；李綱最精通《易》與《華嚴》二經（《居士傳》卷二九《李伯紀傳》）。至於蘇軾與黃庭堅，也非常熟悉華嚴學說。蘇軾有閱讀《華嚴法界觀》的自供（參見《蘇軾詩集》卷一三《和子由四首·送春》）；黃庭堅用「行布」一詞論詩論畫，就是借用華嚴宗的術語[10]。華嚴構想圓融無礙的宇宙體系，禪則發明人的主觀心性，而這正是傳統儒學所缺乏的，因此二者均成為構築宋代道學的重要因素。華嚴通禪，儒釋相融，也正與這個時代的文化整合觀念相關。

更能體現宋代士大夫參禪特點的是《楞嚴》、《圓覺》

倍受推崇，在佛經中的地位不斷上升，成為參禪學佛的基本教材。政和年間（1111-1117）進士郭印有詩云：「《楞嚴》明根塵，《金剛》了色空；《圓覺》袪禪病，《維摩》現神通。四書皆其教，真可發愚蒙。」（郭印《雲溪集》卷五《閑看佛書》，《四庫全書》本）這就是北宋中葉以來士大夫以此四部佛經為啟蒙教材的真實寫照，而其中《楞嚴》、《圓覺》尤為宋人所青睞。王安石歸老鍾山，對《楞嚴經》頗為偏愛，常對人說：「今見此經者，見其所示，性覺妙明，本覺明妙。知根身器界生起，不出我心。」（見《林間錄》卷下）蘇轍自稱曾「取《楞嚴經》翻覆熟讀，乃知涅槃正路，從六根入」（蘇轍《欒城集·後集》卷二一《書楞嚴經後》，上海古籍出版社排印本，1987年）；並告誡後學韓駒「熟讀《楞嚴》、《圓覺》等經，則自然詞詣而理達」（見《雲臥紀譚》卷上）。黃庭堅也很熟悉《楞嚴》、《圓覺》二經，他不僅親自手書《楞嚴經》（黃庭堅《豫章先生遺文》卷九《書自書楞嚴經後》，祝氏漢鹿齋補刊本），而且詩中也常用此二經中的典故詞語。張商英著《護法論》，重點引證的也是《圓覺經》、《楞嚴經》。到了南宋，大慧宗杲禪師《宗門武庫》更重點提倡參究《楞嚴》、《圓覺》。孝宗皇帝甚至親自以禪學思想注解《圓覺經》，並以《禦注圓覺經》賜徑山傳法（見《雲臥紀譚》卷上）。

　　《楞嚴》、《圓覺》二經的倍受推崇與宋代禪宗逐漸由

10　如《山谷詩集注》卷一六《次韻高子勉十首》其二云：「行布佺期近。」任淵注：「『行布』字本出釋氏，而山谷論書畫數用之。按釋氏言華嚴之旨曰：『行布則教相施設，圓融乃理性即用。』」又如《豫章黃先生文集》卷二七《題明皇真妃圖》云：「故人物雖有佳處，而行布無韻，此畫之沈屙也。」按：釋志磐《佛祖統紀》卷三上曰：「華嚴所說，有圓融、行布二門，行布謂行列布措。」《大正藏》第四十九卷。

農禪轉化為士大夫禪分不開。換言之，這二部佛經具有特別適應宋代文化需要的特色：其一，這二部經均屬中土偽書，從一定程度上體現了中國本土文化對印度佛經原典的消化、吸收、改造，其中有的思想和本民族文化有較深的聯繫，因而易引起士大夫的共鳴。其二，這二部經內容均較駁雜，如《圓覺經》既有華嚴思想，又通禪家之說；《楞嚴經》也包含佛教各宗思想，華嚴宗據以解緣起，天臺宗引以說止觀，禪宗援以證頓悟，密宗取以通顯教。這種駁雜表現出一種圓通思想，和當時士大夫主張禪教合一的思想合拍。從更大的範圍來看，二經的圓通性也符合時代的文化整合的思潮。其三，這二部經由於為中土作者所撰，與純粹翻譯的佛經原典在文筆上有很大不同，語法與修辭更富於文學性。尤其是《楞嚴經》，僅其文筆就足以引起士大夫的興趣，正如蘇軾所說：「《楞嚴》者，房融筆授，其文雅麗，於書生學佛者為宜。」（《蘇軾文集》卷六六《跋柳閎楞嚴經後》）「大乘諸經至《楞嚴》，則委曲精盡，勝妙獨出者，以房融筆授故也。」（同上《書柳子厚大鑒禪師碑後》）士大夫在接受佛理的同時，在文字上也獲得一種享受。這和早期禪宗參究的《楞伽經》大為不同，「《楞伽》義趣幽眇，文字簡古，讀者或不能句」。對於不重視文字的禪師來說，其文筆的艱澀並不礙事，主要取其「一切佛語心」的精神，並付之實踐；而對於以翰墨為生涯的士大夫來說，文筆的優劣與佛經的取捨卻有很大的關係。因此，在《楞嚴》大受青睞的宋代，《楞伽》卻「寂寥於是，幾廢而僅存」（同上《書楞伽經後》）。從某種意義上說，《楞嚴經》不僅是參禪學佛的經典，而且是作文吟詩的教科書，士大夫從中可獲得創作靈感，妙思奇想，甚

至句法修辭。

研讀佛經的結果，士大夫不僅從中得到關於生死解脫的哲理，而且學到一種博辯的說理藝術，如蘇軾即「讀釋氏書，深悟實相，參之孔老，博辯無礙，浩然不見其涯也」（《欒城集・後集》卷二二《亡兄子瞻端明墓誌銘》）。惠洪評價歐陽修和蘇軾二人文章的區別說：

> 歐陽文忠公以文章宗一世，讀其書，其病在理不通；以理不通，故心多不能平，以是後世之卓絕穎脫者，皆目笑之。東坡蓋五祖戒禪師之後身，以其理通，故其文渙然如水之質，漫衍浩蕩，則其波亦自然而成文。蓋非語言文字也，皆理故也。自非從般若中來，其何以臻此？（《石門文字禪》卷二七《跋東坡仇池錄》）

以蘇軾為戒禪師後身，自是妄誕之說，但認為蘇軾詩文的理通，有得於佛教般若智慧，這也是事實。蘇軾讀的佛經較駁雜，但對其詩文語言藝術影響較大的當屬《華嚴》、《楞嚴》、《維摩》、《圓覺》等經，而其中文筆流暢、辭語贍博、事理圓融的《華嚴經》對蘇軾詩文的說理藝術影響尤深。《華嚴經》提倡法界緣起，以為事理無礙，大小等殊，理有包容，相即相入，萬事萬物都是一真法界的體現，因此互相包含，互相反映，無窮無盡。以華嚴的法眼觀照世界，宇宙、人生、藝術之間的界限也就消失了，萬法平等，一切即一，一即一切，詩人因此而在大跨度的聯想和多向推理中獲得理性的自由。清人劉熙載特別注意到蘇軾古詩與《華嚴》的關係，他指出：「滔滔汨汨說去，

一轉便見主意，《南華》、《華嚴》最長於此。東坡古詩慣
用其法。」（劉熙載《藝概》卷二《詩概》，上海古籍出版
社排印本，1982年）這是很有眼光的。

　　總而言之，提倡研讀佛經，是宋代禪宗走向「文字禪」
的重要標誌，也是宋代士大夫自覺將佛經文本納入本土語
言建設的重要標誌。佛經文本中的詞語、典故、句法、修
辭作為全新的語言資源進入宋人的言說方式中，僅以詩壇
為例，如蘇軾「平生斟酌經傳，貫穿子史，下至小說、雜
記、佛經、道書、古詩、方言，莫不畢究」（王十朋《集注
分類東坡先生詩》卷首序，《四部叢刊》本）；黃庭堅、
陳師道之詩「用事深密，雜以儒佛，虞初稗官之說，雋永
鴻寶之書，牢籠漁獵，取諸左右」（《山谷詩集注》卷首附
許尹《黃陳詩注序》）。嚴羽《滄浪詩話》提出「元祐體」
的概念，謂指「蘇、黃、陳諸公」，並批評其「以文字為詩」
（見嚴羽《滄浪詩話·詩體》、《詩辯》，《歷代詩話》本，
中華書局，1981年）。而佛經文本的語言資源在詩壇「文
字化」的過程中，發揮了不可忽視的作用。最值得注意的
是，王安石著名的文字學著作《字說》就多用佛經語言解
釋字義。據陳善記載：

　　　　荊公《字說》多用佛經語，初作「空」字
云：「工能穴土，則實者空矣。故『空』從穴從
工。」後用佛語改云：「無土以為穴，則空無
相；無工以穴之，則空無作。無相無作，則空名
不立。」此語比舊為勝。《維摩經》云：「空即
無相，無相即無作。無相無作，即心意識。」《法
華經》云：「但念空無作。」《楞嚴經》云：「但

除器方，空體無方。」荊公蓋用此意。又如云
「追所追者，止能追者，是而從之」、「搔手能搔所
搔」、「牂柯以能入爲柯，所入爲牂」之類，此
「能」、「所」二語，亦出佛經中。《圓覺經》
曰：「其所證者，無得無失，無取無捨；其能證
者，無作無止，無生無滅。於此證中，無能無
所。」佛經謂「能」、「所」者，彼、此義也。

　　（《捫虱新話》上集卷三《荊公字說多用佛經
語》）

　　這充分說明佛經文本在觀念和辭彙方面對宋代語言文
字的啟示，特別是《字說》在王安石和新黨當政期間曾被
當做科舉考試科目，足見其一時的影響。儘管《字說》因
為各種政治的、學術的原因最終失傳，但其在漢語史上自
覺引進佛教語言的大膽嘗試還是值得稱道的。

　　需要指出的是，士大夫在吸收禪宗思想和語言資源的
同時，也反過來參與了禪宗思想、文獻的整理闡釋工作。
著名的例子如「拈花微笑」的傳說，歷來禪師都不知典出
何書，最終靠精研內典的王安石才得以發明：

　　王荊公問佛慧泉禪師云：「禪家所謂世尊拈
花，出在何典？」泉云：「藏經亦不載。」公
曰：「余頃在翰苑，偶見《大梵天王問佛決疑經》
三卷，因閱之。經文所載甚詳：梵王至靈山，以
金色波羅花獻佛，捨身爲床座，請佛爲眾生說
法。世尊登座，拈花示眾，人天百萬，悉皆罔
措，獨有金色頭陀，破顏微笑。世尊云：『吾有

正法眼藏，涅槃妙心，實相無相，分咐摩訶大迦
葉。』此經多談帝王事佛請問，所以秘藏，世無
聞者。」（《人天眼目》卷五《宗門雜錄・拈華》）

　　王安石以自己所見秘藏經典為依據，廓清了宗門人云
亦云的傳說，從而使禪宗的傳法宗旨得到權威佛典的支
援。這個例子充分說明了士大夫在文獻佔有和文獻閱讀上
的優勢，與此相對照，「以口耳受授為妙」的禪師們不僅
顯得淺薄無知，簡直就是數典忘祖。這對於誠心向佛的禪
師來說，無疑是相當尷尬的。因此，只有修正「教外別
傳」、「不立文字」的祖訓，精通經教，才可能迎接來自士
大夫陣營的挑戰。事實上，那些「務為不可知」、「務為玄
妙」、「務從簡便」的禪師往往成為士大夫嘲笑的對象，而
只有禪教皆習、宗說俱通的禪師才可能獲得博學多才的士
大夫的好感。例如，王安石曾問真淨克文禪師（1025-
1102）：「諸經皆首標時處，獨《圓覺》不然，何也？」
克文回答說：「頓乘所演，直示眾生，日用現前，不屬古
今。老僧即今與相公同入大光明藏，遊戲三昧，互為主
賓，非關時處。」安石又問：「『一切眾生皆證圓覺』，而
圭峰易『證』為『具』，謂譯人之訛其義，是否？」克文答
曰：「《圓覺》可易，則《維摩》亦可易也。《維摩》曰：
『亦不滅受而取證。』『證』與『證』義有何異哉？蓋眾生
現行無明三昧，即是如來根本大智。圭峰之說，但知其具
耳。」安石折服（見《嘉泰普燈錄》卷二三《荊公王安石
居士》，《續藏經》第二編乙第十套第一冊）。又如張商英
寓居荊南，圓悟克勤禪師前往謁見，劇談《華嚴》旨要
曰：「《華嚴》現量境界，理事全真，初無假法，所以即一

而萬，了萬為一，一復一，萬復萬，浩然莫窮。心、佛、眾生，三無差別，卷舒自在，無礙圓融。此雖極則，終是無風帀帀之波。」商英很感興趣。次日，商英又舉事法界、理法界說禪，克勤曰：「不然，正是法界量裏在，蓋法界量未滅。若到事事無礙法界，法界量滅，始好說禪。『如何是佛？』『乾屎橛。』『如何是佛？』『麻三斤。』是故真淨偈曰：『事事無礙，如意自在。手把豬頭，口誦淨戒。趁出淫坊，未還酒債。十字街頭，解開布袋。』」商英歡曰：「美哉之論，豈易得聞乎？」正如曉瑩評價所說：「夫圓悟融通宗教若此，故使達者心悅而誠服。非宗說俱通，安能爾耶？」（《羅湖野錄》卷上）

正是從這個意義上說，士大夫禪教相融的觀念推動了宗門研讀佛經的熱潮。一方面，不少禪師從觀念上對佛教經典的態度大為改變，如雲門宗慈受懷深禪師為佛經大唱讚歌：「佛從大悲心，流出十二部。琅函與玉軸，遍滿河沙數。言言皆妙藥，字字超今古。譬如優曇花，百劫難遭遇；又如大明燈，能破黑暗處；又如智慧力，能斷無明樹；又如瓔珞珠，能使人豐富。」（《慈受懷深禪師廣錄》卷一，《禪宗集成》本第二十三冊）另一方面，不少禪師從實踐上以禪證教或以教說禪，如上文所舉真淨克文用禪宗「日用現前」的頓悟觀念解釋《圓覺經》的不標時處；克勤用宗門語「乾屎橛」、「麻三斤」說華嚴法界。

禪宗內部主張禪教合一的思潮最集中地體現在惠洪的各種著述中。惠洪是真淨克文的弟子，是「文字禪」的公開倡導者。在其詩文集《石門文字禪》中，惠洪屢次抨擊「不立文字」之說所帶來的流弊，強調研讀佛經的重要性：

　　右《宗鏡錄》一百卷，智覺禪師所撰。切嘗
深觀之，其出入馳騖於方等契經者六十本，參錯
通貫此方異域聖賢之論者三百家，領略天臺、賢
首，而深談唯識，率折三宗之異義而要歸於一
源。故其橫生疑難，則鉤深賾遠；剖發幽翳，則
揮掃偏邪。其文光明玲瓏，縱橫放肆，所以開曉
眾生自心成佛之宗，而明告西來無傳之的意也。
……熙寧中，圓照禪師始出之，於是衲子爭傳誦
之。元祐間，寶覺禪師宴坐龍山，雖德臘俱高，
猶手不釋卷，因撮其要處為三卷，謂之《冥樞會
要》，世盛傳焉。後世無是二大老（指圓照、寶
覺），叢林無所宗尚。舊學者日以慵惰，絕口不
言；晚至者日以窒塞，遊談無根而已，何從知其
書、講味其義哉？脫有知之者，亦不以為意，不
過以謂祖師教外別傳、不立文字之法，豈當復剌
首文字中耶？彼獨不思達磨已前，馬鳴、龍樹亦
祖師也，而造論則兼百本契經之義，泛觀則傳讀
龍宮之書。後達磨而興者，觀音、大寂、百丈、
斷際亦祖師也，然皆三藏精入，該練諸宗，今其
語具在，可取而觀之，何獨達磨之言乎？（《石門
文字禪》卷二五《題宗鏡錄》）

　　古之學者，非有大過人者，惟能博觀約取，
知宗而用妙耳。唐沙門道宣通兼三藏，而精於持
律。持律，小乘之學也，而宣不許人呼為大乘
師。棗柏長者力弘佛乘，而未嘗一語及單傳心
要。方是時，曹溪之說信於天下，非教乘之論所
當雜。宣公甘以小乘自居，棗柏只以教乘自志，

竟能爲百世師者，知宗用妙而已。禪宗學者自元
豐以來，師法大壞，諸方以撥去文字爲禪，以口
耳受授爲妙。（同上卷二六《題隆道人僧寶傳》）

在禪宗的傳統習慣說法中，「文字」往往特指佛教三藏
（經、律、論）的文字，所謂「諸方以撥去文字為禪」，即
指部分偏激的禪師完全拋開經教而習禪的狀況。因此，要
治療「師法大壞」的禪病，首先就應該「三藏精入，該練
諸宗」。惠洪推崇的永明延壽（智覺禪師）的《宗鏡錄》，
是融通禪教的代表作；他稱賞的圓照宗本與寶覺祖心，是
典型的兼習禪教的大德；他崇拜的道宣和棗柏，是精通教
乘的義學講師。由此可見，惠洪所謂的「文字禪」在很大
程度上是指「禪教合一」。

最能體現惠洪禪教合一觀念的著作，是他那久為學術
界所忽視的《智證傳》。此書原為十卷，後合為一卷。《智
證傳》的體例是舉一段佛經文字，然後用禪宗話頭或文人
作品為之作傳；或是舉一則公案文字，然後用佛經文字或
文人作品為之作傳；甚至舉佛經、公案，而用儒典、史傳
為之作傳。試舉兩條為例：

雲居宏覺禪師。僧問：「如何是沙門所重？」
宏覺曰：「心識不到處。」

傳曰：洞上宗旨，語忌十成。不欲犯，犯則
謂之觸諱。如《五位》曰：「但能不觸當今諱，
也勝前朝斷舌才。」宏覺蓋洞山之高弟也，而所
答之語如此，豈非觸諱乎？曰：東坡最能為譬，
嘗曰：「以吾之所知，推至其所不知。嬰兒生而

導之言，稍長而教之書，口必至於忘聲而後能言，手必至於忘筆而後能書，此吾之所知也。口不能忘聲，則語言難於屬文；手不能忘筆，則字畫難於刻雕。及其相忘之至，則形容心術、酬酢萬物之變，忽然而不自知也。」夫不犯忌諱十成者，法也。宏覺不忘法，何以能識宗？《金剛般若》曰：「一切賢聖皆以無爲法而有差別。」覺以之。

《楞伽經》偈曰：「由自心執著，心似外境轉。彼所見非有，是故說唯心。」

傳曰：曹溪六祖隱晦時，號盧居士。嘗客廣州精舍，夜經行，聞兩僧論風旛之義，一曰風動，一曰旛動。六祖前曰：「肯使流俗輒預高論否？正以風旛非動，仁者心動耳。」法空禪師深居五臺山，每夜必聞有聲，名曰「空禪」。法空患之。久而自悟曰：「皆我自心之境，安有外聲哉？」以法遣之，自後遂絕。夫言「彼所見非有」者，以風旛相待，無有定屬，緣生則名無生，六祖所示見境既爾，則空禪所悟聞塵亦然。《首楞嚴》曰「見聞如幻翳，三界若空華。復聞翳根初，塵消覺圓淨。淨極光通達，寂照含虛空。卻來觀世間，猶如夢中事」者，詎不信夫！

總之，此書「離合宗教，引事比類，折衷五家宗旨，至發其所秘，犯其所忌」（《智證傳》卷首附明釋真可《重刻智證傳引》），完全打通了儒釋、禪教、禪宗五家之間的門牆。特別值得注意的是《智證傳》的闡釋方法和言說方

式，與同時代的《碧岩錄》等頌古評唱頗有不同。《碧岩錄》在闡釋方法上始終堅持著禪宗「不說破」的原則，在言說方式上始終保持著旁敲側擊、聲東擊西的機鋒；而《智證傳》則以理性主義的態度取代了神秘主義的傾向，儘量追求詳明透闢的解釋，盡可能從正面展開說理，變「不說破」為「說破」。惠洪的朋友許顗指出：「昔人有言，切忌說破。而此書挑刮示人，無復遺意。」正因如此，《智證傳》受到當時力主「不立文字」、「教外別傳」的禪師們的猛烈抨擊，「罷參禪伯，以此書為文字教禪而見詆，新學後進，以此書漏泄己解而見憎」（同上卷末附許顗《智證傳後序》）。

然而，儘管受到來自宗門的非難，惠洪仍始終堅持「文字教禪」的立場，並以一種智力優越的姿態表示出對那些不學無術的禪僧的輕蔑。他堅信文字本身完全能傳達義理，甚至書面文字對理解義理也構不成任何障礙，真正構成障礙的不是文字本身，而是閱讀者自身的文化水平。他指出：

> 譬如世人同看文字，不識字者，但見紙墨，義理了不關思。而識字者，但見義理，不礙紙墨也。不識字者，五識現量也；而識字者，意識之境也。天臺宗以五識名退殘，謂是故也。故曰：「見所見不俱。」夫紙墨文字，所以傳義理，義理得，則紙墨文字復安用哉！（同上）

在他看來，不是文字遮蔽了人們對事物的認識，而是文盲妨礙了人們對世界的理解。不識字的人只處於眼、耳、

鼻、舌、身「五識」的低層次感覺水平，而識字的人則已達到「意識」的高層次思維水平。因此，書面文字對於文化程度不同的人來說就有不同的意義，不識字者見到的只是紙墨這樣的具體物質，識字者則只見到抽象的義理，而完全忘記紙墨的存在。應該說，這種對文字意義的剖析是符合人們的閱讀實際的。由此出發，惠洪一再痛斥「安用多知」的蒙昧主義觀點，號召禪僧通過「博觀而約取，厚積而薄施」的途徑來達到無思無慮的悟道境界（《石門文字禪》卷二六《題英大師僧寶傳》）。惠洪的觀點顯然背叛了農禪的傳統教義，但更能代表以文字活動為生存方式的士大夫的思想，更符合整個宋代文化特有的理性精神。

基於對文字的信賴，惠洪不僅拋棄了禪宗祖師「不出文記」的傳統，為《楞嚴》、《法華》諸經造論[11]，而且改變了禪宗僧侶不修僧史的局面，撰《禪林僧寶傳》三十卷。在此之前，由於禪宗主張「不立文字」，因此僧史著作都出自義學講師之手。然而，正如我在前面所指出的那樣，義學講師的僧傳如《高僧傳》、《續高僧傳》、《宋高僧傳》等，均列《譯經篇》為第一，《義解篇》為第二，將佛經原典的印度話語系統置於話語權力的中心，而對禪宗的事蹟尤其是言說方式的特點多有忽視或篡改。惠洪在談及他撰寫《禪林僧寶傳》的動機時指出：

> 禪者精於道，身世兩忘，未嘗從事於翰墨。
> 故唐宋僧史，皆出於講師之筆。道宣精於律，而
> 文詞非其所長，作禪者傳，如戶婚按檢；贊寧博

11　參見《續藏經》目錄《支那撰述大小乘釋經部》著錄德（惠）洪造論、正受會合《楞嚴經合論》十卷，惠洪造、張商英撰《法華經合論》七卷。

於學，然其識暗，以永明爲「興福」，岩頭爲「施身」，又聚衆碼之文爲傳，故其書非一體。予甚悼惜之。頃嘗經行諸方，見博大秀傑之衲能袒肩以荷大法者，必編次而藏之，蓋有志於爲史。（《石門文字禪》卷二六《題佛鑒僧寶傳》）

他批評道宣　「文詞非其所長」，大約是因爲《續高僧傳》採用的是初唐流行的四六文體，文詞繁複，佶屈聱牙。他譏諷贊寧「識暗」，大約是因爲《宋高僧傳》把禪宗大師永明延壽和岩頭全豁分別列於《興福篇》和《遺身篇》而非《習禪篇》之中，而且未給雲門宗開山祖師文偃作傳。因此，惠洪試圖以一種宋代流行的古文文體來重修爲道宣、贊寧所輕視的禪宗僧史。換言之，他撰述此書的目的，就是爲了打破義學講師對僧史的壟斷，從義學講師那裏奪回禪宗應有的著書立說的話語權力。然而，這種向義學講師的挑戰本身，就意味著惠洪認同了義學著書立說的原則，放棄了禪學「未嘗從事翰墨」的立場。事實上，《禪林僧寶傳》所記錄的八十一位元禪門大德，大多數都兼習教典或經論，而對「藉教悟宗」的九峰通玄和「禪教合一」的永明延壽等禪師尤多讚美之詞。正如美籍學者黃啟江所說，惠洪的《僧寶傳》體現了他的「禪教合一」觀，也是其「文字禪」的表現之一[12]。

　　禪教相通的觀念和經疏僧史的撰述，與其說是印度話語系統重新發揮影響，不如說是本土的士大夫話語系統起了更直接的作用。就這一點而言，惠洪較多地接受了蘇軾

12　黃啟江《北宋佛教史論稿》第312-358頁《僧史家惠洪與其「禪教合一」觀》，臺灣商務印書館，1997年。

的思想，即自覺抵制外來的印度佛教語言，如蘇軾不滿北方僧侶「留於名相，囿於因果」（《蘇軾文集》卷一七《宸奎閣碑》），惠洪也為「不辨唐梵」的本土作者辯解，以為佛旨「非有竺梵震旦之異」（《石門文字禪》卷二五《題華嚴綱要》）。同時，在關於「言之無文，行而不遠」、「言為德者之候」的提倡上，以及對近世禪宗飽食而嬉、游談無根的流弊的批判上，惠洪很多言論與蘇軾如出一轍，有時甚至就是蘇軾的直接翻版。換言之，惠洪的「禪教合一」的思想背景是儒家的「世間法」，而這一點正是他和那些拘泥於印度佛教名相因果的義學講師的根本區別。正因如此，士大夫才一再將《禪林僧寶傳》與司馬遷的《史記》相提並論，稱惠洪為「宗門之遷、固」（參見《禪林僧寶傳》卷首附宋侯延慶《禪林僧寶傳引》、明戴良《重刊禪林僧寶傳序》）。

　　「文字禪」概念的提出，歸根結底得到了佛教語言理論的支援。事實上，佛教對語言文字本身就持一種非常矛盾的態度：一方面認為實相本離文字，另一方面又承認不假文字，不能詮實相；一方面稱「文字性空」，不可憑依，另一方面又認為正因文字性空，所以具解脫相；一方面斥責專習教相、不修禪行之人為「文字人」、「文字法師」，另一方面又視文字為五種般若（智慧）之一。這種矛盾的語言觀是佛教二諦思維的產物，禪宗對此也有極通達的理解。如達摩命門人各言所得，道副曰：「如我所見，不執文字，不離文字，而為道用。」達摩曰：「汝得吾皮。」（《景德傳燈錄》卷三《第二十八祖菩提達摩》）這個道副，就是《續高僧傳》中的梁鍾山定林寺釋僧副[13]。宋人所津津樂道的「定林文字禪」[14]，大約就是指「不執文字，不離

文字」。這種靈活的語言觀表現出一種思想的寬容，為各種否定語言文字和肯定語言文字的禪行為提供了理論解釋的可能。這樣，不同文化背景下的禪門宗風的演變，都可以找到經典的支援。一般說來，唐代禪人的解釋偏重於前一方面，即「不執文字」的一面，如大珠慧海從「文字紙墨性空」推衍出「不許誦經」的看法（《景德傳燈錄》卷二八《越州大珠慧海和尚語》）。而宋代禪人的解釋則偏重於後一方面，即「不離文字」的一面，如李綱從「言語解脫，文字相空」演繹出「於夢幻中即夢幻而作佛事，乃佛菩薩之旨」的結論，由此肯定「以聲音言說為佛事」的合理性（《梁谿集》卷一三三《蘄州黃梅山真慧禪院法堂記》）。這種解釋，正是宋代「文字禪」流布的理論基礎。

三、以詩證禪：詩禪相融，句中有眼

儘管禪宗語錄反覆申說「才涉唇吻，便落意思，盡是死門，終非活路」（《五燈會元》卷一二《金山曇穎禪師》），強調語言文字的局限性和更深刻的「道」的不可言說性，但是，禪宗從一開始就沒有真正放棄語言文字，而且隨著宋代社會文化水平的提高，文字化的傾向越來越明顯。所以，黃庭堅詩中首次出現的「文字禪」三字[15]，相當準確地概括了宋代禪文化的本質。

在諸多「文字」中，宋代禪師對詩歌文字特別青睞，

13　《續高僧傳》卷一六《梁鍾山定林寺釋僧副傳》云：「有達摩禪師，善明觀行，循擾岩穴，言問深博，遂從而出家。」則僧副為達摩弟子，當即道副。

14　如《石門文字禪》卷一五《餘將經行他山有懷其人五首》之四：「愛將夷甫雌黃口，解說定林文字禪。」又朱松《韋齋集》卷四《送黃彥武西上》：「未忘大學臨鹽味，時說定林文字禪。」《四部叢刊續編》本。

有很多禪師的偈頌完全就是詩歌。事實上，詩的本質是一種呈現，而非詮釋。詩化的文字不僅不會遮蔽佛理禪旨，反而因其形象直覺的特徵而更接近本真的「道」。正是在這個意義上，惠洪常常把自己或他人的詩文（尤其是詩）稱為「文字禪」，如下面幾處用例：

> 懶修枯骨觀，愛學文字禪。江山助佳興，時有題葉篇。（《石門文字禪》卷九《賢上人覓偈》）
>
> 應傳畫裏風煙句，更學詩中文字禪。（同上卷一一《贈湧上人乃仁老子也》）
>
> 南州仁公以勃窣為精進，以哆和為簡靜，以臨高眺遠未忘情之語為文字禪。（同上卷二〇《懶庵銘并序》）

在這裏，「文字禪」是指一種與「枯骨觀」相對立的以文字為對象的參禪方法，由於它和江山助興有關，顯然是指一種登高望遠、即景抒情的詩歌。「文字禪」的說法表現出惠洪試圖彌合詩與禪衝突的苦心，「未忘情之語」是佛教視巧言綺語為業障、以貪情溺景為執障的觀念的表述，而「文字禪」卻以禪宗的智慧化解了這一衝突。正如畫中可以有描寫風煙的詩句一樣，詩中也可以有文字表達的禪理，換言之，詩歌文字即是禪的一種表現。

當「文字禪」指禪僧和居士所作的詩歌時，「文字」二字的含義是連綴而成的文章，尤其是文彩斐然的詩歌。蘇軾的方外友辯才元淨法師（1011-1091）《次韻參寥詩》

15《山谷詩集注》卷九《題伯時畫松下淵明》：「遠公香火社，遺民文字禪。」這是我見到的首次使用「文字禪」的例子。

云：「岩棲木食已皤然，交舊何人慰眼前？素與晝公心印合，每思秦子意珠圓。當年步月來幽谷，拄杖穿雲冒夕煙。台閣山林本無異，故應文字不離禪。」（見《蘇軾文集》卷六八《書辯才次韻參寥詩》引）「晝公」是以唐詩僧皎然（清晝）來指代宋詩僧道潛（參寥），「秦子」指蘇門學士詩人秦觀。根據此詩上下文來看，「文字」特指詩歌，「文字未離禪」是特指作詩參禪本無區別，正如台閣與山林本無區別一樣。惠洪的詩文集《石門文字禪》主要取義於此，其中既有談禪說佛的詩偈，也有綺美多情的歌辭，而概稱「文字禪」。

一般說來，從純宗教的角度看，詩與禪是有衝突的，即使按照「不離文字」的說法，「文字」也應指經藏、語錄、偈頌等等文本，而不包括文學作品。所以禪僧作詩多少有一種自責感。惠洪就常常感受到內心的矛盾和外界的壓力，特別是對於自己詩文中的「未忘情之語」感到慚愧：

往時叢林老衲多以講宗為心，呵衲子從事筆硯。予遊方時省息眾中，多習氣，抉磨不去，時時作未忘情之語，隨作隨棄。（《石門文字禪》卷二六《題弼上人所蓄詩》）

予幻夢人間，遊戲筆硯，登高臨遠，時時為未忘情之語，旋踵羞悔汗下。（同上《題言上人所蓄詩》）

予始非有意於工詩文，夙習洗濯不去，臨高望遠，未能忘情，時時戲為語言，隨作隨毀，不知好事者皆能錄之。南州琦上人處見巨編，讀

之，面熱汗下。（同上《題自詩》）

　　　余少狂，為綺美不忘情之語。年大來，輒自鄙笑，因不復作。（同上《題自詩與隆上人》）

「未忘情之語」其實就是世俗的詩文，尤其指詩，它發泄感情，表現感情，而非泯滅感情，消解感情，與禪僧追求的入定的境界是矛盾的。儘管如此，惠洪的詩卻在叢林中頗受歡迎，從上引諸文的題目就可見出，友輩和後輩禪僧非常喜歡收錄他的詩。而且，惠洪的自責中常隱藏著幾分自豪，慚愧後常附帶加一點辯護，對收蓄其詩的禪僧往往加以鼓勵而非制止：「然佳言之好學，雖鄙語如予者，亦收之，世有加予數十等之人，其語言文字之妙，能錄藏以增益其智識，又可知矣。」（同上《題言上人所蓄詩》）「然佳琦之好學，雖語言之陋如僕者，亦不肯遺，況工於詩者乎？」（同上《題自詩》）顯然，惠洪骨子裏仍認為詩是有益於學禪的，不僅收錄詩可以增益知識，就是作詩也無損於參禪。他說：「予於文字未嘗有意，遇事而作，多適然耳。譬如枯株無故蒸出菌芝，兒稚喜爭攫取之，而枯株無所損益。」（同上《題珠上人所蓄詩卷》）正是在這種認識的基礎上，惠洪最終調和了詩與禪的矛盾：「以臨高眺遠未忘情之語為文字禪。」（同上卷二〇《懶庵銘並序》）

　　事實上，「文字禪」不只是惠洪夫子自道，而且真實地概括了宋代詩僧世俗詩詞的吟詠，蘇軾所稱賞的一幫「以筆硯作佛事」的吳越名僧，也主要是他舊時的詩友，或「能文善詩及歌辭」，或「作詩清遠如畫工」，或「行峻而通，文麗而清」，或「語有璨、忍之通，而無島、可之寒」（見《東坡志林》卷二《付僧惠誠遊吳中代書十二》，中華

書局排印本，1981年）。進一步而言，不僅禪僧之詩可稱為「文字禪」，士大夫之作也有同樣的效用，如蘇軾談及讀朋友李之儀詩時的感受：「暫借好詩消永夜，每逢佳處輒參禪。」（《蘇軾詩集》卷三〇《夜直玉堂，攜李之儀端叔詩百餘首，讀至夜半，書其後》）使人有參禪感覺的詩，非「文字禪」而何？可見，惠洪所謂狹義的「文字禪」，就是指禪僧所作忘情或未忘情的詩歌以及居士所作含帶佛理禪機的詩歌。因此，以「文字禪」作為詩的別稱，與其說是表現了作詩者融合詩禪的意圖，不如說是取決於讀詩者的接受態度，即把詩（不管是否忘情之語）當做禪的文本來閱讀。

這種把詩當做禪的文本來閱讀的態度，在宋代禪宗隊伍裏普遍存在。佛經中的偈頌或早期禪宗的詩偈由於著意要用某種類比來表述意蘊，常常陷入概念化而變為論理詩、說教詩，這恰好違反了禪宗的本旨。宋代禪師發現，詩人的作品往往比許多偈頌更真正接近於「不說破」的言說原則，所以在宋代各種語錄、燈錄裏，著名詩人的佳句被大量用來說禪，如李白的「柳色黃金嫩，梨花白雪香」、王維的「行到水窮處，坐看雲起時」、王之渙的「欲窮千里目，更上一層樓」、錢起的「曲終人不見，江上數峰青」、賈島的「秋風吹渭水，落葉滿長安」、朱絳的「可憐無限傷春意，盡在停針不語時」、崔護的「人面不知何處去，桃花依舊笑春風」、杜牧的「深秋簾幕千家雨，落日樓臺一笛風」、齊己的「一氣不言含有象，萬靈何處謝無私」、高駢的「依稀似曲才勘聽，又被風吹別調中」等等，就散見於《建中靖國續燈錄》、《聯燈會要》、《嘉泰普燈錄》、《五燈會元》、《古尊宿語錄》等禪籍中（參見《禪語辭書類聚》

第一冊日本無著道忠《禪林句集辨苗》，日本花園大學禪文
化研究所印行），被禪師們用來暗示禪所追求的意蘊和「道
體」，或是神秘的悟道經驗。甚至有的禪師就直接把詩人的
名句嵌到自己的詩偈裏，如《人天眼目》所載法眼宗《三
界唯心》頌：

> 三界唯心萬法澄，盤環釵釧同一金。映階碧
> 草自春色，隔葉黃鸝空好音。（《人天眼目》卷四
> 《法眼宗‧三界唯心》）

後兩句完全是生吞活剝杜甫《蜀相》詩的頷聯。這種引文
鑲嵌類似黃庭堅總結的「點鐵成金」的詩法，杜甫的原詩
在「三界唯心」的語境裏具有新的暗示意義，意即離開了
心識，碧草、黃鸝這樣的外境是沒有意義的。換言之，詩
人的名句在禪的語境中由於上下文關係的變化，已失去其
原來緣情言志的特質，而成為禪的象徵。

由於宋代禪人把「文字禪」的含義從佛教經籍、祖師
語錄擴展到一切語言文字作品中，因此，就連詩詞綺語這
樣常使唐代詩僧自責的「文字」，也堂而皇之地登上了宋代
禪院的法堂。北宋後期，不少禪門長老上堂說法都愛用一
些詩句，例如：

> 上堂：「夜來雲雨散長空，月在森羅萬象
> 中。萬象靈光無內外，當明一句若爲通。」（《五
> 燈會元》卷一四《雲門靈運禪師》）
> 上堂：「鐘鼓喧喧報未聞，一聲驚起夢中
> 人。圓常靜應無餘事，誰道觀音別有門？」（同上

《芙蓉道楷禪師》）

　　上堂：「瘦竹長松滴翠香，流風疏月度炎涼。不知誰住原西寺？每日鐘聲送夕陽。」（同上卷一六《雲峰志璿禪師》）

　　上堂：「雲自何山起？風從甚澗生？好個入頭處，官路少人行。」（同上《慧林懷深禪師》）

　　上堂：「風蕭蕭兮木葉飛，鴻雁不來音信稀。還鄉一曲無人吹，令余拍手空遲疑。」（同上卷一七《黃龍祖心禪師》）

　　上堂：「常居物外度清時，牛上橫將竹笛吹。一曲自幽山自綠，此情不與白雲知。」（同上《兜率從悅禪師》）

這些文字幾乎不用禪語，簡直就是優美的抒情詩。以上這些長老包括曹洞、雲門、臨濟的禪師，由此可見，以詩證禪乃是席捲北宋後期叢林的普遍現象。南宋初，這種現象更變本加厲，宗杲的弟子萬庵道顏禪師指出：「古人上堂，先提大法綱要，審問大眾，學者出來請益，遂形問答。今人杜撰四句落韻詩，喚作釣話；一人突出眾前，高吟古詩一聯，喚作罵陣。俗惡俗惡，可悲可痛！」（《禪林寶訓》卷三）法堂猶如文苑，參禪有若賽詩，禪宗不立文字的宗旨，至此喪失殆盡。但這正是宋代「文字禪」獨特的景觀。

　　契嵩禪師在為唐詩僧皎然辯護時揭示了禪僧作詩的動機：「禪伯修文豈徒爾，誘引人心通佛理。」（《鐔津文集》卷二○《三高僧詩・雪之畫能清秀》）用美文吸引讀者，在潛移默化中接受佛理，這條理由是宋代很多禪僧舞文弄墨

的依據。甚至用「詩之餘」──小詞談禪，也能受到宗門同儕的喝彩，如天寧則禪師曾作《滿庭芳·牧牛詞》：

> 咄！這牛兒，身強力健，幾人能解牽騎？為貪原上，綠草嫩離離。只管尋芳逐翠，賓士後不顧傾危。爭知道，山遙水遠，回首到家遲。
> 牧童今有智，長繩牢把，短杖高提。入泥入水，終是不生疲。直待心調步穩，青松下孤笛橫吹。當歸去，人牛不見，正是月明時。

牧水牯牛拽鼻繩是禪門調養心性的一個著名隱喻。釋曉瑩評價說：「世以禪語為詞，意句圓美，無出此右。或譏其徒以不正之聲混傷宗教，然有樂於嘔吟，則因而見道，亦不失為善巧方便、隨機設化之一端耳。」（《羅湖野錄》卷下）天寧則禪師以詞說禪並追求意句圓美，為博得士大夫的樂於嘔吟，而不惜遭受「以不正之聲混傷宗教」之譏。這個例子充分說明，宋代禪師的隨機設化，其對象已從村野樸質、粗俗率真的農夫田婦轉移到言談優雅、文彩風流的文人學士。

宋代禪僧以詩證禪的種種行為，來自對語言文字本身的價值的承認。惠洪推崇的詩僧景淳曾說過一段相當精彩的話：

> 詩之言為意之殼，如人間果實，厥狀未壞者，外殼而內肉也。如鉛中金、石中玉、水中鹽、色中膠，皆不可見，意在其中。使天下人不知詩者，視至灰劫，但見其言，不見其意，斯為

妙也[16]。

這段比喻相當深刻,現代語言學認為,語言是一種符號,是思維的外殼,而思維與存在有一致性。景淳之說和這種觀點何其相似乃爾!不過,他的認識卻源於佛教思想,佛教也認為語言是符號,文字相是一種玄虛的假相,「應物現形,如水中月」,但又因真空與假有是統一的,所以它與那個唯一真實存在的實相也有某種一致性。文字與實相的關係,也就是詩中「言」與「意」的關係。

值得注意的是,「文字禪」的倡導者和實踐者如黃庭堅、惠洪、克勤等人並不像傳統的言意觀那樣強調「言外之意」,而是相信「句中有眼」;不是過多地「言外求妙」,而是主張「言中辨的」,認為「無言之趣」本身就棲居在「言中」。換言之,儘管語言還不是存在本身,但已可以稱為存在的家園,無論是禪宗的正法眼藏,還是詩人的性靈妙思,都包裹在文字語句之中,無法剝離出來,禪家喻之為「水中鹽味,色裏膠青」(《景德傳燈錄》卷三○傅大士《心王銘》),詩家喻之為「空中之音,相中之色,水中之月,鏡中之象」(嚴羽《滄浪詩話·詩辯》,《歷代詩話》本,中華書局,1981年)。這種關於語言與存在關係的認識,大大激發了宋代禪僧和詩人研究「句法」的興趣。

禪宗內部出現了討論言句的熱潮,雲門三句、臨濟三玄三要、巴陵三句、洞山五位等等成為禪師爭論的焦點,不拘一格的機鋒被總結成有跡可尋的「叢林活句」。本來,

---

16桂林僧景淳《詩評·詩有三體》,張伯偉《全唐五代詩格校考》第479頁,陝西人民教育出版社,1996年。

禪宗為了破除人們對任何正常思維邏輯的執著，因而故意使用無意義的語言，使人們在言語道斷處返回自心，頓悟真如。而到了宋代，所謂「但參活句，莫參死句」已成為一條不成文的使用語言的規則，不少禪籍都表現出對「死句」、「活句」分析闡釋的強烈興趣，如《碧岩錄》、《林間錄》、《禪林僧寶傳》、《僧寶正續傳》、《大慧普覺禪師語錄》、《五燈會元》等等，都有這類話題。試把宋初的《景德傳燈錄》和宋末的《五燈會元》相比較，就能見出這種熱衷言句的變化。如關於雲門文偃的弟子德山緣密禪師的記載，《五燈會元》有如下一段文字：

> 上堂：「但參活句，莫參死句。活句下薦得，永劫無滯。『一塵一佛國，一葉一釋迦』，是死句；『揚眉瞬目，舉指豎拂』，是死句；『山河大地，更無諕訛』，是死句。」時有僧問：「如何是活句？」師曰：「波斯仰面看。」曰：「恁麼則不謬去也？」師便打。（《五燈會元》卷一五《德山緣密禪師》）

而這段文字卻不見於《景德傳燈錄》卷二二《朗州德山緣密禪師》條。事實上，在整部《景德傳燈錄》中都無「死句活句」的說法，惠洪聲稱，曾於建中靖國初（1101）獲得洞山守初禪師語錄一篇，其大略曰：「語中有語，名為死句；語中無語，名為活句。未透其源者，落在第八魔界中。」（《林間錄》卷上）洞山守初也是文偃的弟子，但同樣《景德傳燈錄》未載其語。由此可見，「死句活句」來自北宋後期禪僧對文獻的發掘，而這種發掘正是體現了他

們的興趣之所在。惠洪在《禪林僧寶傳》中對「死句」與「活句」作了更具體的界定：

> 　　巴陵真得雲門之旨。夫語中有語，名為死句；語中無語，名為活句。使問「提婆宗」，答曰：「外道是。」問「吹毛劍」，答曰：「利刃是。」問「祖教同異」，答曰：「不同則鑒。」作死語，墮言句中。今觀所答三語（指巴陵所答三語：僧問巴陵提婆宗，答曰：「銀碗裏盛雪。」問吹毛劍，答曰：「珊瑚枝枝撐著月。」問佛教祖意是同別，答曰：「雞寒上樹，鴨寒下水。」），謂之語，則無理；謂之非語，則皆赴來機，活也。（《禪林僧寶傳》卷一二《薦福古禪師傳贊》）

根據惠洪分析，「死句」是指對問題的正面答語，可以從字面上來理解其含義的句子。「活句」指本身無意義、不合理路的句子，通常是反語或隱語，不對問話正面回答。宋代禪師普遍認為，「活句」才具有「言語道斷，心行處滅」的啟悟功能，因此，「但參活句，莫參死句」已成為宋代文字禪的主流。

　　與此同時，詩壇也出現了討論言句的熱潮。自從黃庭堅借用禪家「句中有眼」的說法來評論杜詩後[17]，不少宋詩人都接過這個口號，力圖從語言的選擇與安排的角度來揭示詩歌韻味的奧秘。其結果是宋詩話中充斥著各種關於句法、命意、造語、下字、用事、壓韻、屬對、鍛煉等等語言藝術問題的討論[18]，以致於形成了宋代詩學獨特的語

言批評模式。

從某種意義上說，禪宗的「句中有眼」為宋詩人打開了一條從文字形式中求韻味的新思路。由此思路出發，宋詩人又借禪宗參究公案的方式，找到了一條「悟入」詩歌藝術真諦的途徑。「悟入」作為參禪和作詩的共同要求，產生於宋代獨特的社會語境，牽涉到語言與宋人特殊存在方式的關係。宋代的文官政治和科舉制度，使得士大夫的功名興趣由邊疆馬上轉向翰墨書齋，而這種翰墨生涯一旦成為一種生存方式，就已從科舉功名中抽象出來。不管是窮是達，宋代士大夫的生活內容都主要被筆硯活動所充塞，用詩人吳則禮戲謔的話來說，叫做「失身文字因果中，黃髮猶還毛穎債」（《北湖集》卷二《寄韓子蒼》）。正如早期農禪運水搬柴的日常實踐行為中具有神通妙用一樣，宋代士大夫禪舞文弄墨的日常筆硯活動也可以轉化為宗教實踐。既然失身於文字因果之中，那麼只有通過對文字的參究才能真正頓悟解脫。文字對於宋代居士和禪僧來說，已具有形而上的准宗教的意義，所以居士們或禪僧們在讀前人詩文和讀祖師公案時的感受過程也就有了相似之處。明白這一點，就可以知道為什麼蘇軾在讀李之儀詩時會感到一種參禪的喜悅，為什麼李之儀會說「說禪作詩，本無差別」、「得句如得仙，悟筆如悟禪」了（參見《姑溪居士前集》卷二九《與李去言》、《姑溪居士後集》卷一《兼江祥瑛上人能詩又能書，為賦一首》，《叢書集成初編》

---

17 《山谷詩集注》卷一六《贈高子勉四首》其四：「拾遺句中有眼，彭澤意在無弦。」

18 可參見南宋魏慶之輯詩話總集《詩人玉屑》所列各種類目，上海古籍出版社排印本，1978年。

本）。正是詩人和禪僧對文字形式中抽象精神的共同追求，以及詩家語和宗門語在表達形式上的相似性，使得詩與禪融合的可能性最終轉化為現實性。

宋代是詩禪相融的時代，也是以禪喻詩的時代。禪悅之風為宋代士大夫建立了一個禪文化語義場，詩人、批評家和讀者生活在同一個語義場中，傳統的詩學術語在此語義場中必須改頭換面才能適應對話的需要。同時，由於宋詩創作中禪宗的思想資源、語言材料及表達方式的不斷滲入，特別是宋人受參禪啟示而對詩歌文本的重新認識，使得很多傳統的詩學術語在解釋新的文學現象時都未免顯得方枘圓鑿。因此，宋代詩學需要有一套與此語義場和文學現象相對應的話語，於是大量的禪宗話頭被引進詩學，形成了「以禪喻詩」的鮮明特色。如「反常合道」、「句中有眼」、「點鐵成金」、「奪胎」、「換骨」、「識取關捩」、「待境而生」、「中的」、「飽參」、「參活句」、「不犯正位，切忌死語」、「雲門三種語」、「活法」、「死蛇弄得活」、「悟入」、「透脫」、「三昧」、「向上一路」、「熟參」、「不涉理路，不落言詮」、「羚羊掛角，無跡可求」等等[19]，在宋詩話中隨處可見，這些禪宗話頭，對於宋代批評家和讀者來說，都具有傳統詩學術語所無法傳達的言外之意。我認為，禪宗話頭引入詩學，不光是基於一種比喻，而是具有深刻的文化內涵。宋代士大夫生活在一個禪文化網路之中，參禪是他們自身存在的一種方式，他們從自身的存在中編織出語言，又將自己置於語言的陷阱之中。宋代詩學語言無法回避這一文化網路，因而也無法逃

19　參見拙文《宋代詩學術語的禪學語源》，《俗語言研究》第5期，日本花園大學禪文化研究所印行，1998年。

脫禪宗語言的陷阱。事實上，宋人也曾以仙喻詩，但終於未能形成氣候，只有「以禪喻詩」才「莫此親切」，這固然因為詩與禪的本體有某種共通之處，也因為禪悅之風使宗門話頭成為頗具社會性、能廣泛交流的語言。

與此相聯繫，禪宗語言直接影響到宋詩的語言風格，即所謂「以俗為雅」。具體說來，就是在詩中使用俗字俚語。從漢魏六朝到隋唐五代，除了杜甫等少數人之外，一般詩人是不讓俗字俚語入詩的。唐人劉禹錫之所以在重陽日作詩時不敢用俚俗的「餻」字，就是因為儒家六經無此字（見韋絢《劉賓客嘉話錄》，《四庫全書》本）。也就是說，「劉郎不敢題餻字」，乃是以儒家六經語言為標準。而在宋代，詩人已將禪宗典籍納入自己的視野。禪宗典籍作為一種文獻形式，已成為參禪士大夫的新經典，而禪宗典籍占主導地位的乃是俗語言。與公案多舉日用事相對應，禪門多用方俗語，正如我在前面說過的那樣，這是以一種農禪話語系統來取代佛經教門的印度話語系統。雖然這種農禪話語系統因士大夫的話語（詩歌）的入侵而稍喪本色，但士大夫話語進入農禪話語系統時也不得不變形為通俗的詩偈。因此，當宋詩人閱讀禪家公案時，首先引起他們注意的便是與儒家文言話語完全不同的白話口語。顯然，這些白話口語為宋人超越漢魏六朝、隋唐五代不敢用「餻」字的詩人提供了最好的裝備，同時，禪宗典籍的新經典地位也為詩人自由地揀擇街談市說、俗語方言提供了理論上的藉口。特別是禪語與俗語在語言性質上有諸多共通處，因而詩人在使用時可達到相同的目的，誠如江西詩派詩人韓駒所說：「古人作詩多用方言，今人作詩復用禪語，蓋是厭陳舊而欲新好也。」（《詩人玉屑》卷六引《室

中語》）韓駒所謂的「今人」，當指熙寧以後的詩人。由此可見，北宋後期禪語入詩和俗語入詩是同步的，而且禪語在某種程度上取代方言成為宋詩人追新求奇的語言材料。

第六章

默照禪與看話禪：走向前語言狀態

第六章 默照禪與看話禪：走向前語言狀態

　　無論是語錄燈錄的編纂，頌古評唱的製作，還是佛典經論的疏解，世俗詩文的吟誦，都偏離了早期禪宗「直指人心，見性成佛」的原則。特別是克勤的《碧巖錄》聯繫公案來評唱頌古，更進一步將「直下便是」的「證悟」變為「朝誦暮習」的「解悟」，即由通過體驗禪境而達到明心見性變為通過文字理解而達到把握禪理。如果說這種「文字禪」在北宋後期社會文化高度繁榮的背景下尚有其合理性的話，那麼，到了靖康之變後宋室南渡的動盪社會狀況下，其忽視宗教實踐的局限性便暴露無遺。

　　對於身經動亂、心罹百憂的士大夫和禪僧來說，迫切需要解決的是個人的生死解脫問題，需要回答的是人生的意義問題。禪宗所講的自心覺悟，從佛教一般的善惡果報的倫理思想轉變為存在論意義上的對人生狀態的根本說明，這一點比任何時候都更適合苦難時代人們的需要。於是，宏智正覺（1091-1157）倡導的恢復早期達摩如來禪禪定方式的「默照禪」，以及大慧宗杲（1089-1163）倡導的恢復早期慧能祖師禪直指見性方式的「看話禪」，便應運而生。儘管「默照禪」與「看話禪」在修行方式上有很大差異，而且雙方一直在展開論爭並相互指責，但二者在強調禪的宗教實踐性方面，在恢復人的本原性存在狀態方面，在抵制禪的文字形式化方面，則頗多共同之處。

　　從語言觀念來看，「默照禪」提倡無思無念乃至無言，是一種沉默的禪，一種語言虛無主義的禪；「看話禪」則力圖通過參究「話頭」，穿破語言的鐵壁，進入一種前思維、前語言的狀態，是一種語言解構主義的禪。前者是要

消解文字，後者是要超越文字，都是對「文字禪」的否定。值得注意的是，這種否定文字的思潮，恰巧與南宋初期戰亂頻仍、文教相對凋零的社會狀況同步，在一定程度上反映了禪宗內部新的非文化非理性傾向。當然，當「默照禪」尤其是「看話禪」在宋元以後廣泛流傳時，它們已超越了孕育自己的時代，而成為中國禪宗非理性主義的旗幟。

一、「默照」：無言的妙用

自達摩、弘忍以來，攝心靜坐作為禪僧最基本的修行方式在禪門中一直存在。儘管慧能的南宗禪反對以坐禪為務，但只是從理論上反對將坐禪視為解脫的唯一手段，並未從實踐上加以制止。在百丈懷海的《禪門規式》中，有「臥必斜枕床唇右脅吉祥睡者，以其坐禪既久，略偃息而已，具四威儀也」的字樣（見《景德傳燈錄》卷六《洪州百丈山懷海禪師》），由此可見，在最激進的洪州禪系那裏，坐禪的形式也一直未廢棄。至於青原下的惟儼禪系，更有石霜慶諸的「枯木禪」，入深山無人之境，結茅宴坐，其弟子有長坐不臥，屹若株杌者（見同上卷一五《潭州石霜山慶諸禪師》、《宋高僧傳》卷一二《唐長沙石霜山慶諸傳》）。不過，自慧能南宗祖師禪標舉頓悟成佛以來，坐禪的修行方式便不再處於禪宗的主流地位，從而被各種禪籍所忽視，燈錄語錄只記公案話頭，完全不提焚香默坐的禪經驗。尤其到了宋代，禪宗在世俗化的道路上越走越遠，所以，當天童正覺重新倡導攝心靜坐的「默照禪」時，甚至給人一種離經叛道的異端邪說的感覺。

曹洞宗經過北宋中葉的衰微後，徽宗朝出了一位大德

芙蓉道楷禪師，道楷行解超絕，「及楷出，為雲門、臨濟
而不至者，皆翻然舍而從之，故今為洞山者十之三」（葉夢
得《避暑錄話》卷上）。自道楷之後，曹洞宗有復興之勢。
道楷傳丹霞子淳，子淳傳天童正覺，曹洞宗聲勢更甚，幾
乎取代雲門而與臨濟抗衡。天童正覺曾住持多處名剎，
「道法寖盛於江淮，大被於吳越，經行所暨，都邑為傾，一
時名勝之流爭趨之，如不及也」（《宏智禪師廣錄》卷五附
馮溫舒《天童覺和尚小參語錄序》，《大正藏》第四十八
卷）。如同宋代不少禪僧一樣，正覺也極有文學修養，他不
僅作過為萬松行秀評唱的著名的《頌古百則》，而且上堂說
法也是出口成章，詩句優美，如：

> 上堂云：「淅淅西風斂氣浮，遠天野水一般
> 秋。衲僧歌到茲時節，坐照寒光湛不流。諸禪
> 德，祖師道：心隨萬境轉，轉處實能幽。且作麼
> 生是轉處？還會麼？解報山家六戶曉，須知雲樹
> 一聲雞。」（同上卷一）

完全是標準的「杜撰四句落韻詩」的「釣話」。從《巨
集智禪師廣錄》收錄的文字來看，正覺在撰寫拈古頌古、
詩偈銘贊等諸種「文字」方面的才能絲毫不亞於當時著名
的詩僧。正是這一點，使他在「文字禪」風行的北宋後期
就已聲名大振。

然而，正覺真正有影響的禪法是他在南宋初開始倡導
的「默照禪」。據記載，他於建炎末（1129）「應緣補處太
白之麓，海隅鬥絕，結屋安禪，會學去來，常有千數。師
方導眾以寂，兀如枯株，而屨滿戶外」（同上卷五馮溫舒

《天童覺和尚小參語錄序》）。正覺的影響與禪僧和居士參禪心態的變化有一定的關係，正如退晦居士范宗尹對正覺所說：「學佛者期於了生死，誠可謂一大事矣。士大夫間，乃有酖飫聲色、馳騁勢利，而口舌瀾翻，說佛說祖，自以為有得，甚者至以為譚笑之資，此何理也？余之有意於此事，而不敢自欺。他時真實處，辦得少許，方敢拈出，求師別識也。」（同上卷首附范宗尹《天童覺和尚語錄序》）北宋居士雖具有「期於了生死」而學佛的願望，但其中也有相當多的人是從文化整合需要的角度來看待佛禪的，把佛禪當作一種思想資源或語言資源，甚至就是社交場合的「譚笑之資」。而在經歷了國破家殘的社會巨變之後，南宋居士更需要一種安頓人生、解脫痛苦、調節心靈的禪法，來應付時代的苦難和幻滅。

顯然，從純宗教的角度來看，社交場合的說佛說祖對於個人的生死解脫是毫無幫助的，禪是一種純粹的個體的宗教體驗，覺悟只能在個人的心念間而非語言的交流中實現。因此，真正需要得到生死解脫的士大夫，更容易接受一種宗教實踐極強的禪法，如蘇軾謫居黃州，就隔日前往安國寺，「焚香默坐，深自省察，則物我相忘，身心皆空，求罪垢所從生而不可得。一念清淨，染污自落，表裏翛然，無所附麗」（《蘇軾文集》卷一二《黃州安國寺記》）。而「默照禪」正適應士大夫的這種嚮往「身心皆空」的境界的需要。宗杲一針見血地指出：「往往士大夫為聰明利根所使者，多是厭鬧處，乍被邪師指令靜坐，卻又省力，便以為是。」（《大慧普覺禪師語錄》卷二六）正覺正是抓住士大夫沉浮世事、厭惡官場的心理，推廣他的「默照禪」。

　　所謂「默照禪」，其實就是一種攝心靜坐的禪法，要求潛神內觀，息慮靜緣，徹見諸法本源，以致於悟道。用正覺的話來說，就是「默默忘言，昭昭現前。鑒時廓爾，體處靈然」（《宏智禪師廣錄》卷八《默照銘》）。正覺強調寂然靜坐，在「不觸事」、「不對緣」的與外境隔絕的情況下，進入一種無思慮的直覺狀態，從而洞見所謂「廓然瑩徹」的本心。正覺常把人的本心比作田地，他說：「衲僧家，枯寒心念，休歇餘緣，一味揩磨此一片田地，直是誅鋤盡草莽，四至界畔，了無一毫許污染。靈而明，廓而瑩，照徹體前，直得光滑淨潔，著不得一塵。」（同上卷六）但在現實世界形形色色、紛紛擾擾的狀況下，要使心靈完全進入不著一塵的境界，這顯然十分艱難。為了達到這一目的，正覺設計出「揩磨」心靈之田地的方法，一是歇諸外緣，即不為外在因緣流轉，因為「聲見色求，取道未正」（同上卷八《淨樂室銘》）；二是歇諸內緣，即休歇向外攀緣之思，因為「圓該家慧，不涉思惟」（同上）。也就是說，既要消除一切對外境的感性知覺，又要消除一切關於外境的理性思維，在無聞無見、無知無覺、無思無慮的默然靜坐中完成心田的「揩磨」：「妙存默處，功忘照中。默惟至言，照惟普應。應不墮功，言不涉聽。」（同上《默照銘》）「不觸事而知，不對緣而照。不觸事而知，其知自微；不對緣而照，其照自妙。」（同上《坐禪箴》）只管閉目合眼，忘情滅思，心田自然會清白圓明，廓然瑩徹。

　　從某種角度說，「默照禪」帶有向早期傳統禪學復歸的色彩。它那靜坐默究的禪法類似於達摩的「面壁而坐，終日默默」的「壁觀禪」。北宗神秀也令大眾住心觀靜，長坐不臥。初唐時禪師都說：「欲得會道，必須坐禪習定。」

到南宗的慧能才說：「道由心悟，豈在坐也。」（參見《景德傳燈錄》卷五《第三十三祖慧能大師》）玄覺才提出：「行亦禪，坐亦禪，語默動靜體安然。」（同上卷三〇《永嘉真覺大師證道歌》）從表面上看，「默照禪」似乎背離了南宗的精神，其重視坐禪和「揩磨」心田的方法，都與「時時勤拂拭」的北宗相似。但實際上正覺的「揩磨」只是休歇諸緣，並非拂拭心靈的塵埃。換言之，「默照」的過程是一種基於虛無意識的心靈超越，而非基於原罪意識的宗教救贖。正覺指出：

> 菩提無樹鏡非台，虛淨光明不受埃。照處易分雪裏粉，轉時難免墨中煤。（《宏智禪師廣錄》卷四）

也就是說，心田本來就虛淨光明，無塵埃可著，再去拂拭，全是自尋煩惱。所以，「默照禪」既有別於動靜語默皆是禪的南宗精神，也不同於制心、息亂、入定、安心的北宗禪法，在很大程度上是吸取老莊和華嚴思想的結果。

正覺援老莊入禪，主要表現在借用老莊對虛無道體的覺認來說明對空寂禪心的體驗。如：

> 薦道士請。上堂云：「恍恍惚惚，其中有物，杳杳冥冥，其中有精。其中之精則無像，其中之物則無名。應繁興而常寂，照空劫而獨靈。悟之者剎剎見佛，證之者塵塵出經。門戶開闢也，分而為三教；身心狹小也，局而為二乘。真

境無涯兮妙觀玄覽，大方無外兮獨立周行。諸人
還會麼？」良久云：「虛若穀神元不死，道先象
帝自長生。」（同上卷一）

這一段對「空劫」前寂默禪心狀態的描寫，如「恍恍
惚惚」等等，完全使用的是《老子》中的語言。又如「玄
覽」指「心居玄冥之處，覽知萬事」，「穀神」指「穀中央
無穀也，無形無影」，「穀以之成，而不見其形」，也是
《老子》中的術語，正覺借用來形容「默照」的方法和禪心
的特性。這種以老莊說禪的例子，在正覺的言論中隨處可
見，如：「二儀同根，萬物一源。機活靜樞之臼，像成玄
牝之門。」「坐忘是非，默見離微。」「自憐方外專默，誰
與環中至游。」「形儀淡如，胸腹空虛。懶不學佛，鈍不知
書。靜應諸緣而無外，默容萬象而有餘。齊物而夢蝶，樂
性而觀魚，渠正是我兮，我不是渠。」「夢蝶境中閑有趣，
露蟬胸次淨無塵。」「槁木之形，穀神之靈。」（同上卷九
《禪人並化主寫真求贊》）「我樂無窮，淨常無終。湛存象
外，智照環中。環中自虛，非有非無。密運靈機，妙轉玄
樞。」（同上卷八《淨樂室銘》）其中如「玄牝之門」出自
《老子》，「坐忘」出自《莊子·大宗師》，「齊物」、「夢
蝶」、「槁木」、「環中」出自《莊子·齊物論》，「觀魚」
出自《莊子·秋水》，「至游」出自《列子·仲尼》。正覺
用這些術語或寓言來說明「默照禪」的特性集中表現在
「靜應諸緣」和「默容萬象」上面。不論世界天翻地覆，不
管時事是非曲直，皆以「靜」來應付，以「默」來包容，
泯滅物我界限，忘記主客立場，在澄明淨潔、空虛寂默的
境界中，感受到心靈的逍遙與解脫。

正覺繼承了曹洞宗理事圓融的禪法，因此常援用華嚴學說說禪，這在他的頌古中已有充分的體現，如：

> 舉《華嚴經》云：「我今普見一切眾生，具有如來智慧德相，但以妄想執著而不證得。」頌曰：
>
> 天蓋地載，成團作塊。周法界而無邊，析鄰虛而無內。及盡玄微，誰分向背？佛祖來償口業債。問取南泉王老師，人人只吃一莖菜。
>
> （同上卷二《泗州普照覺和尚頌古》）

這則頌古通過對南泉擇蕨菜的公案的讚頌，表達了《華嚴經》中「小包大，一入一切」的無礙思想。在《禪人並化主寫真求贊》中，正覺一再聲稱「二儀同根，萬物一體，莫向諸緣分彼此。」「要將平等一如相，著在森羅萬像頭。」而他提倡的「默照」也以理事圓融、體用不二為其基本特徵：「照中失默，便見侵淩。……默中失照，渾成剩法。默照理圓，蓮開夢覺。」（同上卷八《默照銘》）他所謂的「悟之者剎剎見佛，證之者塵塵出經」，也顯然帶有華嚴「一塵含萬象」的觀念。

以老莊和華嚴說禪是「默照禪」能受到士大夫歡迎的重要因素。士大夫參禪學佛，著重點在取其逃避現實的心靈超越，而非艱苦修行的宗教救贖。士大夫對於坐禪，也主要取其類似莊子的心齋坐忘的一面，而非戒定或止觀的禪儀。唐代居士白居易就認為：「行禪與坐忘，同歸無異路。」（《白氏長慶集》卷七《睡起宴坐》，《四部叢刊》本）宋代居士蘇軾也談及靜室默坐：「我所居室，汝知之乎？

沉寂湛然，無有喧爭。嗒然其中，死灰槁木。」（《蘇軾文集》卷一二《觀妙堂記》）因此，正覺把「默照禪」和老莊思想聯繫起來，使士大夫從感情上和理念上都更容易接受。換言之，他採用了一種士大夫非常習慣的話語來介紹自己的禪法，因而取得了很好的效果。同樣，正如我在前面指出的那樣，宋代士大夫特別愛研讀《華嚴經》，因此，正覺把默照與華嚴境界聯繫起來，也使士大夫對其禪法有更充分的理解和喜愛。總之，正覺關於「默照禪」的種種論述，從某種意義上來說，是給予古老的達摩禪以一種本土化和當代性的詮釋，這種詮釋在思想觀念上和話語形式上都頗能投合士大夫的胃口。

就正覺的語言觀來說，可以說是一種徹底的語言虛無主義。他不僅反對書面文字和口頭語言，甚至反對一切代替語言文字的手段，如棒喝之類，認為「作道理，咬言句，胡棒亂喝，盡是業識流轉。」（《宏智禪師廣錄》卷五）他把「默照」比作道家的「至游」，而這種「至游」的狀態是「去來跡絕，言詮句滅」（同上卷八《至遊庵銘》），既無行動往來的跡象，也消除了任何語言文字。正覺所謂的「默默忘言」，並非如莊子的「得意忘言」，承認語言的工具性質，而是徹底的拋棄語言，以為「默唯至言」，即沉默是唯一的語言。也就是說，在正覺的禪觀裏，「至游」即不游，「至言」即不言，靜與默是至高無上的精神狀態。他在為居室「淨樂室」作銘文時寫道：「取實之銘，無得而言。善哉摩詰，入不二門。」（同上《淨樂室銘》）正是使用了《維摩經》中著名的一段話：「於是文殊師利問維摩詰：『我等各自說已，仁者當說，何等是菩薩入不二法門？』時維摩詰默然無言。文殊師利歎曰：『善哉善哉！

乃至無有文字語言，是真入不二法門。』」

正覺的語言觀受制於他的哲學本體論。正覺教人，「專明空劫前事」（周蔡《正覺宏智禪師塔銘》），以「空劫前事」為默照觀想的對象。「劫」為梵文音譯，表示時間極長的單位。佛教宇宙論將世界從無到有，又從有到無的每一次循環過程稱為一「大劫」；每一大劫又分作成、住、壞、空等「四劫」。「成劫」是世界的形成期，「住劫」是穩定期，「壞劫」是毀壞期，「空劫」是虛空期。「空劫」雖一無所有，「唯有虛空」，但仍是時間中的存在。正覺專明「空劫前事」，則是要參究沒有時間空間的世界原始狀態，即一種前宇宙狀態，一種絕對的虛無。據他自己的悟道經驗，只有在參透無時空的絕對虛無之後，才能真正得到生死解脫。他指出：「你但只管放教心地一切皆空，一切皆盡，個是本來時節。」（《宏智禪師廣錄》卷五）所謂「本來時節」，就是指心處於「空劫前」的絕對空無的狀態。顯然，要使心「應繁興而常寂，照空劫而獨靈」，必須停止一切思維活動，不僅需要「忘言」，甚至不能「得意」。正覺形容默照後心靈達到的境界是：「一切因緣語言，到此著塵點不得。」「超因緣，離能所，不可以有無言象擬議也。」（同上）這個境界不僅是「父母未生時」，而且是宇宙未生時，顯然是一個前思維、前語言的世界。

本來，正覺的禪是一種「無言禪」，是靜默觀照或觀照靜默。然而，雖然他的心可以自由進入「空劫前」狀態，而他作為一個人卻始終無法進入前社會狀態，因此也無法擺脫人類社會的交際工具語言，何況他一心想把自己的坐禪經驗傳授給他人，更無法保持真正的緘默。正如馮溫舒所說：「師方導眾以寂，兀如枯株，而屨滿戶外，不容終

默。故當正座舉揚，或隨叩而酬以法要，或因理而畢其緒言。」（同上馮溫舒《天童覺和尚小參語錄序》）也就是說，他必須用語言來闡明無言的「默照」的妙處，儘管是迫不得已。事實上，正覺不僅無法回避語言，甚至也無法回避文字，從他留下來的那些文筆優美的頌古以及銘贊偈頌中，我們可以看到「文字禪」打下的深深烙印。

二、「看話」：語言的解構

　　大慧宗杲無疑是整個南宋甚至整個後期禪宗最有影響的大師之一。和正覺有相似之處，宗杲也是在「公案禪」和「文字禪」的陰影下成長起來的一代宗師。他曾跟從臨濟宗黃龍派湛堂文准禪師（1061-1115）參學，輩份上為惠洪的師侄，後來又成為楊歧派圓悟克勤禪師的入室弟子，為臨濟宗的正統傳人。對於「公案禪」和「文字禪」，宗杲都深有瞭解，且有仿效之作，他曾輯湛堂文准語錄、大寧寬和尚語錄等請惠洪作序（見《大慧普覺禪師年譜》「政和五年乙未」（1115）、「七年丁酉」（1117），參見《石門文字禪》卷二五《題准禪師語錄》、卷二三《洪州大寧寬和尚語錄序》）；又與東林士珪禪師各作《頌古》一百一十篇（見同上「紹興三年癸醜」（1133））；曾選擇歷代禪師百餘人的機緣語，附加短評，以為《正法眼藏》（見同上「紹興十六年丙寅」（1146））；又記載宋代禪林故事和機緣語句一百二十一則，以為《宗門武庫》（同上「紹興二十三年癸酉」（1153））。這些行為都可看出他所受當時叢林主流話語的影響。正如魏道儒先生所說：「宗杲善作拈古、頌古、小參、普說，即善於『說禪』。在南宋初年，這是成名宗師的起碼條件。」[1]

　　在參學諸方的過程中，宗杲吸收了不少禪宗流派的精髓，但也對當時的各種禪病深有認識。特別是經歷了靖康之變後流離輾轉的動盪生活，他更對那些違背自悟精神、逃避時代苦難的禪法深惡痛絕。在《大慧語錄》中，到處都可見到他對各種「邪禪」言詞激烈的大肆抨擊：

　　　　今時學道人，不問僧俗，皆有二種大病。一種多學言句，於言句中作奇特想。一種不能見月亡指，於言句悟入，而聞說佛法禪道不在言句上，便盡撥棄。一向閉眉合眼，做死模樣，謂之靜坐觀心默照。更以此邪見，誘引無識庸流曰：「靜得一日，便是一日工夫。」苦哉！殊不知盡是鬼家活計。去得此二種大病，始有參學分。（《大慧普覺禪師語錄》卷二〇《示真如道人》）

　　　　邪見之上者，和會見聞覺知為自己，以現量境界為心地法門。下者弄業識，認門頭戶口，簸兩片皮，談玄說妙。甚者至於發狂，不勒字數，胡言漢語，指東畫西。下下者以默照無言，空空寂寂，在鬼窟裏著到，求究竟安樂。其餘種種邪解，不在言而可知也。（同上卷二九《答李郎中》）

　　　　近年以來，禪有多途：或以一問一答、末後多一句為禪者；或以古人入道因緣，聚頭商榷云：這裏是虛，那裏是實，這語玄，那語妙，或代或別為禪者；或以眼見耳聞和會，在三界唯心、萬法唯識上為禪者；或以無言無說，坐在黑山下鬼窟裏，閉眉合眼，謂之威音王那畔父母未

生時消息，亦謂之默而常照爲禪者。如此等輩，
不求妙悟，以悟爲落在第二頭，以悟爲誑謼人，
以悟爲建立。自既不曾悟，亦不信有悟底。（同
上卷三〇《答張舍人狀元》）

總括宗杲所批判的「邪禪」，大概有三種：一種是「公
案禪」，即以克勤爲代表的用玄言解釋公案的代別拈頌等
等；一種是「文字教禪」，即以惠洪爲代表的對佛教經藏教
義的「見聞覺知」；一種是「默照禪」，即正覺提倡的靜
坐、觀心、默照的禪法。前兩種邪禪，把學者的注意力吸
引到語言機辯和文字識見方面，而忽視了參禪最緊要的目
的，即「如何敵得生死」，從而使形式遮蔽了內容。後一種
邪禪，雖以「期於了生死」爲目的，但只是一再號召學者
靜坐寂默，兀如枯株，不僅斷絕了對苦難時代的關心，也
違背了禪宗在日用世事中行禪的精神，從而使手段代替了
目的。

宗杲最驚世駭俗的舉動是燒毀其師克勤《碧巖錄》的
刻板。據說，宗杲因爲初學者入室參禪出語不凡，感到可
疑，於是細細地考問一番。初學者終於招供：「我從《碧
巖集》中記來，實非有悟。」宗杲惟恐後來的學者「不明
根本，專尚語言，以圖口捷」，便一把火將《碧巖錄》刻板
燒毀，以救禪病（見《碧巖錄》卷末附元徑山住持希陵
《碧巖集後序》）。

值得注意的是，宗杲既反對專尚語言的「文字禪」，更
痛恨撥去言句的「默照禪」。他把「默照禪」視爲各種邪見
中的「下下者」，在與僧徒、居士、友人的書信中，大肆撻
伐，不遺餘力，稱之爲「邪師」、「死模樣」、「鬼家活

計」、「鬼窟裏」、「剃頭外道」、「默照邪禪」、「杜撰長
老」。在宗杲看來，「道與物至極處，不在言語上，不在默
然處，言也載不得，默也載不得」（同上卷一七《普說》）。
因此，專尚語言固然不能悟入，撥去言句也未必就能得
道。言句本身並不應該消滅，關鍵是參學者不能執著於言
句，以指為月，而應該見月亡指，從言句上悟入。

在批判文字禪和默照禪的過程中，宗杲創立了自己的
新禪學「看話禪」。紹興五年（1135），蔡子應郎中致書宗
杲，討論關於「看『狗子無佛性』一語」的效果問題（見
《大慧普覺禪師年譜》），這是有關看話禪的最早記錄。所謂
「看話禪」，是要人就公案中的一句話頭死死參究，因此大
發疑情，力求透脫。對此，宗杲曾多次有過詳細說明：

> 常以生不知來處，死不知去處，二事貼在鼻
> 孔尖上，茶裏飯裏，靜處鬧處，念念孜孜，常似
> 欠卻人百萬貫錢債，無所從出，心胸煩悶，迴避
> 無門，求生不得，求死不得。當恁麼時，善惡路
> 頭，相次絕也。覺得如此時正好著力，只就這裏
> 看個話頭。僧問趙州：「狗子還有佛性也無？」
> 州云：「無。」看時不用博量，不用注解，不用
> 要得分曉，不用向開口處承當，不用向舉起處作
> 道理，不用墮在空寂處，不用將心等悟，不用向
> 宗師處領略，不用掉在無事甲裏。但行住坐臥，
> 時時提撕：狗子還有佛性也無？無！提撕得熟，
> 口議心思不及，方寸裏七上八下，如咬生鐵橛，
> 沒滋味時，切莫退志，得如此時，卻是個好消
> 息。（《大慧普覺禪師語錄》卷二一《示呂機宜》）

但將妄想顛倒底心，思量分別底心，好生惡死底心，知見解會底心，欣靜厭鬧底心，一時按下，只就按下處看個話頭。僧問趙州：「狗子還有佛性也無？」州云：「無。」此一字子，乃是摧許多惡知惡覺底器仗也。不得作有無會，不得作道理會，不得向意根下思量卜度，不得向揚眉瞬目處垛根，不得向語路上作活計，不得颺在無事甲裏，不得向舉起處承當，不得向文字中引證。但向十二時中，四威儀內，時時提撕，時時舉覺。「狗子還有佛性也無？」云：「無。」不離日用。試如此作工夫看，月十日便自見得。（同上卷二五《答富樞密》）

肯回頭轉腦向自己腳跟下推窮，我這取富貴底，從何處來？即今受富貴底，異日卻向何處去？既不知來處，又不知去處，便覺心頭迷悶。正迷悶時，亦非他物，只就這裏看個話頭。僧問雲門：「如何是佛？」門云：「乾屎橛。」但舉此話，忽然伎倆盡時，便悟也。切忌尋文字引證，胡亂搏量注解。縱然注解得分明，說得有下落，盡是鬼家活計。疑情不破，生死交加；疑情若破，則生死心絕矣。生死心絕，則佛見法見亡矣。佛見法見尚亡，況復更起眾生煩惱見邪？千疑萬疑，只是一疑，話頭上疑破，則千疑萬疑一時破。（同上卷二八《答呂舍人》）

總括宗杲的說法，「看話禪」大概有這樣一些特點：其一，參禪者必須具有「期於了生死」、推究人生本源性問

題的決心；其二，參禪的對象是「話頭」，即古德公案中的一句問答之話；其三，參禪者必須在行住坐臥的日常生活中時時提撕話頭，不得放下；其四，參禪者在參話頭時必須不斷提起疑情，即咬住話頭不斷追尋人生的本源性問題；其五，參禪時必須拋棄一切伎倆，所謂九個「不用」，八個「不得」，既反對「作道理會」、「向文字中引證」的公案禪、文字禪，又反對「揚眉瞬目」的作勢禪以及「墮在空寂處」、「掉在無事甲裏」的默照禪，心思集中在所參話頭上；其六，看話的目的是為了「破疑」、「悟入」，斷絕生死心，達到徹底的解脫。

現在需要討論的是，看話禪到底是通過什麼途徑達到覺悟？為什麼能達到覺悟？話頭在參禪過程中起了什麼樣的作用？

從禪學淵源上看，看話禪是由公案禪演變而來。話頭與公案既有聯繫，又有區別，話頭只是公案中的一部分，即答語部分，並非公案全部。據《大慧語錄》統計，宗杲提出參究的話頭只有六七個，即「庭前柏樹子」、「麻三斤」、「乾屎橛」、「狗子無佛性」、「一口吸盡西江水」、「東山水上行」、「露」字等[2]。其中使用頻率最高的是「狗

---

[2]「庭前柏樹子」出自趙州從諗。僧問趙州：「如何是祖師西來意？」州云：「庭前柏樹子。」

「麻三斤」出自洞山守初。僧問洞山：「如何是佛？」山云：「麻三斤。」

「幹屎橛」出自雲門文偃。僧問雲門：「如何是佛？」門云：「乾屎橛。」

「狗子無佛性」出自趙州從諗。僧問：「狗子還有佛性也無？」州云：「無。」

「一口吸盡西江水」出自馬祖道一。龐蘊居士問馬祖：「不與萬法為侶者是什麼人？」祖云：「待汝一口吸盡西江水，即向汝道。」

「東山水上行」出自雲門文偃。僧問：「如何是諸佛出身處？」門云：「東山水上行。」

「露」出自雲門文偃。僧問：「殺父殺母，向佛前懺悔。殺佛殺祖，向甚麼處懺悔？」門云：「露。」

子無佛性」這句趙州話頭。宗杲參究的話頭有個共同的特點，即都是些答非所問的「活句」。 在這一點上，他接受了當時叢林普遍流行的觀點：「夫參學者，須參活句，莫參死句。活句下薦得，永劫不忘；死句下薦得，自救不了。」（同上卷一四《普說》）然而，在對「活句」的理解上，他與所有的禪師都有所不同。在他看來，「活句」的特點並不在於玄妙，而在於直接；「活句」並不是指無意義、不合理路的句子，而是指蘊藏著活生生的禪經驗的「話頭」。他特別指出：

> 所以此事決定不在言語上，若在言語上，一大藏教、諸子百家遍天遍地，豈是無言，更要達磨西來直指作麼？畢竟甚麼處是直指處？爾擬心早曲了也。如僧問趙州：「如何是祖師西來意？」州云：「庭前柏樹子。」這個忒殺直！又僧問洞山：「如何是佛？」山云：「麻三斤。」又僧問雲門：「如何是佛？」門云：「乾屎橛。」這個忒殺直！爾擬將心湊泊，他轉曲也。法本無曲，只為學者將曲心學，縱學得玄中又玄，妙中又妙，終不能敵他生死，只成學語之流。本是個無事人，卻反被這些惡毒在心識中，作障作礙，不得自在。所以教中道：法不可見聞覺知。若行見聞覺知，是則見聞覺知，非求法也。（同上卷一三《普說》）

可以說，在宋代眾多對公案的解釋中，只有宗杲真正抓住了唐代禪宗「直下便是」的精神。這就是我在第二章

第二節談到的那種「存在即此在」的農禪精神。從「這個
忒殺直」的讚歎裏，我們可體會到宗杲對唐代禪宗直指人
心、見性成佛的傳統的強烈嚮往。顯然，在宗杲的概念
裏，「活句」不等於「無義語」，而是無須擬議的直觀隨意
的語句，它的特點是所謂的「活殺自在」。換言之，這些活
句是並不是由於其非邏輯性，而是由於其直觀隨意而具有
不可解釋性。這種直觀隨意的語句是平常無事的「直心」
的體現，任何求之過深的「這語玄、那語妙」的解釋，都
是變「直心」為「曲心」，違背了禪宗直指人心的祖訓。因
此，宗杲反對任何對話頭的注解評說，所謂「不得作有無
會，不得作道理會，不得向意根下思量卜度」，就是針對那
些談玄說妙、專逞機鋒的說禪者以及或代或別、頌古評唱
的解禪者而發。比如對於「庭前柏樹子」這一話頭，他就
不滿那些故弄玄虛的「下語」，他指出：

> 或問：「如何是祖師西來意？」「庭前柏樹
> 子。」即下語云：「一枝南，一枝北。」或云：
> 「能為萬象主，不逐四時凋。」已上盡在瞠目努眼
> 提撕處，然後下合頭語，以為奇特。（同上卷一
> 四《普說》）

在宗杲看來，儘管這些下語滿含機鋒，貌似深奧，但
已是扣合「柏樹子」在作注解，以為「柏樹子」真具有象
徵「祖師西來意」的作用：或是以「一枝南、一枝北」象
徵禪宗南北宗，或是以「能為萬象主，不逐四時凋」象徵
自性具足。因此，這些表面玄妙的「下語」，其實是些「作
道理會」的「合頭語」，是些「向意根下思量卜度」的「死

語」。這顯然與趙州答話「忒殺直」的精神相去甚遠。

當然，宗杲教人看的話頭，的確也有其非邏輯、非理性的一面，特別是自相矛盾、二律背反的一面。如禪宗承認「一切眾生皆有佛性」，而趙州卻云「狗子無佛性」；佛本來是莊嚴神聖的，而洞山卻答之以瑣屑的「麻三斤」，雲門卻答之以污穢的「乾屎橛」。前者是宗教化的認識，即佛教所謂「真諦」；後者是世俗化的認識，即佛教所謂「俗諦」。宗杲提出的「竹篦子話」，更強調這種真俗二諦的二律背反：

> 妙喜（宗杲）室中常問禪和子：喚作竹篦則觸，不喚作竹篦則背；不得下語，不得無話，不得思量，不得卜度，不得拂袖便行，一切總不得。你便奪卻竹篦，我且許你奪卻，我喚作拳頭則觸，不喚作拳頭則背，你卻如何奪？更饒你道個「請和尚放下著」，我且放下著。我喚作露柱則觸，不喚作露柱則背，你又如何奪？我喚作山河大地則觸，不喚作山河大地則背，你又如何奪？（同上卷一六《普說》）

宗杲以手持的竹篦為例，說明真俗二諦的不可調和性：如果喚它作竹篦，就是世俗的認識，即沾著於現實經驗的認識，與禪宗萬法皆空的觀念相對立；如果不喚作竹篦，倒是佛教的認識，但又與現實生活經驗相違背。這種二律背反的困惑始終存在於人的認識中，不管是奪卻竹篦，還是放下拳頭，「觸背」的矛盾始終無法迴避。在這一點上，宗杲更多地接受了臨濟宗黃龍派的禪法。晦堂祖

心禪師設「觸背關」，見學者必舉手示之曰：「喚作拳是觸，不喚拳是背。」(《冷齋夜話》卷七《觸背關》)宗杲的「竹篦子話」顯然有得於此。事實上，不僅是竹篦、拳頭這樣的話頭，而且一切公案中如「露柱」、「山河大地」之類的話頭，都存在著「觸背」的矛盾，也就是邏輯上的困惑，或曰「疑情」。而這種「疑情」，也與人生的種種諸如「從何處來、向何處去」之類的煩惱困惑相通。這就是所謂的「千疑萬疑，只是一疑」。

看話的目的，就是要最終跳出這種困惑，破除這些疑情，「話頭上疑破，則千疑萬疑一時破」。那麼，使用什麼方法來破疑情呢？宗杲設計了一種獨特的禪觀，即把「話頭」理路邏輯上的矛盾推向極限，達到邏輯思維無法把握的狀態，覺得「沒巴鼻」，「沒滋味」，「沒撈摸」，「沒把柄捉把」，無意義可尋，從而進入一種非理性的心理體驗的精神狀態，即消除一切思維的空白狀態，「理路義路心意識都不行，如土木瓦石相似」(《大慧普覺禪師語錄》卷二九《答王教授》)。在此「心無所之」的情況下，「忽然如睡夢覺，如蓮花開，如披雲見日，到恁麼時自然成一片矣」(同上卷二八《答宗直閣》)。世界萬物的差別全都消失，儒釋相同，僧俗不辨，凡聖無別，你我不分，天地冥契，水波歸一，「酥酪醍醐攪成一味，瓶盤釵釧熔成一金」(同上《答汪狀元》)。宗杲對悟後境界的描寫，使我們很容易聯想到正覺所謂「默照理圓，蓮開夢覺」或是「虛空體合，萬象理圓」的默照境界(見《宏智禪師廣錄》卷八《默照銘》、《至遊庵銘》)，即一種華嚴境界。這樣，宗杲的「看話禪」與正覺的「默照禪」可謂殊途同歸，最終也是回到精神的原始狀態，即前思維、前語言狀態。

由此可見，宗杲所參究的「話頭」並沒有任何意義指向，無論是從邏輯思維的分析出發，還是從象徵隱喻的理解入手，都無法把握「話頭」的真諦。「話頭」作為參禪的對象，既非如「默照禪」那樣完全廢棄語言，也非如「文字禪」那樣「於言句中作奇特想」，它既存在於語言之中，又超越於語言之外。所謂存在於語言之中，是指它附著於語言的直接的感性形式，如問答形式；所謂超越於語言之外，是指它超越語言的指義功能，不屬於語言的意指（事實的世界）或意謂（思想）。也就是說，參禪的人必須認識到這一點，「話頭」雖然是一種語言形式，但不具備任何語言的表意功能。所以，宗杲一再強調，「此事決定不在言語上」（《大慧普覺禪師語錄》卷一三《普說》），「此事決定離言說相，離心緣相，離文字相」（同上卷二八《答呂舍人》）。

總而言之，「看話」的過程就是一個解構的過程，不僅有所謂八個「不用」，九個「不得」，解構語言，解構思維，解構所有的參禪手段，而且有所謂「第一不得存心等悟，若存心等悟，則被所等之心障卻道眼」的說法（同上卷三〇《答湯丞相》），甚至解構參禪的目的性。而無意義的「話頭」對於參禪者的意義就在於，時時刻刻提醒參禪者消除任何「理路意路心意識」，在「心無所之」的參禪過程中解構一切社會賦予人的意義和目的，恢復人的本真存在狀態。這就是宗杲嚮往的「直指」，真正的解脫。達到這一境界，便可於「日用四威儀中，隨緣放曠，任性逍遙」（同上卷二七《答張提刑》），做一個真正自由自在的人。宗杲把人的本真存在狀態稱為「現量」，「現量是父母未生前威音那畔事」，「是自己無始時來本自具足」（同上卷二二

《示曾機宜》），而這一狀態與他指責默照禪所說的「坐在黑山下鬼窟裏，閉眉合眼，謂之威音王那畔父母未生時消息」頗有相通之處，區別僅僅在於，看話禪的這種狀態產生於「日用四威儀中」，而非「黑山下鬼窟裏」；貫穿於日常的行住坐臥之中，而非只存在於靜室的焚香默坐。

顯然，宗杲為那些過分聰明的士大夫找到了一條較易接受的生死解脫之路。文字禪給士大夫提供豐富的佛教思想資源和語言資源，但未能真正幫助他們擺脫人生的煩惱；默照禪雖具有安頓心靈、解脫生死的作用，但其目的是通過兀如枯株的禁欲主義手段和默默忘言的蒙昧主義手段而實現的。二者都不能解決士大夫的人生問題。因此，對於以文字為生涯的士大夫來說，看話禪那種從語言形式出發而最終解構語言、在日常生活中得到超現實的精神自由、用非禁欲的形式實現宗教體驗的做法，最符合他們的生存方式和解脫需要，且對他們的整個人生都最富啟發性。事實上，在整個南宋，宗杲的影響已遠遠超出了禪學的範圍，在理學和詩學中，都能找到看話禪的痕跡。

第二篇

引　言

　　自五代北宋禪宗語錄開始流行、燈錄開始出現後，禪宗語言就出現程式化的傾向。這種程式化對於禪宗思想方面的發展自然是不利的，但在促進禪宗獨特的語言藝術的形成方面卻起了很大作用。「宗門語」作為一種特殊的語言形態在各種禪籍中得到突出的強化，它吸收了唐宋時期的雅言俗話、方言官話、文言白話等各種成分，通過自由靈活的組合方式將這些成分構造成令人眼花撩亂的語言迷宮。

　　禪宗語言的研究價值不僅在於它提供了大量的唐宋俗語言資料，更在於它創造了一種不同於中國傳統典籍包括佛教典籍的言說方式。敦煌文書中的變文、講經文等文本，雖然也使用了大量的唐宋俗語言，但其敘述方式是按照日常經驗的邏輯展開的，順著時間、地點、人物、事件的次序一一道來。因此，只要解決了俗字、俗語的障礙，文本的意義也基本上不言而喻。禪宗典籍則不同，最有代表性的語錄和燈錄所採用的敘述方式主要是對話體，語言邏輯常常是跳躍的甚至混亂的。相對於敦煌文獻的手抄本而言，它的文字訛誤現象並不突出，但即使你弄清了每個字詞的含義，仍可能對文本的意義一無所知。這些障礙不僅來自神秘的禪理佛法、模糊的語言環境，也來自超常的象徵譬喻、奇特的句法修辭以及怪異的姿勢動作。在貌似日常經驗的描述中，可能就已包含著對禪經驗的摹寫；同時在極為荒誕的對話中，可能又表現了極為淺顯的道理。禪師們迫於「不立文字，教外別傳」的祖訓的壓力，不得不做出解構語言的姿態，以與義學各派劃清界限。然而，

正是因為他們煞費苦心地嘗試用反常的言說方式來解構語言，反而極大地挖掘出語言的各種表意潛能。

早期的「宗門語」產生於祖師們活潑潑的宗教實踐，就眼前景以口頭語道出，或聰明幽默，或淳樸俚俗，或奇特怪誕，或是無言的作勢棒喝，拈花指月，或是瀾翻的大放厥詞，看風使帆，往往不拘一格，無所依傍，最富有原創性。語言對於他們來說，並不只是用來討論真理或敘述事實的符號，而且也是用以傳達純粹個人化的禪經驗的工具。由於語言是思維的產物，是規範化、形式化的東西，而禪經驗則是無限定、非規範化的形態，所以祖師說禪常常有意打破語言的規範，從而消解語言的敘說功能，凸顯其隱喻功能。這是造成禪語晦澀的原因之一。同時，由於禪籍記載祖師言談時，往往省略了說話的場景，這樣，祖師有些本來很清楚明白的話，也就變成了令人不知所云的瘋話。

當「宗門語」成為一種新的符號系統之後，它的原創性消退而遞創性增強，逐漸具有某種約定俗成的宗教語言和行業語言的性質。它的意義往往不附著於語詞本身，而在於語詞給予的暗示，在於禪宗圈內人士相互之間的默契。在後出的禪宗典籍中，不少源於日常生活中的語言有了特定的宗教暗示意義。這類似於文學語言中成語典故的形成，在祖師那裏本是「存在即此在」的日常用語，而在後代禪人那裏則成了一種「典型」，這些語言在被禪師們反覆使用、加工、轉述的過程中，又融攝與沉澱了新的意蘊，因此成了一些表達力極強的符號。一方面，這些符號在簡練的形式中包含著豐富的、多層次的內涵，另一方面，這些符號又因其涵義豐富而使人難以理解。

無論是祖師們反常合道的胡言漢語，還是禪徒們逢場作戲的點鐵成金，都往往讓一般禪籍讀者感到不知所云。造成這種現象，不僅在於語言的障礙，更在於文化的隔膜，或是精神的隔膜。本來，文本的通暢與晦澀，平易與艱深，取決於作者與讀者的文化對應關係，禪籍尤其如此。站在禪宗文化圈外，缺乏真切的禪經驗，遠離唐宋的禪宗語境，要想讀懂禪籍確非易事。

　　我們已經無法再與唐宋禪師當面交談，無法從他們的揚眉瞬目中領悟奧妙禪機，不過，面對這片禪語遺蹟，通過「知識的考古」也許能部分恢復其深藏於歷史的雲山霧罩中的本來面目。本篇擬從共時性的角度研究禪宗的語言形態，希望通過進一步論證存在方式與話語選擇的關係以及宗教實踐與修辭現象的關係，盡可能解讀奇特怪誕的禪語密碼，最終走出禪籍布下的語言迷宮。

第七章

拈花指月：禪語的象徵性

第七章 拈花指月：禪語的象徵性

　　傳說當年佛祖釋迦牟尼在靈山會上拈花示眾，聽眾都默然無語，不知所措，唯有迦葉尊者破顏微笑。佛祖對他的心領神會格外賞識，便當眾宣佈：「吾有正法眼藏，涅槃妙心，實相無相，微妙法門，不立文字，教外別傳，付囑摩訶迦葉。」（見《五燈會元》卷一《釋迦牟尼佛》）所謂「正法眼藏」，就是佛家所指普照宇宙、包含萬物的至高無上的真諦。於是，聰明的迦葉得到佛祖的真傳，成了禪宗的開山祖師。這則傳說毋寧說是一則寓言，它生動地展現了禪宗的宗教觀，佛法的傳承不在於語言的理解，而在於心靈的感悟。《雲峰悅禪師語錄》中有段對話揭示了禪師們對拈花微笑的意義的認識：「上堂。僧問：『靈山拈花，意旨如何？』師云：『一言才出，駟馬難追。』進云：『迦葉微笑，意旨如何？』師云：『口是禍門。』」（《古尊宿語錄》卷四〇）一落言詮，便成謬誤；若經道破，已非真實。宗門公案裏之所以有那麼多古怪的姿勢動作，其實和拈花微笑的思路如出一轍，即用暗示象徵來代替言說闡釋。

　　佛經中還有一則非常著名的寓言，從另一個角度說明的禪宗語言的象徵性。《楞嚴經》卷二：「如人以手指月示人，彼人因指，當應看月，若復觀指，以為月體，此人豈唯亡失月輪，亦亡其指。」這本來是強調語言的工具性質，聽者應根據說者的指示去體會真理，而不應注意說者的語言，有如應根據指月者所指去看月，而不應去看其手指。禪宗卻從這則寓言得到另外的啟示，即把指月看作一種象徵譬喻的示教方式。玄沙師備禪師認為，世尊道「吾

有正法眼藏，付囑大迦葉」，猶如「話月」；而曹溪（六祖
慧能）豎拂子，猶如「指月」（見《五燈會元》卷七《玄沙
師備禪師》）。也就是說，世尊用語言來討論「正法眼藏」，
而慧能卻用豎拂子來象徵「正法眼藏」。在不少禪師的眼
裏，「話月」與「指月」正是「佛意」（教門）與「祖意」
（宗門）的區別之所在。

一、動作語

在禪家的公案中，常常能看到各種各樣的古怪動作，
有面部的，有手部的，有足部的，有全身的，有靜態的造
型，也有動態的行為，有微妙的姿勢變化，也有劇烈的打
鬥運動。這些動作最早是用來表現禪經驗的，因為禪經驗
是一種純粹個人化的體驗，語言無法企及，而動作在某種
程度上比語言更能表現人的體驗。中國古人很早就認識到
人體動作在表達內在情緒時的特有能力，「情動於中而形
於言，言之不足故嗟歎之，嗟歎之不足故詠歌之，詠歌之
不足，不知手之舞之，足之蹈之也」（《毛詩正義》卷一
《毛詩序》，《十三經註疏》本）。當人的情緒用語言和歌唱
都不能完全表達的時候，自然會形諸舞蹈，也就是說，舞
蹈在某種程度上能彌補語言歌唱之不足。事實上，在原始
部落裏，舞蹈就是一種最能表現人的生命存在方式且能進
行資訊交流的權威語言。禪宗的「不立文字」，解構語言，
其目的就是想恢復人的本真存在狀態，一種未受語言文字
異化的原始狀態，因此，具有舞蹈性質的姿勢動作自然應
運而生，成為禪師表現禪經驗的最好媒介之一。語言的表
意能力達到極限的時候，動作往往能發揮特殊的作用。相
對於語言，動作具有直觀性，在面對面的交談中，使用動

作有時可起到意想不到效果。禪師們無言的動作使我們想起啞語，只不過啞語的無言是出於無奈，而動作的無言是出於自覺。舞蹈之所以能傳達感情、表現生活，是因為它有一套所謂的「舞蹈語言」，由一系列動作「單詞」組成具有表意功能的「語句」。啞語也是如此，用約定俗成的手勢、表情構成一套符號系統。那麼，與之形式類似的宗門舞蹈、宗門啞語又有沒有自己的表意功能呢？

首先讓我們來看看著名的「一指頭禪」。俱胝和尚向天龍和尚問詢佛法之事，「（天）龍豎一指示之，師（俱胝）當下大悟」。自此以後，「凡有學者參問，師唯舉一指，無別提唱」。俱胝臨終時對眾禪徒說：「吾得天龍一指頭禪，一生用不盡。」（《五燈會元》卷四《金華俱胝和尚》）舉一指的動作，就是一種象徵，它暗示佛教萬法歸一的觀念，即三祖僧璨《信心銘》所謂「一即一切，一切即一」（《景德傳燈錄》卷三〇《三祖僧璨大師信心銘》），或是萬法皆歸於一「空」，或是萬法皆歸於一「心」（三界唯心）。千差萬別的世界因為有一以貫之的「空」或「心」而變得平等無礙，正如佛鑒慧懃頌古所說：「頓悟天龍一指頭，河沙佛祖便同儔。饒他鷲子懸河辯，百億須彌一芥收。」（《禪宗頌古聯珠通集》卷二三《金華俱胝和尚》）恒河沙數之多，同於佛祖之像；百億須彌之大，收入一芥之微，這就是「豎一指頭」的象徵意義。

又如禪師們經常以男人之身而模仿女人拜見的動作，用以應機接物，示道啟悟，其意義似亦有跡可尋。試看下面兩個例子：

師（南泉）與歸宗、麻谷同去參禮南陽國

　　師。師先於路上畫一圓相，云：「道得即去。」
歸宗便於圓相中坐，麻谷作女人拜。師云：「恁
麼即不去也。」（《景德傳燈錄》卷八《池州南泉
普願禪師》）

　　　　槃以竹策敲師（雪峰）轎，師乃出轎相見。
槃曰：「曾郎（雪峰俗姓曾）萬福。」師遽展丈
夫拜，槃作女人拜。師曰：「莫是女人麼？」槃
又設兩拜，遂以竹策畫地，右繞師轎三匝。師
曰：「某甲三界內人，你三界外人。你前去，某
甲後來。」（《五燈會元》卷七《雪峰義存禪師》）

第一個例子是南泉用圓相「勘辨」歸宗、麻谷。南泉畫圓
相的意思就很難猜測，歸宗和麻谷的舉動更令人費解。但
有一點可以肯定，三位禪師通過無言的動作不僅表達了自
己的思想，而且達到了交流的目的。從南泉所說「恁麼即
不去也」這句話中，可知他已理解了歸宗、麻谷動作的含
義，只是他這句話模棱兩可，晚唐五代的禪師已不知其
意，玄覺云：「只如南泉恁麼道，是肯底語，不肯語？」
（《景德傳燈錄》卷八《池州南泉普願禪師》注）不過，第
二個例子中類似的動作有助於我們理解歸宗和麻谷所表達
的意義。雪峰義存與黃涅槃相見，槃學女人道「萬福」，
雪峰作丈夫拜，槃作女人拜。雪峰開始不知其意，所以道
「莫是女人麼」。黃涅槃又拜兩次，並且用竹鞭畫地，繞著
雪峰乘坐的轎子畫了三圈。雪峰這才明白黃涅槃作女人
拜、畫圓圈的含義：「某甲三界內人，你三界外人。」這
就是說，一個男人作丈夫拜，這是世俗三界內的規則，而
一個男人作女人拜，則意味著超越了世俗的規則，即跳出

三界外。繞轎子畫地三圈，意思是轎中人乃是三界內人。三界是佛教術語，即欲界、色界、無色界，是生死流轉的人間世界。黃涅槃不用語言、而用動作來表明自己超脫三界的禪學立場。由此可見，麻谷的作女人拜，大約有相似的象徵意義，即超越三界，直入空界[1]。至於圓相，本來就意味著「無相三昧」（參見《景德傳燈錄》卷一《第十四祖龍樹尊者》），歸宗於圓相中坐，也就是立地成佛的意思。那麼，南泉的「恁麼即不去也」就可能有兩種不同的解釋：一是肯定語（肯底語），首肯歸宗、麻谷的舉動，以為既已悟得佛旨，便不必去參見南陽國師，如汾陽善昭頌古曰：「國師欲見義多般，圓坐端居拜請看。不去同音聞便解，久經行陣奪旗旛。」（《禪宗頌古聯珠通集》卷一一《南泉普願禪師》）一是否定語（不肯語），南泉主張「平常心是道」，何須超出三界外，何須以成佛為務，只是此岸世界的現實生活本身便有佛性存在，由於歸宗、麻谷都未理解南泉所畫圓相的含義，所以「道不得即不去」。從雪峰自稱「某甲三界內人」來看，南宗禪最正統的大師似乎都更傾向於在「三界內」修行，因此，南泉對麻谷的女人拜，也可能是持否定態度。

「揚眉動目」也是禪宗常用的動作語，主要用來暗示神秘的心靈覺悟。它那種無言的認可的方式，最能得拈花微笑的神髓，師徒眉目之間的顧盼，已化作「心有靈犀一點通」的默契。據《大珠慧海語錄》，中唐禪門中有「托情勢、指境勢、語默勢乃至揚眉動目等勢」，並作為「通會於

---

1 《從容庵錄》卷五第七十七則《仰山隨分》謂「女人拜名女人三昧」，大約是指女人拜象徵萬法皆空的禪定（三昧）境界。參見本書上編第三章第五節《作勢：示道啟悟的動作》。

一念間」的符號而普遍流行（《景德傳燈錄》卷二八《越州大珠慧海和尚語》）。但有些大師很擔心這一動作語演變為與心靈覺悟脫節的程式化的符號，成為外在的標籤，石頭希遷就慨歎「多見時輩只認揚眉動目，一語一默，驀頭印可，以為心要」（同上卷一四《潮州大顛和尚》），因此便有了他與潮州大顛和尚的一則公案：

> 石頭曰：「何者是禪？」師曰：「揚眉動目。」師曰：「除卻揚眉動目外，你將本來面目呈看。」師曰：「請和尚除揚眉動目外鑒某甲。」（同上）

石頭是要勘辨大顛和尚究竟對禪經驗有無真切的體會。據大顛的回答，「揚眉動目」就是禪的顯現，也是人的「本來面目」的顯現。禪的目的就是恢復人的本真，而眉目的表情遠比語言更能直接真實地顯示人的內心世界，所謂「眼睛是心靈的窗戶」，因此，未經語言異化的「揚眉動目」以其直接顯示人的本真狀態而與禪心相通。大顛的答語說明他已領悟揚眉動目「通會於一念間」的真諦。正如大珠慧海評價「揚眉動目等勢」的作用時所說：「無有性外事，用妙者，動寂俱妙；心真者，語默皆真；會道者，行住坐臥是道。為迷自性，萬惑茲生。」（同上卷二八《越州大珠慧海和尚語》）

有時候，禪僧雙方交流，純粹使用動作語，你來我往，一言不發，如同打啞謎。但在大師級的禪僧那裏，這種沉默的交流竟能達到心心相印的效果，勝過有聲語言。例如為仰宗的開山祖師溈山靈祐和仰山慧寂之間的手勢交

談：

> 潙山一日見師，即以兩手相交過，各撥三
> 下，卻豎一指。師亦以兩手相交過，各撥三下，
> 卻向胸前仰一手，覆一手，以目瞻視。潙山休
> 去。（《五燈會元》卷九《仰山慧寂禪師》）

雙方的動作有如太極拳師交手，一招一式，令人眼花撩
亂，而拳掌之間，自有無窮妙諦。根據潙仰宗的禪觀，兩
手相交可能暗示對理事（體用）關係的認識，各撥三下可
能暗示此認識的三個階段，即禪門的「三關」，豎一指可能
暗示萬法唯識，手向胸前是暗示佛在心中，而仰一手覆一
手則可能暗示「事理不二，真佛如如」的道理[2]。由此可
見，潙山的手勢是以自己的參禪經驗來勘辨仰山，仰山的
手勢則以自己對禪的理解特別是對理事關係的理解來應對
這種勘辨。潙山「休去」，表示印可，因為對方應機契合，
無懈可擊。

　　禪宗還有一些動作語借助各種器具來完成，其中最通
行的是「拈槌豎拂」。鼓槌和拂子是佛教徒常用器具，禪師
常借用來表達各種意義。所以禪門中流行一個話頭：「古
人拈槌豎拂意旨如何？」以豎拂子為例，它的作用類似於
豎指，主要是象徵佛法大意或禪門宗旨，如：

> 師問百丈：「汝以何法示人？」百丈豎起拂

2《景德傳燈錄》卷一一《袁州仰山慧寂禪師》：「祐（潙山）曰：『以思無思之
　妙，返思靈焰之無窮；思盡還源，性相常住，事理不二，真佛如如。』師（仰山）
　於言下頓悟。」

子。（同上卷六《江西道一禪師》）

　　師豎起拂子云：「這個是第幾種法界？」（同上卷七《杭州鹽官齊安禪師》）

　　僧問：「如何是祖師意？」師豎起拂子。（同上卷一○《杭州天龍和尚》）

　　這已成為禪宗示法的重要傳統之一，用玄沙師備的話來說：「曹溪豎拂子，還如指月。」（同上卷一八《福州玄沙師備禪師》）這種指月的象徵手法，禪師們用得非常靈活，最典型的是日芳上座用拄杖（作用同於拂子）回答著名的「雲門三句」語：

　　僧問：「如何是函蓋乾坤句？」師豎起拄杖。僧曰：「如何是截斷眾流句？」師橫按拄杖。僧曰：「如何是隨波逐浪句？」師擲下拄杖。（《五燈會元》卷一五《日芳上座》）

「雲門三句」本是用形象的語言來說明禪宗的三種境界：「函蓋乾坤」是合天蓋地、普遍存在的佛性；「截斷眾流」是指斬斷葛藤、超越常情的識解；「隨波逐浪」是指一法不立、無可用心的禪機。日芳上座以豎起拄杖暗示萬法歸一，以橫按拄杖暗示橫截常情，以擲下拄杖暗示一法不立，非常生動地表達了對「雲門三句」的理解。

　　當然，我們承認「豎一指頭」、「作女人拜」、「揚眉動目」、「拈槌豎拂」等等是有特定象徵意義的動作語，但並不是說它們只能作以上的解釋。正如禪宗的其他動作語一樣，它們的意義常常會隨著語境的改變而改變，內涵和

外延在不同的禪師那裏有可能擴大、縮小甚至轉移。同時，它的意義也常常隨著接受者自己的領悟而定，誠如圓悟克勤評價「翠岩眉毛」一則公案時所說：「會（領悟）則途中受用，如龍得水，似虎靠山；不會（不領悟）則世諦流布，羝羊觸藩，守株待兔。」（《碧岩錄》卷一第八則《翠岩眉毛》）作為一種獨特的表意符號，動作語比普通語言更具有隨意性、多義性和不確定性，「有時將一莖草作丈六金身用，有時將丈六金身作一莖草用」（同上）。仿擬文學闡釋學「詩無達詁」的說法，禪宗的動作語應該叫做「勢無達詁」。因為按照禪宗的觀點，任何語言（包括動作語）一旦有了固定的意義，那就是「死於句下」。

所謂「死於句下」，其實就是不懂得「指月」的意義，見指而忘月。俱胝和尚的「斷指」公案是個最典型的例子。據《五燈會元》記載，俱胝門下有個供過童子，每見人問事，也豎起指頭回答。人們對俱胝說：「和尚，童子亦會佛法，凡有問皆如和尚豎指。」於是便有了下面這個血淋淋的故事：

> 師（俱胝）一日潛袖刀子，問童曰：「聞你會佛法，是否？」童曰：「是。」師曰：「如何是佛？」童豎起指頭，師以刀斷其指，童叫喚走出。師召童子，童回首。師曰：「如何是佛？」童舉手不見指頭，豁然大悟。（《五燈會元》卷四《金華俱胝和尚》）

俱胝自己以豎指頭示學者，卻斬斷童子的指頭，這豈非「只許州官放火，不許百姓點燈」？當然不是。這是因為童

子不明白指頭的象徵意義，以為就是佛法之所在，與「迷人向文字中求」並無二致。要警醒童子的迷誤，必須使他從對「指」的沉迷中走來，正是在舉手不見指的一瞬間，童子終於領悟了佛法的真諦，也就是「指月」的真諦：指象徵佛法，但不等於佛法；指可以斷，而佛法卻永存；豎指之於佛法，只是權宜設施；見月可以亡指，登岸可以捨筏。順便說，俱胝的行為用世俗眼光來看近乎殘忍，而在佛門卻是脫人於苦海的大慈大悲。

宗門動作語雖有表意功能，但不是像一般世俗的動作語以及啞語那樣有約定俗成的意義（如翹拇指表示讚賞，豎小指表示藐視等等），而是不拘一格，自由發揮，具有很強的隨意性和創造性，並常因超出日常的行為習慣而顯得荒誕古怪。所以要解讀禪宗的動作語，不能按通常的思路去理解。試看下面這些例子：

　　問：「古人因星得悟，意作麼生？」師（龍光和尚）以手撥開眉。（《祖堂集》卷一二《龍光和尚》）

　　師（南泉普願）因入菜園，見一僧，師乃將瓦子打之。其僧回顧，師乃翹足，僧無語。師便歸方丈，僧隨後入，問訊云：「和尚適來擲瓦子打某甲，豈不是警覺某甲？」師云：「翹足又作麼生？」僧無對。（《景德傳燈錄》卷八《池州南泉普願禪師》）

　　有一僧來參，師乃展手示之，僧近前，卻退。師曰：「父母俱喪，略不慘顏。」僧呵呵大笑。師曰：「少間與闍梨舉哀。」其僧打筋斗而

出。師曰：「蒼天！蒼天！」（同上卷一四《吉州
性空禪師》）

在這裏，撥眉、擲瓦、翹足、展手乃至在法堂上翻筋斗，
都無約定俗成的意義，完全是禪師個人性的行為，有的動
作或許是用來代替語言的，如龍光以手撥眉表示「悟」，而
有的動作則純粹是用來解構語言的，如南泉擲瓦、翹足本
是勞動時即興所為，並不打算表示什麼意義，而僧的追問
也就徒勞無益。至於法堂上打筋斗，則可能以翻轉的動作
表示出一種對佛教權威的顛覆。

潙山靈祐「踢倒淨瓶」的故事更是代表了動作語對一
切文本的顛覆。靈祐早年在百丈懷海處參習，當時有個頭
陀從湖南來到江西百丈山，言及湖南潙山是建立法會的極
佳場所，要求懷海選擇一名勝任的僧人去做開山住持。懷
海心知靈祐堪當此任，但得知首座華林不服靈祐，爭當潙
山住持，於是百丈當眾勘辨二人：

百丈云：「若能對眾下得一語出格，當與住
持。」即指淨瓶問云：「不得喚作淨瓶，汝喚作
什麼？」華林云：「不可喚作木突也。」百丈不
肯。乃問師（靈祐），師踢倒淨瓶。百丈笑云：
「第一座輸卻山子也。」遂遣師往潙山。（《景德
傳燈錄》卷九《潭州潙山靈祐禪師》）

靈祐憑著「踢倒淨瓶」的舉動令人信服地獲得潙山的住持
權，為他以後創立潙仰宗邁出了關鍵的一步。那麼，踢倒
淨瓶到底有什麼意義呢？百丈懷海出的題目是「下得一語

出格」，條件是指淨瓶而「不得喚作淨瓶」。華林的回答是從淨瓶的反面作否定的解釋，相當於佛教的「遮詮」（關於遮詮，後文將詳細論述），按禪宗的觀點來看，「語」仍未「出格」。而靈祐則乾脆一言不發，一腳踢倒淨瓶，連解釋對象（文本）一併否定。這種舉動中，既有「本來無一物」的認識和「不落言筌」的考慮，又有「非心非佛」的傾向以及「唯我獨尊」的氣概，它集中體現了禪宗推崇的呵佛罵祖的懷疑精神和自證自悟的獨創精神，所謂「丈夫皆有衝天志，莫向如來行處行」（同上卷二九《同安禪師詩八首》）。這種舉動驚世駭俗，出人意表，正是非常「出格」的動作「語」，因此得到百丈懷海的首肯。誠如黃龍慧南所說：「已過關者，掉臂徑去，安知有關吏？從吏問可否，此未透關者也。」（《禪林僧寶傳》卷二二《黃龍南禪師》）靈祐與華林的高下之別正在於此。與此相類似的動作語還有北院通禪師的「掀倒禪床」、岩頭全奯的「踢卻水碗」、仰山慧寂的「掣將拂子去」等等（參見《景德傳燈錄》卷一七《益州北院通禪師》、卷一六《鄂州岩頭全奯禪師》。又見《五燈會元》卷九《仰山慧寂禪師》），它們並不暗含任何具體的意義，只顯示出禪宗蔑視權威、解構語言的叛逆精神以及直截根源的證悟態度。

　　總而言之，禪師使用動作語的目的不僅在於借用舞蹈語言或啞語來表達個體的禪經驗，而且在於有意識地用無聲語言來顛覆有聲語言，用一種極端的否定形式來顛覆佛教傳統的言說方式。因此，與其把宗門動作語看作一種形象的符號系統，不如把它視為一種獨特的解構行為。

二、棒喝語

棒擊和吆喝是禪僧們在接引學人、應對禪機的常用手段，元代三教老人把它們看成是「公案」一詞得名的主要來由：「具眼為之勘辨，一呵一喝，要見實詣，如老吏據獄讞罪，底裏悉見，情款不遺，一也」；「悲心為之接引，一棒一痕，要令證悟，如廷尉執法平反，出人於死，二也。」（《碧岩錄》卷首三教老人《碧岩集序》）由此可見「棒」與「喝」在禪宗傳法過程中的重要性。我在本書第一篇曾討論過「棒喝」在截斷言路方面的作用，但從臨濟義玄和後世禪師的解釋來看，棒喝也可看作一種特殊的動作語，具有暗示象徵的功能。

如前所說，禪門以「德山棒、臨濟喝」最為著名，而臨濟義玄實兼而有之，「至於化門，多行喝棒」（參見《祖堂集》卷一九《臨濟和尚》）。臨濟以遭棒喝而悟道，因此對棒喝的意義體會最深。他曾經解釋「喝」的含義說：

> 有時一喝如金剛王寶劍，有時一喝如踞地金
> 毛師子，有時一喝如探竿影草，有時一喝不作一
> 喝用。（《鎮州臨濟慧照禪師語錄》）

這就是著名的「臨濟四喝」。「金剛王寶劍」喻斬斷語言葛

---

3 「探竿影草」有幾種解釋，日本無著道忠《葛藤語箋》引《正宗贊》注：「古語云：『探竿在手，影草隨身。』止此明知二物。或曰：『探竿，探水深淺之竿；影草，下水深處之索也。』又曰：『探竿，索魚之竿；影草，驅魚之索也。』或曰：『探竿影草，一物，竿頭插草以攪動水，則魚怖而聚一處。』又曰：『作賊者，竿頭縛草，內之屋裏，伺驗人之睡否有無。』」《禪語辭書類聚》第2冊，187頁，日本京都花園大學禪文化研究所印行。

藤、邏輯理路；「踞地金毛師子」喻氣大聲宏，警醒迷誤；「探竿影草」喻試探對方得法深淺[3]；「不作一喝用」指無任何含義，也就是一法不立之意。《人天眼目》評述「臨濟門庭」曰：「金剛王寶劍者，一刀揮盡一切情解；踞地師子者，發言吐氣，威勢振立，百獸恐悚，眾魔腦裂；探竿者，探爾有師承無師承，有鼻孔無鼻孔；影草者，欺瞞做賊，看爾見也不見。」（《人天眼目》卷二《臨濟門庭》）可見，在對待不同的參學者時，或處於不同的語境裏，「喝」也有不同的象徵意義。對此「四喝」，臨濟宗禪師多有頌古解釋，如汾陽善昭云：

> 金剛寶劍最威雄，一喝能摧萬仞峰。遍界乾坤皆失色，須彌倒卓半空中。
>
> 金毛踞地眾威全，一喝能令喪膽魂。嶽頂峰高人不見，猿啼白日又黃昏。
>
> 詞鋒探草辨當人，一喝須知偽與真。大海淵澄涵萬象，休將牛跡比功深。
>
> 一喝當陽影自彰，諸方真有好商量。盈衢溢路歌謠者，古往今來不變常。（同上《臨濟宗四喝》）

又如寂音尊者（惠洪）云：

> 金剛王劍，覿露堂堂。才涉唇吻，即犯鋒芒。
>
> 踞地師子，本無窠臼。顧佇停機，即成滲漏。

探竿影草，不入陰界。一點不來，賊身自敗。

有時一喝，不作喝用。佛法大有，只是牙痛。（同上）

又如智海普融云：

一喝金剛劍用時，寒光爍爍射坤維。語言擬議傷鋒刃，遍界髑髏知不知？

一喝金毛輕踞地，檀林襲襲香風起。雖然爪距不曾施，萬里妖狐皆遠避。

一喝將為探竿草，南北東西無不到。短長輕重定錙銖，平地茫茫須靠倒。

一喝不作一喝用，三世古今無別共。落花三月睡初醒，碧眼黃頭皆作夢。（同上）

據這些禪師的理解，「臨濟四喝」有時是針對使用語言者而發，以喝打斷其「擬議」；有時是針對識見不明者而發，以喝破除其「滲漏」；有時是針對參禪有得者而發，以喝考驗其「真偽」；有時是針對不受人惑者而發，喝不再有別的意思。

後來的臨濟門徒根據義玄的精神把「喝」與「四賓主」、「四照用」等門庭設施聯繫起來，即所謂「一喝分賓主，照用一時行」（同上卷一《臨濟宗四照用慈明頌》）。也就是說，有的「喝」體現了「隨處作主，立處皆真」的自信精神（主），而有的「喝」則不過是「依草附葉」、「向外傍家」的模仿沿襲（賓），有的「喝」中同時包含著禪家

的觀照（照）和作用（用）。《人天眼目》引古德云：

> 主一喝驗賓，賓一喝驗主，主再喝驗賓，賓
> 再喝驗主，四喝後無賓主也。到這裏主家便奪
> 卻，更不容他。（同上《臨濟宗四照用》）

驗主賓有兩方面的含義：一是指住持僧（主）和行腳僧（賓）之間相互的勘辨，主驗賓是否有悟道的慧根，賓驗主是否有為師的資格。二是指雙方勘辨對方是否做到了「隨處作主，立地皆真」，具有自由、自信、自尊、自主的精神。

禪宗之「喝」有可能源於官府的喝道唱喏，並在此形式上揉進佛教「師子吼」的觀念[4]。「喝」是指大聲呵斥，也泛指大聲呼叫，雖然有聲，卻沒有概念的意義。但由於「喝」直接由口中發出，未經語言邏輯的異化，因此最能表現人的自然情感，也最能直接觸動人的直覺本能。也就是說，「喝」有可能是喚醒蟄伏於內心深處的自然本性的最佳方式之一，最符合「直指人心，見性成佛」的宗旨。我們今天已無法知道「喝」究竟是一種什麼樣的聲音，但可以肯定其聲音有長短、輕重、緩急、喜怒、可否之分，並可以肯定音調不同的「喝」用於不同的僧徒和場合，正是這種區分，微妙地表達出禪師們超概念的禪經驗，並有效地完成了禪師之間傳教過程。

臨濟宗的「棒」的作用與「喝」大致相通，只不過有時是施與迷惑愚暗更嚴重的情況。《碧巖錄》中有「八棒

---

4 佛教以「師子吼」比喻佛祖講經，聲震世界。《維摩詰所說經‧佛國品》：「演法無畏，猶師子吼。其所講說，乃如雷震。」

對十三」的話頭（參見《碧岩錄》卷二第十六則《鏡清啐啄機》、卷七第六十四則《趙州頭戴草鞋》），後來的禪籍作者坐實為「濟宗八棒」，定其名目，並一一解釋其含義。如清釋性統編《五家宗旨纂要》卷上《濟宗八棒》引三山來禪師語云：

> 一、觸令支玄棒：如宗師置下一令，學人不知迴避，觸犯當頭，支離玄旨，宗師便打，此是罰棒。
>
> 二、接機從正棒：如宗師應接學人，順其來機，當打而打，謂之從正，此不在賞罰之類。
>
> 三、靠玄傷正棒：如學人來見宗師，專務奇特造作，倚靠玄妙，反傷正理，宗師直下便打，不肯放過，此亦是罰棒。
>
> 四、印順宗旨棒：如學人相見，宗師拈示宗旨，彼能領會，答得相應，宗師便打，此是印證來機，名為賞棒。
>
> 五、取驗虛實棒：如學人才到，宗師便打，或進有語句，宗師亦打，此是辨驗學人虛實，看他有見無見，亦不在賞罰之類。
>
> 六、盲枷瞎棒：如宗師接待學人，不辨學人來機，一味亂打，眼裏無珠，謂之盲瞎，此師家之過，不干學人事。
>
> 七、苦責愚癡棒：如學人於此事不曾分曉，其資質見地十分癡愚，不堪策進，宗師勉強打他，是謂苦責愚癡，亦不在賞罰之類。
>
> 八、掃除凡聖棒：如宗師接待往來，不落廉

纖，不容擬議，將彼凡情聖解，一併掃除，道得
也打，道不得也打，道得道不得也打，直令學人
斷卻命根，不存枝葉，乃上上提持，八棒之中用
得最妙者，此則名爲正棒。（《五家宗旨纂要》卷
上《臨濟宗·濟宗八棒》）

三山來禪師的總結當然過於程式化，把生動活潑的棒打看
成是官府似的按法令條款的賞罰，不過其細緻分解棒打的
多種含義和作用，證之以前人的公案語錄，應該說還是頗
有道理的。比如：

韶州乳源和尚，上堂云：「西來的的意，不
妨難道，大眾莫有道得者，出來試道看。」有一
僧才出禮拜，師便打，云：「是什麼時節出頭
來？」（《景德傳燈錄》卷八《韶州乳源和尚》）

這就是所謂「觸令支玄棒」。該僧不知「西來的的意」（禪
宗宗旨）是不可道的，欲強作解釋，這就落入宗師布下的
陷阱，觸犯「不立文字」的祖訓，支離不可解說的玄旨，
所以該挨打。又如：

（僧）問：「大用現前不存軌則時如何？」師
（大安禪師）云：「汝用得但用。」僧乃脫膊繞師
三匝。師云：「向上事何不道取？」僧擬開口，
師便打，云：「這野狐精出去。」（同上卷九《福
州大安禪師》）

這就是所謂「靠玄傷正棒」。僧脫去上衣，繞大安三匝，欲以此來表示「大用現前，不存軌則」的自由精神。但僧的這種舉動並非自然生發，有矯揉造作之嫌，反而有傷正理。禪宗視此類務為奇特玄妙之舉為「野狐精」，所以該吃棒。又如：

> 有僧自夾山來禮拜，師（高亭和尚）便打。
> 僧云：「特來禮拜，師何打？」其僧再禮拜，師
> 又打趁。僧回，舉似夾山，夾山云：「汝會也
> 無？」僧云：「不會。」夾山云：「賴汝不會，
> 若會即夾山口瘂。（同上卷一○《漢南穀城縣高亭
> 和尚》）

這就是所謂「取驗虛實棒」。僧剛禮拜就挨打，這是宗師辨驗他的虛實，即考驗他「會（領會）也不會」。由於僧「不會」，再作禮拜，取驗虛實之棒就變成了真正的打趁。所以夾山說：「幸好你不會，若是你會還被打趁，我也說不出原因了。」由此可見，高亭和尚的棒打還是有章可循的。又如：

> 師（臨濟義玄）問一尼：「善來，惡來？」
> 尼便喝。師拈棒曰：「更道！更道！」尼又喝。
> 師便打。（《五燈會元》卷一一《臨濟義玄禪師》）

這就是所謂「印順宗旨棒」。這尼姑一喝破除善惡的情解，而且無擬議之嫌，可見已領會了宗師拈出的宗旨，臨濟之棒是印證來機，屬於賞棒之列。

特別是三山來禪師總結的「掃除凡聖棒」，非常準確地抓住了「棒打」截斷語言思路、掃除一切見解的真諦，最符合臨濟宗的精神。德山「道得也三十棒，道不得也三十棒」的蠻橫無理，臨濟不分青紅皂白劈頭蓋臉的一頓悶棒，都可以從「掃除凡聖」、「斷卻命根」、「不存枝葉」的禪理中得到合理的說明。

「棒」與「喝」既有區別，又有聯繫，表現形式不同，所起作用則一。臨濟義玄曾問洛浦（樂普）和尚：「從上來一人行棒，一人行喝，阿那個親？」洛浦云：「總不親。」臨濟曰：「親處作麼生？」洛浦便喝，臨濟便打（《古尊宿語錄》卷五《臨濟禪師語錄之餘》）。這裏兩位禪師的邏輯頗令人疑惑，既然行棒、行喝都不讓人感到親切，那麼，為什麼洛浦和臨濟表示「親處」仍然用棒喝呢？這似乎自相矛盾。但兩位禪師自有其獨特的邏輯，即主賓雙方未契禪機之時，棒就是真棒，打得人生痛；喝也是真喝，震得人耳聾，「總不親」；而主賓一旦言語投機，棒喝就是「親處」。洛浦與臨濟之間的喝打，就是後一種相互印可的表示。「親」是雙關語，既指主賓關係的融洽，又指接近契合禪理。

在實際的運用中，禪師們常常是棒喝齊施，棒數的多少，喝聲的先後，都有講究。在禪學者看來，棒喝交馳相當於照用並行，其中大有深意。智昭曾評點《臨濟語錄》中的一段公案：

　　時有僧出問佛法大意，師云：「汝試道看。」僧便喝，師亦喝。僧又喝，師便打。（智昭注：「先照後用。」）問：「如何是佛法大意？」師便

喝，復云：「汝道好喝麼？」僧便喝，師亦喝，
僧又喝，師便打。（智昭注：「先用後照。」）僧
入門，師便喝，僧亦喝，師便打，云：「好打！
只有先鋒，且無殿后。」（智昭注：「照用同時。」）
僧來參，師便喝，僧亦喝，師又喝，僧亦喝，師
便打云，：「好打！爲伊作主不到頭，無用處，
主家須奪而用之。千人萬人，到此出手不得，直
須急著眼看始得。」（智昭注：「照用不同時。」）
（《人天眼目》卷一《四照用》）。

這段話的內容很難理解，但有一點可以肯定，棒喝不僅僅
是單純的責打和呵斥，也不僅僅是為了截斷言路思路，它
還暗示著如何成為心靈的主人而對佛法大意進行觀照和運
用。

　　總之，「棒喝」具有廣泛的用法和含義，它是住持僧
（主）和遊方僧（賓）之間複雜微妙的應對藝術，其實質是
通過現實中主賓的應答來判定宗教意義上的主賓關係。它
顛覆了常規的語言而建立了一種本宗派內部通行的交流方
式和言說規則。

三、隱喻

　　禪宗主張隨機設化，方便接人，所以宗師常常就師徒
雙方共同的語言環境，臨時以一些意味深長的動作和語句
來象徵禪理。這種方法最生動活潑而富獨創性，較少程式
化傾向，而其宗教性也相對較嚴肅，沒有故弄玄虛或荒唐
無聊的傾向。就學人而言，往往能通過這些具有隱喻性質
的動作和語句恍然大悟，不同於痛吃棒喝而茫然無知。

著名的例子有德山宣鑒悟道的故事。德山到澧州見龍潭崇信禪師，剛到時頗不服氣，在法堂上說：「久嚮龍潭，及乎到來，潭又不見，龍又不現。」打算暫時棲身於此。後來：

> 一夕侍立次，潭（龍潭）曰：「更深何不下去？」師（德山）珍重便出。卻回曰：「外面黑。」潭點紙燭度與師。師擬接，潭復吹滅。師於此大悟，便禮拜。（《五燈會元》卷七《德山宣鑒禪師》）

德山悟到的是什麼呢？據我理解，很可能悟到的是不應只靠外在的光明，而應循由自己的本性去征服黑暗。佛的真理就在自己的心中，外在的燈可滅，而心燈不可滅，真是踏破鐵鞋無覓處，來得全不費功夫。既然佛教的真理只有憑自己的親身感受、領悟、體會才有可能獲得，那麼，悟道就不應該也不可能借重或依靠任何外在的經典、權威和偶像。所以德山悟後，有極端的呵佛罵祖、離經慢教的過激行為。

我們要追問的是，滅燭的舉動為什麼具有隱喻性質，以致於能令德山這樣頑固的義學講師突然開竅？原來在佛教教義中，燈燭之類的物象常常用來譬喻佛性，如《圓覺經》認為，妙覺性遍滿法界，故使根性塵性無壞無雜，「如百千燈光照一室，其光遍滿無壞無雜」。即以德山熟悉的《金剛經》為例，其中就有「燃燈佛」。而禪宗則自從慧能說過「一燈能除千年暗，一智慧滅萬年愚」以後，便以「傳燈」作為傳法的代名詞。以德山的學識和悟性，自然能

理解滅燭的象徵意義，在燭光熄滅的一瞬間，他心中的佛性燈便被點燃，一切蒙昧愚暗頓時消失。後來宋代禪師的兩首頌古有助於我們對此公案的理解：

> 明暗相陵不足云，絲毫有解未爲親。紙燈忽滅眼睛出，打破大唐無一人。（白雲守端）
>
> 明暗相形事渺茫，誰知腦後迸神光。都來劃斷千差路，南北東西達本鄉。（大洪守遂）（《禪宗頌古聯珠通集》卷二三《德山宣鑒禪師》）

也就是說，義學的知解猶如紙燭，是外在的光明，只有滅卻這外在的紙燭，才能見到自己的本性，即佛性。紙燭由明到暗，而佛性由暗到明，這就是「明暗相形」。而悟到佛性，才徹底洞見萬法平等的真理。

為山靈祐的覺悟也是通過類似的機緣，這就是著名的「寒爐撥火」的故事。為山年輕時也曾研習過大小乘經律，後來參訪百丈懷海禪師。有一天，為山侍立百丈身旁，於是就有了下面一段公案：

> 百丈問：「誰？」師曰：「靈祐。」百丈云：「汝撥爐中有火否？」師撥云：「無火。」百丈躬起，深撥，得少火，舉以示之云：「此不是火？」師發悟禮謝，陳其所解。百丈曰：「此乃暫時歧路耳。經云：『欲見佛性，當觀時節。』因緣時節既至，如迷忽悟，如忘忽憶，方省己物不從他得。故祖師云：『悟了同未悟，無心亦無法。』只是無虛妄凡聖等心，本來心法，元自備

足。汝今既爾，善自護持。」（《景德傳燈錄》卷
九《潭州潙山靈祐禪師》）

撥爐中炭火是日常生活中很普通的一件事，百丈卻借機啟
發潙山，於是，很普通的舉動成了最具感染力的教學，爐
火中頓時閃爍著佛性的光輝。潙山悟到的是，參禪學佛，
不能淺嘗輒止，遇難而退，當深思苦求；同時也可能悟
到，尋火如學佛，須返向自己心靈深處尋求，如百丈所
說，「方省己物不從他得」。百丈把「寒爐撥火」看作是潙
山悟道的因緣，而這因緣的實現，靠的正是撥火所具備的
隱喻性質。

以上兩則公案的共同特點是，老師在日常生活中臨時
方便地隨手作出某種有意味的舉動，使學人「直下便會」，
隱喻目的實現，靠的是禪宗特有的「理事不二」、「體用
無滯」的認識方式，即從「事」中見出「理」，從「用」中
見出「體」。

禪籍中有很多「符號」（動作和語言）構成我們理解的
障礙，要突破這些障礙，不僅要熟悉基本禪理，而且要瞭
解一般的隱喻原則。試看下面一則例子：

僧問：「如何是學人自己？」師云：「吃粥
了也未？」僧云：「吃粥也。」師云：「洗缽
去。」其僧忽然省悟。（同上卷一〇《趙州東院
從諗禪師》）

這則公案，後來雲門文偃拈出來示眾說：「且道有指示？
無指示？若道有指示，向他道什麼？若道無指示，者（這）

僧何得悟去？」(《雲門匡真禪師廣錄》卷中) 要回答雲門的提問，需要從兩方面來考慮：其一，這僧討論的是什麼禪理？「如何是學人自己」是個什麼樣的問題？其二，「吃粥」和「洗缽」可能會有什麼樣的喻義？作為「用」它們是怎樣和禪理之「體」聯繫起來的？先看第一個問題，這僧問的是如何發現自己的本來面目，怎樣找到自我，即怎樣解脫生死之惑的問題。曾經有僧問石頭希遷：「如何是解脫？」答曰：「誰縛汝？」又問：「如何是淨土？」答曰：「誰垢汝？」又問：「如何是涅槃？」答曰：「誰將生死與汝？」(《景德傳燈錄》卷一四《南嶽石頭希遷大師》) 石頭的意思是，束縛與解脫、污染與清淨都存在於心念之間，只要做到內心無念，一切外在的煩惱羈絆就自然消失了。趙州要回答的應當是同一個意思，但其回答方式卻完全不同。由此來看第二個問題，粥是一種粘性的流質食品，洗缽就是要洗去粘性的物質，簡言之，洗缽就是「解粘」，而解粘就是解除執著。也就是說，學人要找回迷失的自我，就得通脫無礙，隨緣任性。趙州回答的「吃粥」、「洗缽」是一種描述性的方式，但可以看作一種隱喻存在。

解除執著，是禪宗的一個重要思想。大珠慧海禪師曾指出，已得道的人和一般俗人的區別在於，前者是「饑來吃飯，困來即眠」，後者是「吃飯時不肯吃，百種須索，睡時不肯睡，千般計較」(同上卷六《越州大珠慧海禪師》)。而參禪的目的，就是要去掉「百種須索」、「千般計較」。關於解除執著，禪師們還有一些另外的隱喻，也非常有意思，比如：

　　　　鄂州黃龍山誨機超慧禪師，……初參岩頭，
　　問：「如何是祖師西來意？」頭曰：「你還解救
　　糍麼？」師曰：「解。」頭曰：「且救糍去。」後
　　到玄泉，問：「如何是祖師西來意？」泉拈起一
　　莖皂角曰：「會麼？」師曰：「不會。」泉放下
　　皂角，作洗衣勢。師便禮拜曰：「信知佛法無
　　別。」泉曰：「你見什麼道理？」師曰：「某甲
　　曾問岩頭，頭曰：『你還解救糍麼？』救糍也只是
　　解粘。和尚提起皂角，亦是解粘，所以道無別。」
　　泉呵呵大笑，師遂有省。（《五燈會元》卷八《黃
　　龍誨機禪師》）

　　在這則公案中，岩頭教誨機去救糍，是象徵的語言；玄
泉放下皂角，作洗衣勢，是象徵的動作。其意義都是解
粘，和趙州教僧洗粥鉢去是一樣的。因為糍就是糍糕，是一
種粘著性很強的食品。禪宗用糍糕來比喻參禪拘泥執著之
人，如《碧岩錄》曰：「有一般人參禪，如琉璃瓶裏搗糍糕
相似，更動轉不得，抖擻不出。」（《碧岩錄》卷一〇第九
十八則《天平行腳》）救糍就是要去掉拘泥執著。因為衣服
上有油膩飯粒之類粘糊糊的東西，而用皂角洗衣，也就是
解粘之意。

　　禪宗的另一重要觀念是「二道相因」的中道思想。
《壇經·咐囑品》載慧能語曰：「若有人問汝義，問有將無
對，問無將有對，問凡以聖對，問聖以凡對。二道相因，
生中道義。」禪師接引學人，常常是不住一邊，即不沾滯
於一端，所謂「不墮凡聖」。然而不偏不倚的「中道義」與
儒家的「中庸」完全不同，它本身也是空無虛幻的，屬於

「無」的範疇，最終也是應否定的。傳為達摩所作的《少室六門‧悟性論》云：「如來不在此岸，亦不在彼岸，不在中流。」(《少室六門》，《大正藏》第四十八卷)代表了禪宗的基本精神。明白了這一點，就可領悟不少公案中莫名其妙的語言和動作的象徵意義。比如：

> 潙（潙山）一日指田問師（仰山）：「這丘田那頭高，這頭低。」師曰：「卻是這頭高，那頭低。」潙曰：「你若不信，向中間立，看兩頭。」師曰：「不必立中間，亦莫住兩頭。」潙曰：「若如是著水看，水能平物。」師曰：「水亦無定，但高處高平，低處低平。」潙便休。
> (《五燈會元》卷九《仰山慧寂禪師》)

禪宗的修持境界有三關：初關、重關、牢關。一個徹底覺悟的人，這三關都須層層突破。從凡入聖是初關，從聖入凡是重關，凡聖俱不立是牢關。在這則公案中，潙山和仰山討論的「這頭」和「那頭」，其實是暗示「凡」和「聖」的境界，「中間」是暗示凡聖俱不立。而仰山所謂「不必立中間，亦莫住兩頭」，就是隱喻三關齊破的境界。又如子湖利蹤（神力禪師）的一段公案：

> 勝光因在子湖钁地次，勝光钁斷一條蚯蚓。問云：「某甲今日钁斷一條蚯蚓，兩頭俱動，未審性命在那頭？」師（子湖）提起钁頭向蚯蚓左頭打一下，右頭打一下，中心空處打一下，擲卻钁頭便歸。(《古尊宿語錄》卷一二《衢州子湖山

第一代神力禪師語錄》）

子湖的舉動就藏有深意。因為勝光追問「未審（蚯蚓）性命在那頭」，這是有執著於一端的「邊見」存在。子湖用钁頭打蚯蚓的左頭、右頭和中心空處，然後丟掉钁頭，其實是暗示他：兩頭和中間都應該拋棄，一併除卻。子湖的舉動比仰山的言說更直觀生動而富有象徵意義。

禪宗祖師們的譬喻也用得非常靈活，與佛經常用的比喻相比，雖在氣勢場面上有所不及，但往往截斷喻旨和喻依之間的表面聯繫，在幽微曲折方面更勝一籌。具體說來，佛經常用博喻，如天魔獻舞，花雨彌空；禪師常用曲喻，如斷藕連絲，草蛇灰線。佛經多用明喻，意義顯豁，形象中含有邏輯的聯繫；禪師則多用暗喻，意義模糊，意象間全靠直覺的聯想。佛經是「話月」，佛理之「月」總要出現在「話」面上；禪師則是「指月」，禪理之「月」隱藏於譬喻之「指」中。試看神山僧密與洞山良價的一則公案：

> 師（僧密）與洞山行次，忽見白兔走過，師曰：「俊哉！」洞曰：「作麼生？」師曰：「大似白衣拜相。」洞曰：「老老大大，作這個說話！」師曰：「你作麼生？」洞曰：「積代簪纓，暫時落魄。」（《五燈會元》卷五《神山僧密禪師》）

這裏的譬喻是一種具有雙關性質的複雜的曲喻。就表層意思來看，譬喻是針對白兔而發，僧密以「白衣」比擬白兔，以「拜相」讚賞白兔身影之「俊」；洞山則在此比喻

的基礎上，以「簪纓」和「落魄」來坐實白衣的身份。這種譬喻方式，是一種擴展性的比喻，就是錢鍾書先生所說的「雪山比象，不妨生長尾牙；滿月同面，盡可妝成眉目」，或同於「英國玄學詩派（Metaphysical Poets）之曲喻（Conceits）」，與佛經（如《大般涅槃經》論「分喻」所云「面貌端正，如月盛滿；白象鮮潔，猶如雪山。滿月不可即同於面，雪山不可即是白象」或是《翻譯名義集》所云「雪山比象，安責尾牙；滿月況面，豈有眉目」）的比喻方式頗有差異[5]。至於白兔和白衣拜相之間的關係，很容易使我們想起韓愈《毛穎傳》中的那位以「衣褐之徒」（白衣）的身份而「封管城子」、「拜中書令」（拜相）的寓言人物毛穎（兔毫）。而毛穎的祖先明眎曾佐禹治東方土，也算得上「積代簪纓」。但僧密和洞山的興趣顯然不在於讚賞白兔，而是通過讚賞白兔來暗示某種禪理。這樣，以上擴展性的比喻又有了更深層次的隱喻性質：白兔比擬白衣，白衣是平民百姓，由白衣而官拜宰相，比喻由凡入聖，由修而悟。這是僧密的意思，可是洞山卻駁斥他這種說法。洞山所謂「積代簪纓，暫時落魄」的意思是：人人皆有佛性，好比仕宦世家，本來尊貴，只因迷忘自家寶藏，淪落微賤，雖然飄零萬狀，其尊貴的骨相還是存在的。換言之，佛性的「簪纓」並不是外在的東西，並非一個「白衣」通過奮鬥所能得到，而是本來就為暫時落魄的「白衣」所有。白衣拜相並非平步青雲，值得驚羨，而只是找回本屬於自己的尊貴。因此，學佛之人首先要知道自己的本心，覺悟自己的本性。這是先悟後修，與由修而悟的法門有

---

5 《談藝錄》第22頁。

別。這樣，「白衣」作為喻依，就有了兩重喻旨：一重喻白兔，一重喻參禪者。前者是明喻，後者是暗喻；前者是層層申發的擴展性曲喻，後者是語境距離甚遠的牽強性曲喻。這則公案中洞山表達的思想，成了曹洞宗的宗旨之一。洞山的弟子曹山本寂作《五位君臣圖頌》，第一位頌「正中偏」云：「白衣雖拜相，此事不為奇。積代簪纓者，休言落魄時。」（《人天眼目》卷三《曹山五位君臣圖頌》）

在禪宗公案中，常常可遇到一些刁鑽古怪的問題，但聰明的禪師總能用智慧的回答一一化解。這些回答就是些出人意表的譬喻。比如：

> 宣州陸亙大夫初問南泉曰：「古人瓶中養一鵝，鵝漸長大，出瓶不得。如今不得毀瓶，不得損鵝，和尚作麼生出得？」南泉召曰：「大夫！」陸應諾。南泉曰：「出也。」陸從此開解。（《景德傳燈錄》卷一○《陸亙大夫》）

陸亙提出的問題，其實是人類存在陷入困境的問題。這個極為深刻的譬喻，很容易使我們想起莎士比亞《哈姆雷特》中那句「生存還是死亡」（To be or not to be）的名言。從一個人赤身裸體地降生於這個世界時起，他就生活在由外部的社會秩序、倫理綱常和內在的知識理性、七情六欲等等複合構成的「瓶」中，而當他如鵝一樣漸漸長大時，便愈來愈為此「瓶」所異化，喪失了自由，迷失了自我。然而，只要人生存於世界，此「瓶」的拘圍便無所不在。因此，人要走出此「瓶」，便只有兩種選擇：一是毀掉生存的空間（毀瓶），一是消滅自己的肉體（損鵝）。但這兩種

選擇都難以實行，生存的空間不可能毀掉，而以死亡為代價的解脫對於人的存在又毫無意義。那麼，出路在哪裡呢？按照禪宗的觀點，人類存在之所以陷入困境，是因為被知見識解迷惑了自性，周圍的一切束縛和桎梏，都是由於不認識存在的真實狀態而後來加上去的。達摩祖師由西方來東土，旨在教人撥塵見性。但自性這一本體無形無相，是無法表現的，所以須用顯體來暗示。南泉召喚陸亙，陸亙應諾，可見他知道自己是誰，而在應諾的一瞬間，他的自性起了作用，所以南泉當機指出：「出也。」即在意識到自我存在的一瞬間，便解脫了「瓶」的困擾。使我們感興趣的是陸亙和南泉的言說方式，面對哈姆雷特式的存在困惑，他們並沒有使用哲學式的沉重喟歎，而採用了詩歌式的幽默隱喻，把抽象說教化為一種自我暗示，從而有效地顯現了難以言傳的禪本體。

這種喚名應諾的自我暗示方式是禪師們常用的傳教手段之一，在禪籍中能找出不少類似的例子：

> 于公又問：「如何是佛？」師（紫玉道通）
> 喚「于頔」，頔應諾。師云：「更莫別求。」（同上
> 卷六《唐州紫玉山道通禪師》）
> 　　僧問：「四大五蘊，身中阿那個是本來佛
> 性？」師乃呼僧名，僧應諾。師良久曰：「汝無
> 佛性。」（同上卷七《京兆章敬寺懷暉禪師》）
> 　　僧問：「如何是西來意？」師（石霜性空）
> 曰：「若人在千尺井中，不假寸繩，你若出得此
> 人，即答汝西來意。」僧曰：「近日湖南暢和尚
> 出世，亦為人東語西話。」師喚沙彌（即仰山慧

寂）：「拽出死屍著！」沙彌後舉問耽源：「如
何出得井中人？」耽源曰：「咄，癡漢！誰在井
中？」仰山後問潙山：「如何出得井中人？」潙
山乃呼：「慧寂！」寂應諾。潙山曰：「出也。」
（同上卷九《潭州石霜性空禪師》）

這些自我暗示所依據的觀念，是所謂「即心即佛」。正如慧
超問法眼：「如何是佛？」法眼云：「汝是慧超。」（《碧
岩錄》卷一第七則《慧超問佛》）意思是佛性就在你心中，
何須外求。從這些例子我們可以看出，禪門中有不少本來
是臨時方便的隱喻和暗示，逐漸隨著師徒承傳或是語錄記
載而流傳開來，成為有相對固定意義的象徵。

　　美國學者韋勒克和沃倫在談及文學的「象徵」與「意
象」和「隱喻」之間的區別時指出：「我們認為『象徵』
具有重複和持續的意義。一個『意象』可以被轉換成一個
隱喻一次，但如果它作為呈現與再現不斷重複，那便成了
一個象徵，甚至是一個象徵（或者神話）系統的一部分。」
[6] 禪宗常用的語言和動作的「意象」，與文學的表述方式很
接近，也經由描述性的存在到隱喻性的存在，再經由不斷
地重複而變成為象徵性的存在。

　　最典型的是「牧牛」這一意象的演變過程。比如，有
一天，石鞏慧藏正在廚房勞作，馬祖道一問他：「作什
麼？」答曰：「牧牛。」馬祖問：「作麼生牧？」答曰：
「一回入草去，便把鼻孔拽來。」馬祖曰：「子真牧牛。」
（《景德傳燈錄》卷六《撫州石鞏慧藏禪師》）在這裏，石鞏

6 雷・韋勒克、奧・沃倫《文學理論》第204頁，劉象愚等譯，北京三聯書店，
　1984年。

關於「牧牛」的回答是描述性的，但由於說話的場景在廚房，「牧牛」的問答就有了幾分隱喻的性質。這種隱喻性質在福州大安禪師一段話中表現得更為明顯：「安在溈山三十來年，吃溈山飯，屙溈山屎，不學溈山禪，只看一頭水牯牛。若落落入草，便牽出；若犯人苗稼，即鞭撻調伏。既久，可憐生，受人言語，如今變作個露地白牛。常在面前，終日露迥迥地，趁亦不去也。」（同上卷九《福州大安禪師》）至此，「牧牛」已成為調養心性、修煉淨心的著名隱喻。而到了宋元時期，禪門中有《十牛圖頌》之類的文本出現（如《住鼎州梁山廓庵和尚十牛圖頌》，日本《續藏經》第二編第十八套第五冊），「牧牛」更成了象徵系統的一部分，如胡文煥所說：「《十牛圖》者，蓋禪宗托喻於此，以修心證道者也。牧童即人也，牛即心也。」（《新刻禪宗十牛圖序》，同上）

又如前面所舉勝光鑱斷蚯蚓的故事，本是普請場景中隨機生發的隱喻，也成為禪門中常見的話頭，即「蚯蚓斷為兩段，兩頭俱動，佛性在阿那頭」的著名提問（參見《景德傳燈錄》卷一〇《湖南長沙景岑禪師》、卷一一《襄州延慶法端禪師》）。事實上，有很多類似的隱喻由於成了公案，便因後來禪師的不斷重複而逐漸形成既有行話意味、又具典故特徵的象徵系統。

這種由描述、隱喻到象徵的意象性質的發展過程，是禪宗言說語境變化的必然歸宿。從普請的參問、主賓的應對，到公案的閱讀、文本的闡釋，原創性的觸機流為層遞性的葛藤，隨機設化變為依樣畫葫蘆，於是，禪宗語言也隨著象徵意義的日益固定而魅力日益衰減。

繞路說禪：禪語的隱晦性

第八章　繞路說禪：禪語的隱晦性

　　閱讀禪籍的時候，最令人頭疼的是其意義的晦澀。這不僅和拈花指月的象徵方式有關，而且因為有意曲隱其詞的各種修辭手法。禪宗言意觀有個基本思路，即佛教的「第一義」是不可言說的。在禪師們看來，「第一義」仿佛是能斬斷一切愚情妄見的利刀，但這利刀卻容不得任何語言的觸及，一觸及就「傷鋒犯手」。為了避其鋒芒，最好的辦法當然是沉默，如果迫不得已要發言，就得避免正面回答，使用迂迴包抄、側面烘托的方法。特別是到了晚唐五代禪宗五家形成以後，隱晦的玄言逐漸成為宗門語的主要特色。潙仰宗視禪學為「玄學」，臨濟宗提倡「三玄三要」，曹洞宗有「不犯正位」之說，都有意繞路說禪，留下一大堆讓人費解的疑案。

一、　遮詮

　　佛教對經典教義的詮釋有兩種方式：一種叫表詮，一種叫遮詮。顧名思義，表詮是一種顯露的言說，遮詮是一種隱晦的言說。具體說來，表詮是指從事物的正面作肯定的解釋，而遮詮是指從事物的反面作否定的解釋。圭峰宗密《禪源諸詮集都序》論「遮詮表詮異者」指出：「遮謂遣其所非，表謂顯其所是。又遮者揀卻諸餘，表者直示當體。」他舉例說：「如說鹽云不淡是遮，云鹹是表；說水云不乾是遮，云濕是表。」就佛經對「真妙理性」的解釋而言，凡是說「不生不滅，不垢不淨，無因無果，無相無為，非凡非聖，非性非相等」，皆是遮詮；凡是說「知見覺照，靈鑒光明，朗朗昭昭，惺惺寂寂等」，皆是表詮（《禪

源諸詮集都序》卷下之一，《大正藏》第四十八卷）。

　　如果說教門詮釋佛教教義還是遮表結合的話，那麼宗門卻主要採用遮詮。圭峰宗密分析了禪宗各派使用這兩種詮釋方法的情況後認為，「空宗之言但是遮詮，性宗之言有遮有表」（同上）。但實際上，以《壇經》為代表的「無念為宗，無相為體，無住為本」的南宗禪，無論是傾向於空宗還是性宗，都主要採用了一種遮詮的顯性方式。有僧問馬祖道一：「和尚為什麼說即心即佛？」馬祖回答說：「為止小兒啼。」僧又問：「啼止時如何？」馬祖云：「非心非佛。」（《景德傳燈錄》卷六《江西道一禪師》）也就是說，「即心即佛」是對付一般愚昧信徒而言，對待已領悟禪理的智者，就該說「非心非佛」。馬祖的說法代表了中唐禪宗的主流觀點，正如宗密所說：「今時人皆謂遮言為深，表言為淺，故唯重非心非佛、無為無相、乃至一切不可得之言。」（《禪源諸詮集都序》卷下之一）這種重遮輕表的情況，隨著晚唐五代禪學的玄學化以及呵佛罵祖的升溫而愈演愈烈，一般禪徒動輒使用否定的反面的語言，故弄玄虛，以致於引起永明延壽禪師的憂慮：「如今實未親證見性之人，但效依通情傳意解，唯取言語中妙，以遮非泯絕之文，而為極則。以未見諦故，不居實地，一向托空，隨言所轉，近來尤甚，莫可遏之。」（《宗鏡錄》卷三四，《大正藏》第四十八卷）

　　那麼，禪師們為何對「遮詮」情有獨鍾呢？因為在他們看來，「第一義」一經表詮詮釋，便成語言垃圾，正如百丈懷海所言，「說得修行得佛，有修有證，是心是佛，即心即佛」，都是「不了義語」、「不遮語」，也就是「死語」（《古尊宿語錄》卷一《百丈懷海禪師語錄》）。但是「第一

「義」總得有方法表達才行，否則宗教的承傳很難進行下去。其實，當禪師們在說「第一義」不可說之時，就已是在用遮詮說「第一義」。好比畫月亮，用線條在白紙上畫一個圓圈，這是表詮的畫法；而在紙上塗些顏料或潑些水墨以作雲彩，中間露一個白圓塊，烘雲托月，這用的就是遮詮。百丈懷海認為，只有使用遮詮，「不許修行得佛，無修無證，非心非佛」，才是「了義語」、「遮語」，才是「生（活）語」。（同上）

　　宗門語中最符合宗密定義的「遮詮」是從反面作否定的回答，即所謂「遣其所非」或「揀卻諸餘」。比如：

　　　　僧問：「如何是古佛心？」師曰：「終不道土木瓦礫是。」（《景德傳燈錄》卷一七《洪州泐潭延茂禪師》）
　　　　問：「如何是法？」師曰：「唐人譯不出。」（《五燈會元》卷一五《雪峰象敦禪師》）
　　　　僧問：「如何是佛法大意？」師曰：「多少人摸索不著。」（同上《彰法澄泗禪師》）
　　　　僧問：「如何是佛？」師曰：「木頭雕不就。」（同上卷一六《雲居了元禪師》）

這種回答的特點是，假設一種錯誤的定義並對之作出否定，從而以一種類似排除法的方式達到肯定正確的目的。比如，先假設出「古佛心是土木瓦礫」這個錯誤的定義，再用「終不道」否定它。同理，先假設「法唐人譯得出」、「佛法大意多少人摸索得著」、「佛木頭雕得就」這些錯誤的說法，然後用「譯不出」、「摸索不著」、「雕不就」去

否定它們。

　　還有一種較典型的遮詮是否定式的反問，即針對提問不作正面回答，而以否定的形式對提問本身提出反問。比如：

　　　　問：「如何是佛？」師曰：「如何不是佛？」
　　（《景德傳燈錄》卷一三《如州風穴延沼禪師》）
　　　　問：「如何是西來意？」師云：「如何是不西來意？」（《祖堂集》卷一〇《安國和尚》）
　　　　僧問：「奔馬爭，誰是得者？」師曰：「誰是不得者？」（《五燈會元》卷六《新羅清院禪師》）

這種反問是更嚴格的排除法，排除了「如何不是佛」、「如何是不西來意」、「誰是不得者」，自然就知道「如何是佛」、「如何是西來意」、「誰是得者」。這些反問就是烘托畫上月亮的顏料或水墨，正因它們占滿了周圍的空間，才突出了「第一義」的白圓塊。

　　事實上，只要不從問題的正面作出肯定的解釋，無論是純素任真的隨意作答，還是暗設機巧的指東道西，或是故弄玄虛的羚羊掛角，都可以歸入遮詮的範疇。因為這些回答或解釋都有意無意採用了遮掩正題的方式，而這種遮掩顯然是出於禪宗「不立文字」的考慮，正因如此，永明延壽才幾乎將五代宋初的禪門機鋒都視為「遮非泯絕之文」。

　　「文字禪」的倡導者惠洪也是「遮詮」的積極倡導者，他在讚頌禪宗初祖達摩的禪法時說：「護持佛乘，指示心體。但遮其非，不言其是。嬰兒索物，意正語偏；哆啝之

中，語意俱捐。」（《石門文字禪》卷一八《六世祖師畫像贊‧初祖》）這段話有幾點值得注意：

其一，惠洪把「遮詮」視為達摩創立的禪宗正統的詮釋方式。據《景德傳燈錄》卷三《第二十八祖菩提達摩》旁注引《別記》云：「師初居少林寺九年，為二祖說法，師只遣其非，不為說無念心體。」在傳統的看法中，達摩的禪法是「不立文字，教外別傳」，而惠洪則強調達摩「但遮其非，不言其是」的一面，把「護持佛乘，指示心體」歸結到闡釋技巧的運用上來，從而曲折地表明了他的「心之妙不可以語言傳（故不立文字），而可以語言見（故不離文字）」的一貫觀點（同上卷二五《題讓和尚傳》）。

其二，宗密和延壽對「遮詮」的解釋是「遣其所非」、「絕百非」，惠洪卻有意把它和「意正語偏」聯繫起來，這實際上是他對這一詮釋方法的引申，即除了遣「非」以顯「是」以外，也可以「偏」言以顯「正」。顯然，所謂「意正語偏」與曹洞宗的「五位偏正」之說頗有聯繫，與惠洪稱讚的「不犯正位，語忌十成」的曹洞家風是相通的（見惠洪《林間錄》卷上）。惠洪讀過《宗鏡錄》（如《石門文字禪》卷二五有《題宗鏡錄》、《題法惠寫宗鏡錄》），應該瞭解延壽對「遮詮」的解釋，但他之所以拈出「意正語偏」一詞，實在是出於禪宗公案語言運用的事實以及闡釋古德公案的需要。

其三，惠洪把「遮詮」和嬰兒索物的「哆啝」之語聯繫起來，認為這是禪家的最高境界，即一種拋棄了語言和思想的無分別取捨的境界。「哆啝」是禪宗常用語，又作「哆哆和和」，如南泉普願禪師云：「不可指東指西賺人。你當哆哆和和時，作麼不來問老僧，今時巧點，始道我不會圖

什麼。」（《古尊宿語錄》卷一二《池州南泉普願禪師語要》）石室善道和尚云：「汝不見小兒出胎時，可道我解看教不解看教。當恁麼時，亦不知有佛性義、無佛性義。及至長大，便學種種知解出來，便道我能我解，不知是客塵煩惱。十六行中，嬰兒行為最，哆哆和和時，喻學道之人離分別取捨心。故讚歎嬰兒，可況取之。」（《景德傳燈錄》卷一四《潭州石室善道和尚》）萬松行秀《從容庵錄》解釋說：「哆哆和和，嬰兒言語不真貌。又《法華釋籤》云：『多跢，學行之相；嚘和，習語之聲。』」（《從容庵錄》卷一第八則《百丈野狐》）「哆哆和和」又作「婆婆和和」，洞山良價贊《寶鏡三昧》也提到語言使用應如嬰兒的問題：「如世嬰兒，五相完具。不去不來，不起不住。婆婆和和，有句無句。終不得物，語未正故。」（《人天眼目》卷三《曹洞宗・寶鏡三昧》）

　　由此可見，「遮詮」不僅僅是一種詮釋方式，而且體現了禪宗的整個宗教語言觀。這樣，禪宗公案中那些實在無法猜測其含義的對話，也可以用「哆唎之中，語意俱捐」的觀點予以合理的解釋。隨便舉幾個例子：

　　　　僧問：「萬法歸一，一歸何所？」師云：「老僧在青州作得一領布衫重七斤。」（《景德傳燈錄》卷一〇《趙州東院從諗禪師》）

　　　　問：「如何是諸佛師？」師云：「釘釘東東，骨低骨董。」師坐次，有僧驀然問：「請師道。」師云：「蘇嚕蘇嚕娑婆訶。」（《古尊宿語錄》卷六《睦州和尚語錄》）

　　　　問：「習學謂之聞，絕學謂之鄰，過此二

者，謂之眞過。如何是眞過？」師曰：「禾山解打鼓。」曰：「如何是眞諦？」師曰：「禾山解打鼓。」問：「即心即佛則不問，如何是非心非佛？」師曰：「禾山解打鼓。」曰：「如何是向上事？」師曰：「禾山解打鼓？」（《五燈會元》卷六《禾山無殷禪師》）

馬大師不安。院主問：「和尚近日尊候如何？」大師云：「日面佛，月面佛。」（《碧巖錄》卷一第三則《馬祖日面佛月面佛》）

這些回答和問話之間有什麼邏輯聯繫呢？是象徵呢？還是隱喻呢？至少從表面上我們對它們所要表達的意義一無所知。祖師們彷彿在喃喃自語，毫不關心僧徒們在說些什麼。例如禾山禪師，面對四個不同的提問，都只說「禾山解打鼓」一句莫名其妙的話，完全不管問話本身。特別是睦州和尚，乾脆答之以丁丁冬冬、嘰哩咕嚕的象聲詞。這不就是嬰兒索物似的哆哆和和之語嗎？《碧巖錄》對趙州、禾山、馬祖這三則公案都作了評唱，但其評語總是躲躲閃閃，落不到實處，最終也沒解釋這三位祖師言句的究竟意義，只說了些「向上一路，千聖不傳」、「雖難見卻易會，雖易會卻難見」之類搪塞的話（同上卷一第三則《馬祖日面佛月面佛》、卷五第四十五則《趙州七斤布衫》）。其實，這些祖師的言句本身就沒有什麼意義，正如克勤指出的那樣：「此語不涉理性，亦無議論處。」（同上卷五第四十四則《禾山解打鼓》）若定要尋繹這些話的意義，那也不過是暗示了一種「語意俱捐」的觀點罷了。

有一則著名的公案叫做「洞山麻三斤」：僧問洞山

（守初禪師）：「如何是佛？」洞山云：「麻三斤。」（《景德傳燈錄》卷二二《隨州雙泉師寬禪師》）佛與麻三斤之間究竟有什麼關係呢？正因這則公案意義的晦澀，歷來引起很多禪師和學者的猜測與解釋。迄今為止，仍有學者試圖通過考證追尋它的本義，如日本學者入矢義高就根據雲門文偃「三斤麻，一匹布」的話頭推測「麻三斤」是做一領袈裟的材料[1]。然而，克勤早在《碧岩錄》中就對種種不懂禪理妄加解釋的說法痛加駁斥，並闡述了應當如何拋棄是非分別之心的理解原則：

> 這個公案多少人錯會，直是難咬嚼，無你下口處。何故？淡而無味。古人有多少答佛話，或云「殿裏底」，或云「三十二相」，或云「杖林山下竹筋鞭」。及至洞山，卻道「麻三斤」，不妨截斷古人舌頭。人多作話會，道：「洞山是時在庫下秤麻，有僧問，所以如此答。」有底道：「洞山問東答西。」有底道：「你是佛，更去問佛，所以洞山繞路答之。」死漢更有一般道：「只這麻三斤，便是佛。」且得沒交涉。你若恁麼去洞山句下尋討，參到彌勒佛下生，也未夢見在。何故？言語只是載道之器，殊不知古人意，只管去句中求，有什麼巴鼻？不見古人道：「道本無言，因言顯道。」見道即忘言，若到這裏，還我第一機來始得。只這「麻三斤」，一似長安大路一條相似，舉足下足，無有不是。這個話與雲門餬

1　入矢義高《禪語散論「乾屎橛」「麻三斤」》，《俗語言研究》第二期，禪籍俗語言研究會編，日本京都花園大學禪文化研究所，1995 年 6 月。

餅話是一般，不妨難會。你但打疊得情塵意想、
計較得失，是非一時淨盡，自然會去。

（《碧岩錄》卷二第十二則《洞山麻三斤》）

按照克勤的說法，洞山的話「淡而無味」，是沒有具體意義
的，它的作用是「截斷古人舌頭」，把參禪從語言的桎梏中
解救出來。它不能作為「話」來理解，因此任何一種解釋
「且得沒交涉」。要真正理解這則公案，就得去除一切情塵
意想、是非得失之心。換言之，洞山的話就如嬰兒的囈
語，只能用「語意俱捐」的嬰兒之心才能領會。

如果這則公案發生在中唐或晚唐前期的普請場景中，
我們也許可以把它看作「存在即此在」式的一種回答，如
有的禪師解釋的那樣，洞山當時正在庫中秤麻，有僧問
佛，所以隨口答之。但由於這則公案的語境已不可考，而
且產生於各種玄言盛行的時代，我們也許不得不同意克勤
的解說。

二、隱語

永明延壽禪師指出：「佛法世法一一皆有名體。」他
以水為例解釋說，「水」是物之「名」，「濕」是物之
「體」，而「澄之即清，混之即濁，堰之即止，決之即流，
而能灌溉萬物，洗滌群穢」是水的「功能義用」。也就是
說，水這一物體，可以從「名」（名稱）、「體」（本質）、
「用」（功能）三個方面來認識。延壽認為：「空宗相宗，
為對初學及淺機，恐隨言生執，故但標名而遮其非，唯廣
義用而引其意；性宗為對久學及上根，令忘言認體，故一
言直示。」（《宗鏡錄》卷三四）這裏的「標名而遮其非」

可以理解為對標名的遮掩，即不從正面標舉事物的名稱，而從事物「義用」的角度去展示事物的意義。在禪籍語言的實際使用中，除了延壽這樣的有義學傾向的禪師主張直接言「體」外（順便說，延壽也是表詮的提倡者），絕大多數的禪師採用的是「言其用不言其名」或「言其用不言其體」的方式。

這種言說方式可稱作「隱語」，不述本意、不稱本名而用它辭暗示。「隱語」是中國本土一種很古老的言說傳統，又稱「廋詞」。劉勰《文心雕龍・諧隱》曰：「昔楚莊、齊威性好隱語，至東方曼倩尤巧辭述。」《漢書・東方朔傳》載東方朔所說隱語：「夫口無毛者，狗竇也；聲謷謷者，鳥哺鷇也；尻益高者，鶴俛啄也。」這種隱語類似謎語，其功能主要在於一種文詞上的戲謔，而其形式則是典型的「言其用不言其名」。禪師們卻借用這種形式，把它改造為「繞路說禪」的方式之一。隱語在佛經文本中極少見，在禪籍中卻極為常見，可謂地道的本土話語。試看下面幾則例子：

> 問：「如何是古佛心？」師曰：「白牛露地臥清溪。」（《景德傳燈錄》卷二四《石門山紹遠禪師》）
> 問：「如何是佛？」師曰：「丙丁童子來求火。」（同上卷一七《安州白兆山志圓禪師》）
> 問：「祖意教意是同是別？」師曰：「牛羊同群放。」（《五燈會元》卷一三《靈泉歸仁禪師》）
> 問：「如何是提婆宗？」師曰：「銀碗裏盛雪。」（同上卷一五《巴陵顥鑒禪師》）

第一個例子中的「白牛露地」出自福州大安禪師關於調養心性的著名譬喻「露地白牛」（見《景德傳燈錄》卷九《福州大安禪師》），在此已成為「古佛心」的隱語，它以養心之「義用」取代了心之「名體」。第二個例子中的「丙丁童子來求火」的意思正如玄則禪師所說：「丙丁是火而更求火，亦似玄則將佛問佛。」（同上卷二五《金陵報恩玄則禪師》）按中國五行觀念，丙丁屬火，所以丙丁童子就是火神的代名詞。禪宗認為人人自身都有佛性，不假外求，因此「丙丁童子來求火」就是將佛問佛的隱語。第三個例子中「牛羊同群放」的含義可參見另一則公案，僧問白雲子祥禪師：「祖意教意是同是別？」答曰：「不別。」（《五燈會元》卷一五《白雲子祥禪師》）顯然，「牛羊同群放」的意思就是「不別」，只不過後者是表詮，而前者是隱語或廣義的遮詮。第四個例子中的「提婆宗」本為西天第十五祖提婆尊者，禪宗視之為外道宗。馬祖云：「凡有言句，是提婆宗。」（見《碧岩錄》卷二第十三則《巴陵銀碗裏雪》）但若依禪宗萬法平等、凡聖本同的觀念，外道與正宗、有句與無句本無差別。而「銀碗裏盛雪」出自洞山良價的《寶鏡三昧》：「銀碗盛雪，明月藏鷺。類之弗齊，混則知處。」（《人天眼目》卷三《曹洞宗●寶鏡三昧》）正是混同無別的隱語。

曹洞宗的「五位君臣」就是使用隱語的典型。曹山本寂解釋洞山良價的「五位君臣」的禪法說：「以君臣偏正言者，不欲犯中。故臣稱君，不敢斥言也。」（《撫州曹山元證禪師語錄》）「斥言」是指名而言。「不敢斥言」本是中國傳統文化特有的「避諱」現象之一，曹山借用來比喻禪宗語言對「第一義」的避諱，即談禪不得正面直接說道

理，不得出現「佛性」、「真如」、「實相」、「根塵」、「修證」、「圓成」等等佛教術語。曹洞宗的禪理主張即色即空，理事圓融，但在言說這一道理時，他們總要使用其他的語詞代替，比如用「君」或「正位」代指「空」、「理」，用「臣」或「偏位」代指「色」、「事」，並由此構造出一個由隱語組成的說理系統。在這套系統中，空色、理事的關係轉換為「五位元君臣」的關係，即「君位」、「臣位」、「君視臣」、「臣向君」、「君臣合」；或是對應為「五位功勳」的關係，即「正中偏」、「偏中正」、「正中來」、「兼中至」、「兼中到」；或是對應為「五位王子」，即「誕生王子」、「朝生王子」、「末生王子」、「化生王子」、「內生王子」。《人天眼目》載石霜慶諸出題、洞山良價（悟本）作頌的《五位王子頌》，全部用隱語解說佛性的修證：

　　　　誕生（內紹嫡生。又云：正位，根本智，儲君太子也。）

　　　　天然貴胤本非功（不假修證，本自圓成），德合乾坤育勢隆（本自尊貴中來）。始末一期無雜種（本無雜念），分宮六宅不他宗（六根唯以一機軸）。上和下睦陰陽順（前後一際），共氣連枝器量同（始終無二）。欲識誕生王子父（須知向上更有一人在），鶴騰霄漢出銀籠（千聖不傳）。

　　　　朝生（庶生。宰相之子，已落偏位，涉大功勳。亦云外紹臣種。）

　　　　苦學論情世不群（有修有證），出來凡事已超倫（雖有修有證，本自尊貴中來）。詩成五字三冬

雪（染汙不得），筆落分毫四海雲（不守住）。萬
卷積功彰聖代（大功修證），一心忠孝輔明君（知
有向上人，始得奉重）。鹽梅不是生知得（修證還
同），金榜何勞顯至勳（不假修證，不待功勳）？

末生（有修有證。群臣位。）

久棲岩嶽用功夫（有修有證），草榻柴扉守志
孤（直是不待功勳，一塵不染）。十載見聞心自委
（方全肯重），一身冬夏衣縑無（赤灑灑，乾剝
剝）。澄凝愁看三秋思（一塵不染），清苦高名上
哲圖（學者可以爲王尊貴之事）。業就巍科酬極志
（本業成就），比來臣相不當途（雖然如是，功勳
不犯）。

化生（借位明功。將軍位。）

傍分帝化爲傳持（分佛列祖），萬里山河布政
威（正令當行）。紅影日輪凝下界（從尊貴中
來），碧油風冷暑炎時（正布威時，誰敢犯令）。
高低豈廢尊卑奉（知有底如解奉重），五袴蘇途遠
近知（爲甦塗炭也）。妙印手持煙塞靜（誰敢當
頭），當陽那肯露纖機（終始功勳不犯）？

內生（亦爲內紹。根本同出，誕生同。）

九重深密復何宣（無言無說，正令當行）？
掛弊鯀來顯妙傳（曲爲今時）。只奉一人天地貴
（奉重內生王子父），從他諸道自分權（雖然言一
用，要在一機軸）。紫羅帳合君臣隔（入他無異
相，體知同一國），黃閣簾垂禁制全（天下音成，
正令當行）。爲汝方隅官屬戀，（正是幼生子），
遂將黃葉止啼錢（不免權此問）。（《人天眼目》

卷三《曹洞宗五位王子頌》）

這五首七言律詩，從題目到內容，句句都是隱語，若非智昭括弧中的注釋，我們很難揣測其意。表面看來，這些詩是在歌頌出生不同、身份不同的人各自的生活，有天生尊貴的儲君，有積代勳閥的公子，有苦讀及第的進士，有威震山河的將軍，有權尊九重的帝王，而實際上是代指根性不同的參禪者各自的修行方法和所達到的境界。其實，智昭的注釋本身也使用了一些隱語，如「功勳」、「正令」、「幼生子」等等，只是這些隱語已成為禪宗的行業語言，一般禪師不待解釋已知其意。

自禪宗五家形成後，宗門隱語的使用越來越廣泛，且不僅僅限於曹洞宗一家。如著名的「雲門三句」就是由隱語組成，「函蓋乾坤」代指至大無外、萬法平等的境界，「截斷眾流」代指斬斷語言葛藤、打破常情識解的境界，「隨波逐浪」代指隨機應變、不拘故常的應接方式。至於其他機鋒應接以及頌古評唱，更是大量採用隱語。

司馬光曾指責北宋中葉以臨濟和雲門為代表的禪風說：「今之言禪者，好為隱語以相迷，大言以相勝，使學者倀倀然益入於迷妄。」（見岳珂《桯史》卷八《解禪偈》，中華書局排印本，1981年）以佛教詞語而論，稱知見解會為「鶻臭布衫」，稱大悟禪旨為「打破漆桶」，稱言說謗法為「不惜眉毛」，稱為世差遣為「穿卻鼻孔」。就是一般性的語詞，也有意避免用其本名，如稱雜物為「骨董」，稱手杖為「木上座」等等，甚至出現了以隱語自欺欺人的現象，如蘇軾指出：「僧謂酒『般若湯』，謂魚『水梭花』，謂雞『鑽籬菜』，竟無所益，但自欺而已。」（《蘇軾

文集》卷七十二《僧自欺》） 這些隱語不僅成了詩人舞文弄墨的好材料，如江西詩派饒節詩云：「我已定交木上座，君猶求舊管城公。」（《倚松老人詩集》卷二《次韻答呂居仁》，清宣統庚戌刊《江西詩派》本）謝逸詩云：「曲肱但作吉祥臥，澆舌惟無般若湯。」（謝逸《溪堂集》卷五《聞幼槃弟歸喜而有作二首》其二，《豫章叢書》本）而且也啟發詩人對曲隱其詞的美學效果有了自覺的追求，如蘇軾的朋友趙令時說：「予詩中有『青州從事』對『白水真人』，公（東坡）極稱之，云：『二物皆不道破為妙。』」（趙令時《侯鯖錄》卷一，《知不足齋叢書》本）按，「青州從事」和「白水真人」分別是酒和錢的隱語。蘇軾所謂「不道破為妙」，也是禪宗使用語言的基本原則。

惠洪是北宋後期融通禪宗諸家言說方式的重要人物，也是將禪宗言說方式轉化為詩歌表達技巧的重要人物。他不僅把石頭希遷《參同契》中的「明暗之意」和曹洞宗的「五位偏正」、臨濟宗的「句中玄」、雲門宗的「三句」聯繫起來（見《石門文字禪》卷二五《題清涼注參同契》），而且把禪宗「言其用不言其名」的方式移植到詩論中去：「用事琢句，妙在言其用不言其名耳。此法唯荊公、東坡、山谷三老知之。荊公曰：『含風鴨綠鱗鱗起，弄日鵝黃嫋嫋垂。』此言水、柳之用，而不言水、柳之名也。」（《冷齋夜話》卷四《詩言其用不言其名》）以事物的功能作用來代替事物的名稱，避免直接描寫，使語義顯得迂曲。比如王安石的詩，用「鴨綠」代水，「鵝黃」代柳，不僅有「不道破之妙」，而且深具視覺效果。

宋人論詩還有「言用勿言體」的說法，這也是從禪宗那裏借鑒而來的。《漫叟詩話》記陳本明論詩云：「前輩

謂作詩，當言用勿言體，則意深矣。若言冷則云『可咽不可漱』，言靜則云『不聞人聲聞履聲』之類。」（胡仔《苕溪漁隱叢話・前集》卷三七引，人民文學出版社排印本，1981年）所舉兩例都是蘇軾的詩句，分別描寫泉水之冷和寺院之靜（見《蘇軾詩集》卷二三《棲賢三峽橋》、卷一〇《宿海會寺》）。所謂「體」，指抽象的本體或性質；所謂「用」，指具體的作用或表現。「言體」者，容易造成浮泛空洞和直說乏味；「言用」者，既具體生動而又迂曲深婉。以蘇詩為例，「冷」和「靜」是「體」，如果直接道出，了無餘蘊，而云可咽不可漱、「不聞人聲聞履聲」，則不僅化空洞為落實，而且避免了正面直說。

　　必須指出，「體」和「用」是禪宗頗愛使用的一對概念，如《壇經・定慧品》：「燈是光之體，光是燈之用」，「真如即是念之體，念即是真如之用。」中國禪從楞伽師時代起便十分重視體用相即之說，到了馬祖道一的洪州禪，更由對「體」的回歸轉向對「用」的自覺。在語言運用上主張「偏正回互」的曹洞宗，恰巧強調「混然體用」（參見洞山良價《玄中銘》並序，載《筠州洞山悟本禪師語錄》）。禪宗公案中常見的以具象語言回答諸如「如何是佛法大意」一類的抽象問題，正是堅持了「言用勿言體」的詮釋原則。

三、玄言

　　從晚唐時期起，禪宗語言出現了玄虛化、神秘化的傾向。溈山靈祐把「禪學」稱為「玄學」，以與「義學」相對舉，如他詢問仰山慧寂：「子既稱善知識，爭辨得諸方來者，知有不知有？有師承無師承？是義學是玄學？子試說

看。」(《景德傳燈錄》卷一一《袁州仰山慧寂禪師》)而玄學與義學的區別,主要體現在語言風格的差異上。正如汾陽善昭所說:「夫參玄之士,與義學不同,頓開一性之門,直出萬機之路。……了萬法於一言,截眾流於海。」(《汾陽無德禪師語錄》卷下)也就是說,玄學沒有義學那麼多煩瑣的註疏和解說,而是以「一言」截斷理路,使人「頓了萬法」。而這「一言」,往往包含著極其玄妙深奧的意義,從字面上完全無法理解,所以也稱作「玄言」。

禪宗以「玄」代「禪」,有可能受到魏晉玄學的影響。《老子》曰:「玄而又玄,眾妙之門。」就禪宗而言,「眾妙之門」就是「心」,不管是喚作「理」還是「道」、「佛」。「心」是很玄妙的,一般語言難以企及,「言之玄也,言不可及旨之妙也」(同上卷上),因此需要用玄言表示玄旨。值得注意的是,禪宗的「玄言」雖與魏晉玄學的「玄言」有相通之處,同樣精微玄妙,但其表現形式仍有很大的不同,最突出的區別是,魏晉的玄言具有較強的哲學思辨色彩,所謂「辨名析理」,而禪宗的玄言卻有意顛覆任何形式的思辨,所謂「頓開直出」;魏晉的玄言探討的是形而上的無限的存在,而禪宗的玄言卻重視活生生的有限的此在。

以睦州陳尊宿為例,《景德傳燈錄》記載:「時有學人叩激,(睦州)隨問遽答,詞語峻險,既非循轍,故淺機之流,往往嗤之,唯玄學性敏者欽伏,由是諸方歸慕。」(《景德傳燈錄》卷一二《睦州龍興寺陳尊宿》)既然睦州的不遵循通常言說規則的「峻險」之語為「玄學性敏者」所喜愛,可見其「詞語」正是宗門所說的「玄言」。試看下面例子:

　　　　問：「如何是向上一路？」師云：「你問將
來，我與你道。」進云：「便請道。」師云：
「抖擻多年，穿破衲襴龥，一半逐雲飛。」問：
「請師講經。」師云：「買帽相頭。」進云：「謝
師慈悲。」師云：「拈頭作尾，拈尾作頭，還我
第三段來。」

　　　　問：「如何是超佛越祖之談？」師驀拈拄杖
示眾云：「我喚作拄杖，你喚作什麼？」僧無
語。師再將拄杖示之云：「超佛越祖之談，是你
問麼？」僧無語。（《古尊宿語錄》卷六《睦州和
尚語錄》）

倘若睦州和尚使用了否定、矛盾或不合理的話，那麼我們
還可找到其思辨的痕跡。然而，他的答話與提問是如此的
毫不相關，簡直是問東答西，這就完全令人茫然不解。顯
然，「玄言」是無法從語義層面去解釋的，甚至也無法從
思辨的層面去深究。但睦州的確說的是極平常極普通的語
言，「破衲一半逐雲飛」、「買帽相頭」、「我喚作拄杖」，
這些都是運載著生活經驗的大實話，它們的玄妙只是相對
於提問才顯示出來。

　　趙州從諗也被宗門視為一個玄言大師，《景德傳燈錄》
稱他的「玄言布於天下，時謂趙州門風」。那麼趙州的「玄
言」又有什麼風格呢？試以幾則被《碧巖錄》評唱的著名
公案為例：

　　　　問：「承聞和尚親見南泉，是否？」師云：
「鎮州出大蘿蔔頭。」

師示眾云：「至道無難，唯嫌揀擇。才有言語，是揀擇，是明白？老僧卻不在明白裏，是你還護惜也無？」問：「和尚既不在明白裏，又護惜個什麼？」師云：「我亦不知。」學云：「和尚既不知，爲什麼道不在明白裏？」師云：「問事即得，禮拜了退。」

問：「如何是趙州？」師云：「東門、西門、南門、北門。」（同上卷一三《趙州眞際禪師語錄並行狀卷上》）

問：「初生孩子還具六識也無？」師云：「急流水上打毬子。」

問：「久向趙州石橋，到來只見掠彴子？」師云：「闍黎只見掠彴子，不見趙州石橋。」云：「如何是石橋？」師云：「過來！過來！」又云：「度驢度馬。」（同上卷一四《趙州眞際禪師語錄之餘》）

第一則「鎮州出大蘿蔔頭」這句話，與問話毫不相干，所以克勤稱之爲「無味之談，塞斷人口」（《碧岩錄》卷三第三十則《趙州大蘿蔔頭》）。但就這句話本身而言，描述的卻是事實。第二則「至道無難」等句出自三祖僧璨《信心銘》：「至道無難，唯嫌揀擇。但莫憎愛，洞然明白。」（《景德傳燈錄》卷三〇）有了言語，是揀擇呢還是明白呢？既然自己的「心」不在明白中，還有必要護惜嗎？趙州從諗把自己的困惑講述給眾人，並且承認「我亦不知」，目的是讓眾人去參悟。所以克勤認爲「此是大手宗師，不與你論玄論妙，論機論境，一向以本分事接人」（《碧岩錄》

卷一第二則《趙州至道無難》）。第三則僧問「如何是趙
州」，問的是趙州的禪法，即趙州門風，而趙州從諗卻就
「趙州」字面據實回答，趙州城有東西南北四門。表面看
來，問答相接，但實際上問的是形而上的問題，答的卻是
形而下的事物，二者風馬牛不相及。第四則所謂「六識」
是佛教教門的概念，指眼識、耳識、鼻識、舌識、身識、
意識，即由色、聲、香、味、觸、法六境而生的見、聞、
嗅、味、覺、知六種認識作用。禪宗認為「初生孩兒雖具
六識，眼能見，耳能聞，然未曾分別六塵好惡、長短、是
非、得失」（同上卷八第八十則《趙州初生孩子》），也就是
說，嬰兒無分別取捨之心。趙州從諗答之以「急水上打毬
子」，意思是念念不停流，暗示無拘無礙、快活自在的境
界。這種境界就是嬰兒無功用的境界。第五則「掠彴」
（《碧巖錄》作「略彴」）指獨木橋，其僧故意借貶石橋而
「減趙州威光」。從諗稱趙州石橋「度驢度馬」，也只是如實
描述，但暗含普渡眾生之意，將其僧也網羅在內，以不動
聲色的嘲諷回敬了其僧的貶損。這是典型的「鬥機鋒」，但
語言「平實安穩」，「更不傷鋒犯手」（同上卷六第五十二
則《趙州渡驢渡馬》）。由此可見，趙州的「玄言」在很大
程度上是平常語言，並不有意追求玄妙。事實上，趙州對
玄虛化的禪風頗為不滿，有僧問：「如何是玄中玄？」他
回答說：「說什麼玄中玄、七中七、八中八？」又有問
「玄中玄」的僧人自稱「玄來久矣」，趙州說：「賴遇老
僧，泊合玄殺這屢生。」（《古尊宿語錄》卷一三《趙州真
際禪師語錄並行狀卷上》）而趙州的言句之所以被稱為「玄
言」，乃是由於日趨玄虛化的禪宗各派的誤讀。

　　有意識提倡玄言的是臨濟義玄，他曾經說過「一句語

須具三玄門，一玄門須具三要」的話，後成為臨濟宗的重要門庭設施，即所謂「三玄三要」。什麼是「三玄三要」呢？義玄說得含糊籠統，但其大概意思是在言句中要蘊藏玄妙的禪理，話中有話，言外有旨。後來的禪師們對此有種種猜測和爭論。汾陽善昭特別重視「三玄三要」，把它看成是禪語玄言運用的典範。他作頌解釋說：

> 三玄三要事難分，得意忘言道易親。一句明明該萬象，重陽九日菊花新。（同上卷一〇《汾陽昭禪師語錄》）

意思是說，「三玄三要」的具體所指難於辨別，關鍵是要悟解句中蘊藏的玄旨，由「得意忘言」而契合妙道。這玄妙的一句語中該備萬象，包含著生命的原創力。「重陽」是雙關語，暗指《周易》中的乾卦，用以譬喻「君子以自強不息」的精神。對此，汾陽另有說明：「汝還會三玄底時節麼？直須會取古人意旨，然後自心明去，更得變通自在，受用無窮，喚作自受用身佛，不從他教，便識得自家活計。」（同上）古人寓禪於言，所以句藏三玄；後人忘言得意，所以別求玄解。也就是說，玄言是不能從字面上去理解的。但什麼是包含了「三玄三要」的句子呢？這種句子在語言形式上究竟有什麼特徵呢？臨濟義玄、汾陽善昭並沒有明確的解說。不過，汾陽有答僧問的「三句」，似乎可當做這種句子的範本：

> 問：「如何是學人著力處？」師曰：「嘉州打大像。」曰：「如何是學人轉身處？」師曰：

「陝府灌鐵牛。」曰：「如何是學人親切處？」師曰：「西河弄師子。」乃曰：「若人會得此三句，已辨三玄。更有三要語在，切須薦取，不是等閒。」（同上）

汾陽所答三句，都是當時人們熟悉的歇後語，「嘉州打大像」意謂「空開大口」或是「天生自然」，「陝府灌鐵牛」意謂「千人萬人共見」，「西河弄師子」意謂「咬人太急」[2]。但依此歇後語的意義仍無法把問與答聯繫起來。我懷疑汾陽改造了歇後語的意義，「嘉州打大像」指海通和尚開鑿嘉州（今四川樂山）大佛之事，歷盡艱辛始成，正可暗示「學人著力處」；「陝府灌鐵牛」指陝州（今河南陝縣）黃河中大禹所鑄鐵牛之事，鐵牛橫身阻黃河水勢，正可暗喻「學人轉身處」；「西河弄師子」本為唐代舞曲，但「西河」即汾州（今山西汾陽），「弄師子」即佛教所謂「作師子吼」，得大自在，正可暗喻「學人親切（悟道）處」。

薦福承古禪師依據汾陽善昭之頌給「三玄」擬出名目。他認為，「三玄三要事難分」一句是「總頌三玄」，「得意忘言道易親」一句是「玄（或作意）中玄」，「一句明明該萬象」一句是「體中玄」，「重陽九日菊花新」一句是「句中玄」。那麼，又該怎樣來認識或區別「體中玄」、「句中玄」、「玄中玄」在禪師對答語句中的表現呢？承古舉例說：如僧問趙州：「如何是學人自己？」趙州對曰：「山河大地。」這類語句就是「體中玄」。如僧問雲門：

2　參見《禪語辭書類聚》第二冊《宗門方語》、《禪林方語》等，日本京都花園大學禪文化研究所印行。

「如何是超佛越祖之談？」雲門答曰：「餬餅。」這類語句
就是「句中玄」。如外道問佛：「不問有言，不問無言。」
佛良久（默然），外道曰：「世尊大慈大悲，開我迷雲，令
我得入。」這類語句就是「玄中玄」。按照承古的闡釋，
「體中玄」是問答相對銜接、意義相對直露的玄言，是所謂
「合頭語」，因此易被「見解所纏，不得脫灑」。「句中玄」
是問答脫節、意義隱晦的玄言，它是對「體中玄」的超
越，有意問東答西，表現出一種「總無佛法知見」的瀟
灑。「玄中玄」是不作回答、不涉言句的玄言，或沉默，
或棒喝，它又是對「句中玄」的超越，是徹底的覺悟，不
僅擺脫知見見解，而且透過生死之念，「不坐在脫灑路
上，始得平穩，腳踏實地」。承古最後總結說：「三世諸佛
所有言句教法，出自體中玄；三世祖師所有言句並教法，
出自句中玄；十方三世佛之與祖所有心法，出自玄中玄。」
（以上所引語均見《禪林僧寶傳》卷一二《薦福古禪師
傳》）。

　　如果承古的說法成立的話，那麼，禪宗祖師所有的難
於理解的話頭，都出自「句中玄」，而佛教義學的文本，都
出自「體中玄」。但事實上，承古所舉「體中玄」的例子，
如馬祖、趙州等人的公案，也屬於禪宗祖師的言句。顯
然，承古的結論難以自圓其說。更合理的解釋應是，早期
禪師的言句多為「體中玄」，晚唐以後禪師的言句多為「句
中玄」。關於禪宗言句由顯到隱、由直到曲、由實到虛、由
拙到巧的變化，禪師們多有評論，如雲居弘覺指出：「古
人純素任真，有所問詰，木頭礫磚隨意答之，實無巧妙。」
（《石門文字禪》卷二五《題雲居弘覺禪師語錄》）大慧宗杲
指出：「祖師西來，直指人心，見性成佛。於今諸方多是

曲指人心，說性成佛。」（《大慧普覺禪師宗門武庫》，《大正藏》第四十七卷）永覺元賢指出：「六祖以前，多是有義句；六祖以後，多是無義句。」（《永覺元賢禪師廣錄》卷二九《永覺瘲言》，《續藏經》第二編第三十套第四冊）思想上的原創性逐漸消失後，便不得不在語言上花樣翻新，這是禪宗演化過程中的普遍傾向。因此，從使用語言的態度來看，禪宗的「玄言」又可分為隨意為之和有意設置兩種。晚唐後五家七派的種種言句旨訣就是有意設置的玄言。

　　既然禪宗提倡「直指人心，見性成佛」，那麼為什麼又有意設置玄言呢？雪峰義存上堂說了這樣幾句話：「我若東道西道，汝則尋言逐句。我若羚羊掛角，汝向什麼處捫摸？」（《景德傳燈錄》卷一六《福州雪峰義存禪師》）這大概就是晚唐後不少宗師使用玄言的理由，為了防止學人從言句上理解，故意說些不著邊際的話頭。另據惠洪分析，汾陽善昭提倡「三玄三要」，是因為一般和尚「喜行平易坦途」，禪宗日益非宗教化，所以有意用「壁立萬仞」的「祖宗門風」來救此禪病。而禪宗的「三玄三要」，有如孔門中的《易・繫辭》，是最精微玄秘的禪法（惠洪《臨濟宗旨》，《禪宗集成》本第一冊）。換言之，禪師們故意使用玄言有兩個目的，一是顛覆合頭語、有義句，去除學人的知見見解；二是顛覆平常語、方便句，恢復參禪神秘玄虛的宗教性，以免在「平常心是道」的幌子下變得過分平易淺薄。

　　圓悟克勤把頌古闡釋公案的方式稱作「繞路說禪」，其實就是用「羚羊掛角，無跡可求」的玄言來解釋禪理。以雪竇重顯的頌古為例，從字面上看，往往和公案文本毫無

關聯的跡象。如公案「香林久坐成勞」的原始文本是：

> 僧問香林：「如何是祖師西來意？」林云：
> 「坐久成勞。」

雪竇的頌古是：

> 一個兩個千萬個，脫卻籠頭卸角馱。左轉右
> 轉隨後來，紫胡要打劉鐵磨。（公案和頌古均見
> 《碧岩錄》卷二第十七則《香林久坐成勞》）

本來，香林以「久坐成勞」回答僧問就令人感到困惑，這和「祖師西來意」有什麼邏輯聯繫呢？如果久坐是指達摩祖師面壁九年的話，那麼豈不是說他的坐禪除了白費力氣外徒勞無益嗎？雪竇的頌古更加晦澀，他的「左轉右轉」不知繞到什麼地方去了，「脫卻籠頭」似乎在比喻宗教解脫，但和「坐久成勞」怎麼搭得上邊呢？這就是典型的顛覆有義句的玄言，「言無味，句無味，無味之談，塞斷人口」，「無你計較作道理處」（克勤評語，見同上）。

而黃龍慧南的「黃龍三關」，就是為了恢復禪的宗教性而設置的玄言問答。慧南常用三個問題來考問參禪者，以勘辨他們對佛法的領悟程度。這三個問題是：「人人盡有生緣處，那個是上座生緣處？」「我手何似佛手？」「我腳何似驢腳？」這裏的「生緣」指家鄉、出生地，也雙關決定人生及其命運的諸因素；「我手」與「佛手」的比較，涉及人生與諸佛的關係；「我腳」與「驢腳」的比較，涉及人身與畜生（異類）的關係。這三個問題中包含著玄妙

的禪理，很難回答，「三十餘年，示此三問，往往學者多不湊機」（《建中靖國續燈錄》卷七《黃龍慧南禪師》，又見《五燈會元》卷一七《黃龍慧南禪師》）。比如第一個問題，看來最簡單，但慧南的高足真淨克文曾有提示：

> 人人盡有生緣處，那個是上座生緣處？便道：某是某州人。是何言歟？且莫錯會好！（《嘉泰普燈錄》卷二五《寶峰克文禪師》）

可見，如果按問題的通常語義去理解和回答，便不像話，便是錯誤領會。那麼，正確的回答應該是怎樣的呢？慧南自己作三關頌，給了一個答案：

> 生緣有語人皆識，水母何曾離得蝦。但得日頭東畔出，誰能更吃趙州茶？
> 我手何似佛手？禪人直下薦取。不動干戈道出，當處超佛越祖。
> 我腳驢腳並行，步步踏著無生。會得雲收月皎，方知此道縱橫。（《五燈會元》卷一七《黃龍慧南禪師》）[3]

第一頌的意思是，參悟「生緣」，在於理解人生的命運由各種因果鏈條（因緣）決定，就像水母依賴蝦才能生存一樣；還需理解人生的短暫無常，生死之速，當太陽又從東方升起的時候，再也看不到當年吃趙州茶的人了。第二頌

---

[3] 《人天眼目》卷二《臨濟宗·黃龍三關》載此三頌，「生緣有語人皆識」一句作「生緣有路人皆委」。

的意思是，我手與佛手本無區別，所謂凡聖無二，參禪者只要直下頓悟本心，並以不立文字的方式表達出來，就會超佛越祖。第三頌的意思是，我腳與驢腳並行，意味著我與畜類在「無生」性空上一致，這就是南泉普願所說的「向異類行」，即人應像畜類一樣無思慮、離言語。只要懂得這個道理，心靈的迷霧就會驅散，就可在世間自由縱橫。總之，慧南的「黃龍三關」試圖以一種看似荒誕的形式警醒學人，使其對生死解脫等基本問題「直下薦取」，並要求學人以「不動干戈」的玄言作出回答。

事實上，有些得道的禪師們對此三關的答語，比慧南之頌更符合「不動干戈」的言說原則。例如：

問：「我手何似佛手？」師曰：「金鍮難辨。」曰：「我腳何似驢腳？」師曰：「黃龍路險。」曰：「人人有個生緣，如何是和尚生緣？」師曰：「把定要津，不通凡聖。」（《五燈會元》卷一二《溈潭景祥禪師》）

龍問：「如何是汝生緣處？」師曰：「早晨吃白粥，如今又覺饑。」問：「我手何似佛手？」師曰：「月下弄琵琶。」問：「我腳何似驢腳？」師曰：「鷺鷥立雪非同色。」（同上卷一七《隆慶慶閑禪師》）

這些答語看似不著邊際，答非所問，然而正是不拘執於言句意義，才真正理解了生死解脫的真諦。當然，這些話在我們看來，其表達的禪理已不是含蓄，而是晦澀了。

四、行話

禪籍語言的晦澀還在於使用了大量的行話。所謂「行話」，是指禪宗同行內部約定俗成的行業語言。其實，行話也是一種宗門的隱語。只不過這些隱語具有嚴格規定的意義，在宗門同行中，已是眾所周知、不言而喻的表意符號，它們的晦澀只是相對於局外之人才表現出來。

禪宗的行話有的出自祖師的話頭，有的出自唐宋時期的口語，通過行腳僧的遍參諸方而得以傳播，通過燈錄語錄的編輯閱讀而得以流布。有的話頭最早出現時或者是一般描述性語詞，或者是一般隱喻性語詞，但在後代禪者的反覆使用中變成了行話。例如，「羚羊掛角」一詞，最早出自雲居道膺禪師對眾說法時的一個比喻：「如好獵狗，只解尋得有蹤跡底。忽遇羚羊掛角，莫道跡，氣亦不識。」僧問：「羚羊掛角時如何？」道膺回答說：「六六三十六。」（《景德傳燈錄》卷一七《洪州雲居山道膺禪師》）有僧以道膺此語去問趙州：「羚羊掛角時如何？」趙州答：「九九八十一。」（《古尊宿語錄》卷一四《趙州真際禪師語錄之餘》）於是，這個話頭便在禪門中流傳開來，由比喻而變成了行話，用來代指空靈玄妙、不露痕跡的語言。如前舉雪峰義存說：「我若東道西道，汝則尋言逐句；我若羚羊掛角，汝向什麼處捫摸？」（《景德傳燈錄》卷一六《福州雪峰義存禪師》）後來又有許多禪師反覆使用，成了參禪者常常討論的話頭，如下面諸例：

> 問：「羚羊掛角時如何？」師曰：「恁麼來又恁麼去。」（同上卷二二《舒州白水如新禪師》）

　　問：「羚羊掛角時如何？」師曰：「你向什
麼處覓？」曰：「掛角後如何？」師曰：「走。」
（同上卷二三《潭州谷山和尚》）

　　宋代詩論家嚴羽《滄浪詩話》以禪說詩，也借用「羚羊掛
角，無跡可求」這句宗門行話來形容唐詩空靈的意境。

　　宗門行話的形成，與禪宗的農禪語境有關，也與禪宗
的傳教悟道方式有關。

　　比如「繫驢橛」，本是栓驢子的木橛，使驢不得自在行
走，禪宗用以比喻泥滯言句，不得自由。如船子和尚稱夾
山善會的答話是「一句合頭語，萬劫繫驢橛」（同上卷一四
《華亭船子德誠禪師》），臨濟義玄罵「菩提涅槃如繫驢橛」
（《鎮州臨濟慧照禪師語錄》）。《碧岩錄》用得較多，如梁
武帝問達摩：「如何是聖諦第一義？」評曰：「是甚繫驢
橛？」如麻谷繞章敬禪床三匝，振錫一下，章敬云：「是
是。」評曰：「是什麼語話？繫驢橛子。」又曰：「若是
皮下有血底漢，自然不向言句中作解會，不向繫驢橛上作
道理。」又曰：「此個也不說是，也不說不是，是與不是
都是繫驢橛。」（《碧岩錄》卷一第一則《聖諦第一義》、卷
四第三十一則《麻穀持錫繞床》）顯然，「繫驢橛」這句宗
門行話由生產勞動用語轉化而來。而其流行的原因，顯然
與禪宗隊伍的農民成分分不開。

　　又如「把茅蓋頭」一語，字面意思是一把茅草蓋在頭
上，而實際上意指禪師住持寺院。這是唐宋時期農禪居住
環境的曲折反映。自四祖道信、五祖弘忍以來，禪師一般
只寄名於合法寺院，本人大都離寺別居，或住岩洞，或住
茅廬，普通禪僧中無度牒、無寺籍的更占多數。特別是百

丈懷海，公然「別立禪居」，自創「規式」，更從律寺中獨立出來。禪師得道之後，往往擇山築庵而居，所謂「孤峰頂上，盤結草庵」，乃是禪門中極普遍的現象。如石頭希遷「於唐天寶初，薦之衡山南寺。寺之東有石，狀如台，乃結庵其上，時號石頭和尚」（《景德傳燈錄》卷一四《南嶽石頭希遷大師》）。其庵即草庵，石頭和尚作有《草庵歌》（見同上卷三○《石頭和尚草庵歌》），可見禪師生活之一斑。又如道場山如訥禪師「自翠微（無學禪師）受訣，止於道場山，薙草卓庵，學徒四至，遂成禪苑，廣闡法化」（同上卷一五《湖州道場山如訥禪師》）。最初這種這種草庵十分簡陋，多繫茅草覆蓋為頂，所以「把茅蓋頭」就引申為住持寺院的意思，成為宗門的行話。如下面幾個例子：

> 潙山問眾：「還識這阿師（指德山宣鑒）也無？」眾曰：「不識。」潙曰：「是伊將來有把茅蓋頭罵佛罵祖去在。」（同上《朗州德山宣鑒禪師》）
>
> 雲居問：「如何是祖師西來意？」師曰：「闍梨向後有把茅蓋頭，或有人問闍梨，且作麼生向伊道？」（同上《筠州洞山良價禪師》）
>
> 師問：「如何是祖師意？」洞山曰：「闍梨他後有一把茅蓋頭，忽有人問闍梨，如何祇對？」（同上卷一七《洪州雲居山道膺禪師》）

這些「把茅蓋頭」都是住持寺院、為人宗師之意。

　　有些行話為禪師應接學人或主客問答時所使用，專指修行或應接等宗教行為，其詞源義產生於宗門特殊的禪學

觀念和傳教方式，即參禪應機的語境，只限於宗門內部交流，屬於行業術語。如下面這些詞語：

　　一機一境——一機指對學者的語言三昧，即機鋒，或指揚眉瞬目；一境指拈槌豎拂[4]。

　　投機——有二義：一指大悟，即學者機投合於老師機，屬於慧通類；一指老師機投合於學者機，屬於動作類[5]。泛指契合了禪機，領悟了禪法。

　　一轉語——指轉撥機鋒的一語[6]，也指點撥人覺悟的一語。

　　放身命處——指修行所追求的涅槃境界[7]。

　　末後一句——指最後開示的極則一句，即說法中最具終極意義的句子[8]。

　　合頭語——指合理路、墮理趣的言句[9]。

　　有的行話來源於通俗的比喻，但在禪師們的反覆使用中，逐漸成為禪宗的行業用語，與一般口語和俗諺區別開來。這類詞，可看作特殊的宗門隱語。這類行話最為生動活潑，靈活自由。試以下列諸詞為例：

　　「向上關捩子」，指通向徹底覺悟的機關或關鍵。「向

---

4 參見《禪語辭書類聚》第二冊無著道忠《葛藤語箋》第157頁，日本京都花園大學禪文化研究所印行。

5 參見同上第34、51頁

6 參見同上第140頁

7 參見同上第159-160頁

8 參見同上第179頁

9 參見同上第135頁。

上」就是所謂「向上一路」，是宗門的極處，即對第一義的領悟。「關捩子」本是一種木制機關，唐蘇鶚《杜陽雜篇》卷中：「（韓志和）善雕木作鸞鶴鴉鵲之狀，以關捩置於腹內，發之則凌雲奮飛。」（蘇鶚《杜陽雜編》卷中，《叢書集成初編》本）宗門以之比喻啟發禪悟的觸機或關鍵。如黃檗希運說：「夫出家人須有從上來事分，且如四祖下牛頭融大師橫說豎說，猶未知向上關捩子。」（《景德傳燈錄》卷九《洪州黃檗山希運禪師》）

「傷鋒犯手」，指語言直接表露，觸犯主旨。禪宗認為「第一義」不可言傳，使用語言者，要像善舞劍的高手，向虛處過招；否則，落到實處，劍鋒遭損，手亦受傷。古德公案的意義也不可言傳，因此作頌古也須繞路說禪，如克勤評雪竇頌古：「雪竇頌此公案，一似善舞太阿劍相似，向虛空中盤礴，自然不犯鋒芒；若是無這般手段，才拈著便見傷鋒犯手。」（《碧巖錄》卷一第一則《聖諦第一義》）又曰：「雪竇頌得極巧，不傷鋒犯手。」（同上第七則《慧超問佛》）

「葛藤」，指說話嚕嗦，言語糾纏不清；又泛指言說、禪語。葛和藤都纏樹而生，因此借喻語言對意義的纏繞。葛藤喻言句本自《楞伽經》卷一：「叢樹葛藤句，非叢樹葛藤句。」[10] 禪宗直接簡稱為「葛藤」，泛指一般的言說或特指枝蔓的言說。如睦州和尚對僧曰：「來來，我共你葛藤！」（《古尊宿語錄》卷六《睦州和尚語錄》）這是「我與你說」的意思。又如道融《叢林盛事》記載：「富鄭公

10《佛藏要籍選刊》第五冊影印《楞伽經》此句作「鬱樹藤句，非鬱樹藤句。」此據其校語。

（富弼）因張比部隱之以勢位凌衲子，公乃與之書曰：『禪家者流，凡見說事枝蔓不徑捷者，謂之葛藤。』」這是特指說話囉嗦。

「放一線道」，也作「開一線道」，本意為放一條活路，比喻在不立文字的前提下，略開方便法門，用語言暗示啟發學者。也就是說，原則上本來不應使用語言，但在接引學者、交流禪法時，不妨為隨機應變的言句留一條路。如廣利容禪師示眾說：「若來到廣利門下，須道得第一句，即開一線道，與兄弟商量。」（《景德傳燈錄》卷二〇《處州廣利容禪師》）大愚守芝禪師說得更生動：「若向言中取則，句裏明機，也似迷頭認影；若也舉唱宗乘，大似一場寐語。雖然如是，官不容針，私通車馬，放一線道，有個葛藤處。」（《五燈會元》卷一二《大愚守芝禪師》）

「老婆心切」，也簡稱「老婆」或「老婆心」，指禪師接引學人時，以慈悲為懷，多用言句施設，急切希望學人覺悟。禪家本來提倡不立文字，直指人心，但許多禪師為了啟發根機遲鈍的學人，仍不得不頻繁使用言句解說和動作棒喝等手段，這與心腸慈軟、教子心切、說話囉嗦的老婦人有類似之處，所以稱「老婆心切」。日本無著慧忠曰：「老婆，性丁寧，慈愛子孫，其心親切。故云深慈比老婆心。」[11]如臨濟義玄的一段公案：「師云：『某甲三度問佛法的的意，三度被打，不知某甲有過無過？』大愚云：『黃檗與麼老婆心切，為汝得徹困，更來這裏問有過無過！』師於言下大悟。」（《古尊宿語錄》卷五《臨濟禪師行錄》）又如克勤評雪竇頌古：「雪竇老婆心切，要破你疑

11　《禪語辭書類聚》第二冊無著道忠《葛藤語箋》第163頁。

情，更引個死漢。」（《碧巖錄》卷二第十二則《洞山麻三斤》）

「無孔鐵錘」，指冥頑不化的禪者，或指渾沌無知的狀態，其眼耳之類感官如無孔鐵錘一樣麻木不仁。如法眼文益所說：「諸上座且道，遮兩個人於佛法中還有進趣也未？上座，實是不得，並無少許進趣，古人喚作無孔鐵錘，生盲生聾無異。」（《景德傳燈錄》卷二八《大法眼文益禪師語》）又如玄沙師備云：「設有人舉唱，盡大地人失卻性命，如無孔鐵錘相似，一時亡鋒結舌去。」（同上卷一八《福州玄沙師備禪師》）克勤《碧巖錄》最愛使用這個詞，如評雪竇頌古「聞見覺知非一一」句云：「森羅萬象，無有一法，七花八裂，眼耳鼻舌身意，一時是個無孔鐵錘。」（《碧巖錄》卷四第四十則《陸亙天地同根》）

「咬豬狗手腳」，又作「咬豬狗手段」，取老虎咬豬咬狗之義，比喻以破除妄見、截斷情識的激烈手段接引學人的傑出禪師。如岩頭全豁上堂云：「若論戰也，個個須是咬豬狗手段。若未透未明，亦須得七八分方可入作。」（《人天眼目》卷六《宗門雜錄》）又雲門文偃上堂云：「兄弟一等是踢破草鞋，拋卻師長、父母行腳，直須著些子精彩始得實。若有個入頭處，遇著咬豬狗腳手，不惜性命，入泥入水相為，有可咬嚼，眨上眉毛，高掛鉢囊，拗折拄杖，十年二十年，辦取徹頭，莫愁不成辦。」（《景德傳燈錄》卷一九《韶州雲門文偃禪師》）

「鐵酸餡」，指意味深長、難以悟透的禪理。酸餡為宋代的一種美味食品，而鐵酸餡卻難以嚼破，所以以此比喻咬嚼不透的禪理。法演禪師談自己的遊方經歷說：「某甲十又餘年，海上參尋，見數人尊宿，自為了當。及到浮山

（法遠）會裏，直是開口不得。後到白雲（守端）門下，咬破一個鐵酸餡，直得百味具足。」（《五燈會元》卷一九《五祖法演禪師》）又如克勤於「慧超問佛」公案下著語云：「依模脫出鐵酸餡，就身打劫。」（《碧岩錄》卷一第七則《慧超問佛》）

值得注意的是，佛教本有禁止盜竊和殺生的戒律，而禪宗的行話中卻常常能見到稱讚盜賊和歌頌殺戮的語詞，彷彿充滿暴力傾向。這種行業語詞的生成，既與禪宗有意用語言的暴力顛覆佛經話語系統的心態有關，同時也因宗門語正好形成於晚唐五代動亂血腥的時代。 正如這一時代的唐傳奇多以劍俠為題材一樣，將軍、劍客、盜賊這樣的人物，刀劍、弓箭、鉗錘這樣的兵器，也成為禪宗行話中的重要詞素之一。試看下面諸例：

「吹毛劍」，指斬斷一切常情識見的極端手段。《聶隱娘傳》云：「寶劍一口長一二尺許，鋒利，吹毛可斷。」（《說郛》卷一一五《甘澤謠》載《聶隱娘傳》）《碧岩錄》云：「劍刃上吹毛，試之，其毛自斷，乃利劍，謂之吹毛也。」（《碧岩錄》卷一〇第百則《巴陵吹毛劍》）克勤解釋雪竇頌「巴陵吹毛劍」公案中「要平不平，大巧若拙」兩句云：「古有俠客路見不平，以強凌弱，即飛劍取強者頭。所以宗師家眉藏寶劍，袖掛金錘，以斷不平之事。」（同上）

「殺人刀，活人劍」，指宗師接引學人的手段。宗師棒喝或機鋒具有斬斷學者一切情識的功用，也具有使人頓悟自性的功用。如同刀劍這樣的武器，可以置人於死地，也可以救人出險境。禪宗愛說「有殺有活」，殺是破，活是立。如夾山善會說：「石霜雖有殺人刀，且無活人劍。」

（《景德傳燈錄》卷一六《鄂州巖頭全奯禪師》）克勤認為：
「殺人刀，活人劍，乃上古之風規，今時之樞要。」（《碧巖
錄》卷二第十二則《洞山麻三斤》）

　　「殺人不眨眼」，指宗師機鋒峻烈，言語道斷，鐵石心
腸，不放一線，有如悍匪殺人不眨眼。《碧巖錄》云：
「有殺人不眨眼底手腳，方可立地成佛；有立地成佛底人，
自然殺人不眨眼，方有自由自在分。」（同上卷一第四則
《德山挾複問答》）

　　「白拈賊」，指在接引學人、交流禪機時手段奇特、不
落痕跡的禪師。「白拈賊」本指徒手盜竊他人物品而不留
痕跡的盜賊，因為禪門強調不立語言文字，祛除一切執
著，所以借此語來指臨濟義玄這類以不落痕跡的棒喝或玄
言來接引學人的禪師。如《景德傳燈錄》載義玄與僧棒喝
相見，後來雪峰拈古云：「臨濟大似白拈賊。」（《景德傳
燈錄》卷一二《鎮州臨濟義玄禪師》）又《碧巖錄》稱趙州
和尚云：「這老漢大似個白拈賊相似，你才開口，便換卻
你眼睛。」（《碧巖錄》卷三第三十則《趙州大蘿蔔頭》）

　　這一類行話還可舉出許多，如「一刀兩斷」、「斬頭截
臂」、「單刀直入」、「腦後一錘」等等，它們構成了禪宗
語言特有的粗野激烈的風格，這一方面受制於宗門語產生
的社會土壤，另一方面也與禪家勇猛精進的求法態度有
關，即為追求佛法的真理不惜喪身失命。

第九章

反常合道：禪語的乖謬性

第九章 反常合道：禪語的乖謬性

　　禪的目的是追尋本體論意義上的「悟」，而不是認識論意義上的「知」。這種禪悟，在本質上是與邏輯主義不相容的。禪宗認為，一旦從知見解會的層面去認識禪理，禪的整體性、體驗性就消失殆盡。就個體的體驗而言，禪宗是不需要語言的，只要心靈得到解脫，獲得自由，洞見佛性，何必多作表白。但作為一種宗教，禪宗必須傳宗續派，要指示悟道門徑，傳達悟道經驗，不得不借助於語言。

　　然而，日常語言總有一種邏輯規則，宗師一旦「指東道西」，學者就會「尋言逐句」，追隨語言的邏輯軌跡去理解佛性。而這恰恰是禪宗的大忌，稱為「死於句下」，因為真正的佛性是不可以語言跡象求的。那麼，要破除人們對語言邏輯的執著，只有用背離常規的言句來誇大語言的荒謬性和虛幻性，使人們從對語言的信賴中醒悟過來，意識到語言不過是一種人為的東西，與真實的佛性本體毫無關係。這樣，我們在禪宗公案中，不僅可以看到各種意義晦澀的玄言隱語，而且可以發現大量的怪誕荒唐的胡話反話。必須注意的是，這些胡話反話不是哆哆和和的嬰兒囈語，也不是純素任真的隨意作答，而是一種有意對語言邏輯或日常經驗的顛覆和破壞，具有人為的修辭色彩。

一、 活句

　　禪宗的基本語言觀是「不立文字」，以一切經典理論為「魔說」、「戲論」、「粗言」、「死語」，視語言為糾纏禪理的葛藤，視邏輯為遮蔽本性的理障。早在中晚唐，有的禪

師為了破除人們對語言邏輯的執著，就故意使用一些無意義的言句，使人們在言語道斷處返回自心，頓悟真如。後來更經洞山守初禪師的提倡，成為五代兩宋禪宗普遍遵循的一條不成文的言說規則：「語中有語，名為死句；語中無語，名為活句。」（見《林間錄》卷上引洞山守初語錄、《禪林僧寶傳》卷一二《薦福古禪師傳贊》）

　　按照「活句」的定義，它是指一種有語言的形式而無語言的指義功能的句子，宗門或稱之為「無義語」，如夾山善會聲稱「老僧二十年說無義語」（《五燈會元》卷五《夾山善會禪師》），其實就是洞山守初所說的活句。「無義語」三字本出自《維摩經·香積佛品》：「是無義語，是無義語報。」與所謂「妄語」、「兩舌」、「惡口」等等同屬於邪行惡報，是佛教經典所反對的言句。僧肇注曰：「華飾美言，苟悅人意，要無義語。」這大抵是義學的觀點，要求言句具有意義，反對言之無物。但依照禪宗的看法，語言文字本身是不能傳遞佛教第一義的，「有義語」反而墮入名相因果、情識知見的泥坑。夾山善會禪師的悟道經驗生動地說明了禪宗對待「有義語」和「無義語」的態度。

　　善會早年出家，「聽習經論，該練三學」，住持潤州鶴林寺，一日上堂說法，正巧被道吾宗智禪師遇見，於是便有了下面一段故事：

　　　　道吾後到京口，遇夾山上堂。僧問：「如何是法身？」山曰：「法身無相。」曰：「如何是法眼？」山曰：「法眼無瑕。」道吾不覺失笑。山便下座，請問道吾：「某甲適來祇對這僧話必有不是，致令上座失笑。望上座不吝慈悲！」吾

曰：「和尚一等是出世未有師在。」山曰：「某甲甚處不是，望為説破。」吾曰：「某甲終不説，請和尚卻往華亭船子處去。」山曰：「此人如何？」吾曰：「此人上無片瓦，下無卓錐。和尚若去，須易服而往。」山乃散眾束裝，直造華亭。船子才見，便問：「大德住甚麼寺？」山曰：「寺即不住，住即不似。」師曰：「不似，似個甚麼？」山曰：「不是目前法。」師曰：「甚處學得來？」山曰：「非耳目之所到。」師曰：「一句合頭語，萬劫繫驢橛。」師又問：「垂絲千尺，意在深潭。離鉤三寸，子何不道？」山擬開口，被師一橈打落水中。山才上船，師又曰：「道！道！」山擬開口，師又打，山豁然大悟，乃點頭三下。（《五燈會元》卷五《船子德誠禪師》）

道吾之所以笑夾山，就是因為夾山死死扣住問題直接回答，如問法身，就答法身；問法眼，就答法眼，這完全是義學講師的解答問題的方式。儘管夾山見船子時的回答顯出些機巧，但「寺即不住，住即不似」仍是扣住「住甚麼寺」的問話而答，其餘兩句也大抵如此，因此船子稱他的回答為「合頭語」，即合乎理路的答語，並嘲笑他執著於理路，如驢繫於木樁，萬劫不脫。船子將夾山打落水中，其意義相當於用棒喝警醒學人的迷誤，打斷學人的思路。

夾山善會自從悟道之後，在語言的使用方面發生了根本的變化。首先他徹底顛覆了自己以前聽習經論的修行方式，對那種遵從經教的成佛之路的合理性提出懷疑，把

「金粟之苗裔（佛徒），舍利之真身（佛骨），罔象之玄談（佛理）」，都看作「是野狐之窟宅（外道異端）」。他認為，真正的追求真理的禪師，應該拋棄一切外在的偶像崇拜和經典崇拜，「見性不留佛，悟道不存師」，所以，他聲稱：「尋常老僧道：目睹瞿曇，猶如黃葉，一大藏教是老僧坐具，祖師言旨是破草鞋，寧可赤腳不著最好。」把佛祖的言教看成是止小兒啼的黃葉，僧人的坐具和草鞋，是無關悟道的東西。他指出：「有祖以來，時人錯會，相承至今，以佛祖言句為人師範。若或如此，卻成狂人。」既然佛祖言句都是讓人迷狂的「魔說」，那麼還有什麼語言文字能助人覺悟呢？因此，善會住持夾山二十年，「未曾舉著宗門中事」，不言佛教，也不言禪理，他自己聲稱「老僧二十年說無義語」，可以說真正從「繫驢橛」上解脫出來。讓我們看看什麼是夾山善會的「無義語」：

　　　　問：「如何是道？」師曰：「太陽溢目，萬里不掛片雲。」
　　　　問：「祖意教意是同是別？」師曰：「風吹荷葉滿池青，十里行人較一程。」
　　　　問：「如何是實際之理？」師曰：「石上無根樹，山舍不動雲。」
　　　　問：「如何是相似句？」師曰：「荷葉團團團似鏡，菱角尖尖尖似錐。」（同上）

雖然這些句子還算不上怪誕奇特，但畢竟和「法身無相」、「法眼無瑕」之類的回答不可同日而語，問答之間，至少從字面上看毫無邏輯關係。

　　夾山的「無義語」是呵佛罵祖、離經慢教的觀念的產物，由於這種觀念在晚唐五代成為普遍思潮，因此，在夾山的同時代或稍後，禪家愛說無義語，蔚成風氣，尤以臨濟和雲門兩家最為突出。例如臨濟門下諸禪師：

　　　　問：「祖意教意是同是別？」師曰：「王尚書、李僕射。」曰：「意旨如何？」師曰：「牛頭南，馬頭北。」問：「如何是祖師西來意？」師曰：「五男二女。」（同上卷一一《南院慧顒禪師》）

　　　　問：「眞性不隨緣，如何得證悟？」師曰：「豬肉案上滴乳香。」問：「如何是清淨法身？」師曰：「金沙灘頭馬郎婦。」（同上《風穴延沼禪師》）

　　　　問：「如何是祖師西來意？」師曰：「風吹日炙。」問：「從上諸聖，向甚麼處行履？」師曰：「牽犁拽把。」問：「古人拈槌豎拂意旨如何？」師曰：「孤峰無宿客。」（同上《首山省念禪師》）

又如雲門門下諸禪師：

　　　　問：「如何是佛？」師曰：「十字路頭。」曰：「如何是法？」師曰：「三家村裏。」曰：「佛之與法，是一是二？」師曰：「露柱渡三江，猶懷感恨長。」（同上卷一五《林溪竟脫禪師》）

　　　　問：「如何是祖師西來意？」師曰：「三年

逢一閏。」曰：「合談何事？」師曰：「九日是
重陽。」（同上《天睦慧滿禪師》）

　　問：「如何是和尚家風？」師曰：「裂半作
三。」曰：「學人未曉。」師曰：「鼻孔針筒。」
（同上《金陵天寶和尚》）

「祖意教意是同是別」、「如何是清淨法身」、「如何是
佛」、「如何是祖師西來意」、「如何是和尚家風」等等都
是晚唐五代時期禪林常用的「問頭」，而回答這類問題時，
答案可能有千百個，唯有一個不成答案，那就是死死扣住
問題的合乎邏輯的直接回答和解釋。因為只要是老老實實
的回答，就很容易使人注意言辭的意義，不知不覺陷入妄
情俗念，唯有古怪離奇、不著邊際的答話，才能使人警覺
到語言的虛妄性質。

　　惠洪《林間錄》卷上也記載了夾山善會因道吾指示而
見船子和尚的故事。惠洪在講述這個故事後歎曰：「嗟
乎！於今叢林，師受弟子，例皆禁絕悟解，推去玄妙，唯
要直問直答，無則始終言無，有則始終言有，毫末差誤，
謂之狂解。使船子聞之，豈止萬劫繫驢橛而已哉！」事實
上，惠洪的感歎似乎多餘，至少從現在留下的禪籍來看，
宋代禪師傳授禪法很少直問直答，「語中無語」的活句反
而很普遍。以惠洪同時代的幾位臨濟、雲門、曹洞的禪師
為例：

　　問：「二祖立雪齊腰意旨如何？」師曰：
「三年逢一閏。」曰：「為什麼付法傳衣？」師
曰：「村酒足人酤。」（同上卷一六《蔣山法泉禪

師》)

　　僧問：「牛頭未見四祖時如何？」師曰：
「京三下四。」曰：「見後如何？」師曰：「灰頭
土面。」（同上卷一七《洴潭善清禪師》）

　　問：「如何是清淨法身？」師曰：「家無小
使，不成君子。」問：「將心覓心，如何覓得？」
師曰：「波斯學漢語。」（同上卷一九《雲蓋智本
禪師》）

　　問：「如何是曹洞家風？」師曰：「繩床風
雨爛，方丈草來侵。」問：「如何是直截根源？」
師曰：「足下已生草，舉步落危坡。」（同上卷一
四《芙蓉道楷禪師》）

至少從外表形式上，這些北宋後期的禪師在使用語言方面
和晚唐五代前輩宗師並無二致，同樣是答非所問，同樣是
語中無語。

　　事實上，自「文字禪」風行之後，不少禪師對無意義
的言句本身產生了迷戀，以致於忘記了「活句」所具有的
截斷理路、直契真如的作用，把「活句」當做一種純粹無
聊的語言遊戲或修辭技巧，從而使「活句」自身也形成一
種套路，落入窠臼，成為矯揉造作、故弄玄虛的新的「死
句」。南宋圓悟禪師《枯崖漫錄》記載了這樣一個荒唐的故
事：

　　金華元首座，剛峭簡嚴，叢林目為飽參。見
等庵於白雲，始了大事。僧問：「如何是佛？」
曰：「即心是佛。」問：「如何是道？」曰：

「平常心是道。」問：「如何是祖師西來意？」
曰：「趙州道底。」聞者皆笑。後有僧問：「如
何是佛？」曰：「南斗七，北斗八。」問：「如
何是道？」曰：「猛火煎麻油。」問：「如何是
祖師西來意？」曰：「龜毛長數丈。」傳者皆
喜。嘻！若如此辨勘答話，不惟埋沒己靈，抑亦
辜負前輩。（釋圓悟《枯崖漫錄》，《續藏經》第
二編乙第二十一套第一冊）

金華元首座本來是個老實的禪師，凡有僧問，他都據實回
答。「即心是佛」、「平常心是道」都是洪州禪系的基本觀
點，而趙州和尚也的確以「庭前柏樹子」回答過「如何是
祖師西來意」的問題，元首座的回答從禪理上來說完全正
確。然而，他之所以遭到眾人嘲笑，正在於直問直答，正
在於其言句的正確合理。元首座在此風氣影響下也學精
了，青出於藍，變本加厲，不僅答非所問，而且答語故意
違背生活常識。按常識本應是南斗六星，北斗七星，他卻
說「南斗七，北斗八」；本應是溫火煎麻油，他卻說「猛
火煎麻油」；本應是烏龜無毛，他卻說「龜毛長數丈」。這
當然再無「合頭語」之嫌，但未免刁鑽古怪，仍然沒有理
解「直指人心、見性成佛」的真諦，成為另一種埋沒性靈
的套話，也是「萬劫繫驢橛」，因為這三句答語都出自古德
公案[1]，已無原創性可言。

---

1 如《雲門匡真禪師廣錄》卷上：「問：『如何轉動即得不落階級？』師云：『南
斗七，北斗八。』」《古尊宿語錄》卷六《睦州和尚語錄》：「問：『如何是禪？』
師曰：『猛火著油煎。』」《五燈會元》卷一二《涼峰洞淵禪師》：「曰：『佛與道
相去幾何？』師曰：『龜毛長一丈，兔角長八尺。』」

在宋代及以後的相當長一段時期，「但參活句，莫參死句」都被宗門奉為金科玉律，成為宗師傳道啟悟的基本手段，甚至對詩歌創作發生了影響，如南宋詩人曾幾主張：「學詩如參禪，慎勿參死句。」（《前賢小集拾遺》卷四曾幾《讀呂居仁舊詩有懷其人作詩寄之》，《南宋群賢小集》本）嚴羽也提倡：「須參活句，勿參死句。」（《滄浪詩話・詩法》）直到清代吳喬還強調：「詩貴活句，賤死句。」（吳喬《圍爐詩話》卷一，《清詩話續編》本，上海古籍出版社，1983年）但對於宗門而言，這種對理性語言的長期有意識顛覆也使無理性語言漸漸有了自己的規則，解構本身成了結構，無義語本身有了意義，禪宗仍然未逃脫語言的牢籠。這引起了一些堅持心性覺悟的禪師的憂慮，如明代永覺元賢禪師就對一般宗師糾纏於「有義句」、「無義句」的區別深感不滿：

> 問：「宗師云：『參禪須是參無義句，不可參有義句。從有義句入者，多落半途；從無義句入者，始可到家。』是否？」（元賢）曰：「參禪不管有義句、無義句，貴我不在義路上著倒而已。如『靈光獨露，迥脫根塵』，此百丈有義句也。汝能識得這獨靈的否？汝才要識得，早落根塵了也。如『光明寂照遍河沙』，此張拙有義句也。汝能識得遍河沙的否？汝才要識得，早被雲遮了也。大都六祖以前，多是有義句，六祖以後，多是無義句。方便各異，實無優劣。學人參看，須是深求其實。若不深求其實，唯在文字中領略，則雖無義句如『麻三斤』、『乾屎橛』等，

皆有義可通，今《四家頌古注》、《少林秘要》諸
書是也，豈能透向上之關捩哉！」（《永覺元賢禪
師廣錄》卷二九《永覺瘂言》）

元賢一針見血地指出，不管是有義語還是無義語，都不能
按言句文詞的意義去理解，否則都會遮蔽自性，落入根
塵，參禪（此指看話禪）的唯一出路在於「不在義路上著
倒」，即不拘泥於任何言句的意義。

二、格外句

在前面所舉金華元首座刁鑽古怪的答語中，我們可發
現「活句」的一種極端形式，這就是不僅無意義可言，無
理路可通，而且有意乖違現實生活的經驗，顛倒通常的事
理。這是將「無義語」推向荒謬的產物，比如，以「南斗
六，北斗七」來回答諸如「如何是佛」這樣的問題，可以
說是風馬牛不相及，但答話本身陳述了一個事實[2]；而「南
斗七，北斗八」不僅與「如何是佛」的問話牛頭不對馬
嘴，而且本身就是一派胡言。

禪宗把這種胡言稱為「格外句」，或者叫做「格外
談」、「出格詞」、「顛倒語」。「格外」就是超出日常規格
之外。如前面曾舉一則公案，百丈懷海對華林和靈祐說：
「若能對眾下得一語出格，當與住持（溈山）。」靈祐一腳
踢翻淨瓶，最終獲勝（《景德傳燈錄》卷九《溈山靈祐禪
師》）。那是「出格」的動作語。至於「出格」的言句，則
是「生殺之機互換，自在自由，處處通透」（《玄沙師備禪
師廣錄》卷中，《禪宗集成》本第二十三冊），不能以常情

2 如《五燈會元》卷一一《葉縣歸省禪師》中就有「南斗六，北斗七」的答語。

常理要求。《碧巖錄》中有兩則公案在克勤看來就是「格外句」的典型：一則是「智門蓮花荷葉」，僧問智門：「蓮花未出水時如何？」智門云：「蓮花。」僧云：「出水後如何？」智門云：「荷葉。」這兩句回答次序錯亂，剛好顛倒了事理。克勤稱此回答「不妨奇特，諸方皆謂之顛倒語」，並指出：「或若辨得格外句，舉一明三。」（《碧巖錄》卷三第二十一則《智門蓮花荷葉》）另一則是「雪峰鱉鼻蛇」，雪峰示眾云：「南山有一條鱉鼻蛇。汝等諸人切須好看。」長著鱉鼻的蛇，這當然稀奇古怪。克勤於句下著語曰：「見怪不怪，其怪自壞。大小大怪事，不妨令人疑著。」據克勤解釋，雪峰這句話就是不為學人「說行說解」，使人不能以「情識測度」，「到這裏也，須是會格外句始得」（同上第二十二則《雪峰鱉鼻蛇》）。

也許舉兩則近似的例子可以更好地看出「格外句」和一般「活句」的區別。第一則是：

> 問：「如何是佛法大意？」師曰：「洞庭湖裏浪滔天。」（《五燈會元》卷一二《石霜楚圓禪師》）

這算是「活句」。第二則是：

> 問：「如何是佛法大意？」師曰：「虛空駕鐵船，嶽頂浪滔天。」（《景德傳燈錄》卷一七《泐潭神党禪師》）

這算是「格外句」。相對於「如何是佛法大意」的提問來

說，「洞庭湖裏浪滔天」當然是答非所問的「無義語」，但這種回答可以理解為一種隱喻，因它本身是真實的陳述，或者可以理解為「存在即此在」的方便話頭。然而「嶽頂浪滔天」則令人匪夷所思，若非顛覆約定俗成的名詞概念（「嶽」和「浪」），定是乖違了生活的基本常識。通過比較，我們可以看出「活句」與「格外句」的大致區別：前者是無意義的言句，後者是反意義的言句。

北宋大溈祖璨禪師上堂云：「『雨下階頭濕，晴乾水不流。鳥巢滄海底，魚躍石山頭。』眾中大有商量，前頭兩句是平實語，後頭兩句是格外談。」（《五燈會元》卷一八《大溈祖璨禪師》）前頭兩句是現實經驗世界的真實描寫，而後兩句則是完全不可能發生的事。正如錢鍾書先生所說：「『格外談』頗類似西方古修辭學所謂『不可能事物喻』（adynata, impossibilia）。」[3] 在禪籍中，這種「格外談」隨處可見，例如：

> 僧問：「如何是道？」師云：「山上有鯉魚，水底有蓬塵。」（《景德傳燈錄》卷四《杭州徑山道欽禪師》）
>
> 僧問：「如何是佛法大意？」師曰：「華表柱頭木鶴飛。」（同上卷一二《越州清化全付禪師》）
>
> 問：「如何是佛？」師曰：「嘶風木馬緣無絆，背角泥牛痛下鞭。」（同上卷一三《汝州風穴延沼禪師》）
>
> 僧問：「如何是佛法大意？」師曰：「黃河

---

3 《錢鍾書散文・中國詩與中國畫》，浙江文藝出版社，1997年。

無滴水，華嶽總平沉。」（同上卷一五《陝府天福和尚》）

問：「如何是道？」師曰：「石牛頻吐三春霧，木馬嘶聲滿道途。」（同上卷一六《撫州黃山月輪禪師》）

問：「如何是西來意？」師曰：「木馬走似煙，石人趁不及。」（同上卷二二《福州林陽志端禪師》）

僧問：「如何是佛法大意？」師曰：「井中紅焰，日裏浮漚。」（同上卷二四《灌州羅漢和尚》）

全曰：「居士作麼生？」士（龐蘊居士）又掌曰：「眼見如盲，口說如啞。」（《五燈會元》卷三《龐蘊居士》）

問：「如何是自己？」師曰：「望南看北斗。」（同上卷九《芭蕉慧清禪師》）

師曰：「大眾鶴望，請師一言。」山（夾山）曰：「路逢死蛇莫打殺，無底籃子盛將歸。」（同上卷一三《杭州佛日禪師》）

曰：「二時將何奉獻？」師曰：「野老共炊無米飯，溪邊大會不來人。」（同上《靈泉歸仁禪師》）

問：「如何是祖師西來意？」師曰：「魚躍無源水，鶯啼枯木花。」（同上卷一四《廣德義禪師》）

問：「如何是祖師西來意？」師曰：「紅爐焰上碧波流。」（同上《紫陵微禪師》）

僧問：「如何是祖師西來意？」師曰：「一

寸龜毛重七斤。」（同上卷一五《南台勤禪師》）

僧問：「如何是佛法大意？」師曰：「鐵牛生石卵。」（同上卷一六《資壽院捷禪師》）

問：「如何是佛法大意？」師曰：「蛇頭生角。」（同上卷一九《虎丘紹隆禪師》）

問：「如何是佛？」師曰：「無柴猛火燒。」（同上卷二○《道場明辯禪師》）

問：「如何是論頓不留朕跡？」師云：「日午打三更，石人側耳聽。」（《古尊宿語錄》卷二三《汝州葉縣廣教省禪師語錄》）

問：「只如師意作麼生？」師云：「張公吃酒李公醉。」（《雲門匡真禪師廣錄》卷中）

顯然，禪師們並不滿足於只說一些無意義的話頭，而更醉心於矛盾百出的荒謬語句。不僅在回答僧人提問時故意瞎扯，而且在上堂說法或製作偈頌時也一派胡言。比如芭蕉慧清禪師上堂，拈拄杖示眾說：

你有拄杖子，我與你拄杖子。你無拄杖子，我奪卻你拄杖子。（《五燈會元》卷九《芭蕉慧清禪師》）

既然手中無拄杖子，又怎麼會奪手中的拄杖子呢？又如龍門清遠禪師上堂示眾說：

一葉落，天下春，無路尋思笑殺人。下是天，上是地，此言不入時流意。南作北，東作

西。動而止，喜而悲。蛇頭蠍尾一試之，猛虎口裏活雀兒。是何言？歸堂去。（同上卷一九《龍門清遠禪師》）

顛倒春秋，翻轉天地，錯亂南北東西，混淆動靜悲喜，「是何言」？是顛三倒四的瘋顛話。又如天衣義懷禪師室中問僧：

> 無手人能行拳，無舌人解言語。忽然無手人打無舌人，無舌人道個甚麼？（同上卷一六《天衣義懷禪師》）

無手人竟能打拳，無舌人竟能說話，這豈非天方夜談！又如芙蓉道楷禪師上堂說法，開口便道：

> 晝入祇陀之苑，皓月當天；夜登靈鷲之山，太陽溢目。烏鴉似雪，孤雁成群。鐵狗吠而凌霄，泥牛鬥而入海。（同上卷一四《芙蓉道楷禪師》）

這些話或者是肆意顛倒晝與夜的定義，或是任意混淆黑與白的區別，或是故意造成孤與群的概念衝突，或是隨意抹殺有生物（狗、牛）與無生物（鐵、泥）的界限。

　　顯然，以上所舉禪師們的「格外句」，其作用已不光是在解構意義，更是在反抗理性。換言之，這些「格外句」是在用語言的暴力來破壞人類認識現象世界的所得到的經驗和理性，從而體現出超越此岸世界的經驗和理性的絕對

自由。在禪宗看來，此岸世界的現象都是假象，因此關於這些現象的經驗和理性也值得懷疑。靈泉歸仁與疏山匡仁師徒間的一段問答可證明這一點：

> 洛京靈泉歸仁禪師初問疏山：「枯木生花，始與他合。是這邊句，是那邊句？」山曰：「亦是這邊句。」師曰：「如何是那邊句？」山曰：「石牛吐出三春霧，靈雀不棲無影林。」（同上卷一三《靈泉歸仁禪師》）

禪宗常用「這邊」代指塵俗世界，用「那邊」暗示超越塵俗的禪悟境界。「枯木生花」之所以是「這邊句」，是因為這種現象雖然罕見，但畢竟是可能發生之事，符合人類的理性認識。而「石牛吐出三春霧，靈雀不棲無影林」，完全超出人的理性認識，難以想像，不可思議，所以是「那邊句」。

禪師們這種毫無理性的「格外句」，其哲學觀點和修辭方式來源於佛教經論，而其傳教功能和語言風格卻有較大的變化。禪宗吸收的佛教經論的矛盾語詞主要有以下幾種類型，下面試分別而言之。

其一，喻「希有」或「不可思議」。如《維摩詰經·佛道品》：「火中生蓮花，是可謂希有。」又如《大般涅槃經·如來性品》：「又解脫者名為希有。譬如水中生於蓮花，非為希有；火中生者，是乃希有。」（《大般涅槃經》卷五，《佛藏要籍選刊》第五冊）禪宗「格外句」如「山上有鯉魚，海底有蓬塵」、「鳥巢滄海底，魚躍石山頭」、「井中紅焰，日裏浮漚」等等，由此類型引申而來，更加荒

謬而不可思議。

其二，喻「無」這一概念。如《大般涅槃經·憍陳如品》：「世間四種名之為無：一者未出之法，名之為無，如瓶未出泥時，名為無瓶；二者已滅之法，名之為無，如瓶壞已，名為無瓶；三者異相互無，名之為無，如牛中無馬，馬中無牛；四者畢竟無故，名之為無，如龜毛兔角。」（同上卷三九）又如《成實論》卷三：「兔角、龜毛、蛇足、鹽香、風色等，是名無。」（《成實論》卷三，《佛藏要籍選刊》第八冊） 禪宗「格外句」如「龜毛長一丈，兔角長一尺」、「一寸龜毛重七斤」、「鐵牛生石卵」、「蛇頭生角」等等，由此類引申而來，踵事增華，變本加屬。

其三，喻「法無去來、無動轉」的物不遷思想。如僧肇《物不遷論》曰：「旋嵐偃嶽而常靜，江河競注而不流，野馬飄鼓而不動，日月曆天而不周。」（僧肇《肇論·物不遷論》，《佛藏要籍選刊》第十一冊）禪宗「格外句」如「空手把鋤頭，步行騎水牛。人從橋上過，橋流水不流」、「清風偃草而不搖，皓月普天而非照」等等就屬於此類（見《景德傳燈錄》卷二七《婺州善慧大士》傅大士偈、《筠州洞山悟本禪師語錄·玄中銘序》）。

日本學者鈴木大拙指出，「神秘主義者都喜歡運用矛盾的話去說明他們的看法」，而「在使用矛盾法方面，禪比其他神秘主義者的說法，更為大膽具體」。因為禪「將它的矛盾言辭帶到我們一切日常生活中的細節上來，它毫不猶豫地明白否定我們所有最熟習的事實和經驗」[4]。與佛教經論的矛盾言辭相比，禪宗的「格外句」有這樣一些特點：

首先是它的大膽誇張。比如佛經只說「火中生蓮花」，

---

4 鈴木大拙《禪與生活》第95-96頁，劉大悲譯，光明日報出版社，1988年。

以喻「希有」，禪師們更誇大這種水與火的衝突，在紅爐的火焰上竟然流著碧波，而在碧波蕩漾的井中竟然燃燒著火焰，令人震驚。鐵狗能吠已不可思議，而其吠聲竟然能上達雲霄。山頂有浪已非真實，而這浪居然是滔天巨浪。

其次是它的生動具體。禪師們在敘說不可能發生的事時，往往繪聲繪色，把虛妄的假象描繪得栩栩如生。木馬不僅能一溜煙似的奔走，而且可留下滿路馬嘶聲；如佛經只說「龜毛兔角」，禪師更坐實以為鑿空，將錯而遽認真，從長度上、重量上予以具體化：龜毛不僅有，而且「長一丈」、「重七斤」。換言之，「龜毛兔角」類似一種哲學的隱喻，而「龜毛長一丈」等句子則接近於文學的描寫。

再次是它的通俗潑辣。禪宗的「格外句」具有較濃烈的本土色彩，除去借鑒佛經「火裏蓮花」、「龜毛兔角」等明白易懂的辭彙外，它更多地吸收了本土大量的通俗說法。如「張公吃酒李公醉」、「野老共炊無米飯，溪邊大會不來人」、「路逢死蛇莫打殺，無底籃子盛將歸」、「無柴猛火燒」、「空手把鋤頭，步行騎水牛」等等，都是中國民間通俗的辭彙組合。特別是「黃河無滴水，華嶽總平沉」、「望南看北斗」、「日午打三更，石人側耳聽」等句子，很容易使我們想起敦煌曲子詞裏的那首著名的《菩薩蠻》：「枕前發盡千般願：要休且待青山爛，水面上秤錘浮，直待黃河徹底枯。白日參辰現，北斗回南面。休即未能休，且待三更見日頭。」[5] 其語詞意象都是中國平民熟悉的東西。

我們要追問的是，禪宗的「格外句」主要有什麼樣的宗教功能？禪師們為什麼要用這些矛盾的話來違背人類認識的基本邏輯理智？也許天衣義懷的一段名言可以解釋這

---

5 任二北《敦煌歌辭總編》，上海古籍出版社，1981年。

種做法：「驅耕夫之牛，令他苗稼豐登；奪饑人之食，令他永絕饑渴。」（《五燈會元》卷一六《天衣義懷禪師》）這段名言本身也是一個悖論：怎麼趕走了農夫的牛，反而會讓他豐收呢？怎麼奪去了饑餓者的食品，反而會讓他不知饑渴呢？按照天衣義懷的看法，人類的理性是一種外在的工具，人們依賴它如同耕夫依賴於牛，因此只有驅趕走這理性的工具，人們才能放棄任何依賴，找回自我。同時人類的理性也使認識永不滿足，它如同饑餓者的食物，可救一時之需，但只要有它存在，就永遠會刺激新的饑渴和欲望，因此只有拿走理性的食品，人們才會徹底斷絕知見的欲望，返歸本真。老莊曾用人類理性所能理解的方式提出過「絕聖棄智」的口號，而禪宗則試圖用瘋狂的語言粗暴地踐踏人類所依賴的理性來做到這一點。不過，這種做法顯然事與願違，因為「格外句」與一般的「無義句」、特別是哆哆和和的「嬰兒語」相比較，明顯帶有人為的、思辨的痕跡。

三、　反語

禪門中另一有特色的語言現象是，當學人從正面提出一個問題時，禪師故意從反面作出回答，答與問之間恰恰形成極尖銳的矛盾。這種語言現象可以稱為「反語」，即一種問答背反的言句。「反語」和「格外句」有類似之處，也超越了日常生活經驗和基本語言邏輯，呈現出一種強烈的荒謬感。所不同的是，「反語」本身並不是胡言，它的矛盾不合理產生於問答的上下文之間。例如：

　　　　僧問：「如何是修善行人？」師曰：「捻槍

帶甲。」云：「如何是作惡行人？」師曰：「修
禪入定。」（《景德傳燈錄》卷四《嵩嶽破灶墮和尚》）

本來佛教戒殺戮，反對捻槍帶甲；重行善，提倡修禪入
定。而這裏破灶墮和尚故意用作惡來回答修善，用修善來
回答作惡，正好顛倒了善惡標準。又如下面這則公案：

問：「如何是清淨法身？」師曰：「屎裏蛆
兒，頭出頭沒。」（《五燈會元》卷六《濠州思明
禪師》）

既然是清淨法身，怎麼會像屎裏蛆兒一樣污穢呢？這顯然
顛倒了乾淨和骯髒的概念。類似的例子，在禪宗典籍中還
可找出不少，例如：

問：「古鏡未磨時如何？」師曰：「照破天
地。」曰：「磨後如何？」師曰：「黑似漆。」
（《景德傳燈錄》卷二四《撫州龍濟紹修禪師》）
僧問：「風恬浪靜時如何？」師曰：「吹倒
南牆。」（同上卷七《法海行周禪師》）
問：「如何是無縫塔？」師曰：「八花九
裂。」（同上卷一一《南院慧顒禪師》）
問：「如何是大善知識？」師曰：「殺人不
眨眼。」（同上《風穴延沼禪師》）
問：「如何是金剛不壞身？」師曰：「百雜
碎。」曰：「意旨如何？」師曰：「終是一堆
灰。」（同上《葉縣歸省禪師》）

問：「如何是清淨法身？」師曰：「廁坑頭籌子。」（同上）

問：「如何是戒定慧？」師曰：「破家具。」（同上）

問：「如何是和尚四無量心？」師曰：「殺人放火。」（同上）

問：「如何是清淨法身？」師曰：「灰頭土面。」（同上《神鼎洪諲禪師》）

問：「紅輪未出時如何？」師曰：「照燭分明。」曰：「出後如何？」師曰：「撈天摸地。」（同上卷一二《太子道一禪師》）

問：「如何是大善知識？」師曰：「屠牛剝羊。」（同上《蔣山贊元禪師》）

問：「如何是大善知識？」師曰：「持刀按劍。」（同上《白鹿顯端禪師》）

問：「如何是佛？」師曰：「幹屎橛。」（同上卷一五《雲門文偃禪師》）

天衣一日室中問師：「即心即佛時如何？」師曰：「殺人放火有什麼難？」名遂藉甚。（《指月錄》卷二五《圓照宗本禪師》）

未磨的古鏡，鏡面粗糙，怎麼反而能照見天地？磨後的古鏡光滑瑩潔，怎麼反而如漆一般黑？既然風平浪靜，怎麼反而會吹倒牆？塔既然無縫，為什麼又八花九裂？既然是修行的大善人，為什麼會殺人不眨眼？既然是金剛不壞身，怎麼會成百雜碎，最終成一堆灰？法身既然清淨，怎麼會灰頭土面？太陽未出，怎麼能照耀分明？太陽出來之

後，怎麼反而會黑天瞎地？即心即佛的自性認知，怎麼會是殺人放火？這些悖謬的回答，當然是一種故意的反話。

這些「反語」使我們想起西方修辭學中一個古老的概念——「反諷」（irony）。反諷的基本性質是假相與真實之間的矛盾以及對這矛盾的無所知。反諷者裝著無知，口非而心是，說的是假相，意思暗指真相[6]。但對於禪師來說，「反語」不僅是個修辭學的問題，而且包含著偉大的真理和智慧。換言之，「反語」是禪宗特有的宗教觀念在修辭學上的體現。

首先，「反語」與禪宗「二道相因」的思維方式有關。這種思維方式要求不執著於世間萬法的任何一端。據《壇經》記載，六祖慧能早就指出：「說一切法，莫離自性。忽有人問汝法，出語盡雙，皆取對法，來去相因。」又云：「若有人問汝義，問有將無對，問無將有對，問凡以聖對，問聖以凡對。二道相因，生中道義。」（《壇經·付囑品》）對此，慧能共總結出三十六對法，試列舉如下：

> 1、天與地對；
>
> 2、日與月對；
>
> 3、明與暗對；
>
> 4、陰與陽對；
>
> 5、水與火對；（以上外境無情五對）
>
> 6、語與法對；
>
> 7、有與無對；
>
> 8、有色與無色對；

---

6 參見趙毅衡《新批評——一種獨特的形式主義文論》第179頁，中國社會科學出版社，1986年。

9、有相與無相對；

10、有漏與無漏對；

11、色與空對；

12、動與靜對；

13、清與濁對；

14、凡與聖對；

15、僧與俗對；

16、老與少對；

17、大與小對；（以上法相語言十二對）

18、長與短對；

19、邪與正對；

20、癡與慧對；

21、愚與智對；

22、亂與定對；

23、慈與毒對；

24、戒與非對；

25、直與曲對；

26、實與虛對；

27、險與平對；

28、煩惱與菩提對；

29、常與無常對；

30、悲與害對；

31、喜與瞋對；

32、舍與慳對；

33、進與退對；

34、生與滅對；

35、法身與色身對；

36、化身與報身對。（以上自性起用十九對）

慧能認為，如果善於運用這三十六對法，「即道貫一切經法，出入即離兩邊」（同上）。

就前面所舉禪僧問答各例來看，基本上符合慧能的「三十六對法」原則：如「古鏡」條、「紅輪」條是問暗以明對，問明以暗對；「風恬浪靜」條是問靜以動對；「無縫塔」條是問合以分對；「大善知識」條、「四無量心」條、「即心即佛」條是問慈以毒對，或問戒以非對；「金剛不壞身」條是問生以滅對，或問實以虛對；「清淨法身」條是問清以濁對；「戒定慧」條是問聖以凡對。由此可見，禪宗的「反語」是「二道相因」的中道思想的產物。

其次，「反語」也與佛教的二諦思想有關。佛教把世俗的道理稱為俗諦，把佛家的道理稱為真諦。認識俗諦的眼光叫做世眼，認識真諦的眼光叫做法眼。既然有俗諦與真諦、世眼與法眼的區別，那麼，按我們日常生活經驗邏輯看來是矛盾背反的言句，用法眼看來就可能是真諦。正如黃庭堅評陶淵明詩的「拙」與「放」時所說：

　　若以法眼觀，無俗不真；若以世眼觀，無真不俗。（《豫章黃先生文集》卷二六《題意可詩後》）

也就是說，法眼與世眼的看法往往正好相反。惠洪曾經以此評論詩畫：「詩者，妙觀逸想之所寓也，豈可限以繩墨哉！如王維作畫雪中芭蕉，自法眼觀之，知其神情寄寓於物，俗論則譏以為不知寒暑。」（《冷齋夜話》卷四《詩忌》）例如，禪宗常把「心」（自性）比作「古鏡」，把知識智慧

的開發比作「磨古鏡」。按照世俗的觀點，古鏡磨瑩之後，擺脫蒙昧，照亮世界；而按照禪宗的觀點，知識智慧的開發過程恰好是遮蔽自性的過程，因此古鏡磨瑩之後，世界反而一片黑暗。

其三，禪宗吸收了華嚴宗萬法平等的觀點，用克勤的話來說：「心、佛、眾生，三無差別，卷舒自在，無礙圓融。」（《羅湖野錄》卷上）參禪的要義就是應去掉是非分別之心，正邪不二，凡聖等一。既然「心佛眾生，菩提煩惱，名異體一」，那麼修善與作惡、清淨與污穢、神聖與凡俗之間也就沒有界限了。修善行人不妨捻槍帶甲，作惡行人不妨參禪入定，清淨法身可以是屎裏蛆兒，金剛不壞身可以是百雜碎。禪師們之所以故意用背反的話回答問題，其用意正在於暗示矛盾對立的雙方是人為製造的概念，本來毫無差別。換言之，他們有意識地用荒謬的回答來暗示語言世界的本來荒謬，因為一體的真如是通過語言的命名才出現諸多矛盾的。

其四，某些「反語」也和禪宗「一即一切，一切即一」的觀念有關。永嘉玄覺《證道歌》云：「一性圓通一切性，一法遍含一切法。一月普現一切水，一切水月一月攝。」（《景德傳燈錄》卷三〇）也就是說，「佛性」或「佛法」可以蘊涵於世間的一切事物中。莊子曾說，「道無所不在」，「在螻蟻」，「在稊稗」，「在瓦礫」，甚至「在屎溺」（見《莊子集釋·知北遊》）。禪宗的認識與此類似，如南陽慧忠國師的一則公案：

> 僧問：「阿那個是佛心？」師曰：「牆壁瓦礫是。」僧曰：「與經大相違也。《涅槃》云：

『離牆壁無情之物，故名佛性。』今云『是佛
心』。未審心之與性，爲別不別？」師曰：「迷即
別，悟即不別。」（《景德傳燈錄》卷二八《南陽
慧忠國師語》）

這就是著名的「無情有性」說。所以，當雲門以「乾屎橛」
來回答「如何是佛」的問題時，既可能是對佛的神聖性的
嘲諷，即呵佛罵祖，又可能是「心佛眾生，三無差別」的
象徵，既可能是「道在屎溺」的一種翻版，也可能是「無
情有性」的一種隱喻。當然，這種隱喻本身也「與經大相
違也」，體現了禪宗教外別傳的一貫作風。

　　禪宗有「反常合道」的說法[7]，意思是超乎常理，合於
大道。禪師們的種種「反語」就是「反常合道」的典型。
這些言句力圖在看似悖謬矛盾的陳述中表現一種「形而上
的真實」，如「清淨法身」而「灰頭土面」就包含著萬法平
等的真理，「風恬浪靜」而「吹倒南牆」就包含著動靜不
二的真理，佛是「乾屎橛」就包含著凡聖等一的真理。所
以，禪宗的「反語」可看作正話反說，似非而是，或是反
言以顯正，是一種佯謬，而非真正的悖謬。

---

7 《宋高僧傳》卷九《唐均州武當山慧忠傳》：「論頓也不留朕跡，語漸也返（反）
　常合道。」《古尊宿語錄》卷二三《汝州葉縣廣教省禪師語錄》：「問：『如何是
　論頓不留朕跡？』師云：『日午打三更，石人側耳聽。』云：『如何是語漸返常
　合道？』師云：『問處分明，覿面相呈。』」同上卷二六《舒州法華山舉和尚語
　要》：「上堂云：『語漸也，返常合道；論頓也，不留朕跡。直饒論其頓，返其
　常，是抑而為之。』」

第十章

打諢通禪：禪語的遊戲性

第十章 打諢通禪：禪語的遊戲性

　　禪宗有一個重要的宗教解脫法門，叫做「遊戲三昧」。遊戲三昧本為佛教語，遊戲意為自在無礙，三昧是梵語的譯音，意為正定，即排除一切雜念，使心神平靜。遊戲三昧意謂自在無礙而心中不失正定。禪宗以解脫束縛為三昧，所以遊戲三昧也指達到超脫自在、無拘無束的境界。《壇經・頓漸品》：「普見化身，不離自性，即得自在神通，遊戲三昧，是名見性。」遊戲三昧是南宗尤其是洪州禪的重要傳統，如南泉普願禪師「扣大寂（馬祖道一）之室，頓然忘筌，得遊戲三昧」（《景德傳燈錄》卷八《池州南泉普願禪師》）。從馬祖和南泉的言論來看，遊戲三昧應該指「平常心是道」的思想，即所謂「無造作，無是非，無取捨，無斷常，無凡無聖」，「行住坐臥，應機接物，盡是道」（同上卷二八《江西大寂道一禪師語》）。這種思想發展到北宋時期，逐漸成為一種遊戲人生的態度，真淨克文禪師對此有形象的解說：「事事無礙，如意自在。手把豬頭，口誦淨戒。趁出淫坊，未還酒債。十字街頭，解開布袋。」（《羅湖野錄》卷下）只要對生活採取隨意遊戲的態度，哪怕是在聲色場中照樣能獲得宗教解脫。

　　這種遊戲三昧表現在言說方式上，就是一種輕鬆自在、隨心所欲的戲謔態度。正如長靈和尚所說：「有問有答，須是其人，若是其人，喚作遊戲三昧，逢場設施，無可不可。」（《長靈和尚語錄》，《禪宗集成》本第十四冊）因此，禪宗語言具有了不同於義學經論的詼諧幽默的風格特點。一方面，禪宗師徒問答往往類似於唐宋參軍戲、雜劇的插科打諢；另一方面，禪籍中出現了類似文字遊戲的

俳諧作品。

一、打諢

蘇軾評論黃庭堅書法時說過這樣一句話：「以真實相出遊戲法。」（《蘇軾文集》卷六九《跋魯直為王晉卿小書爾雅》）大意是說黃庭堅的人生態度和藝術風格正好相反，因為他承認真如「心」的唯一真實，以「治心養氣」為終身追求目標，應是立身謹慎的「謹篤人」，但他的書法卻充滿奇崛詼詭的遊戲意味。這句話也可以用來評論禪宗語言。

表面看來，「真實相」與「遊戲法」是衝突的，然而用禪宗的觀點完全可以得到合理的解釋。「真實相」就是佛家所謂「實相」，指宇宙萬物的真相，世界的本體。就禪宗而言，宇宙全體為一「心」，即所謂「真如」。「真實相」是一種超語言的實體，因此如果執著於語言的指義性質，試圖通過語言概念去追尋「真實相」的涵義，無異於南轅北轍。所以禪師常用不合理路的句子來回答初學者的提問，讓人明白語言概念是無意義的，從而破除迷執。初學者的提問是嚴肅的，而禪師的回答是戲謔的，這種戲謔正是為了突出語言的遊戲性質，暗示「佛法大意」非語言所可及。就學者而言，「真實相」並不能通過真實（認真）的態度，而只能通過遊戲（不拘著）的態度才能領悟。

元無名氏《漢鍾離度脫藍采和》雜劇第一折《點絳唇》曲有「打諢通禪」一語，是說雜劇的打諢可通禪語，反過來，我們也可以說「禪語通諢」。

打諢，源於魏晉以來的參軍戲。據王季思先生考證，參軍戲角色有二：一是參軍，綠衣秉簡裝假官；一是蒼

鶻，手執撾瓜裝假僕。演出時，參軍先發為種種癡呆可笑的形狀、舉動或語言，這叫做「打猛諢入」（入場），蒼鶻以撾瓜（皮製瓜形棒槌）擊而責問之，參軍乃答以出乎尋常意想之外的解釋，這叫做「打猛諢出」（出場，即退場）（王季思《玉輪軒曲論・打諢參禪與江西詩派》，中華書局，1980 年）。唐代參軍戲、宋元雜劇都繼承了這種打諢的傳統，即使演出時的角色變了，而打諢的形式仍保留下來。

晚唐五代禪宗出現了行腳天下、遍參諸方的風氣，遊方的禪僧混跡於民間，對流行於鄉村市廛的參軍戲難免耳濡目染，如馬祖門下的鄧隱峰禪師就自稱「竿木隨身，逢場作戲」（《五燈會元》卷三《江西馬祖道一禪師》）。到了宋代，隨著市民階層的擴大，新興的雜劇開始流行，打諢更成為僧俗普遍喜愛的言說方式。當禪宗的「遊戲三昧」觀念與戲劇的打諢形式相碰撞之後，便轉化為禪語使用上的「遊戲三昧」。

有關唐參軍戲、宋雜劇劇本的原始資料已很難見到，不過，據王季思先生分析：「戲言而近莊，反言以顯正，斯實參軍打諢之主要內容與方式。」（《玉輪軒曲論・打諢參禪與江西詩派》）禪語的「遊戲三昧」與之類似，歸納五花八門的機鋒問答，大抵也不出「戲言而近莊」、「反言以顯正」兩大類。「反言以顯正」我在前一章已作了詳細論述，當禪師以「屎裏蛆兒」去回答「清淨法身」時，這就是「反言以顯正」，這裏面有一種由荒誕引起的滑稽感，頗似參軍出乎尋常意料之外的解釋。在此，讓我們再看看「戲言而近莊」的禪語。

在禪宗參禪應機的傳教活動中，宗師和學人有如參軍

和蒼鶻的角色，其機鋒和棒喝頗有幾分戲劇的諢趣。如臨濟宗首山省念禪師和參學僧之間的一段對話：

> 問：「如何是古佛心？」師曰：「鎮州蘿蔔重三斤。」問：「虛心何以爲體？」師曰：「老僧在汝腳底。」僧曰：「和尚爲什麼在學人腳底？」師曰：「知汝是個瞎漢。」（《景德傳燈錄》卷一三《汝州首山省念禪師》）

這段對話中的首山省念，就像裝瘋賣傻的參軍。學人問的是「古佛心」這樣莊嚴的宗教性話題，得到的卻是毫不相干的世俗性解釋。「古佛心」怎麼會是「鎮州蘿蔔」？簡直是開玩笑。學人問的是「虛心」的本體論問題，得到的卻是喜劇性的回答。老僧怎麼會在學人腳底？簡直是作賤自己。直到學人因再次刨根究底地詢問而被首山罵為「瞎漢」時，我們才明白首山傻話的意義。他已經兩次暗示學人抓住眼前腳下的「此在」，或是暗示「心」之第一義不可說，而學人毫不領會，硬要打破沙鍋問到底，這不是毫無靈性的「瞎漢」又是什麼？由此可知，首山的前兩次回答是想觸發學人的禪機，有似參軍戲的「打猛諢入」；最後一次回答就是禪宗所說的「下一轉語」，相當於參軍戲的「打猛諢出」，使學人最終猛醒，參透禪機。

南泉普願以「平常心是道」為背景的「遊戲三昧」，也具有打諢的幽默感。比如有僧問：「空中有一珠，如何取得？」南泉答曰：「斫竹布梯空中取。」僧又問：「空中如何布梯？」南泉反問：「汝擬作麼生取？」僧不能答（同上卷八《池州南泉普願禪師》）。僧的提問本來就刁鑽古

怪，珠怎麼能懸浮空中呢？南泉順勢以假為真，既然空中有珠，當然可以搭梯子去取了。僧明知空中是無法布梯的，所以南泉反問他打算用什麼辦法取珠，把棘手的問題拋回給他。這是典型的鬥機鋒，取得勝利的是裝傻的南泉。從形式上看，這段對話有點像現代的相聲藝術，南泉憨厚的語言中透出機智，但從功能上看，南泉的目的是想引發僧人的禪機，使其從佛理的角度去懸想，因為空中取珠的問題很可能是關於如何領悟無跡可求的第一義的一種隱喻。又如，南泉上堂示眾說：「王老師（南泉俗姓王）要賣身，阿誰要買？」一僧站出來說：「某甲買。」南泉問道：「他不作貴價，不作賤價，汝作麼生買？」僧答不上來（同上）。南泉當眾自稱要「賣身」，這無異於一句瘋話，相當於「打猛譚入」，令人摸不著頭腦。當僧人回答、南泉再次反問之時，我們才恍然理解他的用意，即「不作貴價，不作賤價」，保持一種「平常心」，便可真正隨處作主，決不會賣身作奴。這一反問就是「打猛譚出」，譚趣中蘊藏著深刻的禪機。南泉臨終時留下的一段公案也可看作「遊戲三昧」：

> 師將順世，第一座問：「和尚百年後向甚麼處去？」師云：「山下作一頭水牯牛去。」僧云：「某甲隨和尚去還得也無？」師云：「汝若隨我，即須銜取一莖草來。」（同上）

一般和尚修行的目的，是為了來世投胎不會當牛作馬，任人奴役宰割，而南泉則寧願來世作一頭水牯牛，這種言論不僅驚世駭俗，簡直就是「參軍式」的犯傻，或一種黑色

幽默。然而，南泉的戲言裏卻包含著極嚴肅的禪觀，即所謂「向異類中行」，意思是只有像水牯牛那樣無思慮，離言語，才能「會道」。

南泉的弟子趙州從諗發揚光大了「平常心是道」的禪觀，與此對應的是其語言的遊戲性也更為突出。有一次，趙州與僧文遠討論義理，約定「鬥劣不鬥勝，勝者輸果子」。文遠請趙州先立義。趙州曰：「我是一頭驢。」文遠曰：「我是驢胃。」趙州曰：「我是驢糞。」文遠曰：「我是糞中蟲。」趙州問：「你在彼中作甚麼？」文遠曰：「我在彼中過夏。」趙州曰：「把將果子來。」[1]「鬥劣」的結果是文遠輸了，因為「過夏」是指僧人的「結夏」（即自夏曆四月十五日起靜居寺院，不出門行動），文遠既在驢糞中過夏，無異於仍舊承認自己是僧人，而僧人與驢糞相比，當然是「勝者」。這種「鬥劣不鬥勝」的鬥機鋒，其實就是比賽「作劣語」，很容易使我們想起《世說新語・排調》中的「作了語」、「作危語」[2]。只不過這是禪門的鬥機鋒，其中包含著深刻的禪理，和文人的談諧戲謔有所不同。趙州所謂「我是一頭驢」與其師南泉「作一頭水牯牛」類似，表示了「向異類中行」的禪觀；而「我是驢糞」的說法，更進一步發展了這種禪觀，因為驢雖然無思慮，離

1　《五燈會元》卷四《趙州從諗禪師》。《古尊宿語錄》卷一四《趙州真際禪師語錄之餘》也載此事，「輸果子」作「輸餬餅」。

2　《世說新語・排調》：「桓南郡（桓玄）與殷荊州（殷仲堪）語次，因共作了語。顧愷之曰：『火燒平原無遺燎。』桓曰：『白布纏棺豎旒旐。』殷曰：『投魚深淵放飛鳥。』次複作危語。桓曰：『矛頭淅米劍頭炊。』殷曰：『百歲老翁攀枯枝。』顧曰：『井上轆轤臥嬰兒。』殷有一參軍在坐云：『盲人騎瞎馬，夜半臨深池。』殷曰：『咄咄逼人。』仲堪眇目故也。」「作了語」是指比賽說了結的話，說到盡頭的話；「作危語」是指比賽說危險的話。

語言，但還有欲望，而驢糞則完全是無生命的東西，與枯木死灰差不多，可隱喻入定的禪境。

趙州的語言遊戲有兩種形式為後來禪門問答所常用。一種是循環法，例如下面這則公案：

> 問：「柏樹子還有佛性也無？」師曰：「有。」曰：「幾時成佛？」師曰：「待虛空落地時。」曰：「虛空幾時落地？」師曰：「待柏樹子成佛時。」（《五燈會元》卷四《趙州從諗禪師》）

柏樹子成佛的前提是虛空落地，而虛空落地的前提是柏樹子成佛，二者互為前提，形成循環。這樣，僧人的追問將永遠沒有結果，除非他放棄邏輯的思索，否則永遠走不出循環的怪圈。而這種循環也可算是一種語言遊戲，它本身不表達任何意義，卻具有某種智慧的幽默。

另一種是重複法，趙州用得極多，例如：

> 問：「如何是祖師西來意？」師曰：「庭前柏樹子。」曰：「和尚莫將境示人？」師曰：「我不將境示人。」曰：「如何是祖師西來意？」師曰：「庭前柏樹子。」（同上）
>
> 問：「如何是佛？」師曰：「殿裏底。」曰：「殿裏者豈不是泥龕塑像？」師曰：「是。」曰：「如何是佛？」師曰：「殿裏底。」（同上）
>
> 師問新到：「曾到此間麼？」曰：「曾到。」師曰：「吃茶去。」又問僧，僧曰：「不曾到。」師曰：「吃茶去。」後院主問曰：「為什麼曾到

也云吃茶去，不曾到也云吃茶去？」師喚院主，
主應喏。師曰：「吃茶去。」（同上）

　　問：「毫釐有差時如何？」師云：「天地懸
隔。」云：「毫釐無差時如何？」師云：「天地
懸隔。」（《古尊宿語錄》卷一三《趙州眞際禪師
語錄》）

這裏有兩種重複方式。前兩則是對同樣的問題重複回答，
其基本結構是：

問：如何是Ａ？

答：Ｂ。

問：Ｂ不是Ｃ嗎？

答：是。

又問：如何是Ａ？

答：Ｂ。

有趣的是，學人第一次提問得到一個不滿意的回答，
然後對此答案質疑，趙州也同意這種質疑的觀點。當學人
再次同樣提問時，以為答案會有所改變，但得到的仍是同
樣的回答。後兩則是對不同問題的同樣回答，其基本結構
是：

問：Ａ如何？

答：Ｂ。

問：Ｃ如何？

答：Ｂ。

（問：為什麼Ａ是Ｂ，Ｃ也是Ｂ？答：Ｂ。）

不管學人從正反雙方提出問題，趙州只是執拗地重複
回答，這就很像那個裝癡呆、犯傻冒的參軍。這些回答當

然沒有邏輯，而且總是讓我們的期待落空，但卻很有幾分逗樂的諧趣。更重要的是，這些重複的戲言暗示了一種禪宗的「無差別境界」，即執著地追問ＡＢＣ的區別到底有什麼意義呢？

與趙州同時或稍後的禪師，特別是法眼文益禪師，繼承並發展了循環法和重複法，以致於鈴木大拙稱他為「一個善於運用重複法的偉大禪師」[3]。這些句法包括循環肯定（如文益答「毫釐有差，天地懸隔」）、循環否定（如岩頭答「不是本常理」）、重複問題（如文益答「曹源一滴水」）、異問同答（如道怤答「無」）等等，本書第一篇第三章第二節已有例示，茲不贅述。這些循環法和重複法超越了日常語言的習慣用法，因而具有某種戲劇化的插科打諢的色彩。

事實上，禪宗的遊戲法也給宋代士大夫的詩歌語言藝術以不少啟發，其中以蘇軾的創作最為突出。正如南宋陳岩肖所說：「東坡謫居齊安（黃州）時，以文筆遊戲三昧。」（陳岩肖《庚溪詩話》卷下，《歷代詩話續編》本，中華書局，1983年）其實，「遊戲三昧」的創作態度貫穿於蘇軾的各個時期，因為在他看來，藝術創作是遊戲人生的一種最佳方式，詩文書畫能使他真正達到超越世俗、無拘無礙的自由境界。當這種態度和禪宗打諢的言說方式結合起來時，便形成了蘇軾詩歌特有的「借禪以為詼」的語言風格。試看蘇軾《聞辯才法師復歸上天竺以詩戲問》一詩：

　　道人出山去，山色如死灰。白雲不解笑，青

3　《禪與生活》第104頁。

松有餘哀。忽聞道人歸，鳥語山容開。神光出寶
髻，法雨洗浮埃。想見南北山，花發前後臺。寄
聲問道人：「借禪以為詼，何所聞而去，何所見
而回？」道人笑不答，此意安在哉？昔年本不
住，今者亦無來。此語竟非是，且食白楊梅。
（《蘇軾詩集》卷一六）

這首詩通篇立意在一「以詩戲問」之「戲」字上或「借禪
以為詼」之「詼」字上。詩的前半段寫辯才的去而復歸，
渲染上天竺寺因辯才離去而悲哀，因辯才回來而歡樂。後
半段卻宣揚昔與今、去與來本無差別，無須悲喜。「何所
聞而去」兩句用的是嵇康和鍾會之間對話的典故，相當於
禪家的公案[4]；而結句「且食白楊梅」則完全是禪宗問答機
鋒的慣技，很容易使我們想起前舉趙州從諗「吃茶去」的
公案。正如不管僧「曾到」、「不曾到」，趙州和尚都說
「吃茶去」一樣，蘇軾也不管辯才和尚過去、現在是否曾住
上天竺，都只是說「且食白楊梅」。由此可見，禪語本身具
有一種「戲」和「詼」的功能。

二、俳體

　　當禪宗的「遊戲三昧」觀念由宗教滲入藝術創作之
時，也就從本體論的意義上為文字遊戲提供了辯護的理
由。不僅是綺語口業的詩文，甚至是「戲人」、「玩人」的
俳諧文學，都可以納入「遊戲三昧」的保護傘。只要最終

---

4 《世說新語・簡傲》：「鍾士季（鍾會）精有才理，先不識嵇康。鍾要於時賢俊
　之士俱往尋康。康方大樹下鍛，向子期為佐鼓排，康揚槌不輟，傍若無人。移時，
　不交一言。鍾起去，康曰：『何所聞而來，何所見而去？』鍾曰：『聞所聞而來，
　見所見而去。』」

效果是擺脫了世俗功名的羈絆，得到愉悅和放鬆，或表達了禪機佛理，都可被看作「作大佛事」[5]。特別是在宋代「文字禪」風行之後，不少禪師受到士大夫「以文字為詩」的創作傾向的影響，也開始嘗試用俳諧文學來傳教示法。

北宋末年，惠洪的同門師兄廬山慧日文雅禪師曾摹仿唐人「本草」類遊戲文字[6]，戲作《禪本草》一篇，其詞曰：

> 禪，味甘，性涼，安心臟，祛邪氣，辟壅滯，通血脈，清神益志，駐顏色，除熱惱，去穢惡，善解諸毒，能調眾病。藥生人間，但有大小、皮肉、骨髓、精粗之異，獲其精者為良。故凡聖尊卑悉能療之。餘者多於叢林中吟風詠月。世有徒輩多采聲殼為藥食者，誤人性命。幽通密顯，非證者莫識。不假修煉，炮製一服，脫其苦惱，如縛發解，其功若袖，令人長壽。故佛祖以此藥療一切眾生病，號大醫王，若世明燈，破諸執暗。所慮迷亂，幽蔽不信，病在膏肓，妄染神鬼，流浪生死者，不可救焉。傷哉！（《羅湖野錄》卷下）

這篇文章的體裁和敘述口吻都摹仿藥學著作《本草經》，用

5　如惠洪《石門文字禪》卷一九《東坡畫應身彌勒贊序》：「東坡居士，遊戲翰墨，作大佛事，如春形容藻飾萬象。」

6　唐人所作「本草」如侯味虛著《百官本草》，題御史曰：「大熱，有毒。」又朱書云：「大熱，有毒，主除邪佞，杜奸回，報冤滯，止淫濫，尤攻貪濁，無大小皆摶之。幾尉簿為之相，畏置使，惡爆直，忌按權豪。出於雍洛州諸縣，其外州出者，尤可用。日炙乾硬者為良。服之，長精神，減姿媚。久服，令人冷峭。」又賈言忠撰有《監察本草》。均見《太平廣記》卷二五五，中華書局排印本，1981年。又張說撰有《錢本草》，見《全唐文》卷二二六。

「本草」（中草藥）的治病功能來雙關禪的宗教功能，充滿諧趣。其中所謂「於叢林中吟風詠月」，委婉地批評了禪門中的詩僧，以為好吟詠非禪之精者。佛號大醫王是佛經的說法，而文雅禪師將其與本草聯繫起來，顯然是受到文人俳體文章的影響。「號大醫王」的佛經話語轉變為「本草」這樣更使中國平民百姓感到親切的本土話語，並採用了一種俳諧的形式，真可謂寓教於樂，寓莊於諧。惠洪的另一位師兄湛堂文准禪師著《炮製論》，以輔佐文雅的《禪本草》，其詞曰：

> 人欲延年長生，絕諸病者，先熟覽《禪本草》。若不觀《禪本草》，則不知藥之溫良，不辨藥之真假，而又不語何州何縣所出者最良。既不能窮其本末，豈悟藥之體性耶？近世有一種不讀《禪本草》者，卻將杜漏藍作綿州附子，往往見面孔相似，便以為是。苦哉！苦哉！不唯自誤，兼誤他人，故使後之學醫者，一人傳虛，萬人傳實，擾擾逐其末，而不知安樂返本之源，日月浸久，橫病生焉。漸攻四肢，而害圓明常樂之體。自旦及暮，不能安席，遂至膏肓，枉喪身命者多矣，良由初學粗心，師授莽鹵，不觀《禪本草》之過也。若克依此書，明藥之體性，又須解如法炮製。蓋炮製之法，先須選其精純者，以法流水淨洗，去人我葉，除無明根；秉八還刀，向三平等砧碎剉；用性空真火微焙之；入四無量臼，舉八金剛杵，杵八萬四千下；以大悲千手眼篩篩之，然後成塵塵三昧。煉十波羅蜜為圓，不拘時

候。煎一念相應湯，下前三三圓、後三三圓。除
八風二見外，別無所忌。此藥功驗，不可盡言，
服者方知此藥深遠之力，非世間方書所載。後之
學醫上流，試取《禪本草》觀之，然後依此炮
製，合而服之，其功力蓋不淺也。（同上）

中草藥需要炮製，即製作加工，才能發揮更好的藥性。文
准用「炮製」來雙關「禪」需要有「教」配合，才能更好
地發揮解脫煩惱的宗教功能。其中「無明」、「八還」、
「三平等」、「性空」、「四無量」、「八金剛」、「八萬四
千」、「大悲千手眼」、「塵塵三昧」、「十波羅蜜」、「一
念相應」、「八風」、「二見」等等，都是佛教經藏中的名
相術語。由此可見，文准在這篇俳體文字中，表達了一種
「禪教合一」的思想，這和惠洪提倡的「文字禪」是一致
的。

　　使我們感興趣的是當時一些禪師對這兩篇文字遊戲的
欣賞態度，大慧宗杲（妙喜老師）指出：「湛堂讀諸葛亮
《出師表》，而知作文關棙，遂作《羅漢疏》、《水磨記》、
《炮製論》。」（同上）宗杲的弟子曉瑩更予以高度評價，首
先為《禪本草》辯護說：「世稱韓昌黎《毛穎傳》以文為
滑稽，若《禪本草》，寧免並按者歟？先佛號大醫王，而修
多羅藏得非方書乎？況《禪本草》從藏中流出，議病且
審，使藥且親，其有服食，獲證大安樂地也必矣。由是觀
之，雅豈徒然哉！」然後又稱讚《炮製論》說：「若夫
《炮製論》，文從字順，詳譬曲喻，而與《禪本草》相為表
裏，非具起膏肓必死之手，何能及此哉！」（同上）從曉瑩
的評價來看，他已經注意到這兩篇文章與韓愈《毛穎傳》

之類的遊戲文字的關係，而「文從字順」的評論也正好用的是韓愈創造的詞語。需要指出的是，韓愈作《毛穎傳》，曾遭到友人張籍的批評，斥之為「駁雜無實之說」，以為「是戲人也，是玩人也，非示人以文之道也」（《全唐文》卷六八四張籍《上韓昌黎第二書》，中華書局影印本，1983年）。但這種「以文為滑稽」的作品在禪宗這裏卻不僅有人仿效，而且受到青睞。由此可見，禪宗的「遊戲三昧」從理論上為士大夫的文字遊戲提供了依據，而士大夫傳統的俳諧文學則從實踐上為禪宗的文字遊戲樹立了範本。

除了以上兩篇寓莊於諧的作品外，禪門還出現了一些無關宏旨的純粹遊戲之作。比如蘇州定慧超信禪師作《貽老僧》詩曰：

> 俗臘知多少，龐眉擁氎袍。看經嫌字小，問事愛聲高。暴日終無厭，登階漸覺勞。自言曾少壯，遊嶽兩三遭。（《羅湖野錄》卷下）

「俗臘」指老僧出家前的年歲和出家後的年歲。這首詩其實是調侃老僧之作，與禪旨無關。誠如曉瑩所說：「（超）信為明眼宗匠，此乃其遊戲耳。」曉瑩之所以欣賞它，純粹是因為文字描寫方面的原因：「然品題形貌之衰憊，摹寫情思之好尚，抑可謂曲盡其妙矣。」（同上）

最妙的是南宋紹興間南閩修仰書記為泐潭草堂和尚所作《題淨髮圖》，文章採用了駢文的形式，體類俳優，而用事切當。其詞曰：

> 垢汙蓬首，笑志公墮聲聞之鄉；特地洗頭，

嗟庵主入雪峰之彀。爲當時之遊戲，屬後世之品量。誰知透石門關，別有棄纒手段；飲泐潭水，總是突霧爪牙。更不效從前來兩家，直要用頂寧上一著。鋒芒才動，心手相應。一搯一抬，誰管藏頭白，海頭黑；或擒或縱，說甚鬍鬚赤，赤鬚鬍。曾無犯手傷鋒，不用揚眉瞬目。一新光彩，迥絕廉纖。休尋頭上七寶冠，好看頂後萬里相。一時勝集，七日良期。不須到佛殿階前，彼處無草；普請向大智堂裏，此間有人。（《雲臥紀譚》卷上）

這篇駢文爲題畫而作，全用宗門的典故成語來雙關淨髮（剃頭）的過程。「志公」指南朝梁金陵寶志禪師，他少年出家，在道林寺修習禪定。後來「居止無定，飲食無時，發長數寸，徒跣，執錫杖」。梁武帝稱志公「語其佛理，則聲聞以上」（《景德傳燈錄》卷二七《金陵寶志禪師》）。「聲聞」指由誦經聽法而悟道者，禪宗以聲聞爲小乘，所以這裏嘲笑志公「墮聲聞之鄉」。「特地洗頭」兩句用的是雪峰義存的一則公案：「有一僧在山下卓庵多年（即庵主），不剃頭。畜一長柄杓，溪邊舀水。時有僧問：『如何是祖師西來意？』（庵）主曰：『溪深杓柄長。』師（雪峰）聞得，乃曰：『也甚奇怪。』一日，將剃刀同侍者去訪，才相見便舉前話，問：『是庵主語否？』主曰：『是。』師曰：『若道得，即不剃你頭。』主便洗頭，胡跪師前，師即與剃卻。」（《五燈會元》卷七《雪峰義存禪師》）「石門」是禪宗著名的叢林，而「門」與「關」相應，「石門關」代指禪關。「棄纒」用《漢書·終軍傳》中終軍入關

棄繻而去的故事。繻是古代出入關津的憑證，書帛裂而分之，出關時取以合符，才能復出。此藉以喻參透禪關須有果決的氣概。「泐潭」也是禪宗的聖地之一，而「潭」與「水」相應，「泐潭水」代指法水。禪宗常以獅子猛虎比喻得道的禪師，所以戲稱為「爪牙」，「突霧」即突兀，此謂凸出銳利貌。「從前來兩家」指淨髮出家為僧前所仿效的儒家和道教。「頂顳上一著」指剃頭，雙關參禪的向上一路，如《碧巖錄》云：「頂門上一著，夢見也未？」(《碧巖錄》卷二第十三則《巴陵銀碗裏雪》)「一搯一抬」，形容手執剃刀的動作，雙關禪門中的應機接人，如《碧巖錄》云：「展啐啄之機，用殺活之劍，直饒恁麼，更須知建化門中，一手抬，一手搯，猶較些子。」(同上第十六則《鏡清啐啄機》)「藏頭白海頭黑」語出西堂智藏禪師的一則公案：「僧問馬祖：『請和尚離四句，絕百非，直指某甲西來意。』祖云：『我今日無心情，汝去問取智藏。』其僧乃來問師（智藏）。師云：『汝何不問和尚（指馬祖）？』僧云：『和尚令某甲來問上座。師以手摩頭云：『今日頭痛，汝去問海師兄（百丈懷海）。』其僧又去問海。海云：『我到這裏卻不會。』僧乃舉似馬祖。祖云：『藏頭黑，海頭白。』」(《景德傳燈錄》卷七《虔州西堂智藏禪師》)而頭黑頭白又和淨髮有關。「或擒或縱」，指剃頭的過程，雙關參禪應機的方法。「擒縱」也是禪門常用語，如《碧巖錄》云：「擒縱非他，卷舒在我。」(《碧巖錄》卷三第二十二則《雪峰鱉鼻蛇》)「鬍鬚赤赤鬚鬍」是唐宋俗語「將謂鬍鬚赤，更有赤鬚鬍」的略稱，意思是強中更有強中手。此語禪籍中極為常見，如百丈懷海和黃檗希運師徒間的一則有趣的公案：「至晚參，師（百丈）舉前因緣次，

黃檗便問：『古人錯對一轉語，落在野狐身，今人轉轉不錯是如何？』師云：『近前來向汝道。』黃檗近前打師一掌。師云：『將謂鬍鬚赤，更有赤鬚鬍。』」（《古尊宿語錄》卷一《百丈懷海禪師語錄》）百丈本來想讓黃檗近前來，好打他一掌，沒想到黃檗先下手為強，所以百丈有此語。同樣「鬍鬚」也和淨髮相關。「傷鋒犯手」和「揚眉瞬目」都是宗門行話，以之描寫剃髮過程中的細節，惟妙惟肖。佛教有七寶的名目，說法不一，「七寶冠」泛指多種珍寶裝飾之冠。「萬里相」用《漢書‧班超傳》的典故：「生燕頷虎頸，飛而食肉，此萬里侯相也。」這兩句的意思是，頭上不用戴冠，光頭更好看相。「不須到佛殿階前」兩句，用的是丹霞天然禪師的一則公案。丹霞得馬祖指示，前往南嶽參見石頭希遷，石頭命其著槽廠去。丹霞入行者房執役凡三年。「忽一日，石頭告眾曰：『來日剗佛殿前草。』至來日，大眾諸童行各備鍬钁剗草，獨師（丹霞）以盆盛水淨頭，於和尚前胡跪。石頭見而笑之，便與剃髮」（《景德傳燈錄》卷一四《鄧州丹霞山天然禪師》）。「普請向大智堂裏」兩句，指的是百丈懷海訂的《禪門規式》，百丈死後敕諡大智禪師。《禪門規式》云：「行普請法，上下均力也。」（同上卷六《洪州百丈山懷海禪師》）這篇文章駢偶工整，用典精當，而其創作傾向，卻在於以文為戲，以文字的雙關隱喻造成諧謔的效果。

禪宗的以文為戲顯然受到唐宋以來士大夫俳體文學的影響。早在初唐，張說就有《錢本草》的俳體文問世，自韓愈作《毛穎傳》後，文人仿作更蔚成風氣，僅蘇軾撰或託名蘇軾撰的俳體文就有《杜處士傳》（中藥杜仲）、《萬石君羅文傳》（歙硯）、《江瑤柱傳》（江珧貝）、《黃甘陸

吉》（黃柑綠桔）、《葉嘉傳》（武夷茶）、《溫陶君傳》（麵條）等等（見《蘇軾文集》卷一三）。文雅和文准禪師與蘇軾同時而稍後，其《禪本草》和《炮製論》應當是同一風氣的產物。而蘇軾愛用禪語作詩為戲，語涉雙關諧隱，也很受禪門中人的喜愛，《題淨髮圖》之類文字與之如出一轍。據惠洪《冷齋夜話》記載：蘇軾由海南北歸時，路過虔州，邀請劉安世（器之）同參玉版和尚。「器之每倦山行，聞見玉版，欣然從之。至廉泉寺，燒筍而食。器之覺筍味勝，問此筍何名。東坡曰：『即玉版也。此老師善說法，要能令人得禪悅之味。』於是器之乃悟其戲，為大笑，東坡亦作偈」（《冷齋夜話》卷七《東坡戲作偈語》）。這首偈是一首五言律詩：

> 叢林真百丈，法嗣有橫枝。不怕石頭路，來參玉版師。聊憑柏樹子，與問擇龍兒。瓦礫猶能說，此君那不知。（《蘇軾詩集》卷四五《器之好談禪，不喜遊山。山中筍出，戲語器之，可同參玉版長老，作此詩》）

這首詩通篇用禪語雙關，極盡諧隱之能事。如「叢林」雙關叢聚的竹林和禪宗的寺院，《大智度論》卷三：「僧伽，秦言眾，多比丘一處和合，是名僧伽；譬如大樹叢聚，是名為林。」「百丈」雙關樹木之高大和禪宗著名聖地洪州百丈山。「橫枝」，據蘇軾自注：「玉版，橫枝竹筍也。」據王注次公曰：「禪宇謂之法嗣，而禪家旁出，謂之橫枝。」（同上） 意思是非嫡傳的法嗣。「石頭路」雙關遊山之路和石頭希遷的門庭。鄧隱峰辭馬祖，馬祖問：

「什麼處去？」鄧答曰：「石頭去。」馬祖說：「石頭路滑。」（《景德傳燈錄》卷六《江西道一禪師》）可見「石頭路」是難行之路。「玉版師」以禪宗長老隱喻竹筍，「玉版」是竹筍的別名。「柏樹子」出自趙州和尚的著名公案，僧問趙州：「如何是祖師西來意？」答曰：「庭前柏樹子。」（《五燈會元》卷四《趙州從諗禪師》）「籜龍兒」是筍子的別稱。「瓦礫猶能說」用南陽慧忠國師「無情說法」的典故，僧問：「阿那個是佛心？」慧忠答曰：「牆壁瓦礫是。」又問：「無情既有心性，還解說法否？」答曰：「他熾然常說，無有間歇。」（《景德傳燈錄》卷二八《南陽慧忠國師語》）「此君」是竹子的代稱，典出《世說新語・任誕》：「王子猷嘗暫寄人空宅住，便令種竹。或問：『暫住，何煩爾？』王嘯詠良久，直指竹曰：『何可一日無此君？』」蘇軾的意思是，既然柏樹子可參祖師西來意，瓦礫無情猶能說法，何況已經人格化的「籜龍兒」和「此君」這樣的有情之物，當然可視為玉版禪師。清人查慎行注蘇詩曰：「此詩盡用禪家語形容，可謂善於遊戲者也。」（《蘇詩補注》卷四五，清乾隆辛巳香雨齋刻本）

　　禪宗儘管輕視語言文字，但對待遊戲文字的態度卻比古板的理學家寬容得多。因為根據禪宗的觀點來推論，俳諧文學至少有兩種功能：其一，所謂善巧方便，隨機設化，利用俳諧文學「辭淺會俗」的社會性，起到更好地宣傳佛理的效果。其二，所謂逢場作戲，無可不可，利用俳諧文學「皆悅笑也」的遊戲性[7]，起到緩和緊張、消弭分裂的作用，即「遊戲三昧」的作用。

---

7 《文心雕龍・諧隱》：「諧之言皆也；辭淺會俗，皆悅笑也。」

第十一章

老婆心切：禪語的通俗性

第十一章 老婆心切：禪語的通俗性

　　佛教在中國的流布蔓延，促成了通俗文學的發展，如唐代寺院中盛行的宣傳宗教的俗講及「轉」出的變文，就以其韻散結合、文白夾雜的形式，開闢出中國白話小說和說唱文學的廣闊天地。但與俗講、變文相比較，唐宋禪僧語錄不僅更徹底地消除了文言成分，而且較大地淡化了語言的說教成分。可以說，禪宗語錄在同時代各類文獻中，俗語言色彩最為濃厚，也最具本土平民特色。

　　禪籍俗語言風格的形成，有這樣幾個原因：其一，禪宗隊伍主要成分是農民，在與貴族僧侶的話語權力爭奪中，他們力圖以一種本土的農禪話語系統來取代外來的佛經話語系統；其二，洪州禪「平常心是道」的禪觀，將印度佛教的宗教精神進一步世俗化，與參禪多行日用事相對應，宗門也多用日常的方俗語；其三，禪宗隊伍尤其是唐代禪宗隊伍文化程度普遍較低，宗師為了更生動形象地傳教示道，應機接人，有意採用鄙俚樸質的方俗語；其四，禪宗主張「不立文字」，其重要含義之一是反對執著於書面的文字，而不完全排斥口頭語言，並有意為口頭語言「放一線道」；其五，禪籍的經典著作是語錄，即關於祖師口頭語言的記錄，其語言風格具有原始口語的真實性，而它的經典性又直接影響到其他禪籍的語言。

　　禪籍俗語言包括口語、諺語、歇後語、白話詩等等，大多是唐宋時期活生生的語言，反映了該時期人們使用語言的實際狀況，對於研究中古漢語的語法、辭彙、修辭都有極重要的參考價值。

一、口語

　　無論是在語錄流行之前或是之後，「口耳受授」都是禪宗的主要傳燈方式。因此，唐宋口語是構成禪宗語言的最主要的成分。禪宗語錄是關於祖師實際口授語言的記錄，通常由虔誠的門徒於眾中聽講時悄悄記下來。如雲門文偃的對機室中錄，「皆香林明教以紙為衣，隨所聞隨即書之」（《林間錄》卷上）。這些語錄雖然後來經過加工整理，但其原始的語言風格還是得到較好的保存。當祖師語錄成為一種新經典之後，其以口語為主的語言風格也成為後來禪籍仿效的典範，儘管有不少禪籍是出自書面創作並供案頭閱讀的。這有如明代文人的擬話本之於宋元說話藝人的話本，書面的死文字被口頭的活語言所征服。

　　唐宋禪宗語錄是同時代最口語化的文獻之一，試以雲門文偃的一段語錄為例：

> 兄弟一等是蹋破草鞋，拋卻師長父母行腳，直須著些子精彩始得實。若有個入頭處，遇著一個咬豬狗手腳，不惜性命，入泥入水相為，有可咬嚼，眨上眉毛，高掛缽囊，拗折拄杖，十年二十年，辦取徹頭，莫愁不成辦，直是今生未得徹頭，來生亦不失人身，向此個門中，亦乃省力，不虛孤負平生，亦不孤負師長父母、十方施主。直須在意，莫空遊州獵縣，橫擔拄杖，一千里二千里走趁，遮邊經冬，那邊過夏。好山好水堪取性，多齋供易得衣缽。苦屈！圖他一粒米，失卻半年糧。如此行腳有什麼利益？信心檀越，把菜

粒米，怎麼生消得？直須自看，（無人替代，）
時不待人，忽然一日眼光落地，前頭將何抵擬？
莫一似落湯螃蟹，手腳忙亂，無你掠虛說大話
處。莫將等閒空過時光，一失人身，萬劫不復。
不是小事，莫據目前。[1]

這段話全是由純淨的口語組成，在禪宗語錄中極有代表
性。下面試以唐宋其他禪籍作對照，簡略詮釋這段話中口
語辭彙的大致詞義[2]：

「一等」，猶言一種、一類，如寒山詩：「世有一等
愚，茫茫恰似驢。」[3]

「著些子精彩」，意思是專作一事，振作一點精神，如
招慶道匡禪師曰：「今既上來，各著精彩，招慶一時拋與
諸人，好麼？」（《景德傳燈錄》卷二一《泉州招慶道匡禪
師》）「精彩」與「精神」的意思差不多，如黃檗希運禪師
曰：「汝等既稱行腳，亦須著些精神好。」（同上卷九《洪
州黃檗希運禪師》）

「入頭」，意思是悟入、領悟，睦州陳尊宿曰：「汝等
諸人未得個入頭，須得個入頭；若得個入頭，已後不得辜
負老僧。」（同上卷一二《睦州龍興寺陳尊宿》）；

「手腳」，本意是手段，如岩頭全豁禪師上堂云：「若

1　《景德傳燈錄》卷一九《韶州雲門文偃禪師》。又見《古尊宿語錄》卷一五《雲門
　　匡真禪師廣錄》卷上、《五燈會元》卷一五《雲門文偃禪師》，文字略異。

2　以下詞義解釋參考了于谷《禪宗語言和文獻》一書，而另作補正，所有禪籍語例
　　均為重新補充。

3　《全唐詩》卷八〇六。按：「一等」有一種、一類和一樣、一般二義，「兄弟一
　　等」意思是我們這類人。《禪宗語言和文獻》第21頁釋為「一樣」，似不妥。

論戰也，個個須是咬豬狗手段。」（《人天眼目》卷六《宗門雜錄岩頭三句》）再如《碧岩錄》有「驅耕夫之牛、奪饑人之食底手腳」一句（《碧岩錄》卷一第三則《馬祖日面佛月面佛》），又有「古人有驅耕夫之牛、奪饑人之食底手段」一句（同上第八則《翠岩眉毛》），可見「手腳」與「手段」義同。這裏指「有××手段的人」[4]。

「入泥入水」，意思是不惜遭到文字污染，而以言句啟發學人。泥水是污穢之物，禪宗以喻言句[5]。如清平令遵禪師舉初見翠微無學語句謂眾曰：「先師入泥入水為我，自是我不識好惡。」（《景德傳燈錄》卷一五《鄂州清平山令遵禪師》）

「咬嚼」，意思是體味、理解、琢磨、參究[6]，如《碧岩錄》曰：「如今人問著，便向言句下咬嚼，眉毛上作活計。」（《碧岩錄》卷一第八則《翠岩眉毛》）又曰：「這個公案多少人錯會，直是難咬嚼，無你下口處。」（同上卷二第十二則《洞山麻三斤》）

「眨上眉毛」，有擬議、思索之義，即《碧岩錄》所謂向「眉毛上作活計」。如三角總印禪師上堂曰：「若論此事（指參禪大事），眨上眉毛，早已蹉過也。」（《景德傳燈錄》卷七《潭州三角山總印禪師》）[7]

「徹頭」[8]，意思是徹底覺悟。

「成辦」，猶言辦成、成功，如汾州無業國師曰：「兄

4 按：《禪宗語言和文獻》第21頁釋「手腳」為「角色」，似不確。
5 日本無著道忠《葛藤語箋》釋「入泥入水」曰：「泥水者，污穢之處，比方便言句接人，不坐本分向上地。」見《禪語辭書類聚》第二冊。
6 《禪宗語言和文獻》第21頁釋「咬嚼」為「求教、請益」，似不確。
7 《禪宗語言與文獻》第21頁釋「眨上眉毛」為「振作精神，參究」，似無據。
8 《雲門匡真禪師廣錄》卷上「徹頭」作「出頭」。

弟只為貪欲成性，二十五有向腳跟下繫著，無成辦之期。」
（《景德傳燈錄》卷二八《汾州大達無業國師語》）

「直是」，意謂即使。如百靈和尚曰：「直是妙德空
生，也歎居士不及。」（同上卷八《百靈和尚》）

「直須」，意謂必須。如風穴延沼禪師上堂謂眾曰：
「夫參學眼目，臨機直須大用見前，莫自拘於小節。」（同
上卷一三《汝州風穴延沼禪師》）

「作麼生」，意謂如何、怎麼。如僧問南陽慧忠國師：
「清淨法身作麼生得？」答曰：「不著佛求耳。」（同上卷
五《西京光宅寺慧忠禪師》）禪籍中有大量的諸如「意旨作
麼生」、「畢竟作麼生」、「意作麼生」、「更作麼生」之類
句子，不勝枚舉。

「消得」，意謂可以消受。如洞山良價垂語曰：「直道
本來無一物，猶未消得他鉢袋子。」（同上卷一五《筠州洞
山良價禪師》）

「自看」，意思是自己留意。如盤山寶積禪師曰：「禪
德且須自看，無人替代。」（同上卷七《幽州盤山寶積禪師》）

「抵擬」，意謂應付。如有人舉問：「一僧若來時，如
何抵擬他？」（同上卷二七《諸方雜舉征拈代別語》）

「一似」，意思是像××一樣。趙州從諗曰：「一似獵
狗，專欲吃物。」（同上卷二八《趙州從諗和尚語》）

「掠虛」，意思是覓得虛妄、未落實處。「掠」意為
取。雲門文偃常用「掠虛」一詞，如云：「雖然如此，汝
亦須實到這個田地始得。若未，切不得掠虛。」又云：
「向這裏識取，若不見，亦莫掠虛。」又云：「你還會麼？
若不會，且莫掠虛。然雖據實，實是諦見也未？」（同上卷
一九《韶州雲門文偃禪師》）由此可見，「掠虛」是「據實」

的反義詞[9]。

這段話還有多處唐宋口語的語法現象，在禪宗語錄中也很有代表性。下面試以其他禪籍語例作參證，略析這段話中的口語語法：

「卻」，助詞。如「拋卻師長父母」，「失卻半年糧」，「卻」字跟在動詞之後，表示動作的實現或完成。如《碧岩錄》云：「我當時若見，一棒打殺，與狗子吃卻。」（《碧岩錄》卷二第十六則《鏡清啐啄機》）據統計，《景德傳燈錄》中有「啞卻」、「埋沒卻」、「移卻」、「圍卻」、「隱卻」、「掩卻」、「汙卻」、「枉卻」等等一百個由動詞與「卻」的詞條[10]。

「著」，助詞。如「遇著一個咬豬狗手腳」，「著」跟在動詞之後，表示動作的實現或延續。如《碧岩錄》云：「通這一路，莫謾大眾好，踏著龍頭。」（《碧岩錄》卷一第七則《慧超問佛》）

「取」，助詞。如「辦取徹頭」，「取」作為助詞，表示祈使語氣。禪籍中常見的有「會取」、「薦取」、「喚取」、「記取」、「識取」、「看取」、「擬取」、「救取」、「行取」、「收取」、「借取」、「惜取」、「認取」、「覓取」、「問取」、「聽取」、「道取」等等。如有僧問趙州：「如何是不合頭？」答云：「前句辦取。」（《古尊宿語錄》卷一三《趙州真際禪師語錄》）意思是請辨前句。

「生」，後綴。「作麼生」的「生」是疑問詞「作麼」的後綴。「生」是唐宋口語裏非常活躍的一個後綴，僅以《景德傳燈錄》為例，「生」作疑問代詞後綴的就有「作麼

9　《禪宗語言與文獻》第21頁釋「掠虛」作「虛妄、妄言」，似不確。

10　參見《景德傳燈錄索引》上冊第290頁，日本京都花園大學禪文化研究所印行。

生」、「怎麼生」、「誰家生」、「怎生」等，如僧問奉國清海禪師：「放過即東道西說，不放過怎生道？」（《景德傳燈錄》卷二三《襄州奉國清海禪師》）「生」作副詞後綴的有「好生」、「甚生」等，如洞山問歸曉禪師：「如何是鳳山境？」答曰：「好生看取。」（同上《襄州延慶歸曉大師》）「生」作形容詞後綴的現象更普遍，有「太早生」、「太遠生」、「太香生」、「太高生」、「太小生」、「太僧生」、「太俗生」、「太速生」、「太遲生」、「太鈍生」、「太驅驅生」、「太寂寞生」、「太深遠生」、「太尊貴生」、「太切忉生」、「太鄙吝生」、「太襤褸生」、「太羸瘦生」等等，如制空禪師曰：「日出太早生。」智藏禪師答曰：「正是時。」（同上卷七《虔州西堂智藏禪師》）

「遮（這）邊經冬，那邊過夏」，指示代詞「這」和「那」配對。如鄧隱峰與石頭划草，對石頭說：「和尚只划得這個，不划得那個。」（同上卷八《五台鄧隱峰禪師》）又如仰山與溈山一道開田，問道：「這頭得恁麼低，那頭得恁麼高？」（同上卷一一《袁州仰山慧寂禪師》）又如靈泉歸仁禪師問疏山：「枯木生花，始與他合，是這邊句，是那邊句？」（《五燈會元》卷一三《靈泉歸仁禪師》）

「直須著些子精彩始得」，「直須始得」是固定的口語句型，意思是必須怎麼樣做才行。如石鞏慧藏禪師搊西堂智藏鼻孔說：「直須恁麼捉虛空始得。」（《景德傳燈錄》卷六《撫州石鞏慧藏禪師》）又如石霜慶諸禪師示眾說：「直須向萬里無寸草處去始得。」（同上卷一五《潭州石霜山慶諸禪師》。）

禪籍中的口語辭彙異常豐富，僅以無著道忠《葛藤語箋》所載禪語虛詞為例，就有以下上百條：

　　一字詞：阿、那（語首）、那（語尾）、怎、什、甚、廝、這、遮、者、忒、煞、恁、道、盡、個、子、生、樣、著、的、底、了、兜、恰、好、做、作、擬、驀、謾、合、屎、死、賒。

　　二字詞：可煞、可瞞、忒煞、忒瞞、太煞、太殺、不合、不敢、待要、贏得、以至、無端、打起、那個、這個、者個、要且、大好、大抵、大小、都大、恰好、好生、怎生、什麼、甚麼、恁麼、與麼、溜麼、溜地、入麼、依前、遮些、者些、打底、這底、些兒、打頭、只麼、只管、但管、匹似、則個、都盧、團欒、知道、軒知、情知、旹耐、等閒、酌然、灼然、果然、冷地、特地、取次、相次、驀劄、阿堵、平白、脫體、怪底、樣子、真誠、索性、分外、見在、端的、機前、覷體、頭底、頭抵、到頭、過頭、埋頭、勿量、沒興、且置、火急、死急、抵死、伎死、聞早、聞健、便了、到了、合下。

　　三字詞：勿交涉、無交涉、沒可把、在那裏、暗地裏、譬如間、匹似間、間不徹、大小大、可憐生、作麼生、做麼生、似麼生、那希罕。

　　作為口語辭彙，禪籍中這些虛詞具有這樣一些特點：

　　其一，同音異字。因語錄以記音為主，書寫形式相對隨意，可以同音更代，如「這」可書寫為「者」、「遮」，「酌然」可書寫為「灼然」。

　　其二，近音更代。如「太」可書寫為「忒」，「煞」可書寫為「瞞（音囉）」。

　　其三，方音更代。如「溜麼」、「只麼」、「恁麼」、「與麼」意義相同，都是如此、這麼的意思，其讀音書寫不同，可能與各自的方言有關係。

禪籍的其他詞語口語色彩也很濃厚，稱謂詞如「作家」、「作者」、「老婆」、「渾家」、「儂家」、「阿誰」、「阿爺」、「措大」、「師波」、「主人公」、「大丈夫」、「老凍膿」、「好大哥」、「老臊胡」、「瘋癲漢」、「擔板漢」等等；名詞如「巴鼻」、「鼻孔」、「赤腳」、「毒手」、「露柱」、「漆突」、「生涯」、「骨董」、「絡索」、「胡餅」、「大蟲」、「鬼眼睛」、「大光錢」等等；動詞如「提撕」、「抖擻」、「湊泊」、「承當」、「理會」、「杜撰」、「折合」、「吃交」、「收殺」、「差排」、「做大」、「著忙」、「靠倒」、「擖住」等等；形容詞如「生獰」、「卓朔」、「伶俐」、「鶻突」、「麻迷」、「脫空」、「鹵莽」、「漏逗」、「渾侖」等等，其特點是直接來自生活，潑辣生動，繪聲繪色，不僅通俗易懂，而且具有很強的描摹功能。

二、俗諺

　　許多禪師無論上堂說法、應機接人，還是著書立說、吟詩作偈，都喜歡使用俗諺。這也與禪宗的基本宗教觀念和生存方式有關：其一，禪宗主張「不立文字」，主要是反對書面文字以及名相概念，對口頭語言以及非教理的熟語俗諺不妨「放一線道」；其二，禪宗於機鋒酬酢之際，反對擬議，提倡隨機應變，而熟語俗諺稔習於口，自可信手拈來，不費思索；其三，禪宗主張「平常心是道」，寓禪於日用事之中，諺語作為中國民間的日用語，正與這種參禪方式對應；其四，禪師為了方便學人，有意使用通俗易懂的諺語譬喻禪理，以收到更好的傳教效果；其五，禪宗的語言風格建立在農禪話語系統之上，並由語錄燈錄的傳播

而積澱為一種傳統，所以儘管宋代出現文字禪的傾向，但書面文字仍保留了農禪通俗的特點。

禪籍中諺語極為豐富多彩，生動活潑，充滿智慧，往往無意中三言兩語，說出精闢的見解，益人神智。比如《壇經》中著名的「如人飲水，冷暖自知」這句諺語，其中蘊藏的深刻道理決不亞於「道可道，非常道；名可名，非常名」以及「書不盡言，言不盡意」這樣的哲學名言，它最形象地描述了禪經驗的直覺性、個體性和不可喻性。水的溫度可以用語言描述，但飲水人的感覺語言卻無法傳達，這一人人皆知的日常生活經驗顯然比長篇大論更能確切說明禪的性質。

就形式而言，禪籍的俗諺可分為諺語和歇後語兩種。諺語是民間長期流傳的常言熟語，字面具有完整的意義，如「如人飲水，冷暖自知」；歇後語是一種特殊的諺語，其特點是從字面上省去挑明意思的後半部分（字、詞或句），如「徐六擔板，只見一邊」是唐宋諺語，但只說「徐六擔板」，省去「只見一邊」，就是歇後語。先看看一般的諺語：

「官不容針，私通車馬」，意思是官法嚴明，不容絲毫含糊，但以私下人情卻大可通融，可開後門。禪師用這句諺語，意思是說，按宗門「不立文字」的原則，本不能使用任何語言，但在接引學人、交流禪法時，不妨稍微通融，允許略開方便之門，以語言暗示啟發學者。例如：

> 鏡清問：「清虛之理畢竟無身時如何？」師曰：「理即如此，事作麼生？」曰：「如理如事。」師曰：「謾曹山一人即得，爭奈諸聖眼

何？」曰：「若無諸聖眼，爭鑒得個不恁麼？」
師曰：「官不容針，私通車馬。」（《景德傳燈錄》
卷一七《撫州曹山本寂禪師》）

有行者問：「某甲遇賊來時，若殺，即違佛
教；不殺，又違王敕，未審師意如何？」師曰：
「官不容針，私通車馬。」（同上卷二二《韶州雙
峰山竟欽和尚》）

潙山問仰山：「石火莫及，電光罔通，從上
諸聖，以何爲人？」仰云：「和尚意作麼生？」
潙云：「但有言說，都無實義。」仰云：「不
然。」潙云：「子又作麼生？」仰云：「官不容
針，私通車馬。」（《五燈會元》卷一一《臨濟義
玄禪師》）

這句俗諺在唐宋時期廣爲流行，在敦煌變文和宋詞裏都能
看到它的蹤跡，但它出現在禪宗公案中，已具有特殊的意
義。這類由唐宋俗諺轉化而來的宗門語還可舉出很多：

看樓打樓——或作相樓打樓，樓即耬，也叫耬犁，播
種的農具，用人力或畜力牽引，開溝下種，同時完成。這
條諺語出自農業耕作經驗，意爲根據耬犁開溝情況來下
種，引申爲見機行事，禪籍特指語言使用上的隨機應變。
例如：「問：『古人拈起拄杖，意旨如何？』師（智門光
祚）云：『看樓打樓。』云：『放下拄杖，意旨如何？』
師云：『百雜碎。』」（《古尊宿語錄》卷三九《智門祚禪師
語錄》）

相席打令——意思與看樓打樓相近。本謂主人視席上賓
客多少、貴賤而行令，引申爲隨機應變。例如，克勤云：

「雪竇相席打令，動弦別曲，一句一句判將去。」（《碧岩錄》卷四第三十九則《雲門花藥欄》）

看風使帆——意思與看樓打樓相近。例如，克勤云：「世尊會看風使帆，應病與藥。」（同上卷七第六十五則《外道良馬鞭影》）

泥多佛大，水長船高——比喻隨所憑藉而增長。例如，克勤云：「前箭猶輕後箭深，只這個多少人摸索不著。水長船高，泥多佛大。」（同上卷三第二十九則《大隋隨他去也》）

一字入公門，九牛車不出——本意謂一張狀子送進衙門，便身遭訟累，無從擺脫。禪宗用以比喻一落言詮，便成滯累，即所謂「才涉唇吻，便落意思，盡是死門，終非活路」（《五燈會元》卷一二《金山曇穎禪師》）。「公門」即衙門，「車」，方言，意為用運輸工具拖、運。例如：「問：『無為無事人，猶是金鎖難，未審過在什麼處？』師（黃龍慧南）曰：『一字入公門，九牛車不出。』」（同上卷一七《黃龍慧南禪師》）[11]

一人傳虛，萬人傳實——意為以訛傳訛。例如：「問：『如何是西來意？』師（護國守澄）曰：『一人傳虛，萬人傳實。』」（《景德傳燈錄》卷二〇《隨城山護國守澄禪師》）

美食不中飽人吃——意思是對於已飽之人，再精美的食品也是多餘的。禪宗用來比喻自心是佛，本身具足，不必向外尋求。例如：「師（俱胝）將順世，謂眾曰：『吾得天龍一指頭禪，一生用不盡。』言訖示滅。長慶代眾云：『美食不中飽人吃。』」（同上卷一一《婺州金華山俱胝和尚》）

---

11 《建中靖國續燈錄》卷七《惠南禪師》作「九牛拔不出」，《聯燈會要》卷一三《慧南禪師》作「九牛拽不出」。

鷂子過新羅——意為轉瞬即逝，禪宗指禪機迅疾，不容擬議，稍有遲疑，即已遠逝。鷂子，或指紙鳶（風箏）；新羅，隋唐五代時國名，地在今朝鮮半島，代指極遠處。例如，克勤云：「所以雲門道：如擊石火，似閃電光。這個些子不落心機、意識、情想等，你開口堪作什麼？計較生時，鷂子過新羅。」（《碧岩錄》卷一第一則《聖諦第一義》）

　　寸絲不掛——原指魚類不受釣絲的掛礙，禪宗用以比喻絲毫不為塵俗所累。例如，《景德傳燈錄》：「陸（亙）異日又謂師曰：『弟子亦薄會佛法。』師（南泉）便問：『大夫十二時中作麼生？』陸云：『寸絲不挂。』師云：『猶是階下漢。』」（《景德傳燈錄》卷八《池州南泉普願禪師》）

　　殺人須見血，為人須為徹——也作「為人須為徹，殺人須見血」。本義謂救助人要救助徹底，禪宗比喻禪師救人於苦海的慈悲手段。例如，克勤云：「也好殺人須見血，為人須為徹，瞞卻多少人來。」又云：「到這裏須是如此始得，何故？為人須為徹，殺人須見血。」（《碧岩錄》卷四第三十一則《麻穀持錫繞床》）

　　騎驢覓驢——也作「騎牛覓牛」，比喻忘其本有而到處尋求。此語最早見於梁寶志和尚《大乘贊》：「不解即心即佛，真似騎驢覓驢。」（《景德傳燈錄》卷二九《志公和尚大乘贊十首》之四）禪宗以喻不知自性，向外尋求。例如：「問：『如何是正真道？』師（白龍道希）曰：『騎驢覓驢。』」（同上卷二一《福州白龍道希禪師》）又如：「師（大安禪師）即造於百丈，禮而問曰：『學人欲求識佛，何者即是？』百丈曰：『大似騎牛覓牛。』」（同上卷

九《福州大安禪師》）

圖他一斗米，失卻半年糧——「一斗米」或作「一粒米」
（見前引《雲門匡真禪師語錄》）。意思是因小失大，類似現
代俗諺「撿了芝麻丟西瓜」。例如：「僧問：『如何是觸目
菩提？』師（福清玄訥）曰：『闍梨失卻半年糧。』曰：
『為什麼失卻半年糧？』師曰：『只為圖他一斗米。』」（同
上卷一九《泉州福清玄訥禪師》）

路逢劍客須呈劍，不是詩人莫說詩——「說詩」或作
「獻詩」。本意是見內行知音才顯露真本領，禪宗常用於應
接時的賓主問答。例如：「問：『如何是曹溪的的意？』
師（睦州陳尊宿）曰：『老僧愛嗔不愛喜。』曰：『為什
麼如是？』師曰：『路逢劍客須呈劍，不是詩人莫說詩。』」
（《五燈會元》卷四《睦州陳尊宿》）

歇後語是中國古代特有的修辭形式，引用成語或前人
成句，字面上只用前面部分，而本意實在於後面部分，叫
歇後，也叫透字。如唐彥謙《長陵》詩：「耳聞英主提三
尺，眼見愚民盜一抔。」（《全唐詩》卷六七一）「三尺」指
劍，用《史記·高祖本紀》「吾以布衣提三尺劍」語；「一
抔」指土，用《史記·張釋之傳》「假令愚民取長陵一抔土」
語。這是古代詩人作詩時常用的慣技，以致於晚唐詩人鄭
綮被人稱為「歇後鄭五」（《舊唐書·鄭綮傳》，中華書局排
印本，1975年）。

而唐宋禪籍中的歇後語更多地是由民間俗諺演變而
來，有的是直接將現成諺語的後面部分省去，如省略「官
不容針，私通車馬」的後一句，變成「官不容針」這樣的
歇後語。例如：

一日，明（石霜楚圓）上堂，師（楊歧方會）
出問：「幽鳥語喃喃，辭雲入亂峰時如何？」明
曰：「我行荒草裏，汝又入深村。」師曰：「官
不容針，更借一問。」明便喝。（《五燈會元》卷
一九《楊歧方會禪師》）

　　這裏「官不容針」的意思顯然是方會要求楚圓稍微通融，
以言句指點，即本意在於「私通車馬」。有的歇後語則類似
於給出謎面，而省略了謎底，謎面一般是描述性的詞句，
謎底一般是說明性的詞句，省略的部分正是意義之所在。
如「賊過後張弓」是謎面，「為時已晚」是謎底。例如：

　　師（趙州從諗）作火頭，一日閉卻門，燒滿
屋煙，叫云：「救火救火！」時大眾俱到，師
云：「道得即開門。」眾皆無對。南泉將鎖於窗
間，過與師，師便開門。又到黃檗，黃檗見來，
便閉方丈門。師乃把火於法堂內，叫云：「救火
救火！」黃檗開門捉住云：「道！道！」師云：
「賊過後張弓。」（《景德傳燈錄》卷一○《趙州東
院從諗禪師》）

　　趙州的舉動近乎惡作劇，他以一種令人驚駭的方式賺開了
黃檗的方丈門，黃檗捉住他時，為時已晚，已落入他的圈
套。在這種奇特的鬥機鋒的回合中，黃檗輸了一步，所以
是「賊過後張弓」。禪籍中有歇後語性質的俗諺極多，下面
試舉若干例子：
　　蚊子上鐵牛──無你下嘴處。或作「蚊子咬鐵牛」。禪

宗取其不容擬議之義。本為俗諺「蚊子上鐵牛，無你下嘴處」，例如：「雲岩（曇晟）卻問師（溈山靈祐）：『百丈大人相如何？』師云：『巍巍堂堂，煒煒煌煌，聲前非聲，色後非色，蚊子上鐵牛，無汝下嘴處。』」（同上卷九《潭州溈山靈祐禪師》）通常省略後半句而成歇後語，例如：「問：『如何是西來意？』師曰：『蚊子上鐵牛。』」（同上卷二一《泉州招慶道匡禪師》）

徐六擔板——只見一邊。禪宗以喻執著於一端的邊見。這句歇後語由諺語「徐六擔板，只見一邊」省略其後一句而成。在禪籍中，這句歇後語和完整的諺語都可找出用例，前者如：「問：『丹霄獨步時如何？』師（雪竇重顯）云：『腳下踏索。』進云：『天下橫行去也。』師云：『徐六擔板。』」（《明覺禪師語錄》卷一）後者如：「上堂，舉南泉和尚道：『我十八上便解作活計。』趙州和尚道：『我十八上便解破家散宅。』師（華藏宗演）云：『南泉、趙州也是徐六擔板，只見一邊。華藏也無活計可作，亦無家宅可破，逢人突出老拳，要伊直下便到。』」（《五燈會元》卷二〇《華藏宗演禪師》）

抱橋柱澡洗——放手不得。禪宗以喻死守教條，執著文字。例如：「上堂：『老盧（指六祖慧能，俗姓盧）不識字，頓明佛意，佛意離文墨故。白兆不識書，圓悟宗乘，宗乘非言詮故。如此老婆心，分明入泥水。今時人猶尚抱橋柱澡洗，把纜放船。』良久曰：『爭（怎）怪得老僧！』」（同上卷一七《東林常總禪師》）

擔枷過狀——自求解脫。或作擔枷陳狀，即戴著枷鎖告狀，本為「雪屈一場」的歇後，禪宗以指自求解脫。例如：「新到僧參，師（陳尊宿）云：『汝是新到否？』

云：『是。』師云：『且放下葛藤，會麼？』云：『不會。』師云：『擔枷陳狀，自領出去。』」（《景德傳燈錄》卷一二《睦州龍興寺陳尊宿》）

啞子吃苦瓜——說不得。禪宗以喻無法言說的體驗。例如：「問：『如何是教外別傳一句？』師（雪竇重顯）云：『看看臘月盡。』學云：『恁麼則流芳去也。』師云：『啞子吃苦瓜。』」（《明覺禪師語錄》卷一）

蛇入竹筒——曲心猶在。禪籍藉以喻邪見尚未徹底根除。例如：「講徒云：說通宗不通，如日被雲籠；宗通說不通，如蛇入竹筒；宗通說亦通，如日處虛空；宗說俱不通，如犬吠茅叢。」（《從容庵錄》卷一第十二則《地藏種田》）

勾賊破家——自犯說。例如：《碧巖錄》舉仰山問三聖：「汝名什麼？」克勤著語曰：「名實相奪，勾賊破家。」（《碧巖錄》卷七第六十八則《仰山汝名什麼》）意思是仰山問三聖名，違背了禪宗不討論名相的原則。

賊入空室——一無所得。例如：「問：『古人得個什麼便休去？』師（龍牙居遁）曰：『如賊入空室。』」（《景德傳燈錄》卷一七《湖南龍牙山居遁禪師》）

平地起骨堆——無事生事。例如：「問：『諸方盡落縴模，請師出窾道。』師云：『十八女兒不繫裙。』云：『與麼則平地起骨堆？』師云：『自領出去。』」（《古尊宿語錄》卷三十八《襄州洞山第二代初禪師語錄》）

值得注意的是，禪籍中的諺語和歇後語具有極濃的口語色彩，即大多沒有固定的書寫形式，並在不同的時代和地域不斷滋生繁衍出新的詞語，由此而形成大量的同源異體的俗諺。如由「騎驢覓驢」衍生出「騎牛覓牛」，由「徐

六擔板，只見一邊」 演變為「徐六擔板」，再衍生出「擔板漢」、「擔板禪和」，由「蚊子上鐵牛」衍生出「鴉啄鐵牛」、「胡孫咬生鐵」，「啞子吃苦瓜」衍生出「啞子吃蜜」、「啞子做夢」，「平地起骨堆」衍生出「平地起波瀾」，「鷂子過新羅」衍生出「箭過新羅」等等。此外，如「看樓打樓」和「相席打令」、「看風使帆」等，「抱橋柱澡洗」和「抱樁打拍浮」等，也應是同源詞語在不同地域場合的變異。禪籍俗諺的口語色彩還表現在同一詞語中個別字因方言造成的讀音不同，如「九牛車不出」的「車」字，有的禪籍作「拽」，有的作「拔」，有的作「曳」， 顯然，「車」字就是方言。

禪籍中大部分諺語來自當時民間流行的俗語，但也有的是禪師們自己臨時方便隨口創造的，後來因禪籍的傳抄印行而反饋於民間。比如「泥牛入海無消息」這句諺語最早就見於龍山和尚的一則公案：

> 洞山又問：「和尚見個什麼道理，便住此山？」師（龍山和尚）云：「我見兩個泥牛鬥入海，直至如今無消息。」（《景德傳燈錄》卷八《潭州龍山和尚》）

「泥牛鬥入海」本來與「木馬嘶風」之類一樣，都是「格外詞」，或「不可能事物喻」，但因被人們反覆引用而成為一條著名的諺語，並出現於詩詞作品中，如元代尹廷高《送無外僧弟歸奉廬墓》詩、當代詩人郭沫若《滿江紅》詞都整句借用「泥牛入海無消息」一語。還有人們常用的「百尺竿頭，更進一步」的諺語，也是出自禪籍：

師示一偈曰：「百丈竿頭不動人，雖然得入
未為眞。百丈竿頭須進步，十方世界是全身。」
（同上卷一○《湖南長沙景岑禪師》）[12]

「百丈竿頭」（或作百尺竿頭）本比喻修道達到很高的境
界，後來人們借「百尺竿頭，更進一步」來比喻不滿足已
有的成就，要爭取更大的進步。

大部分禪籍俗諺至今仍活躍在現代漢語裏，或是至今
讀來仍覺通俗易懂，生動活潑，如「泥裏洗土塊」、「拆東
籬補西障」等等，不需注釋也知其意義。不過，也有部分
俗諺在唐宋時期為人熟知，但因時過境遷，久已失傳，現
在讀來便頗覺晦澀難解，並由此造成對公案內容的茫然無
知。如趙州從諗禪師問投子大同和尚：「死中得活時如
何？」投子曰：「不許夜行，投明須到。」趙州曰：「我
早侯白，伊更侯黑。」（《景德傳燈錄》卷一五《舒州投子
山大同禪師》）根據禪宗的觀念，我們可以懂得這段公案的
前面部分。禪宗稱進入涅槃境界為「大死一回」，從涅槃境
界裏轉身為「絕後再蘇」，也叫做「死中得活」。趙州將這
個意思問投子，是有心來考驗他的。其實，死而復蘇的體
驗只可自知，不必去考驗人。投子很精明，便回答趙州：
「不許夜行，投明須到。」意思是說趙州還未到涅槃境界，
須再走一番。換句話說，趙州問的是從聖入凡時如何，投
子卻告訴他要從凡入聖。然而，趙州最後所說「我早侯
白，伊更侯黑」兩句是什麼意思呢？不僅令現在的讀者索

12《五燈會元》卷二○《天童淨全禪師》上堂舉長沙此偈作：「百尺竿頭坐底人，
雖然得入未為真。百尺竿頭須進步，十方世界現全身。」

解不得，在南宋所編禪籍裏就多有誤解，甚至寫成「猴白猴黑」[13]。其實，趙州這兩句話是唐宋時期的俗諺，北宋文學家秦觀在《二侯說》中曾詳細記載這一諺語的出處：

> 閩有侯白，善陰中人以數，鄉里甚憎而畏之，莫敢與較。一日，遇女子侯黑於路，據井旁，佯若有所失。白怪而問焉。黑曰：「不幸墮珥於井，其直百金。有能取之，當分半以謝，夫子獨無意乎？」白良久計曰：「彼女子亡珥，得珥固可紿而勿與。」因許之。脫衣井旁，縋而下。黑度白已至水，則盡取其衣，亟去，莫知所途。故今閩人呼相賣曰：「我已侯白，伊更侯黑。」（《淮海集》卷二五《二侯說》，《四部叢刊》本）

根據這個故事，可知「我已侯白，伊更侯黑」這句閩諺的意思是：「我原是想去賺他的，想不到結果卻被他賺了。」趙州用此諺語的意思是：「我原是想去勘辨他的，想不到卻反而被他勘辨了。」所以《宗門方語》、《禪林方語》都解「侯白侯黑」為「將謂鬍鬚赤，更有赤鬚鬍」、「遞相（舞）弄」之類[14]。

三、白話詩

---

13 如南宋賾藏主集《古尊宿語錄》卷一八《雲門匡真禪師廣錄》卷下：「師問乾峰：『請師答話。』峰云：『到老僧也未？』師云：『與麼則學人在遮也。』峰云：『與麼那？與麼那？』師云：『將謂猴白，更有猴黑。』」

14 參見《禪語辭書類聚》第一冊第18頁、45頁、67頁。

　　禪籍中的偈頌類文字，構成禪語通俗性的另一景觀。前面曾說過，偈頌最早見於佛經，是由印度佛經原典中的「伽陀」（詩頌）翻譯而來。翻譯之初，譯者為了傳播經典時便於口頭宣講，同時也限於自身的文化水平，於是有意採用了一種接近口語的文字。由於偈頌具有通俗易懂、便於記誦的特點，因此比佛教經藏的其他任何部分都易於為普通民眾所接受。禪宗的偈頌脫胎於佛經偈頌，雖具有詩的形式和韻律，並出現一部分追求辭藻和意境的作品，但從整體上看，那些保留著佛典偈頌通俗語言風格的禪偈，仍被視為真正具有「禪家本色」。換言之，禪偈的基本形態是白話詩。

　　王梵志和寒山、拾得的詩，對禪偈的語言風格產生了較大的影響。王梵志的詩最早大量借鑑佛經偈頌的形式，大約是為了更好地向下層勞動人民宣傳佛教思想，他有意識地以偈為詩，取偈頌的通俗性來改造詩的表達方式。他的詩大膽潑辣，通俗易懂，很容易為民眾所接受。如敦煌寫本《佛書》（伯3021）一則：

　　　　經云：「此身危脆，等秋露朝懸。命若浮雲，須臾散滅。」故王梵志詩云：「此身如館舍，命似寄宿客。客去館舍空，知是誰家宅？」又云：「人是無常身。」

　　王梵志的詩顯然是佛經文字更通俗易懂的形象化的表述。後來禪師們向大眾說法，常常引用王梵志詩，如南泉普願禪師的嗣孫玄朗上人，「或遇高才上智者，則論六度迷津，三明啟道，此滅彼生，無榮絕辱也。或有愚士昧學

之流，欲其開悟，別吟以王梵志詩」（范攄《雲溪友議》卷下《蜀僧喻》，《四部叢刊續編》本）。又如無住禪師「尋常教戒諸學道，恐著言說，時時引稻田中螃蟹問眾人，不會，又引王梵志詩：『慧心近空心，非關髑髏孔。對面說不識，饒你母姓董。』」（《歷代法寶記》伯2125、斯0516）可見，王梵志詩在文化素養較差的「愚士昧學」農禪僧眾中很有市場。王梵志當然不能算禪僧，但他的詩對禪偈的語言風格影響很大，例如京兆重雲智暉禪師臨終之時，作偈一首云：

> 我有一間舍，父母爲修蓋。住來八十年，近
> 來覺損壞。早擬移住處，事涉有憎愛。待他摧毀
> 時，彼此無相礙。（《景德傳燈錄》卷二〇《京兆
> 重雲智暉禪師》）

「一間舍」喻指自己的身體形骸，「損壞」喻指身體各器官的疾病，「摧毀」喻指死亡。這裏的比喻很可能來自前引王梵志「此身如館舍」的詩句，然而比喻更形象貼切，生動具體，而且多了幾分給命運開玩笑的詼諧幽默。人生無常的宿命論的感慨，化爲禪宗無憎愛、無相礙的超脫。不過，就語言風格而言，這首偈和王梵志詩如出一轍。

事實上，王梵志的詩不僅在愚士昧學中很受歡迎，也得到頗有文化修養的士大夫和文章僧的青睞。他有兩首白話詩經蘇軾和黃庭堅的稱引，在宋代士大夫禪的圈子裏非常有名。一首是：

> 梵志翻著襪，人皆道是錯。乍可剌你眼，不

可隱我腳。

這首詩最早見於黃庭堅的品題[15]，黃氏引申為背世俗之習慣而特立獨行的處世原則。南宋陳善進一步把「梵志翻著襪法」引申為「作文」的方法（《捫虱新話》下集卷一《作文觀文之法》）。在宋元的禪籍如《從容庵錄》、《松源語錄》、《竹庵語錄》裏，都可見到這首詩的蹤跡[16]。甚至「梵志翻著襪」成了「寧可刺你眼，莫礙我腳」的歇後語[17]。另一首是：

> 城外土饅頭，餡草在城裏。一人吃一個，莫嫌沒滋味。

黃庭堅喜歡這首詩，但覺得不太合乎邏輯，認為：「既是餡草，何緣更知滋味？」所以蘇軾把後兩句改為：「預先以酒澆，且圖有滋味。」（見《冷齋夜話》卷一〇《讀傳燈錄》）後來，圓悟克勤認為蘇軾的改作仍未盡愜意，於是又足成四韻八句詩：「城外土饅頭，餡草在城裏。著群哭相送，入在土皮裏。次第作餡草，相送無窮已。以茲警世人，莫開眼瞌睡。」（《雲臥紀譚》卷上）而范成大的「縱有千年鐵門限，終須一個土饅頭」（《范石湖集》卷二八

15　《豫章黃先生文集》卷三〇《書梵志翻著襪詩》：「『梵志翻著襪，人皆道是錯。乍可刺你眼，不可隱我腳。』一切眾生顛倒，類皆如此，乃知梵志是大修行人也。昔茅容季偉，田家子爾，殺雞飯其母，而以草具飯郭林宗。林宗起拜之，因勸使就學，遂為四海名士。此翻著襪法也。今人以珍饌奉客，以草具奉其親，涉世之事，合義則與己，不合義則稱親，萬世同流，皆季偉之罪人。」

16　參見日本無著道忠撰《禪林方語》，《禪語辭書類聚》第一冊第82頁。

17　參見《禪語辭書類聚》第一冊第17、27頁。

《重九日行營壽藏之地》，上海古籍出版社排印本，1981
年），顯然就是點化王梵志的詩句。這些例子都說明宋代居
士和禪僧對王梵志白話詩的興趣。

寒山、拾得似乎比王梵志更自覺地借鑒偈頌這種新文
體，力求淺俗自然，不避俚俗粗樸。他們明知自己的詩在
士大夫眼中不登大雅之堂，但仍為有意提倡一種新風格而
感到自豪。如寒山有一首詩云：

> 有個王秀才，笑我詩多失。云不識蜂腰，仍
> 不會鶴膝。平側不解壓，凡言取次出。我笑你作
> 詩，如盲徒詠日。（《全唐詩》卷八○六）

「蜂腰」、「鶴膝」是詩歌聲律「八病」中的兩種，「平側」
就是平仄，詩歌聲律「四聲」可分為平聲和仄聲（包括
上、去、入三聲）兩種。「凡言」是指不拘聲律的日常語
言，也就是白話。這種不管「蜂腰」、「鶴膝」、「平側」
等「四聲八病」、只取「凡言」的作詩態度，顯然與正統的
士大夫詩歌大相徑庭。但他們卻不會因為「王秀才」們的
嘲笑而改弦易轍，而是公開申明「詩偈總一般」、「有偈有
千萬」（同上，拾得詩），承認自己的詩和偈頌的淵源關
係。以偈頌接近口語白話的風格作詩，嘲笑世態人情，闡
揚禪思佛理，是寒山、拾得從王梵志那裏承繼而來的新傳
統。試看寒山的兩首詩：

> 東家一老婆，富來三五年。昔日貧於我，今
> 笑我無錢。渠笑我在後，我笑渠在前。相笑倘不
> 止，東邊復西邊。

世有一等愚，茫茫恰似驢。還解人言語，貪
　　淫狀若豬。險巇難可測，實語即成虛。誰能共伊
　　語，令教莫此居。（同上）

用一種諷刺的口吻描述世俗生活，並從中引出佛教說理，
易讀易懂，機警深刻，其通俗無典、粗俚不訓的風格與正
統古典詩歌大異其趣。

　　寒山、拾得之詩和王梵志詩一樣，對禪僧的偈頌有重
要影響，特別是晚唐曹洞宗大師曹山本寂「注《對寒山子
詩》，流行寓內」（《宋高僧傳》卷一三《梁撫州曹山本寂
傳》），寒山詩更幾乎成為禪宗的新經典。到了宋代，禪門
中出現了一股「寒山子熱」。宋代禪師對寒山的白話禪理詩
的興趣主要表現在以下幾方面：

　　其一，作為參禪悟道的工具。如天缽重元禪師「初遊
講肆，頗達宗教，嘗宴坐古室，忽聞空中有人告師：『學
上乘者，無滯於此。』驚駭出視，杳無人跡。翌日客至，
出《寒山集》，師一覽之，即慕參玄」（《五燈會元》卷一六
《天缽重元禪師》）。天缽重元是雲門宗天衣義懷禪師的法
嗣，他以參《寒山集》入道，後來得到天衣義懷的印可。

　　其二，作為闡明禪理的格言。如永明延壽《宗鏡錄》
中引用寒山詩近十處，共八首，用以配合講解禪理。例
如：

　　　　運用施為，念念而未離法界；行住坐臥，步
　　步而常在其中。若不信之人，對面千里。如寒山
　　詩云：「可貴天然物，獨無一伴侶。促之在方
　　寸，延之一切處。汝若不信受，相逢不相遇。」

若明達之者，寓目關懷，悉能先覺。（《宗鏡錄》
卷九）

這裏就是援引寒山詩說明「一心法門」的禪理。《碧巖錄》
中雪竇的頌古和克勤的評唱，也常引寒山詩。比如克勤評
唱雪竇頌古「擬不擬，止不止，個個無褌長者子」云：

若向事上覷則易，若向意根下尋，辛摸索不
著。這個如鐵橛子相似，攋撥不得，插嘴不得。
你若擬議，欲會而不會，止而不止，亂呈懷袋，
正是個個無褌長者子。寒山詩道：「六極常嬰苦，
九維徒自論。有才遺草澤，無勢閉蓬門。日上岩
猶暗，煙消谷尚昏。其中長者子，個個總無褌。
（《碧巖錄》卷五第五十則《雲門塵塵三昧》）

雪竇頌古暗用寒山詩句，克勤特引寒山詩講明其中的禪
意。
其三，作為上堂示眾的法語。如臨濟宗風穴延沼禪師
上堂即舉寒山詩：「梵志死去來，魂識見閻老。讀盡百王
書，未免受捶拷。一稱南無佛，皆以成佛道。」（《五燈會
元》卷一一《風穴延沼禪師》）特別是寒山的「吾心似秋月」
一詩，因為與禪宗「直指人心，見性成佛」的宗旨一致，
所以常被禪師們借用來說法。如洞山梵言禪師：

上堂：「『吾心似秋月，碧潭澄皎潔。無物堪
比倫，教我如何說？』寒山子勞而無功，更有個
拾得道：『不識這個意，修行徒苦辛。』怎麼說

話，自救不了。」（同上卷一七《洞山梵言禪師》）

此外如靈隱惠淳、保福本權等禪師，上堂說法也舉寒山此詩（參見同上卷一六《靈隱惠淳禪師》、卷一七《保福本權禪師》）。

其四，作為詩偈摹擬的對象。頌古的創制者汾陽善昭也是今存最早的《擬寒山詩》的作者，《汾陽無德禪師語錄》卷下收其《擬寒山詩》十首（見《大正藏》第四十七卷第 624-625 頁）[18]。另一位頌古作者雪竇重顯也有《擬寒山送僧》詩傳世（見同上《明覺禪師語錄》卷五）。此外，如北宋末的長靈守卓禪師（1065-1123）有《擬寒山詩》四首（見《續藏經》第二編第二十五套第二冊《長靈守卓禪師語錄》），南北宋之交的慧林慈受懷深禪師（1077-1132）有《擬寒山詩》一百四十八首（見《四部叢刊》本影印瞿氏鐵琴銅劍樓藏高麗刊本《寒山詩集》附錄《慈受深和尚擬寒山詩》），宋元之交的橫川行珙禪師（1222-1289）有擬寒山之作二十首（見《續藏經》第二編第二十八套第二冊《橫川行珙禪師語錄》卷下《偈頌》），元叟行端禪師（1251-1341）曾擬寒山子詩百餘篇，今尚存四十一首（見同上第二編第二十九套第一冊《元叟行端禪師語錄》卷六《擬寒山子詩四十一首》）。

就這些寒山詩擬作者的本意來看，無非是欣賞其「丁寧苦口，警悟世人種種過失」（《慈受深和尚擬寒山詩》自序），或是欣賞其「做詩無題目，發本有天真」（《橫川行珙禪師語錄》卷下《偈頌》自跋），內容無非是警世箴言或山

---

18 《大正藏》將這八十句詩通排為一首，誤，當為十首五言八句之詩組成，因為寒山詩中無八十句一首的長詩，而最多五言八句之詩。

居樂道。但在摹擬的過程中，寒山詩那種通俗樸素的語言風格也被禪師們繼承下來，成為禪門白話詩的傳統。在這些擬寒山詩中，除了天真自然的表現方法外，還使用了不少唐宋俗語詞。例如，汾陽善昭的《擬寒山詩》中，有諸如「好是住汾陽」、「拍手笑呵呵」、「從頭那路長」、「須知一點真」、「長年只麼閑」、「將謂是神仙」等句子，其中「好是」、「笑呵呵」、「須知」、「只麼」、「將謂」都是俗語詞。慈受懷深的擬作最肖似寒山的警世詩，茲舉二首如下：

> 可憐一等人，不善又不惡。一邊說參禪，一邊取娛樂。貴得生死間，都不受寂寞。此云癡種子，要覓揚州鶴。

> 池中一土墩，魚日繞墩轉。人觀咫尺間，魚謂千里遠。正如躁進人，分寸變眉面。要在張三前，還落李四便。

寒山詩有個最大的特點，就是善於把一些古書中的典故，用最通俗的形式重新闡述一遍，比如有一首詩：「赫赫誰肆甌其酒甚濃厚。可憐高幡幟，極目平升斗。何意訝不售，其家多猛狗。童子欲來沽，狗咬便是走。」（《全唐詩》卷八〇六）這其實就是把《韓非子》中的一則寓言改寫成白話。《韓非子・外儲說右上》云：「宋人有酤酒者，升概甚平，遇客甚謹，為酒甚美，懸幟甚高著，然不售，酒酸。怪其故，問其所知長者楊倩。倩曰：『汝狗猛耶？』曰：『狗猛。則酒何故而不售？』曰：『人畏焉。或令孺子懷錢挈壺甕而往酤，而狗迓而齕之。此酒所以酸而不售

也。』」（《韓非子》卷一三《外儲說右上第三十四》，《百子全書》本，浙江人民出版社影印本，1984年）慈受懷深的擬作也是如此，如第一首詩諷刺貪婪的妄想，詩的原型出自南朝梁《殷芸小說》：「有客相從，各言所志：或願為揚州刺史，或願多貲財，或願騎鶴上升。其一人曰：『腰纏十萬貫，騎鶴上揚州。』」（《殷芸小說》，《叢書集成初編》本）懷深用更為通俗的說教表達出勸誡的內容。第二首詩諷刺目光短淺的人，暗用《關尹子》之說：「以盆為沼，以石為島，魚環游之，不知其幾千萬里不窮乎。」（《關尹子》，《百子全書》本）其詩意無非是黃庭堅詩「爭名朝市魚千里」更淺切的說明（參見張邦基《墨莊漫錄》卷三，《稗海》本）。懷深改寫典故，使用了一些唐宋俗語，如「一等人」、「都不受」、「張三」、「李四」等等，對於一般禪眾讀者來說，口吻就顯得很親切。

同樣，寒山詩也受到宋代不少好為禪悅的士大夫的喝彩。王安石曾作《擬寒山拾得》二十首，有意突出其白話詩的特點，試錄二首以見一斑：

> 我曾為牛馬，見草豆歡喜。又曾為女人，歡喜見男子。我若真是我，只合長如此。若好惡不定，應知為物使。堂堂大丈夫，莫認物為己。

> 傀儡只一機，種種沒根栽。被我入棚中，昨日親看來。方知棚外人，擾擾一場呆。終日被伊謾，更被索錢財。（《臨川先生文集》卷三，《四部叢刊》本）

前一首闡明反觀自性、不依外物的禪理，後一首闡明人生如夢、萬法皆空的禪理，形象生動，語言淺易，而寓意深刻，說理透闢，摹仿寒山詩惟妙惟肖。蘇軾詩集中也有八首為人所忽略的擬寒山之作，其《次韻定慧欽長老見寄八首》詩引云：「蘇州定慧長老守欽，使其徒卓契順來惠州，問予安否，且寄《擬寒山十頌》。語有璨、忍之通，而詩無島、可之寒。吾甚嘉之，為和八首。」守欽所作既然是《擬寒山十頌》，蘇軾的和作當然也應是同樣的體裁，試看第八首：

> 淨名毗耶中，妙喜恒沙外。初無來往相，二士同一在。云何定慧師，尚欠行腳債。請判維摩憑，一到東坡界。（《蘇軾詩集》卷三九）

這首詩用了《維摩詰經》中的故事，「淨名」是維摩詰的意譯。王注引《維摩經》云：「佛言有國名妙喜，佛號無動，是維摩詰於彼國沒而來生此。」這首詩以「淨名」代指東坡居士，即蘇軾自己，以「妙喜」指代守欽長老，雖因用典而不如王安石詩通俗易懂，但畢竟說明寒山體的白話詩通過禪僧與士大夫的交往，受到士大夫詩人的關注。

除了擬寒山詩的傳統外，宗門的偈頌也大抵採用白話的風格。這因為很多偈頌在創作之初是口頭文本，而非案頭文本；是口耳的受授，而非書面的傳播；是聽者的記錄，而非作者的書寫。試以谷隱蘊聰禪師的兩首偈頌為例：

歲旦示眾

一句為君宣，今朝是大年。桃符已入土，遍地撐金錢。俗情多失位，山僧獨欣然。直饒不恁麼，塚上別鋤田。

冬日示眾

一句為君說，諸法及時節。冬月是冬寒，夏熱（月）是夏熱。甚處不周旋，何勞苦施設。施設不施設，言詞盡須決。更擬問如何，舶底用鑽鐵。（《古尊宿語錄》卷九《石門山慈照禪師鳳巖集》）

根據禪宗語錄編纂的方式以及這兩首偈頌的語氣，我們可以看出這是用於上堂示眾的法語，其形式為「宣說」，所以有「直饒不恁麼」、「甚處不周旋」之類的口頭俗語。

即使有的偈頌是純粹的文字作品，但也自覺地繼承了白話詩的傳統，因為這一傳統是禪宗宗教性的標誌，是一種「有意味的形式」（significant form），是所謂禪宗的「當行本色」。如白雲守端頌「慧超問佛」公案云：

一文大光錢，買得個油糍。吃向肚裏了，當下不聞饑。（見《碧巖錄》卷一第七則《慧超問佛》）

克勤認為這首頌語言「太拙」，實際上最具禪家特色。又如天童曇華禪師作詩舉似大眾：

蜻蜓許是好蜻蜓，飛來飛去不曾停。被我捉來摘卻兩邊翼，恰似一枚大鐵釘。（《五燈會元》

卷二○《天童曇華禪師》）

自然活潑，平易淺近，頗有幽默感。按照禪宗對語言的看
法，這種白話直接從「清淨性中流出，不覺形言」（《橫川
行珙禪師語錄》卷下《偈頌》自跋），受文字的干擾最少，
因而可以免除「不立文字」的責難。

點鐵成金：禪語的遞創性

第十二章 點鐵成金：禪語的遞創性

達摩西來，直指人心；慧能南下，頓悟成佛。祖師禪的精神是重自性、反傳統，提倡禪思想、禪經驗的原創性。然而，思想上的原創性相對容易做到，而語言上的原創性卻很難實施。因為任何一種語言系統都有巨大的穩固性，禪語也不例外。禪僧生活在特定的語言環境中，要表達任何禪思想或禪經驗，都不得不運用約定俗成的語言，即廣義的「陳言」。因為從理論上講，從未有人使用過的自創語言是無法進行交流的。正如江西詩派詩人韓駒批評那些標新立異的作品時所說：「目前景物，自古及今，不知凡經幾人道。今人下筆，要不蹈襲，故有終篇無一字可解者。蓋欲新而反不可曉耳。」（魏慶之《詩人玉屑》卷八引《陵陽先生室中語》）同樣，祖師使用過的語言，如果想完全避免，幾乎也不可能。佛法大意，自古及今，不知凡經幾人道。後來的禪師若想表達自己的新思想，不得不在祖師原有的言句上打主意。所以，超佛越祖之談，往往是針對佛經原典或祖師話頭的花樣翻新。也就是說，禪宗思想上的原創性，體現在語言上只能是對「陳言」沿襲的創造，即一種遞創性。這種遞創性最典型的表現就是所謂的「翻案法」，即用否定語勢顛覆前人的言句。

與翻案法相類似，禪家還有一種點化法，即特指宗師用一兩句話或一兩個字改動參禪學人的原話，使內容頓見精彩，由俗境進入禪境。這實際上是宗師翻學人之案，禪家將此叫做「點鐵成金」。

禪籍中還有另一種形式的「點鐵成金」，即把非宗教性的「妄言綺語」用來闡釋禪理，或上堂說法時詠名篇一

首，或應機接人時吟警句一聯，或製作偈頌時嵌詩詞一句。文學語言在宗教的語境裏具有全新的意義，抒情言志、寫景詠物的「妄言綺語」充滿佛理禪機。黃庭堅指出：「古之能為文章者，真能陶冶萬物，雖取古人之陳言入於翰墨，如靈丹一粒，點鐵成金也。」（《豫章黃先生文集》卷一九《答洪駒父書》）對於善於說禪的禪師來說也是如此，那些古人的名章雋語如同奇妙的靈丹，恰如其分地使用，也往往能使愚頑的「鐵」變成智慧的「金」。

一、翻案法

禪宗否定外在的權威，突出本心的地位，以「起疑情」為參禪的基本條件，以唱反調為頓悟自性的重要標誌，「即心即佛」可翻作「非心非佛」，「萬法皆空」可翻作「萬法唯識」。禪家稱修道的進境有斬關破壁、轉凡入聖之說，都含有翻案的精神，所謂「轉身一路」（臨濟宗十三種句之一），所謂「百丈竿頭須進步」，無非都是這個意思。

六祖慧能不僅是南宗禪的開山祖師，也是禪宗「翻案法」的創始人。《壇經》中所載慧能作偈與神秀、臥輪之偈唱反調的形式，後來成為禪師們仿效的典型。清人梁章鉅指出：

> 詩文一訣，有翻進一層法。禪家之書亦有之，即所謂機鋒也。神秀偈云：「身是菩提樹，心如明鏡台。時時勤拂拭，莫使惹塵埃。」六祖翻之云：「菩提本無樹，明鏡亦非台。本來無一物，何處惹塵埃？」臥輪偈云：「臥輪有伎倆，能斷百思想。對境心不起，菩提日日長。」六祖

翻之云：「惠能沒伎倆，不斷百思想。對境心數
起，菩提作麼長？」龐居士偈云：「有男不婚，
有女不嫁。大家團圝頭，共說無生話。」後有楊
無爲翻之云：「男大須婚，女大當嫁。討甚閒工
夫，更說無生話。」海印復翻之云：「我無男
婚，亦無女嫁。因來便打眠，管甚無生話。」後
之主席者，多舉此案相示。尤西堂《艮齋雜説》
有三首云：「樹邊難著樹，臺上莫安台。本來不
是物，一任惹塵埃。」「問君何伎倆，有想還無
想？心起心自滅，菩提長不長？」「木男須婚，石
女須嫁。夜半泥牛吼，解説無生話。」（梁章鉅
《浪跡叢談》卷一〇《禪語翻進一層》，中華書局
排印本，1981 年）

神秀的偈用「菩提樹」、「明鏡台」比喻佛性真如，他認
為，人的身心本來有真如佛性，但很易受到外界各種誘惑
的污染，因此人必須借助自己的毅力節制欲望，收心斂
性，通過禪定來淨化心靈，從而大徹大悟。神秀的偈形象
地表現了佛教對於世界的理解和對於修行方式的理解，表
達了佛教「戒」、「定」、「慧」的完整觀念。而慧能的偈
語卻否定了「戒」、「定」的必要，因為人性本空，塵埃、
污染無處可著，所以就無所謂拂拭不拂拭，只要直指本
心，便能頓悟成佛。同樣，臥輪禪師的偈也是主張通過排
除外境干擾、斷絕一切思想的「戒」、「定」方式來增長
「菩提」，而慧能卻偏偏主張面對外境不斷思想，在日常的
世俗性生活中證悟「菩提」。當然，慧能翻臥輪之偈可能出
於後來禪徒的偽造，但其思想卻符合南宗禪的革新精神。

　　從語言形式的角度看，慧能的兩首翻案之偈都是對原偈的反仿，就神秀和臥輪之偈的原句採用否定語勢，如以「菩提本無樹」應對「身似菩提樹」，以「明鏡亦非台」應對「心如明鏡台」，以「何處有塵埃」反問「莫使惹塵埃」，以「無伎倆」翻轉「有伎倆」，以「不斷百思想」翻轉「能斷百思想」，以「對境心數起」翻轉「對境心不起」，都屬於否定語勢。這種否定語勢成為禪宗偈頌中翻案法的主要模式之一，為後來諸多禪師、居士所仿效。就梁章鉅所舉幾個例子而言，北宋人楊無為（楊傑）用「須婚」、「須嫁」的肯定句翻轉唐人龐居士（龐蘊）「不婚」、「不嫁」的否定句，又用「討甚閒工夫（即無閒工夫），更說無生話」的否定句來翻轉龐居士「共說無生話」；而北宋海印禪師（超信）之偈前半部分用「無男婚」、「無女嫁」的否定句既顛覆了「有男」、「有女」，也翻轉了「須婚」、「須嫁」，後半部分用「管甚（即不管）無生話」的否定句翻轉了「共說無生話」。至於清人尤西堂（尤侗）的偈語，更用「木男」、「石女」、「泥牛」等「格外句」（不可能事物喻）徹底顛覆了前面三首偈的意義。

　　楊傑字次公，號無為子，是蘇軾的朋友，禪宗燈錄把他列為雲門宗雪竇重顯的法孫（見《五燈會元》卷一六《侍郎楊傑居士》）。蘇軾曾稱讚他「高懷卻有雲門興，好句真傳雪竇風」（《蘇軾詩集》卷三二《再和並答楊次公》）。雪竇禪師有《春日示眾》詩二首，其一云：

　　　　門外春將半，閒華處處開。山童不用折，幽
　　鳥自銜來。（《明覺禪師語錄》卷六）

其二云：

> 門外春將半，閑華處處開。山童曾折後，幽
> 鳥不銜來。（《明覺禪師語錄》卷六）

這兩首示眾詩提供了翻案的典型。第二首用「曾折後」翻
「不用折」，又用「不銜來」翻「自銜來」，句子的肯定與否
定的關係剛好顛倒過來。楊傑翻龐居士偈的方式，與此如
出一轍。可見，「好句真傳雪竇風」，很可能包括翻案法在
內。

　　海印屬臨濟宗禪師（見《五燈會元》卷一二《定慧超
信禪師》），而臨濟與雲門一樣，以呵佛罵祖著稱，自然也
有翻案的傳統。比如，與海印同屬汾陽善昭一系的本權禪
師，就有類似的翻案舉動：

> 上堂，舉寒山偈曰：「『吾心似秋月，碧潭澄
> 皎潔。無物堪比倫，教我如何說？』老僧即不
> 然：『吾心似燈籠，點火內外紅。有物堪比倫，
> 來朝日出東。』」傳者以為笑。死心和尚見之歎
> 曰：「權兄提唱若此，誠不負先師所付囑也。」
> （《續傳燈錄》卷二二《漳州保福本權禪師》）

本權這首偈的前兩句是仿擬寒山詩，可看作異向的語勢。
而第三句以「有物堪比倫」反仿「無物堪比倫」，就是典型
的否定語勢。「傳者」可能因為這首偈像打油詩而感到好
笑，但實際上這並不是輕薄的文字遊戲，而是體現了本權
自己對禪經驗的獨特理解，所以得到死心和尚的讚揚。有

的學者推測本權這種以詩對詩的形式是受了曹山本寂《對寒山子詩》的影響[1]，恐怕求之過深。因為本權偈語對寒山詩的翻案，其形式正如慧能翻神秀、臥輪之偈。《對寒山子詩》的原貌已無法窺見，而慧能之偈不僅具載於《壇經》等最通行的禪籍，而且是最權威的範本，作為臨濟宗的門徒，本權似不必去仿效曹洞宗的《對寒山子詩》。順便說，本權和死心都是黃庭堅的同門師兄，屬於臨濟宗黃龍派。

宋末元初的江西詩派詩人方回認為，禪宗頌古和詩家翻案法都出自慧能的偈語。他在《名僧詩話序》中指出：

> 北宗以樹以鏡爲譬，而曰『時時勤拂拭，不使惹塵埃』；南宗謂『本來無一物，自不惹塵埃』，高矣。後之善爲詩者，皆祖此意，謂爲翻案法。（《桐江集》卷一，《宛委別藏》本）

又在《碧岩集序》中重申：

> 自《四十二章經》入中國，始知有佛；自達摩至六祖傳衣，始有言句。曰『本來無一物』爲南宗，曰『時時勤拂拭』爲北宗。於是有禪宗頌古行世。其徒有翻案法，呵佛罵祖，無所不爲。間有深得吾詩家活法者。（《碧岩錄》卷首附）

這種說法是基本可信的，詩家的「翻案法」與禪家的「翻案法」不僅有語言形式和思維方式上的相似性，而且還有

---

1 見張伯偉《禪與詩學》第87、246頁。

事實上的親緣關係和影響實例。

以蘇軾和黃庭堅為例，就他們和禪門居士、和尚的關係（比如蘇軾之於楊傑、黃庭堅之於本權）而言，應該非常熟悉禪宗偈頌的「翻案法」。正因如此，我們在蘇、黃的作品中，能很容易地找到類似的翻案詩偈，究其淵源，也是出自慧能的路子。蘇軾曾作過一篇《代黃檗答子由頌》，其序云：「子由問黃檗長老疾云：『五蘊皆非四大空，身心河嶽盡圓融。病根何處容他住？日夜還將藥石攻。』不知黃檗如何答？東坡代老僧云。」蘇軾是怎樣代答的呢？其頌云：

> 有病宜須藥石攻，寒時火燭熱時風。病根既是無容處，藥石還同四大空。（《蘇軾文集》卷二〇）

這首頌雖然帶有遊戲的成分，但使用的卻是典型的禪家翻案法。蘇軾的弟弟蘇轍（子由）之偈，主張以藥石來治病，使病無處生根。蘇軾則順著「五蘊皆非四大空」的般若空觀推論，認為既然如此，病根和藥石也都屬空無，因此藥石治病也該否定。這實際上是翻子由之案。黃庭堅也有類似的嘗試，如《戲效禪月作遠公詠》詩並序云：

> 遠法師居廬山下，持律精苦，過中不受蜜湯，而作詩換酒飲陶彭澤；送客無貴賤，不過虎溪，而與陸道士行過虎溪數百步，大笑而別。故禪月作詩云：「愛陶長官醉兀兀，送陸道士行遲遲。買酒過溪皆破戒，斯何人斯師如斯？」故效之：

邀陶淵明把酒碗，送陸修靜過虎溪。胸次九流清似鏡，人間萬事醉如泥。（《山谷詩集注》卷一七）

遠法師是指東晉高僧慧遠，他與陶淵明、陸修靜交往的故事，出於後人附會，宋陳舜俞《廬山記》記載了這一傳說。禪月是五代著名詩僧貫休，號禪月大師。黃庭堅這首詩名為效禪月之作，實際上是翻禪月之案。禪月把買酒、過溪都看作破戒之事，認為慧遠為了兩個高士破戒也值得。但買酒、過溪之事在黃庭堅看來，不僅並未破戒，而恰恰是禪的真諦之所在，即心性修養不妨亦真亦俗。

正如方回所指出的那樣，「翻案法」是禪宗頌古所愛採用的重要方式。如臨濟宗風穴延沼禪師有頌曰：「五白貓兒爪距獰，養來堂上絕蟲行。分明上樹安身法，切忌遺言許外甥。」其七世法孫惠洪以頌發明曰：

> 五白貓兒無縫罅，等閒拋出令人怕。翻身跳躑百千般，冷地看他成話霸。如今也解弄些些，從渠歡喜從渠罵。卻笑樹頭老舅翁，只能上樹不能下。（《羅湖野錄》卷上）

惠洪的頌最後兩句就是翻案。風穴所頌五白貓兒的「上樹安身法」，比喻避開外境污染，調養心性。而惠洪則翻進一層，認為「上樹安身」尚有拘礙，要達到「能上能下」的境界方是真正解脫。在《禪宗頌古聯珠通集》中，我們可以看到不少這樣的情況，即同一公案，同一話題，禪僧居士各抒新見，由肯定到否定，由否定到肯定，再到否定之否定，大家翻來覆去。正題反做，舊話翻新，成為禪僧居

士的頌古表現個性、不拘成說的特有方式之一。

二、點化法

　　如果說「翻案法」主要是針對權威觀點提出挑戰的話，那麼「點化法」主要是指對「凡言」的提升或對「陳言」的翻新。從宗教功能來看，「翻案法」的作用是呵佛罵祖，顛覆主流話語，表現新思想；「點化法」的作用是老婆心切，去除學人邪見，闡明正法眼藏。從語言形式來看，「翻案法」通常採用否定語勢，或反仿原作的格式，如慧能翻神秀偈，或僅以原作觀點為翻案物件，另起格式，如惠洪翻風穴頌；「點化法」則往往是就原作改動或置換一兩處詞句，有否定語勢，也有異向語勢，甚至有僅僅改變程度的同向語勢。

　　禪門學者在初參禪理時，往往苦於佛經教義的繁複，困於義理，不得覺悟，所以要求宗師以一兩句精當的言句予以點撥。在禪籍中常能看到這樣的說法：

> 　　環丹一顆，點鐵成金；妙理一言，點凡成聖。請師點。（《祖堂集》卷一三《招慶和尚》）
> 　　還丹一粒，點鐵成金；至理一言，點凡成聖。請師一點。（《景德傳燈錄》卷一八《杭州龍華寺靈照禪師》）
> 　　還丹一粒，點鐵成金；至理一言，轉凡成聖。學人上來，請師一點。（《五燈會元》卷七《翠岩令參禪師》）

道教煉丹術煉成九轉的還丹，可使點鐵石成黃金，禪

宗用來比喻學人經過宗師的一言點化而開悟。那麼，宗師到底是怎樣以「至理一言，點凡成聖」的呢？這當然有多種方法，如動作語、棒喝語、隱語等等，都可達到目的。但最明白易懂的就是針對學人提出的言句，直接進行改造；或是以一則話頭、一首偈頌為例，略加修改作為示範。試看《祖堂集》中的兩個例子：

> 師（雪峰義存）共雙峰行腳遊天臺，過石橋，雙峰造偈：「學道修行力未充，莫將此身險中行。自從過得石橋後，即此浮生是再生。」師和：「學道修行力未充，須將此身險中行。自從過得石橋後，即此浮生不再生。」（《祖堂集》卷七《雪峰和尚》）
>
> 洞山問（龍牙居遁）：「闍梨名什麼？」對云：「玄機。」「作麼生是玄底機？」又無對。洞山放三日，無對。師因此造偈：「學道蒙師指卻閑，無中有路隱人間。時人盡講千經論，一句臨時下口難。」洞山改末後語云：「一句教伊下口難。」（同上卷九《龍牙和尚》）

改動點竄兩三字以示學者，乃是禪師最常用的以偈頌傳教的方法。以上第一則公案，兩位禪師就過險峻的天然石橋一事討論禪理，雙峰之偈主張修道須循序漸進，不要冒險，涉險過關，有如大死一回獲得重生。雪峰則認為修道須有不畏艱險的精神，透過險關，進入涅槃之境，何須再生。雪峰之偈通過點化雙峰之偈的兩個字，表明了禪宗勇猛精進的無畏精神，這就是點鐵成金，點凡成聖。雪峰改

「莫」為「須」，改「是」為「不」，用的是否定語勢。而在第二則公案中，洞山改龍牙的「臨時」為「教伊」，則更多地是從語言的準確程度來考慮的。這種改動點竄，猶如學生做作業，老師親自批改，使之知道錯誤和不足，具有教學示範作用。

有時，「點鐵成金」是通過師徒間的詩偈對答來實現的，例如南泉普願以偈回答其弟子長沙景岑之偈：

> （長沙景岑）久依南泉，有《投機偈》曰：
> 「今日還鄉入大門，南泉親道遍乾坤。法法分明皆祖父，回頭慚愧好兒孫。」泉答曰：「今日投機事莫論，南泉不道遍乾坤。還鄉盡是兒孫事，祖父從來不出門。」（《五燈會元》卷四《長沙景岑禪師》）[2]

景岑禪師以七言偈投南泉，南泉也以七言偈作答，文字稍作變動，立意也有區別。景岑偈以「還鄉」喻證悟自性，以「祖父」喻宗師之道，以入門的「兒孫」喻參禪者自己，大意是說自己能悟自性，找到還鄉之路，全靠南泉的教導。南泉偈卻說，證悟自性是參禪者自己的事，與宗師無關。換言之，景岑以為自己已經得到南泉的禪法（即「投機」），但南泉卻以偈點撥他，真正的「投機」是參禪者無所依傍的自信。顯然，南泉所闡發的禪理比景岑更高明。從形式上看，南泉之偈是仿照景岑之偈而作，主要的意象語言都取自景岑，因此可看作「至理一言，點凡成聖」

---

2 《景德傳燈錄》卷一〇《湖南長沙景岑禪師》亦載此事，而誤作南泉作《投機偈》，岑答。

的例子。

作為去除邪見、闡明真理的手段，「點鐵成金」的示範也發生在對他人或古人偈頌的改動點竄上。據釋曉瑩《雲臥紀譚》記述，紹興年間，有一士人到焦山風月亭，題詩一首曰：

> 風來松頂清難立，月到波心淡欲沉。會得松風元物外，始知江月似吾心。

這首詩顯然受到般若空觀的影響，視松風為「物外」的虛無，以江月為「吾心」的幻影。後來月庵果禪師行腳到此，讀了這首詩後說：「詩好則好，只是無眼目。」於是改後兩句為：「會得松風非物外，始知江月即吾心。」改動後的詩，表達了「唯識無境」的教義：「松風」不在「物外」，與「江月」一樣，乃是「吾心」的產物。果禪師的改動就禪理而言，變「萬法皆空」的空宗為「萬法唯識」的有宗；就詩意而言，變超然物外的情調為「萬物皆著我之色彩」，抒情意味更濃。所以曉瑩認為：

> 做功夫眼開底人，見處自是別。況月庵平昔不曾習詩，而能點代如此，豈非龍王得一滴水能興起雲霧耶！兄弟家行腳，當辨衣單下本分事，不在攻外學。久久眼開，自然點出佛眼睛，況世間文字乎？（《雲臥紀譚》卷下）

也就是說，果禪師修行頗有功夫，見解不同一般，所以能以「佛眼睛」點化詩的「眼目」。語言上的「點鐵成金」的

效果，來自修行上的「磨杵成針」的功夫。

在禪籍中，這種點竄改字的作風隨處可見，它受到詩歌修辭改字的啟發，又反過來影響詩人點化前人詩句。黃庭堅有一首《睡鴨》詩：

> 山雞照影空自愛，孤鸞舞鏡不作雙。天下眞
> 成長會合，兩鳬相倚睡秋江。

整首詩脫胎於南朝陳徐陵《鴛鴦賦》中的四句：「山雞映水那相得，孤鸞照鏡不成雙。天下眞成長會合，無勝比翼兩鴛鴦。」任淵注這首詩曰：「山谷（黃庭堅）非蹈襲者，以徐語弱，故為點竄，以示學者爾。至其末語，用意尤深，非徐所及。政如臨淮王用郭汾陽部曲，一經號令，氣色益精明雲。」（《山谷詩集注》卷七）雖然黃庭堅的點竄沒用採用否定語勢，但實際上也是將徐陵的賦翻進一層，象徵愛情的鴛鴦換作象徵江湖之志的兩鳬，詩的境界由豔變清，由俗變雅，相當於禪宗的「轉凡入聖」。根據任淵的注釋，黃詩點竄的目的是「以示學者」，使之知道如何利用前人詩句的舊材料，經自己構思的改造，翻出新境界。這和禪宗點化法那種老婆心切的態度也是相通的。

三、借用法

眾所周知，唐宋時期詩歌極為普及，社會各階層人士莫不會詩。就禪籍記載而言，禪師們不僅擅長吟唱如詩的偈頌，而且在上堂說法或應機接物之時，也多用韻語偶句。特別是著名詩人的名篇警句流播於王公、姜婦、牛童、馬走之口，所以往往被禪師借用來方便說法。

　　這些被借用來談禪的詩句，絕大部分是寫景的詩句，主要由意象語言而非論說語言組成。這是因為不少禪師發現，由意象性語言組成的詩歌甚至可能比一些偈頌更接近於禪宗的言說宗旨。儘管唐以後的禪偈逐步詩化，但禪偈作用仍是為了示法啟悟，著眼點在宗教，因此免不了要著意用某種類比來表述意蘊，從而使意象變為概念的對應物，成為說理的符號。以神秀、慧能那兩首頗具形象性的偈而言，「菩提樹」、「明鏡台」這兩個意象，其實是象徵著兩個概念的符號，完全可以由「松風」、「江月」之類的意象替代。換言之，偈頌中的意象，多屬於哲學話語，與詩歌中的文學話語有很大的區別。詩歌語言也許可以看作象徵，但它的意象是不可置換的，意蘊也是不可分解的。由於禪宗一再強調的是禪思想的經驗性而非思辨性，禪語言的描述性而非說明性，因此，聰明的禪師寧願借用詩人的麗句來展現幽微的禪境。

　　如果說唐代禪師引用詩句還是偶一為之的話，那麼，宋代禪師對詩人名句中蘊藏的禪意有了更明確的認識，從而在借用方面顯得更為自覺。南北宋之際象耳袁覺禪師的一段話很有代表性：

　　　東坡云：「我持此石歸，袖中有東海。」山谷云：「惠崇煙雨蘆雁，坐我瀟湘洞庭。欲喚扁舟歸去，傍人謂是丹青。」此禪髓也。（《五燈會元》卷一九《象耳袁覺禪師》）[3]

3　東坡詩見於《蘇軾詩集》卷三一《文登蓬萊閣下石壁千丈為還海浪所戰時有碎裂》，山谷詩見於《山谷詩集注》卷七《題鄭防畫夾五首》之一。

東坡的原詩為詠石，山谷的原詩為題畫，本來與禪宗
題材無關。但東坡詩似亦包含「一月普現一切水，一切水
月一月攝」的禪理，山谷詩似以亦真亦幻的描寫包含著即
色即空的道理。當然，所謂「禪髓」之說，與其說是東
坡、山谷詩本身有禪意，不如說是袁覺禪師將其當作禪的
文本來參究，「作者之用心未必然，讀者之用心何必不
然」。正如袁覺禪師一樣，宋代很多禪師不僅不排斥詩人的
「文字」，而且把那些最富文學色彩的詩句視為禪的精髓之
所在。換言之，宋代禪師心目中的「禪髓」是文學話語，
而非哲學話語。這就是禪師借用詩句說法的根本原因。

禪籍中的借用詩句例似首見於《景德傳燈錄》卷二五
《洪州觀音從顯禪師》：

> 時有僧問：「居士默然，文殊深贊，此意如
> 何？」師曰：「汝問我答。」曰：「恁麼人出頭
> 來，又作麼生？」師曰：「行到水窮處，坐看雲
> 起時。」

「行到水窮處」兩句詩出自唐詩人王維的《終南別業》，本
來描寫的是興來獨往、遊山玩水的過程。但這一聯名句不
僅表現出禪宗式的任運隨緣的無心行為，而且暗寓著隨遇
皆道、觸處可悟的參禪方式，暗寓著始於追根窮源的尋
思、終於心行路絕的默照的悟道過程。同時，第一句用
「處」字把行到水源的時間過程空間化了，第二句用「時」
字把詩人與雲之間的空間關係時間化了。這樣，時間就是
空間的存在，空間的存在都是時間，瞬間變為永恒。由於
意味深長的禪趣是通過形象表現出來的，不離感性又超越

感性，因而格外空靈蘊藉，令人涵泳不盡。可以說，「行到水窮處，坐看雲起時」之中就有「禪髓」，所以在禪門中一再被人引用。例如：

> 問：「如何是緣生義？」師曰：「金剛鑄鐵券。」曰：「學人不會。」師曰：「鬧市裏牌。」曰：「恁麼則行到水窮處，坐看雲起時。」師曰：「列下。」（《五燈會元》卷一五《雪竇重顯禪師》）
>
> 上堂：「至道無難，唯嫌揀擇。但莫憎愛，洞然明白。祖師恁麼說話，瞎卻天下人眼。識是非、別緇素底衲僧，到這裏如何辨明？未能行到水窮處，難解坐看雲起時。」（同上卷一七《黃龍惟清禪師》）
>
> 問：「向上一路，千聖不傳，未審如何是向上一路？」師曰：「行到水窮處，坐看雲起時。」（同上《泐潭文准禪師》）

幾乎成了口頭禪。而這些借用在不同的語境裏顯然表達了不同的意思。

大約從北宋中葉開始，借用名篇警句來說法漸成風氣。下面僅以《五燈會元》所載為例，看看禪師們借用詩文詞賦名句的幾種情況，並一一指明這些名句的出處。第一種是用於上堂說法，往往是說到關鍵處，嘎然而止，改用名句作結。例如：

> 上堂：「日月繞須彌，人間分晝夜。南閻浮

提人，只被明暗色空留礙。且道不落明暗一句作
麼生道？」良久曰：「柳色黃金嫩，梨花白雪
香。參！」（同上卷一五《天聖守道禪師》）「柳色
黃金嫩」兩句是唐詩人李白《宮中行樂詞八首》
之二中的名句[4]。

上堂：「諸佛出世，廣演三乘。達磨西來，
密傳大事。上根之人，言下頓超。中下之流，須
當漸次發明心地。或一言唱道，或三句數揚，或
善巧應機，遂成多義。撮其樞要，總是空花。一
句窮源，沉埋祖道。敢問諸人，作麼生是依時及
節底句？」良久曰：「微雲淡河漢，疏雨滴梧
桐。參！」（《五燈會元》卷一六《善權慧泰禪師》）
「微雲淡河漢」兩句是唐詩人孟浩然的名句[5]。

上堂：「胡來胡現，漢來漢現。忽然胡漢俱
來時，如何祗准？」良久曰：「落霞與孤鶩齊
飛，秋水共長天一色。參！」（《五燈會元》卷一
六《延慶可復禪師》）「落霞與孤鶩齊飛」兩句出
自唐王勃《秋日登洪府滕王閣餞別序》[6]。

上堂：「枯桑知天風，海水知天寒。金色頭
陀，見處不真。雞足山中，與他看守衣缽。」
（《五燈會元》卷一六《天衣義懷禪師》）「枯桑知
天風」兩句出自《文選》樂府古辭《飲馬長城窟
行》[7]。

4　見瞿蛻園、朱金城《李白集校注》卷五，上海古籍出版社排印本，1980年。

5　見宋尤袤《全唐詩話》卷一《孟浩然》，《歷代詩話》本。

6　《全唐文》卷一八一。

7　見《文選》卷二七《樂府上·樂府三首·飲馬長城窟行》，李善注，中華書局影印
　　本，1981年。

　　上堂，畫一圓相，以手拓起曰：「諸仁者還見麼？團團離海嶠，漸漸出雲衢。諸人若也未見，莫道南明長老措大相，卻於寶華王座上念中秋月詩。若也見得，此夜一輪滿，清光何處無？」（《五燈會元》卷一六《蔣山法泉禪師》）這是五代南唐詩僧詠月詩，「團團離海嶠，漸漸出雲衢」是前兩句，「此夜一輪滿，清光何處無」是後兩句。（《瀛奎律髓》卷二二作五代詩僧貫休詩。）[8]

　　師因雪下，上堂召大眾曰：「還有過得此色者麼？」良久曰：「文殊笑，普賢嗔，眼裏無筋一世貧。相逢盡道休官去，林下何曾見一人？」（《五燈會元》卷一六《蔣山法泉禪師》）「相逢盡道休官去」兩句是唐詩僧靈澈諷刺士大夫假意歸隱而心戀魏闕的名句[9]。

　　上堂：「覿面相呈，更無餘事。若也如此，豈不俊哉！山僧蓋不得已曲爲諸人，若向衲僧面前，一點也著不得。諸禪德，且道衲僧面前說個甚麼即得？」良久曰：「深秋簾幕千家雨，落日樓臺一笛風。」（《五燈會元》卷一六《崇德智澄禪師》）「深秋簾幕千家雨」兩句是唐詩人杜牧《題宣州開元寺水閣閣下宛溪夾溪居人》詩中的名句[10]。

　　上堂：「日可冷，月可熱，中魔不能壞眞說。作麼生是眞說？初三十一，中九下七，若信

---

8 參見《全唐詩》卷八五一，文字略異。

9 見《全唐詩話》卷三《韋丹》。

10 《全唐詩》卷五二二。

不及，雲岩與汝道破：萬人齊指處，一雁落寒空。」（《五燈會元》卷一八《雲岩天遊禪師》）「萬人齊指處」兩句是唐詩人張祜《觀徐州李司空獵》詩中的名句[11]。

病起，上堂，舉馬大師日面佛、月面佛。後來東山演和尚頌曰：「丫鬟女子畫蛾眉，鸞鏡臺前語似癡。自說玉顏難比並，卻來架上著羅衣。」師曰：「東山老翁滿口讚歎，則故是點檢將來，未免有鄉情在。雲岩又且不然，打殺黃鶯兒，莫教枝上啼。幾回驚妾夢，不得到遼西。」（《五燈會元》卷一八《雲岩天遊禪師》）「打殺黃鶯兒」四句是唐詩人金昌緒的《春怨》詩[12]。

上堂：「乾坤之內，宇宙之間，中有一寶，秘在形山。大眾，眼在鼻上，腳在肚下，且道寶在甚麼處？」良久云：「人面不知何處去，桃花依舊笑春風。」（《五燈會元》卷一九《白雲守端禪師》）「人面不知何處去」兩句見於唐詩人崔護《題城南》詩[13]。

上堂：「古者道：將此深心奉塵剎，是則名爲報佛恩。圓通則不然：時挑野菜和根煮，旋斫生柴帶葉燒。」（《五燈會元》卷一九《白雲守端禪師》）「時挑野菜和根煮」兩句是唐詩人杜荀鶴《山中寡婦》詩中的名句[14]。

---

11 《全唐詩》卷五一〇。

12 見《全唐詩話》卷一《金昌緒》。

13 見唐孟棨《本事詩・情感第一》，「不知」作「只今」。《歷代詩話續編》本。

14 《全唐詩》卷六九二。

　　上堂：「有句無句，超宗越格。如藤倚樹，銀山鐵壁。及至樹倒藤枯，多少人失卻鼻孔。直饒收拾得來，已是千里萬里。只如未有恁麼消息時如何？還透得麼？風暖鳥聲碎，日高花影重。」（《五燈會元》卷一九《昭覺克勤禪師》）「風暖鳥聲碎」兩句是杜荀鶴《春宮怨》詩中的名句[15]。

　　上堂，舉狗子無佛性話，乃曰：「二八佳人刺繡遲，紫荊花下囀黃鸝。可憐無限傷春意，盡在停針不語時。」（《五燈會元》卷一九《中竺中仁禪師》）這四句是唐詩人朱絳的《春女怨》詩[16]。

　　上堂：「一葉落，天下秋，欲窮千里目，更上一層樓。一塵起，大地收，嘉州打大象，陝府灌鐵牛。明眼漢合作麼生？」（《五燈會元》卷二〇《龍翔士珪禪師》）「欲窮千里目」兩句是唐詩人王之渙《登鸛雀樓》中的句子[17]。

　　上堂：「見見之時，見非是見。見猶離見，見不能及。落花有意隨流水，流水無情戀落花。諸可還者，自然非汝。不汝還者，非汝而誰？長恨春歸無覓處，不知轉入此中來。」（《五燈會元》卷二〇《龍翔士珪禪師》）「長恨春歸無覓處」兩句出自唐詩人白居易的《大林寺桃花》[18]。

　　上堂，拈起拄杖曰：「識得這個，一生參學

---

15 見《全唐詩》卷六九一。又卷六七三作周樸詩。
16 見《全唐詩話》卷二《朱絳》。
17 見《全唐詩》卷二五三。
18 見《全唐詩》卷四三九。

事畢。古人恁麼道，華藏則不然。識得這個，更須買草鞋行腳。何也？到江吳地盡，隔岸越山多。」（《五燈會元》卷二○《華藏宗演禪師》）「到江吳地盡」兩句是唐詩僧處默《題聖果寺》詩中的名句[19]。

上堂：「萬古長空，一朝風月。不可以一朝風月昧卻萬古長空，不可以萬古長空不明一朝風月。且如何是一朝風月？人皆畏炎熱，我愛夏日長。薰風自南來，殿閣生微涼。會與不會，切忌承當。」（《五燈會元》卷二○《中際善能禪師》）「人皆畏炎熱」四句是唐詩人柳公權和唐文宗的夏日聯句，前兩句為唐文宗作，後兩句為柳公權作[20]。

上堂，舉正堂辯和尚室中問學者：「蚯蚓為甚麼化為百合？」師曰：「客舍並州已十霜，歸心日夜憶咸陽。無端更度桑幹水，卻望並州是故鄉。」（《五燈會元》卷二○《隱靜彥岑禪師》）「客舍並州已十霜」四句是唐詩人劉皂的《旅次朔方》詩[21]。

上堂：「萬象之中獨露身，如何說個獨露底道理？」豎起拂子曰：「到江吳地盡，隔岸越山多。」（《五燈會元》卷二○《大洪祖燈禪師》）

上堂：「俱胝一指頭，一毛拔九牛。華嶽連天碧，黃河徹底流。截卻指，急回眸。青箬笠前

---

19 見《全唐詩話》卷六《僧處默》。《全唐詩》卷八四九題作《聖果寺》。
20 見《全唐詩話》卷三《柳公權》。
21 見《全唐詩》卷四七二。案：一作賈島詩。

無限事，綠蓑衣底一時休。」（同上《泐潭德淳禪師》）「青箬笠前無限事」兩句出自黃庭堅《浣溪沙》詞[22]。

　　上堂，舉《金剛經》云：「佛告須菩提，爾所國土中，所有眾生若干種心，如來悉知。何以故？如來說，諸心皆爲非心，是名爲心。要會麼？春風得意馬蹄疾，一日看盡長安花。」（《五燈會元》卷二〇《法石慧空禪師》）「春風得意馬蹄疾」兩句是唐詩人孟郊《登科後》中的名句[23]。

這些詩句本爲寫景或抒情，在以上的借用中，都具有說理或象徵的功能。如「盡在停針不語時」暗示禪經驗只可意會、不可言傳，「長恨春歸無覓處」兩句暗示自性的頓悟得於無意之間，「到江吳地盡」兩句形容參禪行腳要做到永不滿足，須知山外有山。

　　第二種是用於應機接物的問答，古人的現成詩句信手拈來，符合不容擬議的原則。倘若詩句借用恰當，可收到一以當十的效果。例如：

　　問：「利人一句，請師垂示。」師曰：「三腳蝦蟆飛上天。」曰：「前村深雪裏，昨夜一枝開。」師曰：「饑逢王膳不能饗。」（同上卷一二《翠巖可眞禪師》）「前村深雪裏」兩句，出自五代詩僧齊己的《早梅》詩。相傳齊己原作爲「前村

22《全宋詞》第1冊第398頁，中華書局排印本，1980年。

23《全唐詩》卷三七四。

深雪裏，昨夜數枝開」，詩人鄭谷改「數枝」爲
「一枝」，時人稱鄭谷爲一字師[24]。

　　問：「一棒一喝，猶是葛藤，瞬目揚眉，拖
泥帶水。如何是直截根源？」師曰：「速。」
曰：「恁麼則祖師正宗和尚把定？」師曰：「野
渡無人舟自橫。」（《五燈會元》卷一五《開先善
暹禪師》）「野渡無人舟自橫」是唐詩人韋應物
《滁州西澗》詩中的名句[25]。

　　僧問：「古鏡未磨時如何？」師曰：「青青
河畔草。」曰：「磨後如何？」師曰：「鬱鬱園
中柳。」（《五燈會元》卷一六《智海本逸禪師》）
「青青河畔草」兩句出自《文選》雜詩《古詩十九
首》[26]。

　　師曰：「芭蕉高多少？」曰：「野火燒不
盡，春風吹又生。」師曰：「這個是白公底，你
底作麼生？」曰：「且待別時。」（《五燈會元》
卷一六《法雲法秀禪師》）「野火燒不盡」兩句是
唐詩人白居易《賦得古原草送別》詩中的名句[27]。

　　僧問：「攜節領眾，祖令當行，坐斷要津，
師意如何？」師曰：「秋風吹渭水，落葉滿長
安。」（《五燈會元》卷一九《五祖法演禪師》）
「秋風吹渭水」兩句是唐詩人賈島《憶江上吳處士》
詩中的名句[28]。

---

24 見宋陶岳《五代史補》卷三《齊己傳》，《四庫全書》本。
25 《全唐詩》卷一九三。
26 見《文選》卷二七《雜詩上・古詩十九首》。
27 《全唐詩》卷四三六。
28 《全唐詩》卷五七二，「吹」作「生」。

　　僧問：「如何是奪人不奪境？」師曰：「秋風吹渭水，落葉滿長安。」（《五燈會元》卷一九《五祖法演禪師》）

　　曰：「如何是意句俱不到？」師曰：「君向瀟湘我向秦。」（同上《開福道寧禪師》）「君向瀟湘我向秦」是唐詩人鄭穀《淮上與友人別》詩中的句子[29]。

這些詩句都由意象性語言組成，語義空間具有巨大的彈性，在機鋒交馳的論辯中，可以做到不涉理路，不落言詮，使對方能領悟到某種禪意，而又不至於執著於義理。

　　第三種是作偈頌時借用，把詩人名句鑲嵌在自己的偈頌中，如靈丹一粒，點鐵成金。例如：

　　嘗有《頌大愚答佛話》曰：「鋸解秤錘，出老杜詩：紅稻啄殘鸚鵡顆，碧梧棲老鳳凰枝。」（《五燈會元》卷一二《懷玉用宣首座》）詩見杜甫《秋興八首》之八，「紅稻」或作「香稻」，「啄殘」或作「啄餘」，「顆」或作「粒」[30]。

　　師隨聲便喝，以手指胸曰：「佛亦是塵。」師覆頌曰：「撥塵見佛，佛亦是塵。問了答了，直下翻身。勸君更進一杯酒，西出陽關無故人。」（《五燈會元》卷二〇《智者真慈禪師》）「勸君更進一杯酒」兩句出自唐詩人王維《送元二使安西》[31]。

29《全唐詩》卷六七五。

30 見仇兆鼇《杜詩詳注》卷一七，1497頁，中華書局排印本，1979年。

31《全唐詩》卷一二八。

翌晨，攝衣就座，大呼曰：「吾去矣，聽吾一偈。」眾聞奔視，師乃曰：「平生醉裏顛蹶，醉裏卻有分別。今宵酒醒何處？楊柳岸曉風殘月。」言訖寂然，撼之，已委蛻矣。（《五燈會元》卷一六《法明上座》）「今宵酒醒何處」兩句出自宋詞人柳永《雨霖鈴》詞[32]。

這些詩句移進偈頌裏，已與原典文本意義相脫離，因而成為新語境中具有隱喻性質的言句。換言之，讀者在禪偈中讀到這些詩句時，已有了一種新的期待視野，其意義也因此而向宗教領域轉移。

第四種乾脆把詩人名句當做一則話頭或公案來參究，也就是直接把詩句當做禪的文本來討論。例如：

僧問：「白雲抱幽石時如何？」師曰：「非公境界。」（《五燈會元》卷一五《金陵天寶和尚》）「白雲抱幽石」是南朝宋詩人謝靈運《過始寧墅》詩中的名句[33]。

僧問：「古者道：卷簾當白晝，移榻對青山。如何是卷簾當白晝？」師曰：「過淨瓶來。」曰：「如何是移榻對青山？」師曰：「卻安舊處著。」（《五燈會元》卷一五《石霜節誠禪師》）「卷簾當白晝」兩句是唐詩僧修睦《秋日閒居》中的名句[34]。

32 《全宋詞》第1冊第21頁。

33 《文選》卷二六《行旅上》謝靈運《過始寧墅》。

34 《全唐詩》卷八四九。

　　　　上堂：「始見新歲倏忽，早是二月初一。天
氣和融，擬舉個時節因緣與諸人商量，卻被帝釋
梵王在門外柳眼中努出頭來，先說偈言：『嫋嫋
颺輕絮，且逐風來去。相次走綿毬，休言道我
絮。』當時撞著阿修羅，把住云：『任你絮，忽
逢西風吹渭水，落葉滿長安一句作麼生道？』於
是帝釋縮頭入柳眼中。」（《五燈會元》卷一七
《建隆昭慶禪師》）

　　　　問：「人皆畏炎熱，我愛夏日長，薰風自南
來，殿閣生微涼時如何？」師曰：「倒戈卸甲。」
（同上卷二〇《天童曇華禪師》）

當學者問這些詩句意義如何時，很容易使我們想起那些關
於佛法大意、祖師西來意如何的提問。顯然，由於這些詩
句具有佛理的隱喻義，因而引起了參學者探究的興趣。

　　事實上，僅據《五燈會元》記載，宋代就有好幾位禪
師是因為古人詩句而頓悟自性的，例如，《碧岩錄》的作
者圓悟克勤就從小豔詩悟入：

　　　　會部使者解印還蜀，詣祖問道。祖曰：「提
刑少年，曾讀小豔詩否？有兩句頗相近：『頻呼
小玉元無事，只要檀郎認得聲。』」提刑應「喏
喏」。祖曰：「且子細。」師適歸侍立次，問曰：
「聞和尚舉小豔詩，提刑會否？」祖曰：「他只認
得聲。」師曰：「只要檀郎認得聲。他既認得
聲，為什麼卻不是？」祖曰：「如何是祖師西來
意？庭前柏樹子。　！」師忽有省，遽出，見雞飛

上欄杆，鼓翅而鳴。復自謂曰：「此豈不是聲？」
（同上卷一九《昭覺克勤禪師》）

克勤的法嗣大慧宗杲同樣是因其師所舉的唐詩而於言下有
省：

> 師至天寧，一日聞悟升堂，舉：「僧問雲
> 門：『如何是諸佛出身處？』門曰：『東山水上
> 行。』若是天寧即不然。忽有人問：『如何是諸
> 佛出身處？』只向他道：『薰風自南來，殿閣生
> 微涼。』」師於言下忽然前後際斷，雖然動相不
> 生，卻坐在淨裸裸處（同上卷一九《徑山宗杲禪
> 師》）。

還有克勤同門師弟龍門清遠的法嗣道場明辯禪師也從一首
唐詩得到啟發：

> 至西京少林，聞僧舉佛眼以古詩發明屬賓王
> 斬師子尊者話，曰：「揚子江頭楊柳春，楊花愁
> 殺渡江人。一聲羌笛離亭晚，君向瀟湘我向秦。」
> 師默有所契，即趨龍門，求入室。（同上卷二○
> 《道場明辯禪師》）

這充分說明詩句特有的暗示、象徵、隱喻、聯想等功能在
禪悟中所起的作用。與其他宗教性的禪語相比較，詩句是
關於現象世界和情感世界的描寫，更多地作用於人的直覺
經驗，而非抽象理性。同時，詩歌語言除了言內義以外，

另有言外義，或者言在此而意在彼，或者言有盡而意無窮。因此，一方面，詩句比任何語言都更能有效地激發人心對禪的理解和感悟，使人們在直覺層面獲得禪的精髓；另一方面，詩句那種意義不確定性而具備的聯想空間，提供了從各種宗教角度去理解的可能，使人得到種種哲理的?示。至於詩詞曲賦的名章警句，流播於人口，吟詠之間，口吻調利，聲音節奏已沉入筋骨，神理氣韻已沉入心靈，成為一種深沉的無意識的內在體驗。並且這些名章警句凝聚著人們日常生活的經驗，與南宗禪從日用事、平常心中悟道的精神是一致的。當熟悉這些名句的禪師們把它們當做宗教文本來參究時，眼前猛然一亮，如電光石火，蟄伏於心中的本然的佛性燈立即被點燃，日用經驗頓時轉換為一種禪經驗。

從文化史的角度看，禪師們好用古人詩句說法，與宋代詩學的空前發達分不開。縱觀禪師使用詩句的情況，主要受到兩種因素的影響：一種是自晚唐到北宋一直盛行的詩格類著作，多為詩僧所作，與禪門關係密切，其好摘句為例的傾向，與禪師借句說法多有一致之處。如前舉「卷簾當白晝，移榻對青山」、「前村深雪裏，昨夜一枝開」、「秋風吹渭水，落葉滿長安」、「此夜一輪滿，清光何處無」之類的句子，也屢見於齊己《風騷旨格》、虛中《流類手鑒》、徐寅《雅道機要》、神彧《詩格》等等詩格類著作 35。另一種是北宋中葉出現的詩話類著作，多為士大夫所作，其評詩也往往舉詩人名句作比較，以論工拙。值得注

---

35 參見張伯偉《全唐五代詩格校考》第378頁、第383頁、第399頁、第420頁、第467頁。

意的是，前舉禪師所借用詩句如「微雲淡河漢，疏雨滴梧
桐」、「紅稻啄殘鸚鵡粒，碧梧棲老鳳凰枝」以及「打殺黃
鶯兒」一詩等等，都是士大夫討論的熱門話題[36]。總之，
我們能從很多現象上發現禪師引用名句和宋代詩學討論名
句之間的聯繫。

36　參見《詩人玉屑》卷三《錯綜句法》、卷五《詩要聯屬》、卷六《意脈貫通》、
　　《一字之工》。

第十三章

看風使帆：禪語的隨機性

第十三章　看風使帆：禪語的隨機性

　　禪宗語言風格極為豐富多彩，有的來自佛經文句，有的採用民間口語，有的借自文人詩句，或深奧，或淺易，或村樸，或風流。它以中國本土的農禪話語為骨幹，在此基礎上融合了印度佛經話語和本土的士大夫話語。從縱向的禪宗語言變遷史來看，早期（從達摩至慧能）仍主要使用佛經話語，中期（從馬祖到雲門）農禪話語漸占上風，並奠定了宗門語的基本風格，後期（汾陽、雪竇以後）士大夫話語大肆入侵，日趨典雅。從橫向的禪宗語言的具體使用來看，則在各個時期都顯示出多元性和隨機性。禪宗宗師在向大眾說法或接待學者的時候，往往根據聽眾的組成成分和文化水平選擇不同的語言，即所謂「看風使帆，應病與藥」（《碧巖錄》卷七第六十五則《外道良馬鞭影》）。對於佛學修養較高的智慧之人，不妨直接用禪語說理論道；對於文化層次低下的愚士昧學，不妨借鄙語俚諺比方譬喻；對於博學儒雅的文人儒士，不妨以清詞麗句相引誘啟發。總之，無論是禪宗典籍的總體語言，還是禪師語錄的個體語言，我們都不難發現極粗鄙、極綺豔、極清麗的風格並存的現象。

一、鄙語粗話

　　法眼宗清涼文益大師曾批評五代時期禪宗的歌頌作品「任情直吐，多類於野談；率意便成，絕肖於俗語。自謂不拘粗獷，匪擇穢屑，擬他出俗之辭，標歸第一之義」（《宗門十規論・不關聲律不達道理好作歌頌第九》）。只要稍微考察一下當時宗門語的情況，就可知道這段批評完全是實

錄。儘管我們知道禪宗的主要成分是農民，但在語錄中看
到那些高僧使用的鄙語粗話，仍感到有幾分震驚。因為有
些詞句已不只是淳樸俚俗的野語俗談，富有生活氣息，而
簡直就是毫無教養、毫無顧忌的髒話。更令人驚訝的是，
不少禪師以語言粗俗為榮，把不受任何文明條例約束的
「任情直吐」，看作佛教最高真理「第一義」之所在。

　　這裏所說的鄙語粗話，不是指一般的俗諺口語，而是
特指「粗獷」的罵詈之話和「穢屑」的低俗之話兩類。晚
唐五代的禪宗大師，特別是臨濟和雲門兩派，大都有這樣
的鄙語粗話傳世。先看罵詈之話，例如：

> 　　十地滿心猶如客作兒，等妙二覺擔枷鎖漢，
> 羅漢辟支猶如廁穢，菩提涅槃如繫驢橛。（《古尊
> 宿語錄》卷四《鎮州臨濟慧照禪師語錄》）
> 　　道流，試不依物出來，我要共你商量，十年
> 五歲，並無一人，皆是依草附葉竹木精靈、野狐
> 精魅，向一切糞塊上亂咬。瞎漢，枉消他十方信
> 施。（同上）
> 　　師云：「直饒你從雪峰，雪峰來也只是個擔
> 板漢。」云：「未審那邊事如何？」師云：「你
> 因甚夜來尿床？」云：「達後如何？」師云：
> 「又是屙屎。」（同上卷一四《趙州真際禪師語錄
> 之餘》）
> 　　大丈夫漢阿誰無分？獨自承當尚猶不著，便
> 不可受人欺瞞，取人處分。才見老和尚開口，便
> 好把特石驀口塞，便是屎上青蠅相似，鬥啀將
> 去，三個五個聚頭商量，苦屈兄弟。（同上卷一

五《雲門匡眞禪師廣錄上》)

上堂云：「道即道了也。」時有僧出禮拜，欲伸問次。師拈拄杖便打云：「識什麼好惡？這一般打野榿漢，總似這個僧，爭消得施主信施，惡業眾生總在這裏，覓什麼乾屎橛咬？」以拄杖一時趁下。（同上）

有一僧至，擬禮拜。師云：「野狐鬼，見什麼了便禮拜？」僧云：「老禿奴，見什麼了即便恁問？」師云：「苦哉苦哉！」（《景德傳燈錄》卷一四《仙天和尚》）

時有雲涉座主問曰：「和尚什麼年行道？」師曰：「座主近前來。」涉近前，師曰：「只如陳如是什麼年行道？」涉茫然。師咄曰：「這尿床鬼！」（同上卷一六《太原海湖和尚》）

因有僧問大容云：「天賜六銖，披掛後，將何報答我皇恩？」大容云：「來披三事衲，歸掛六銖衣。」師聞之，乃曰：「這老凍膿，作恁麼語話！」（同上卷二四《連州寶華和尚》）

這裏無佛無祖，達磨是老臊胡，釋迦老子是乾屎橛，文殊、普賢是擔屎漢，等覺妙覺是破執凡夫，菩提涅槃是繫驢橛，十二分教是鬼神簿、拭瘡疣紙，四果三賢、初心十地是守古塚鬼，自救不了。（《五燈會元》卷七《德山宣鑒禪師》）

上堂：「十方諸佛是個爛木橛，三聖十賢是個茅溷頭籌子。汝等諸人到這裏來作麼？」（同上卷一二《琅琊慧覺禪師》）

以上如「客作兒」、「擔枷鎖漢」、「廁穢」、「繫驢橛」、「野狐精魅」、「瞎漢」、「擔板漢」、「屎上青蠅」、「打野漢」、「野狐鬼」、「老禿奴」、「尿床鬼」、「老凍膿」、「老臊胡」、「乾屎橛」、「擔屎漢」、「破執凡夫」、「鬼神簿」、「拭瘡疣紙」、「守古塚鬼」、「爛木橛」、「茅溷頭籌子」都是罵人的話。在各種禪籍中，類似的罵人的專用名詞還有一大批，例如：罵無本事的老和尚為「老古錐」、「老骨錐」、「老擂槌」、「老骨擂」，罵下賤之人為「死馬醫」、「小廝兒」，罵愚鈍之人為「田庫奴」、「特庫兒」、「瞎屢生」、「禿屢生」、「鈍屢生」，罵魯莽之人為「孟八郎」，罵少機變的和尚為「伎死禪和」，罵少見識的和尚為「少叢林」、「野盤僧」，罵懵懂之人為「　酒糟漢」、「飯袋子」，罵四川和尚為「川磊苴」，罵廣東和尚為「廣南蠻」。此外還有一些由「死」、「屎」、「瞎」等字為字首而隨意組合的罵詈之詞，如「死郎當」、「死功夫」、「屎光境」、「屎佛坑」、「瞎眼波斯」、「瞎臭婆」、「瞎驢」等等。

　　除去這些罵人的話以外，禪師們對佛祖也大不恭敬，因寺廟中佛像面有鍍金，而戲稱釋迦牟尼為「黃面瞿曇」、「黃面老子」、「黃頭老」；因達摩是印度人，藍眼睛，腋有臊臭，而戲稱之為「碧眼胡僧」、「胡臊老」或「老臊胡」；有時通稱佛祖為「老胡」、「胡種族」或「黃頭碧眼」。

　　在罵人的「粗獷」之語中，我們注意到如「屎」這樣的污穢之詞出現頻率極高，其實，禪師們不光是在罵人時愛用「屎」一類的詞，在一般正面談禪說法時，也往往「匪擇穢屛」，不避低俗。在禪籍中隨處可見這樣的例子：

　　　　師示眾云：「道流，佛法無用功處，只是平

常無事，屙屎送尿，著衣吃飯，困來即臥。愚人笑我，智乃知焉。」（《古尊宿語錄》卷四《鎮州臨濟慧照禪師語錄》）

有一般不識好惡，向教中取意度商量，成於句義，如把屎塊子向口裏含了，吐過與別人；猶如俗人打傳口令相似，一生虛過也。（同上）

又問：「只如趙州意作麼生？」僧云：「此亦是方便。」師云：「趙州被你一杓屎潑。」僧無語。（同上卷六《睦州和尚語錄》）

上堂，良久云：「還有人道得麼？道得底出來。」眾無語。師拈拄杖云：「適來是個小屎坑，如今是個大屎坑。」（同上卷一五《雲門匡眞禪師廣錄上》）

上堂：「佛法不順人情，諸方長老大開口盡道：『我會禪會道。』且道伊會也未？無端向屎坑裏坐，瞞神鬼。似者般的，打殺千萬個，與狗子吃，有什麼過？又有一般禪和子，大開著眼，被伊狐魅，殊不自知，驀頭著屎澆，亦不厭惡。」（同上卷四二《寶峰雲庵眞淨禪師住洞山語錄》）

安在？山三十來年，吃潙山飯，屙潙山屎，不學潙山禪。（《景德傳燈錄》卷九《福州大安禪師》）

除卻著衣吃飯，阿屎送尿，更有什麼事？無端起得許多妄想作什麼？（同上卷一九《韶州雲門文偃禪師》）

你還知個身本性與佛同時，本無欠少，有一大事在你尿囊裏、糞堆頭，光爍爍地，圓陀陀地，還信得及否？（同上卷三○《魏府華嚴長老

示眾》）

　　問：「如何是清淨法身？」師曰：「屎裏蛆
兒，頭出頭沒。」（《五燈會元》卷六《濠州思明
禪師》）

　　曰：「是甚麼心行？」師曰：「一杓屎攔面
潑，也不知臭。」（同上卷七《保福從展禪師》）

　　在正統的儒家文化中，如此粗鄙低俗的語言從來不能登大
雅之堂。而在禪門中，這些詞句卻不僅肆無忌憚地流行於
法堂之上，而且冠冕堂皇地載入語錄，成為具有經典意義
的宗門語彙。

　　值得注意的是，使用這些粗鄙語言的人，有不少是博
通經論、具有一定文化修養的禪門宗師。比如頌古的創制
者汾陽善昭，接引學人，「每見必罵詬，或詆毀諸方，及
有所訓，皆流俗鄙事」（同上卷一二《石霜楚圓禪師》）。而
《碧巖錄》的作者圓悟克勤也時時在其著語、評唱中夾些
「穢屑」之話，如下面這些例子：

　　看看雪峰向諸人面前放屙，咄！爲什麼屎臭
也不知？（《碧巖錄》卷一第五則《雪峰粟粒》）

　　我且問你：十二時中行住坐臥，屙屎放尿，
至於茅坑裏蟲子，市肆買賣，羊肉案頭，還有超
佛越祖底道理麼？（同上卷八第七十七則《雲門
餬餅》）

　　天平曾參進山主來，爲他到諸方參得些蘿蔔
頭禪在肚皮裏，到處便輕開大口道：「我會禪會
道。」常云：「莫道會佛法，覓個舉話人也無。」

屎臭氣薰人，只管放輕薄。（同上卷一○第九十
八則《天平行腳》）

克勤是「文字禪」的推行者之一，從小豔詩入道，所作詩
偈也很典雅，但他評唱公案頌古，仍有意使用一些「髒
話」，這充分說明粗鄙已成為宗門語的標誌之一。保持粗
鄙，就是保持宗門語的本色，從更深層次說，它意味著保
留禪宗的宗教傳統，或者說保留禪宗的話語態勢。

那麼，什麼是禪宗的話語態勢呢？我認為主要包括這
樣幾個方面：

其一，解構經典，顛覆權威，蔑視神聖。禪宗從誕生
之日起，就以一種「不立文字，教外別傳」的話語態勢立
異於正統的佛教義學，到了晚唐，更出現了一股離經慢
教、呵佛罵祖之風。以污穢粗鄙、低賤卑下的侮辱性詞語
來稱謂神聖的經典權威，如稱釋迦牟尼為「乾屎橛」、羅漢
辟支為「廁穢」、十二分教為「拭瘡疣紙」等等，就是呵佛
罵祖的體現。這種話語態勢裏潛藏著一種反文化、非文化
的思潮。

其二，面向平民，貼近生活，標榜通俗。禪宗解構經
典、顛覆權威的目的，是為了建立自己的話語系統，即為
下層民眾所喜聞樂見的言說方式。中晚唐一些最重要的禪
宗大師，為了向文化層次低下的僧眾傳教，就有意採用一
種俚俗甚至粗野的口語，這種風格經由語錄的傳播而積澱
為一種禪門的傳統。正如宋代一位禪師所說：「禪家語言
不尚浮華，唯要樸實，直須似三家村裏納稅漢及嬰兒相
似，始得相應。他又豈有許多般來此道？正要還淳返樸，
不用聰明，不拘文字。今時人往往嗤笑禪家語言鄙野，所

謂不笑不足以為道。」(《嘉泰普燈錄》卷二五《本覺法真一禪師》)那些粗野的罵人之詞，在類似「三家村裏納稅漢」水平的僧眾聽來，反而有一種「嚶其鳴矣，求其友聲」的親切感。

其三，任情率意，自由無拘，大膽出格。在中國傳統的儒家語言和其他行業語言中，都有種種避諱和禁忌，而禪宗語言卻沒有任何框框，自己是光頭和尚，也不妨罵人是「老禿奴」；自己挑糞澆菜，也不妨罵人是「擔屎漢」；自己是佛教徒，也不妨罵諸佛是「胡種族」。可以說，正因為禪宗語言具有某種革命性的話語態勢，所以禪師們敢於衝破一切禁忌，「不拘粗獷，匪擇穢屑」。佛經翻譯尚注意使用雅言，如稱穢物為「不淨」，而禪師則直截了當地稱「屎」、「尿」、「茅廁」、「蛆兒」等等。

同時粗話鄙語也與禪宗的生存方式和宗教觀念相關。就生存方式而言，禪宗的普請原則使每位宗師和禪徒一樣必須參加農業勞動，墾荒種地，難免和糞土之類的穢物打交道。換言之，他們中的很多人其實就是「擔屎漢」，屎坑廁籌一類詞語信手拈來罵人，也極為平常自然。就宗教觀念而言，禪宗主張「平常心是道」，屙屎送尿的日常生活行為也是禪之所在，所以言屎言尿而不覺其臭。禪宗又主張「萬法平等」，凡聖等一，認為「尿囊」、「糞堆」裏有佛性在，所以言屎言尿而不覺其髒。正是以上種種因素，造成了禪宗以粗鄙為榮的言說傳統。

二、豔詞綺語

宋代城市經濟的繁榮導致市民文化的發達，與此相關的是花街柳巷、瓦肆勾欄的盛行。淫詞蝶語，流傳天下，

「凡有井水飲處，即能歌柳（永）詞」（葉夢得《避暑錄話》卷下），就是明證。受此影響，禪師也常用豔詩豔詞的形式來說法示道。

北宋真淨克文曾這樣描述過當時禪師的生活方式：「手把豬頭，口誦淨戒。趁出淫坊，未還酒債。」（《羅湖野錄》卷下）這顯然不同於早期禪宗「孤峰頂上，盤結草庵」的自耕自足，而是城鎮遊僧「十字街頭，解開布袋」的浪蕩無羈。比如，邢州開元寺有一和尚法明上座，依報本有蘭禪師，「深得法忍。後歸裏事落魄，多嗜酒呼盧，每大醉，唱柳詞數闋，日以為常。鄉民侮之，召齋則拒，召飲則從」（《五燈會元》卷一六《法明上座》）。又如越州天衣如哲禪師，「自退席寓平江之萬壽，飲啖無擇，人多侮之」（同上《天衣如哲禪師》）。同時，禪門中也出現了一種為市民式的縱欲主義辯護的理論：「佛法有縱有奪。縱也，四五百條花柳巷，二三千所管弦樓。奪也，天上天下，唯我獨尊。」（《古尊宿語錄》卷四二《寶峰雲庵真淨禪師住洞山語錄》）也就是說，只要頓悟本心，明白「情與無情，同一無異」的道理，就可以出入花柳巷，逛逛管弦樓，狎妓風流一番也無妨。與此相對應，禪語裏也出現了反映世俗享樂生活和情感生活的詞句，如好柳詞的法明上座在臨終前還不忘把柳詞名句「今宵酒醒何處，楊柳岸曉風殘月」嵌進自己的示滅偈中（《五燈會元》卷一六《法明上座》），而天衣如哲的示法偈裏也有「大地掀翻無覓處，笙歌一曲畫樓中」這樣的頹廢句子（同上《天衣如哲禪師》）。

當然，宋代真正敢逛妓院的禪僧也極為罕見，但至少禪宗在理論上承認出入淫坊無礙佛法。因此，表現男女愛情的詩詞不僅未遭禁止，反而頻頻被用來闡釋禪理。如前

舉圓悟克勤因五祖法演舉小豔詩而悟道，這首小豔詩的全
文是：「一段風光畫不成，洞房深處托深情。頻呼小玉元
無事，只要檀郎認得聲。」（參見《禪語辭書類聚》第 1 冊
第 346 頁）惠洪在他的一首詩偈裏也化用過後兩句：「了知
無性滅無明，空慧須從戒定生。頻呼小玉元無意，只要檀
郎認得聲。[1]」如果說惠洪的詩偈還有說理的成分的話，那
麼，克勤悟後所作那首呈交法演以求印可的詩偈，則和純
粹的豔詩毫無二致。偈曰：

> 金鴨香銷錦繡幃，笙歌叢裏醉扶歸。少年一
> 段風流事，只許佳人獨自知。

法演閱罷這首偈，大加讚賞，稱他「參得禪也」（《五燈會
元》卷一九《昭覺克勤禪師》）。那麼，這首偈到底參得什
麼禪呢？「金鴨香銷」二句，表面上是寫風流狎客尋花問
柳的豔事，沉溺於男歡女愛，熱衷於舞榭歌台，而實際上
是比喻禪客在紛繁的「色界」、「欲界」中求道。金鴨爐
前，錦繡幃中，笙歌叢裏，是男女歡會的場所，香豔已
極，綺靡已極，但此間仍不妨有禪的神通妙用。有如禪家
古德所說「優鉢羅花火裏開」，或是「華街柳巷樂天真」，
只要悟得色即是空，便可做聲色場中的解脫人。狎客尋芳
有得，扶醉而歸，正如禪客參禪有得，心下自省。但這種
體驗好比錦繡幃中男女歡會所體會到的快感，「少年一段
風流事，只許佳人獨自知」，這不僅是男女雙方不願人知的
一段隱秘，而且那種微妙的感覺非當事人不能理解，無法

---

1 《石門文字禪》卷一五《注十明論》。

用語言說與他人。禪宗主張「親證」，認為禪悟「如人飲水，冷暖自知」，絕言詮，超思維，智與理冥，境與神會，是一種個體神秘的心理感受或領悟。顯然，「只許佳人獨自知」暗示的是禪家的個體一得之悟。

克勤用人生的真切感受來表達禪旨，不涉理路，不落言詮，而意味深長，當然值得稱讚。不過，作為一個清心靜慮的佛教徒，他那裏來的這種男女歡會的體驗呢？如果只是局外人的揣摩，那麼，以戒、定、慧為修行宗旨的出家人，允許這種「黃色」的揣摩嗎？事實上，在宋代的禪籍中，我們能看到大量的與出家身份不符的淫詞豔語，無論是上堂說法，還是作偈示眾：

> 病起，上堂，舉馬大師日面佛、月面佛。後來東山演和尚（五祖法演）頌曰：「丫鬟女子畫蛾眉，鸞鏡臺前語似癡。自說玉顏難比並，卻來架上著羅衣。」（同上卷一八《雲岩天遊禪師》）
>
> 良久曰：「無限風流慵賣弄，免教人指好郎君。」（同上卷一九《白雲守端禪師》）
>
> 上堂：「遍界不曾藏，通身無影像。相逢莫訝太愚癡，曠劫至今無伎倆。無伎倆，少人知。大抵還他肌骨好，何須臨鏡畫蛾眉。」（同上《開福道寧禪師》）
>
> 上堂，舉俱胝豎指因緣，師曰：「佳人睡起懶梳頭，把得金釵插便休。大抵還他肌骨好，不塗紅粉也風流。」（同上卷二○《報恩法演禪師》）
>
> 圓通禪師法秀，立身峻潔，不肯出世，作頌曰：「誰能一日三梳頭，攝得髻根牢便休。大抵

是他肌骨好，不搽紅粉也風流。」（《苕溪漁隱叢
話・前集》卷五七《緇黃雜記》引《侯鯖錄》。參
見《羅湖野錄》卷上）

　　臨安府淨慈肯堂充禪師，餘杭人，嗣顏萬
庵，風規肅整，望尊一時。頌「即心即佛」云：
「美如西子離金闕，嬌似楊妃下玉樓。終日與君花
下醉，更嫌何處不風流。」（《枯崖漫錄》）

這樣留意於女性的脂粉肌膚、慵懶嬌態，豈是出家人所應
有的念頭？然而，這些淫詞豔語只不過是有關佛性的象徵
隱喻而已，有如中國古詩中美人香草的比興傳統，男女以
況君臣。比如「不搽紅粉也風流」，無非是說本心即佛，不
須外求。更何況禪宗本來就有「以欲止欲，如以楔出楔，
以聲止聲」的說法（《宗鏡錄》卷二一）。其實，這些禪師
並非如法明上座那樣放蕩不羈，而是相當遵守佛門戒律，
如圓通法秀禪師曾嚴厲屬禁戒黃庭堅作豔詞（參見《五燈會
元》卷一七《太史黃庭堅居士》），肯堂彥充也是「風規肅
整」，但這並不妨礙他們以豔詞綺語談禪。又比如像真淨克
文這樣的禪師，一方面罵過「無端向屎坑裏坐」、「驀頭著
屎澆，也不厭惡」的粗話，另一方面也一再標舉「四五百
條花柳巷，二三千所管弦樓」的風流韻事。這充分說明禪
語的多元性，宗師可以根據不同的場合、話題或物件，隨
機使用風格迥異的語言。只要禪者樂於謳吟，宗師不妨隨
機設化。

　　因男女豔情的詩詞歌曲而悟道的故事也屢見於禪籍記
載，除了克勤以小豔詩悟道外，還有樓子和尚聽歌而悟的
著名公案：

樓子和尚，不知何許人也，遺其名氏。一日
　　偶經遊街市間，於酒樓下整襪帶次，聞樓上人唱
　　曲云：「你既無心我也休。」忽然大悟，因號樓
　　子焉。（《五燈會元》卷六《樓子和尚》）

樓子和尚聽到的這首曲子，顯然是宋代流行的豔曲，即愛
情歌曲，據詞意估計，可能是女子失戀的怨詞。但樓子和
尚卻從中得到一種佛理的偉大啟示，「你」指構成世界的
「萬法」，「我」指自我心性，既然萬法本空，我心何必執
著。後來宋代禪師作樓子公案的頌古，基本上都是些香豔
旖旎之詞：

　　　　唱歌樓上語風流，你既無心我也休。打著奴
　　奴心裏事，平生恩愛冷啾啾。（慈受深）
　　　　你若無心我也休，鴛鴦帳裏懶抬頭。家童為
　　問深深意，笑指紗窗月正秋。（寶華鑒）
　　　　因過花街賣酒樓，忽聞語唱惹離愁。利刀剪
　　斷紅絲線，你若無心我也休。（堂仁）[2]

這種連儒家的道學先生看了也要皺眉的豔詞麗句，出家人
竟用來表現佛理禪機，「風流」、「恩愛」、「鴛鴦帳」、
「離愁」、「紅絲線」之類的辭彙以及其中纏綿悱惻的情
感，不僅突破了佛教綺語口業的戒律，而且違犯了佛教貪
戀愛欲的禁忌。這充分說明宋代社會市民文化的語境對禪

2　《禪宗頌古聯珠通集》卷四〇《樓子和尚》公案頌古。

宗話語強有力的影響。

　　樓子和尚的機緣是聽曲，而臨濟宗楊歧派的普融知藏則由傳奇故事「倩女離魂」而悟道。知藏是五祖法演的弟子，據《五燈會元》記載：

> 　　普融知藏，福州人也。至五祖，入室次，祖舉倩女離魂話問之，有契。呈偈曰：「二女合為一媳婦，機輪截斷難回互。從來往返絕蹤由，行人莫問來時路。」（《五燈會元》卷一九《普融藏主》）

「倩女離魂」的故事最早見於是唐人陳玄祐小說《離魂記》。故事說衡州張鎰有女兒名叫倩娘，和張鎰的外甥王宙相戀。後來張鎰以女兒另配他人，倩娘抑鬱成疾。王宙被遣去四川，夜半，倩娘的魂趕到船上。五年後，兩人歸家，房中臥病在床的倩娘聞聲出見，兩女合為一體（見《太平廣記》卷三五八《王宙》）。這個故事在宋金時期被編為雜劇、諸宮調，廣為流傳，家喻戶曉。五祖法演用這個故事來啟發學者，也如同用小豔詩啟發學者一樣，無非是想讓學者從最熟悉的事例中去體會佛法，所謂「不失為善巧方便、隨機設化之一端耳」（參見《羅湖野錄》卷下）。

　　無獨有偶，雲門宗的慈受懷深也是從佛鑑禪師所舉「倩女離魂」的話頭悟入：

> 　　出住資福，屢滿戶外。……偶朝廷以資福為神霄宮，因棄往蔣山，留西庵陳請益。鑑曰：「資福知是般事便休。」師曰：「其實未穩，望和

尚不外。」鑒舉倩女離魂話，反覆窮之，大豁疑
礙。呈偈曰：「只是舊時行履處，等閒舉著便淆
訛。夜來一陣狂風起，吹落桃花知幾多？」鑒拈
幾曰：「這底豈不是活祖師意？」（《五燈會元》
卷一六《慧林懷深禪師》）

由此可見，「倩女離魂」這個動人的愛情故事，在宗門中
已被當做一則類似古德公案的話頭供人參究，並常常能取
得很好的效果。當然，「倩女離魂」本身是文學傳奇，但
離魂的浪漫想像又基於一種形神分離的佛教觀念，禪師自
然可從中去體悟關於肉體與靈魂、自性與佛性的關係等諸
多精微的禪理。

三、清音遠韻

禪門中超然物外的林下風流，形成禪語的另一種風
格：清新淡泊，含蓄典雅。早在盛中唐時期，士大夫的人
生理想就開始向禪門滲透，禪門的生存方式也開始引起士
大夫的興趣。一方面，山水的清音時時響在身在魏闕、心
存江湖的官員的耳畔；另一方面，身居山林的禪和子也在
普請參禪之餘體會到天賜的自然美景。「悠然遠山暮，獨
向白雲歸」（《全唐詩》卷一二六王維《歸輞川作》），這是
士大夫嚮往的隱逸生活；「時有白雲來閉戶，更無風月四
山流」（《景德傳燈錄》卷四《舒州天柱山崇慧禪師》），這
是禪僧們自豪的山居勝境。無論是出於引誘士大夫參禪的
目的，還是出於表現山居樂道的理由，禪宗都不得不採用
一種包含著山水逸韻的清麗語言。當然，山川風月本來就
是禪僧們每日接觸的事物，舉山川風月作話頭來說法談

禪，也如舉屙屎送尿一樣自然。不過，禪僧在談一般日用事時，往往不避鄙俚粗俗，而在談山川風月時，則注意使用韻文詩句或駢詞儷句，顯得典雅含蓄。

舉例來說，禪門中機鋒應對有一個常見的話題，即參學者問宗師，如何是此山之「境」，宗師隨之作出回答，而這些答語往往非常優美：

　　問：「如何是夾山境？」師曰：「猿抱子歸青嶂裏，鳥銜花落碧岩前。」（《景德傳燈錄》卷一五《澧州夾山善會禪師》）

　　問：「如何是鳳棲境？」師曰：「千峰連嶽秀，萬嶂不知春。」曰：「如何是境中人？」師曰：「孤岩倚石坐，不下白雲心。」（同上卷一七《洪州同安常察禪師》）

　　問：「如何是白馬境？」師曰：「三冬花木秀，九夏雪霜飛。」（同上卷二〇《興元府青剉山和尚》）

　　問：「如何是伏龍境？」師曰：「山峻水流急，三春足異花。」（同上《延州延慶奉璘禪師》）

　　問：「如何是開先境？」師曰：「最好是一條，界破青山色。」（同上卷二一《廬山開先紹宗禪師》）

　　僧問：「如何是龍華境？」師曰：「翠竹搖風，寒松鎖月。」（同上《杭州龍華契盈禪師》）

　　問：「如何是黃檗境？」師曰：「龍吟瀑布水，雲起翠微峰。」（同上）

　　僧問：「如何是瑞岩境？」師曰：「重重疊

嶂南來遠，北向皇都咫尺間。」僧曰：「如何是境中人？」師曰：「萬里白雲朝瑞嶽，微微細雨灑簾前。」（同上卷二二《台州瑞岩師進禪師》）

問：「如何是雙峰境？」師曰：「夜聽水流庵後竹，晝看雲起面前山。」（同上《韶州雙峰山竟欽和尚》）

僧問：「如何是湘潭境？」師曰：「山連大嶽，水接瀟湘。」（同上卷二三《湖南潭明和尚》）

問：「如何是普通境？」師曰：「庭前有竹三冬秀，戶內無燈午夜明。」（同上《興元府普通封和尚》）

問：「如何是南台境？」師曰：「松韻佛時石不點，孤峰山下疊難齊。」（同上《衡岳南台藏禪師》）

問：「如何是三冬境？」師曰：「千山添翠色，萬樹鎖銀花。」（同上《安州大安山能和尚》）

僧問：「如何是廣平境？」師曰：「地擎名山秀，溪連海水清。」（同上卷二四《福州廣平玄旨禪師》）

問：「如何是靈峰境？」師曰：「萬疊青山如釘出，兩條淥水若圖成。」（同上《福州靈峰志恩禪師》）

僧問：「如何是興陽境？」師曰：「松竹乍栽山影綠，水流穿過院庭中。」（同上《郢州興陽山道欽佩禪師》）

僧問：「如何是鷲嶺境？」師曰：「峴山對碧玉，江水往南流。」（同上卷二六《襄州鷲嶺善

美禪師》）

　　問：「如何是大陽境？」師曰：「孤鶴老猿
啼谷韻，瘦松寒竹鎖青煙。」（同上《郢州大陽警
玄禪師》）

　　僧問：「如何是仰山境？」師曰：「白雲峰
下猿啼早，碧嶂岩前虎起遲。」（《五燈會元》卷
一四《袁州仰山和尚》）

　　曰：「如何是道吾境？」師曰：「溪花含玉
露，庭果落金台。」（同上《道吾契詮禪師》）

　　僧問：「如何是羅浮境？」師曰：「突兀侵
天際，巍峨鎮海涯。」（同上《羅浮顯如禪師》）

　　僧問：「如何是蘇台境？」師曰：「山橫師
子秀，水接太湖清。」（同上卷一六《光孝如?禪
師》）

　　這些關於禪院所在之「境」的回答，充滿了青山、綠
水、白雲、明月、翠竹、寒松、孤鶴、老猿、花木、雪霜
等意象，完全可看作一首首簡潔凝煉的山水詩。

　　常言道：天下名山僧占多。而在中國佛教諸多流派
中，又尤以禪宗最崇尚山林生活，他們不像義學各派那樣
因翻譯經藏而聚集京城，因講經說法而置身市廛。禪宗的
佛性論使得禪僧們常到清幽靜謐的深林裏觀照自然勝景，
從而返境觀心，頓悟瞬刻永恒的真如；禪宗的行為論又使
得禪僧們寧願到杳無人跡的空山裏去過一種與世無爭、隨
緣自在的生活；而禪宗隊伍的農禪性質，使得他們的生存
空間主要在遠離市鎮的江湖山林。也就是說，無論是主觀
意願還是客觀條件，都使得禪宗比其他任何佛教宗派更接

近自然山水，所以在禪宗的傳燈錄裏，隨處可見關於自然環境的詩意的描述，以致於參禪問道的言句，都近乎於一種審美評價。例如：

> 問：「語默涉離微，如何通不犯？」師曰：「常憶江南三月裏，鷓鴣啼處百花香。」（同上卷一一《風穴延沼禪師》）
> 問：「如何是西來意？」師曰：「樹帶滄浪色，山橫一抹青。」（同上卷一三《石藏慧炬禪師》）
> 僧問：「祖意教意相去幾何？」師曰：「寒松連翠竹，秋水對紅蓮。」（同上卷一二《白鹿顯端禪師》）
> 僧問：「師唱誰家曲？宗風嗣阿誰？」師曰：「雪嶺梅花綻，雲洞老僧驚。」（同上卷一五《谷山豐禪師》）
> 僧問：「如何是正中偏？」師曰：「龍吟初夜後，虎嘯五更前。」曰：「如何是偏中正？」師曰：「輕煙籠皓月，薄霧鎖寒岩。」曰：「如何是正中來？」師曰：「松瘁何曾老，花開滿未萌。」曰：「如何是兼中至？」師曰：「猿啼音莫辨，鶴唳響難明。」曰：「如何是兼中到？」師曰：「撥開雲外路，脫去月明前。」（同上卷一四《普賢善秀禪師》）

「青青翠竹，儘是法身；鬱鬱黃花，無非般若」這句名言儘管受到洪州禪的批判（同上卷三《大珠慧海禪師》），但其中包含的泛神主義的佛性論在宗門中仍很有市場。在對大

自然的觀賞中來獲得對佛性（即宇宙的目的性）的證悟，
仍是禪宗修行的主要途徑之一。無論是早期禪宗混跡山林
的沉思冥想，中期禪宗在日常生活中進行宗教體驗，還是
後期文字禪的機鋒言句，自然山水都是禪僧們最重要的參
禪物件或話題。既然佛性存在於每一叢翠竹、每一朵黃
花、每一片白雲、每一條清澗之中，那麼眼耳等感官對這
些自然物象的感受也就具有宗教意義。正如長蘆宗賾禪師
一再為學人指示的那樣：

> 上堂：「樓外紫金山色秀，門前甘露水聲
> 寒。古槐陰下清風裏，試爲諸人再指看。」拈拄
> 杖曰：「還見麼？」擊香卓曰：「還聞麼？」靠
> 卻拄杖曰：「眼耳若通隨處足，水聲山色自悠
> 悠。」（同上卷一六《長蘆宗賾禪師》）

宗賾想告訴學人，如果眼耳等感官通透玲瓏，領悟到感覺
中的現象世界都是精神本體的虛幻形式，那麼就會隨處發
現佛性的存在，不必依賴於水聲山色。然而，他卻一再告
誡，這種覺悟的獲得，必須通過對水聲山色的見聞感受。

　　值得注意的是，習禪的士大夫也特別醉心於自然山
水，精於禪理的王維被黃庭堅稱為「定有泉石膏肓之疾」
（見《苕溪漁隱叢話・前集》卷一五），而黃庭堅本人也聲
稱：「天下清景，初不擇賢愚而與之遇，然吾特疑端為我
輩設。」（見《冷齋夜話》卷三《荆公鍾山東坡餘杭詩》）
自然美景對於每個人來說是公平的，但只有詩人才能敏感
地發現它的價值所在，尤其對於習禪的詩人來說更是如
此。當「天下清景」與此輩詩人相遇之時，便有了美學和

宗教的雙重意義，即不僅以其「水光山色」和「玉肌花貌」相媲美[3]，而且作為與「紅塵席帽烏靴裏」的世俗官場相對立的超越世界而存在[4]。正是士大夫與禪僧對自然山水的共同興趣，使得士大夫的審美趣味滲入禪理詩中，並給禪宗言句帶來清麗典雅的語言風格。

在禪籍中，有不少禪師上堂的開場白，就是一首首山水詩。例如：

> 上堂：「春山疊亂青，春水漾虛碧。寥寥天地間，獨立望何極。」（《五燈會元》卷一五《雪竇重顯禪師》）
> 上堂：「寶峰高士罕曾到，岩前雪壓枯松倒。嶺前嶺後野猿啼，一條古路清風掃。」（同上卷一七《泐潭洪英禪師》）
> 上堂：「江月照，松風吹，永夜清宵更是誰？霧露雲霞遮不得，個中猶道不如歸。」（同上《黃龍惟清禪師》）
> 上堂：「一身高隱惟南嶽，自笑孤雲未是閒。松下水邊端坐者，也應隨倒說居山。」（同上卷一九《承天自賢禪師》）

與這些上堂隨口念誦的韻語相比，禪師們的一些偈頌往往更有詩情畫意，語言也更講究，如智覺禪師住雪竇山

---

3 《蘇軾文集》卷六八《跋黔安居士漁父詞》云：「魯直作此詞，清新婉麗。問其得意處，自言以水光山色，替卻玉肌花貌。此乃真得漁父家風也。」

4 《山谷詩集注》卷一一《六月十七日晝寢》云：「紅塵席帽烏靴裏，想見滄洲白鳥雙。馬齕枯萁喧午枕，夢成風雨浪翻江。」

中岩，曾作詩曰：

> 孤猿叫落中岩月，野客吟殘半夜燈。此境此
> 時誰得意？白雲深處坐禪僧。（《冷齋夜話》卷六
> 《親證其事知其義》）

儘管惠洪稱此詩「詩語未工」，但比起一般禪語的鄙俚粗樸來，已顯得很典雅了。至於船子和尚的一首詩偈，更成為林下風流的典範：

> 千尺絲綸直下垂，一波才動萬波隨。夜靜水
> 寒魚不食，滿船空載月明歸。（《五燈會元》卷五
> 《船子德誠禪師》）

這首偈用形象化的語言表現了「禪界無欲」的哲理。平湖萬頃，月色澄澈，一葉扁舟獨下釣絲，水面盪起圈圈波紋。這是何等寧靜清虛的境界，何等自然淡泊的情懷！這裏的垂釣如參禪，亦如審美，展現了一個從欲界到禪界的頓悟過程：先是「魚我所欲也」，於是垂下千尺絲綸；最後歸之於超越解脫，於是載回滿船明月。而明月是一個觀照的對象，卻從來不是欲求的對象。顯然，船子和尚正是從滿船月色中悟出他另一首偈闡述的「不計功程便得休」的禪理。這片銀色的世界，是無欲的禪界，也是詩的境界。這首偈簡直可以和柳宗元的《江雪》、張志和的《漁歌子》等漁父詞相媲美，以至於引起士大夫的極大興趣，如黃庭堅就將其括為長短句倚聲歌唱：

一波才動萬波隨，蓑笠一鉤絲。金鱗正在深
處，千尺也須垂。

吞又吐，信還疑，上鉤遲。水寒江靜，滿目
青山，載月明歸。[5]

詞的主要意象都從船子和尚偈而來，而意境也像原偈
一樣寧靜優美，瑩澈無塵。

自然山水是連接詩情與禪意的橋梁，山水詩因禪意的
滲入而深化了意境，禪宗偈頌則因山水詩的影響而淨化了
語言，山水的清音遠韻構成了詩禪世界的淨土。

---

5 調寄《訴衷情》，序曰：「在戎州登臨勝景，未嘗不歌漁父家風，以謝江山。門生
請問：先生家風如何？為擬金華道人作此章。」見《全宋詞》第1冊第398頁。

附錄

後　記

　　這本書的撰寫純粹出於一個偶然的機會。1997年在桂林參加古代文論年會，隨身攜帶了一本拙撰博士論文《文字禪與宋代詩學》去交流。會議期間，杭州大學張節末博士對拙文產生了強烈的興趣，隨即告訴我，浙江人民出版社正擬出一套《禪學叢書》，他願推薦我撰寫《禪宗語言》一書。說實話，我當時對此毫無把握，因為拙文雖在討論「文字禪」時涉及到語言問題，但全文著重是在談宗教與文學的關係，畢竟與語言研究走的不是一條路。更何況我當時正準備把研究的重心轉移到闡釋學方面來，已決定把禪學暫時「懸擱」一邊。不過，張博士的提議卻具有一種很大的誘惑，它激起了我渴望接受挑戰的「野性」，因為語言、特別是語言哲學，向來是我尊重而又感到陌生的領地，我早就渴望闖入。同時我自以為對禪籍較為熟悉，已初具接受挑戰的條件。就這樣，當浙江人民出版社的楊淑英女士來函聯繫時，我欣然應允。

　　寫作的過程既艱辛又愉快，隨時都有疑情產生，而又不斷有頓悟出現。當我從語言哲學的視角去重新審視禪籍之時，每每有一種探險似的激動和陶醉，類似於發現了恐龍化石，並對其成因提出新說。無論如何，禪宗語言是中國文化孕育出的瑰麗寶藏，它的價值已遠遠超越了宗教語言的意義。因此，本書的撰寫就不只是「以文字聲音作佛事」，而是把禪語當做人類的文化遺珍來發掘研究。

　　本書雖名為《禪宗語言》，但完全稱不上嚴格的語言學著作，它毋寧說是宗教、哲學、語言、文學的大雜燴。不過，禪宗向來有「法無定法」之說，學術研究也有「交

叉」、「邊緣」之名，大雜燴又未嘗不可。我所擔心的只是主觀的發掘論斷難免如盲人摸象，以致於使祖師正法眼藏「向瞎驢邊滅卻」。好在禪本身就是一種個體的經驗，我只不過是想將一己之體驗供讀者分享而已。「覓句如探虎，逢知似得仙」，五代詩僧貫休這兩句詩就是我寫作過程和期待讀者的心情的真實寫照。

最後，我要感謝張節末博士和楊淑英女士，沒有他們的熱情鼓勵幫助，本書是不可能這麼順利完成的。同時，我也要感謝教育部「211工程」對本書研究工作的支助。

迷蒙雨巷丁香夢，寂寞書齋文字禪。

謹以此書獻給我所愛的人！

竹林居士周裕鍇謹識
1999年2月9日於成都竹林村

引用書目

1.《歷代法寶記》不知撰人　《大正藏》第五十一卷，台北佛陀教育基金會，1990年影印本

2.《續高僧傳》（唐)道宣撰　《大正藏》第五十卷

3.《楞伽師資記》(唐)淨覺撰　《大正藏》第八十五卷

4.《中國禪宗通史》杜繼文、魏道儒著　南京江蘇古籍出版社，1993年

5.《景德傳燈錄》(宋)道原撰　上海商務印書館，《四部叢刊三編》本

6.《五燈會元》（宋)普濟撰　北京中華書局，1984年排印本

7.《中國禪思想史》葛兆光著　北京大學出版社，1995年

8.《楞伽阿跋多羅寶經》(簡稱《楞伽經》)　(劉宋)求那跋陀羅譯《佛藏要籍選刊》第五冊，上海古籍出版社，1994年影印本

9.《妙法蓮華經》　(後秦)鳩摩羅什譯　《佛藏要籍選刊》第五冊

10.《祖堂集》(五代南唐)僧靜、筠撰　《佛藏要籍選刊》第十四冊

11.《周易正義》(魏)王弼、(晉)韓康伯注，(唐)孔穎達疏《十三經注疏》本　北京中華書局，1980年影印本

12.《庄子集釋》(清)郭慶藩輯　北京中華書局，1982年排印本

13.《宋高僧傳》(宋)贊寧撰　北京中華書局，1987年排印本

14.《荷澤神會禪師語錄》(日本)鈴木貞太郎、公田達太郎

校訂敦煌本　森江書店，1934年

15. 《摩訶般若波羅蜜經》(後秦)鳩摩羅什譯《大正藏》第八卷

16. 《金剛般若波羅蜜經》(後秦)鳩摩羅什譯《大正藏》第八卷

17. 《維摩詰所說經》(後秦)鳩摩羅什譯《大正藏》第十四卷

18. 《蘇軾文集》(宋)蘇軾撰　北京中華書局，1986年排印本

19. 《壇經對勘》郭朋輯　濟南齊魯書社，1981年

20. 《壇經校釋》郭朋校釋　北京中華書局，1983年

21. 《傳法寶記》(唐)杜朏撰　《大正藏》第八十五卷

22. 《石門文字禪》(宋)惠洪撰　上海商務印書館，《四部叢刊》影印明徑山寺刊本。

23. 《古尊宿語錄》(宋)　藏主集　《佛藏要籍選刊》第十一冊

24. 《禮記正義》(漢)鄭玄注，(唐)孔穎達疏　《十三經注疏》本

25. 《孟子注疏》(漢)趙歧注，(唐)孫　疏　《十三經注疏》本

26. 《山谷詩集注》(宋)黃庭堅撰，(宋)任淵注　上海中華書局，《四部備要》本

27. 《鶴林玉露》(宋)羅大經撰，北京中華書局，1983年排印本

28. 《大珠禪師語錄》不知撰人　長沙刻經處本

29. 《全唐文》(清)董誥等輯　北京中華書局，1983年影印本

30. 《鎮州臨濟慧照禪師語錄》(唐)慧然集　《大正藏》第四十七卷

31. 《俗語言研究》第二期　禪籍俗語言研究會編　日本京都禪文化研究所發行，1995 年

32. 《雲門匡真禪師廣錄》(宋)守堅集　《大正藏》第四十七卷

33. 《語言論》(美)愛德華·薩丕稱著，陸卓元譯北京商務印書館，1985 年

34. 《宗門十規論》(五代南唐)文益撰《禪宗集成》第一冊，台北藝文印書館，1968 年影印本

35. 《禪語辭書類聚》第二冊　　日本京都禪文化研究所，1992 年印行

36. 《碧岩錄》(宋)重顯頌古、克勤評唱　《佛藏要籍選刊》第十一冊

37. 《國際宋代文化研討會論文集》　成都四川大學出版社，1991 年

38. 《禪宗語言和文獻》于谷著　南昌江西人民出版社，1995 年

39. 《二十世紀西方文論述評》　張隆溪著　　北京三聯書店，1986 年

40. 《汾陽無德禪師語錄》(宋)楚圓集《大正藏》第四十七卷

41. 《人天眼目》(宋)智昭集　《大正藏》第四十八卷

42. 《撫州曹山元証禪師語錄》(日本)慧印編集《大正藏》第四十七卷

43. 《五家正宗贊助桀》(日本)無著道忠撰　日本京都禪文化研究所，1993 年印行

44.《世說新語》(劉宋) 劉義慶撰 上海谷籍出版社，1982年影印清光緒十七年思賢講舍刻本

45.《捫虱新話》(宋) 陳善撰 北京中華書局，1985年影印《叢書集成初編》本

46.《蘇軾詩集》(宋) 蘇軾撰 北京中華書局，1982年排印本

47.《豫章黃先生文集》(宋) 黃庭堅撰 《四部叢書》本

48.《禪與詩學》張伯偉著 杭州浙江人民出版社，1992年

49.《談藝錄》錢鐘書著 北京中華書局，1984年

50.《五家宗旨纂要》(清)性統編 《續藏經》第一輯第二篇第十九套第三冊，上海涵汾樓影印日本藏本

51.《智証傳》(宋)惠洪撰《禪宗集成》第一冊

52.《五宗原》(明)法藏撰《續藏經》第一輯第二編第十九套第二冊

53.《百論疏》(隨)吉藏撰 《大正藏》第四十二卷

54.《萬松老人評唱天童覺和尚頌古從容庵錄》(簡稱《從容庵錄》) (宋)正覺頌古、(元)行秀評唱《大正藏》第四十八卷

55.《雜阿含經》(劉宋)求那跋陀羅譯《大正藏》第二卷

56.《筠州洞山悟本禪師語錄》(日本) 慧印校《大正藏》第四十七卷

57.《五家正宗贊》(宋)邵曇撰 日本京都禪文化研所，1994年印行

58.《林間錄》(宋)慧洪撰《佛藏要籍選刊》第十一冊

59.《禪林僧寶撰》(宋)慧洪撰《佛藏要籍選刊》第十三冊

60.《祖英集》(宋)重顯撰 台灣商務印書館，1986年影印

文淵閣《四庫全書本》

61.《明覺禪師語錄》(宋)惟蓋竺編 《大正藏》第四十七卷

62.《石霜楚圓禪師語錄》(宋)慧南重編《禪宗集成》第十四冊

63.《中國佛教使籍概論》陳 著 北京中華書局，1988年

64.《聯燈會要》(宋)悔明纂《續藏經》第一輯第二編乙第九冊第三套

65.《傳法正宗論》(宋)契嵩傳《大正藏》第五十一卷

66.《直齋書錄解題》(宋)陳振孫撰 《叢書集成初編》本

67.《京陵清涼院文益禪師語錄》(明)語風圓信、郭凝之編《大正藏》第四十七卷

68.《補續高僧傳》(明)明河撰 《佛藏要籍選刊》第十三冊

69.《禪宗頌古聯誅通集》(宋)法印集、(元)普會續集 《續藏經》第一輯第二編第二十套第一冊

70.《大慧普覺禪師語錄》(宋)蘊聞編《大正藏》第四十七卷

71.《宋人年譜集目\宋編宋人年譜選刊》吳洪澤編 巴蜀書社，1995年

72.《山谷琴趣外編》(宋)黃庭堅撰 《彊村叢書》本

73.《雲臥紀譚》(宋)曉瑩撰 《續藏經》第一輯第二編乙第二十一套第一冊

74.《禪林寶訓》淨善編《大正藏》第四十八卷

75.《日涉圓集》(宋)李彭撰 《四庫全書》本

76.《陵陽先生詩》(宋)韓駒撰 清宣統庚戌刊《江西詩派》本

77.《佛祖歷代通裁》(元)念常撰 《大正藏》第四十九卷

78.《范文正公集》(宋)范仲淹撰 《四部備要》本

79.《樂全集》(宋)張方平撰　《四庫全書》本

80.《全宋文》四川大學古籍所編　成都巴蜀書社排印本

81.《徂徠時先生文集》(宋)石介撰　北京中華書局，1984年排印本

82.《直講李先生文集》(宋)李覯撰　《四部叢刊》本

83.《歐陽文忠公文集》(宋)歐陽修撰　《四部叢刊》本

84.《避暑錄話》(宋)葉夢得撰　《津逮秘書》本

85.《道山清話》(宋)　闕名撰　陶氏涉園影印宋刊《百川學海》本

86.《溫國文正司馬公文集》(宋)宋司馬光撰　《四部叢刊》本

87.《宋史》(元)脫脫等撰　北京中華書局，1977年排印本

88.《郡齋讀書志》(宋)晁公武撰　《四部叢刊三編》本

89.《叢林盛事》(宋)道融撰　《續藏經》第一輯第二編乙第二十一套第一冊

90.《居士分燈錄》(明)朱時恩輯　《續藏經》第一輯第二編乙第二十套第五冊

91.《二程文集》(宋)程顥、程頤撰　《正誼堂全書》本

92.《二程全書》(宋)程顥、程頤撰　《四部備要》本

93.《渭南文集》(宋)陸遊撰　《四部叢刊》本

94.《鐔津文集》(宋)契嵩撰　《四部叢刊三編》本

95.《鐔津明教大師行業記》(宋)陳舜俞撰　《大正藏》第五十一卷

96.《後山居士文集》(宋)陳師道撰　上海古籍出版社影印宋刻本

97.《張右史文集》(宋)張耒撰　《四部叢刊》本

98.《梁谿集》(宋)李綱撰　《四庫全書》本

99.《居士傳》(清)彭際清撰 《續藏經》第一輯第二編乙第二十二套第五冊

100.《國朝宋學淵源記》(清)江藩撰 《四部備要》本

101.《丹鉛續錄》(明)楊慎撰 《四庫全書》本

102.《春秋左傳正義》(晉)杜預注、(唐)孔穎達疏《十三經注疏》本

103.《北磵居簡禪師語錄》(宋)大觀編 《禪宗集成》第十五冊

104.《法演禪師語錄》(宋)才良等編 《大正藏》第四十七卷

105.《叢林公論》(宋)惠彬傳 《續藏經》第一輯第二編第十八套第五冊

106.《劍關子益禪師語錄》(宋)善珙等編 《禪宗集成》第十六冊

107.《善慧大士語錄》(唐)樓穎錄 《禪宗集成》第十四冊

108.《羅湖野錄》(宋)曉瑩撰 《佛藏要籍選刊》第十一冊

109.《毛詩正義》(漢)毛亨傳、鄭玄箋、(唐)孔穎達疏《十三經注疏》本

110.《論語注疏 》(魏)何晏等注、(宋)邢昺疏《十三經注疏》本

111.《揚子法言》(漢)楊雄撰 《四部叢刊》本

112.《冷齋夜話》(宋)惠洪撰 《四庫全書》本

113.《嵩山文集》(宋)晁以道撰《四部叢刊續編》本

114.《北湖集》(宋)吳則禮撰《四庫全書》本

115.《佛祖統記》(宋)志磐撰 《大正藏》第四十九卷

116.《雲溪集》(宋)郭印撰《四庫全書》本

117.《欒城集》(宋)蘇轍撰 上海古籍出版社，1987年排印

本

118.《豫章先生遺文》(宋)黃庭堅撰　祝氏漢鹿齋補刊本

119.《藝概》(清)劉熙載撰　上海古籍出版社，1982年排印本

120.《集注分類東坡先生詩》(宋)王十朋集注《四部叢刊》本

121.《滄浪詩話》(宋)嚴羽撰《歷代詩話》本，北京中華書局，1981年排印本

122.《嘉泰普燈錄》(宋)正受撰　《續藏經》第一輯第二編第十套第一冊

123.《慈受懷深禪師廣錄》(宋)善清等編　《禪宗集成》第二十三冊

124.《北宋佛教史論稿》黃啟江著　台灣商務印書館，1997年

125.《韋齋集》(宋)朱松撰　《四部叢刊續編》本

126.《東坡志林》(宋)蘇軾撰　北京中華書局，1981年排印本

127.《禪語辭書類聚》日本京都禪文化研究所，1991年印行

128.《全唐五代詩格校考》張伯偉撰　西安陝西人民教育出版社，1996年

129.《詩人玉屑》(宋)魏慶之輯　上海古籍出版社，1978年排印本

130.《姑溪居士文集》(宋)李之儀撰　《叢書集成初編》本

131.《俗語言研究》第五期　禪集俗語言研究會編　日本京都禪文化研究所發行，1998年

132.《劉賓客嘉話錄》(唐)韋絢集　《四庫全書》本

133.《宏智禪師廣錄》(宋)集成等編　《大正藏》第四十八卷

134.《白氏長慶集》(唐)白居易撰　《四部叢刊》本

135.《少室六門》不知撰人　《大正藏》第四十八卷

136.《文學理念》(美)雷‧書勒客、奧‧沃佗著，劉象愚等譯　北京三聯書店，1984年

137.《十牛圖頌》(宋)師遠述　《續藏經》第一輯第二編第十八套第五冊

138.《禪源諸詮集都序》(唐)　宗密撰　《大正藏》第四十八卷

139.《宗鏡錄》(宋)延壽集　《大正藏》第四十八卷

140.《桯史》(宋)岳珂撰　北京中華書局，1981年排印本

141.《倚松老人詩集》(宋)饒蘇撰　清宣統庚戌刊《江西詩派》本

142.《溪堂集》(宋)謝逸撰《豫章叢書》本

143.《侯鯖錄》(宋)　趙令時撰　《知不足齋叢書》本

144.《苕溪漁隱叢話》(宋)胡仔撰　北京人民文學出版社，1981年排印本

145.《大慧普覺禪師宗門武庫》(宋)道謙編《大正藏》第四十七卷

146.《永覺元賢禪師廣錄》(清)道霈重編《續藏經》第一輯第二編第三十套第四冊

147.《臨濟宗旨》(宋)惠洪撰　《禪宗集成》第一冊

148.《建中靖國續燈錄》(宋)惟白撰《續藏經》第一輯第二編乙第九套第一冊

149.《杜陽雜編》(唐)蘇鶚撰《叢書集成初編》本

150.《甘澤謠》(唐)袁郊撰　《說郛本》

151. 《枯崖漫錄》(宋)圓悟撰 《續藏經》第一輯第二編乙第二十一套第一冊

152. 《前賢小集拾遺》(宋)陳起輯 《南宋群賢小集》本

153. 《圍爐詩話》(清)吳喬撰 《清詩話續篇》本，上海古籍出版社，1983年排印本

154. 《玄沙師備禪師廣錄》(唐)智嚴集 《禪宗集成》第二十三冊

155. 《錢鐘書散文》錢書著 杭州浙江文藝出版社，1997年

156. 《大般涅槃經》(北涼)縣無讖譯 《佛藏要輯選刊》第五冊

157. 《成實論》(古印度)訶梨跋摩著、(後秦)鳩摩羅什譯 《佛藏要輯選刊》第八冊

158. 《肇論》(後秦)僧肇撰 《佛藏要輯選刊》第十一冊

159. 《禪與生活》(日本)鈴木大拙著，劉大悲譯 光明日報出版社，1988年

160. 《敦煌歌詞總編》任二北著 上海古籍出版社，1981年

161. 《新批評——一種獨特的形式主義文論》越毅衡著 中國社會科學出版社，1986年

162. 《六祖大師法寶壇經》(元)宗寶編 《大正藏》第四十八卷

163. 《長靈守卓禪師語錄》(宋)介諶編 《禪宗集成》第十四冊

164. 《玉輪軒曲論》王季思著 北京中華書局，1980年

165. 《庚溪詩話》(宋)陳岩肖撰 《歷代詩話續編》本，北京中華書局，1983年

166.《太平廣記》(宋)李昉等編　北京中華書局，1981年排印本

167.《蘇詩補注》(清)查慎行注　清乾隆辛巳香雨齋刻本

168.《文心雕龍注》(梁)劉勰撰，范文瀾注　北京人民文學出版社，1978年排印本

169.《全唐詩》(清)彭定求等編　北京中華書局，1960年排印本

170.《景德傳燈錄索引》日本京都禪文化研究所編，1993年印行

171.《舊唐書》(五代後晉)劉昫等撰　北京中華書局，1975年排印本

172.《淮海集》(宋)秦觀撰　《四部叢刊》本

173.《雲溪友議》(唐)范攄撰　《四部叢刊續編》本

174.《范石湖集》(宋)范成大撰　上海古籍出版社，1981年排印本

175.《長靈守卓禪師語錄》(宋)介諶編　《續藏經》第一輯第二編第二十五套第二冊

176.《寒山詩集》(唐)寒山撰　《四部叢刊》影印瞿氏鐵琴銅劍樓藏高麗刊本

177.《橫川行珙禪師語錄》(宋)本光等編　《續藏經》第一輯第二編第二十八套第二冊

178.《元叟行端禪師語錄》(宋)法林禪噩、祖銘梵琦等編《續藏經》第一輯第二編第二十九套第一冊

179.《韓非子》(周)韓非撰　《百子全書》本，杭州浙江人民出版社，1984年影印本

180.《殷藝小說》(梁)殷藝撰　《叢書集成初編》本

181.《關尹子》(周)尹喜撰　《百子全書》本

182.《墨庄漫錄》(宋)張邦基撰 《稗海》本

183.《臨川先生文集》(宋)王安石撰 《四部叢書》本

184.《浪跡叢談》(清)梁章鉅撰 北京中華書局，1981年排印本

185.《桐江集》(元)方回撰 《宛委別藏》本

186.《李白集校注》瞿蛻圓、朱金城校注 上海古籍出版社，1980年排印本

187.《全唐詩話》(宋)尤袤撰 《歷代詩話》本

188.《文選》(梁)蕭統編，(唐)李善注 北京中華書局，1981年影印本

189.《本事詩》(唐)孟棨撰 《歷代詩話續編》本

190.《全宋詞》唐圭璋等編 北京中華書局，1980年排印本

191.《五代史補》(宋)陶岳撰 《四庫全書》本

192.《杜詩詳注》(清)仇兆鰲注 北京中華書局，1979年排印本

禪宗語言 經典對話系列

作者：周裕鍇

發行人：釋了意

出版者：財團法人世界宗教博物館發展基金會附設出版社

執行主編：賴皆興

責任編輯：陳美妏

封面及內頁設計：周木助

法律顧問：北辰著作權事務所 蕭雄淋律師

地址：106 台北市和平東路一段238號9樓

電話：(02)2369-2437　　(02)-2369-4127

傳真：(02)2362-5290

統一編號：78358877

E-mail：zongbo1@mwr.org.tw　　zongbo2@mwr.org.tw

總經銷：生智文化事業有限公司

電話：（02）2366-0309

承印商：英勇股份有限公司

電話：(02)3234-1961

郵政劃撥帳戶：財團法人世界宗教博物館發展基金會附設出版社

郵政劃撥帳號：18871894

初版一刷：2002年11月出刊

定價：350元

本書是由浙江人民出版社授權在台發行繁體中文版

宗博出版

宗博出版

國家圖書館出版品預行編目資料

禪宗語言 / 周裕鍇 著. --初版.-- 臺北市：世界宗教博
物館基金會,2002[民 91]　面；　公分. --(經典對話系列)

參考書目：　面

ISBN 957-97653-6-7 (平裝)

1.禪宗思想　2.禪宗史　3.語言學

　22 6.6　　　　　　　　91020251